LA PLACE DES ASSOCIÉS MINORITAIRES DANS LA GOUVERNANCE DES ENTREPRISES EN DROIT OHADA

Collection « Études africaines »
dirigée par : Denis Pryen

Forte de plus de mille titres publiés à ce jour, la collection Études africaines fait peau neuve. Elle présentera toujours les essais généraux qui ont fait son succès mais se déclinera désormais également par séries thématiques : droit, économie, politique, sociologie, etc.

Claude Iguma Wakenge, *Stade coltan. Extraction minière artisanale, réformes et changement social- à l'est de la République démocratique du Congo*, 2019.
Albert Ze Ebanga, *La syntaxe de la négation du boulou*, 2019.
Olivier Fandjip, *Le temps dans le contentieux administratif en droit français et des États d'Afrique francophon*e, 2019.
Nestor Kobenan Tan, *L'église au défi des identités. Pastorale de l'interculturalité en Côte d'Ivoire*, 2019.
Germain Joseph Muanza Kambulu Waz'Andza Kudi, *Les massacres à huis clos dans le grand Kasaï (RDC). 365 jours de carnage et l'émergence de héros*, 2019.
Moussa Boureima, *Panorama du développement rural au Niger*, 2019.
Mamadou Bakaye Dembele, *Le procès équitable au Mali*, 2019.
Gervais Muberankiko, *La protection du locataire-gérant en droit Ohada. Nouvelle édition*, 2019.
Sylvain Sorel Kuate Tameghe, *La justice, ses métiers, ses procédures. 3è édition. Ohada, Union africaine, CEEAC - CEMAC, CEDEAO-UEMOA, Nations Unies, Cameroun*, 2019.
Mamadou Diarafa Diallo, *L'hygiène en milieu de soins au mali. Entre représentations, normes et pratiques*, 2019.
Eddy Mwanzo idin' Aminye, *Que dit le code de la famille de la République Démocratique du Congo ? Commentaire article par article*, 2019.

Gervais MUBERANKIKO

LA PLACE DES ASSOCIÉS MINORITAIRES DANS LA GOUVERNANCE DES ENTREPRISES EN DROIT OHADA

L'Harmattan

Du même auteur

La protection du locataire-gérant en droit OHADA, Nouvelle édition, L'Harmattan, 2019, 196 p. ; 1ère édition, 2013, 123 p., L'Harmattan.
La contribution de la décentralisation au développement local, 1ère édition, EUE, 2010, 92 p ; L'Harmattan, 2013, 155 p.
La protection du preneur dans un contrat de location-gérance, EUE, 2011, 92 p.

5-7, rue de l'École-Polytechnique ; 75005 Paris

http://www.librairieharmattan.com

ISBN : 978-2-343-18678-8
EAN : 9782343186788

DEDICACES

A ma famille ;
A la famille du pasteur Alfred TOBLER ;
A la mémoire de mon feu grand frère Athanase HAKIZIMANA.

REMERCIEMENTS

Ce travail n'a pu être réalisé que grâce au précieux soutien de plusieurs personnes. Qu'il nous soit permis d'adresser nos remerciements notamment :
A notre Directeur, Professeur Patrice Samuel Aristide BADJI ;
Au Pasteur Alfred TOBLER, pour son soutien indéfectible.
Mes remerciements vont également à tous ceux qui, de quelque manière que ce soit, ont rendu possible la réalisation de ce modeste travail, même s'ils ne sont pas nommément désignés. Qu'ils trouvent ici l'expression de ma parfaite reconnaissance.

A vous tous, que Dieu vous bénisse

Liste des principales abréviations

A.G.E	Assemblée générale extraordinaire
A.G.O	Assemblée générale ordinaire
AJDA	Actualité juridique droit administratif
Al.	Alinéa
AMF	Autorités des marchés financiers
Art.	Article
A.U.	Acte uniforme
AUDCG	Acte uniforme portant droit commercial général
AUDCIF	Acte uniforme relatif au droit comptable et à l'information financière
AUPCAP	Acte uniforme portant organisation des procédures collectives d'apurement du Passif
AUS	Acte uniforme portant organisation des sûretés
AUSCGIE	Acte uniforme relatif au droit des sociétés commerciales et groupement d'intérêt économique
AUSCO	Acte uniforme relatif au droit des sociétés coopératives
BRDA	Bulletin des requêtes de droits des affaires
Bull. civ.	Bulletin civil
Bull. Joly S.	Bulletin mensuel joly d'information sociétés
CA	Cour d'appel
C/	Contre
C.	Cour
C. cass.	Cour de cassation
Cass.com.	Cour de cassation, chambre commerciale
Cass.crim.	Cour de cassation, chambre criminelle
Cass.soc.	Cour de cassation, chambre sociale
C. civ.	Code civil
C. com.	Code de commerce
CCJA	Cour commune de justice et d'arbitrage de l'OHADA
CDACI	Centre de droit des affaires et du commerce international
CEDE	Centre européen de droit et d'économie
CEDIDAC	Centre du droit de l'entreprise, droit industriel, droit d'auteur, droit commercial
CEMAC	Communauté économique et monétaire de l'Afrique centrale
CEREG	Centre de recherches sur la gestion
C. E.	Conseil d'Etat
Cf.	Confère
Ch.	Chambre
Chron.	Chronique
Civ. 1ère	Cour de cassation, première chambre civile

Civ. 2ème	Cour de cassation, deuxième chambre civile
Civ. 3ème	Cour de cassation, troisième chambre civile
CMF	Conseil des marchés financiers
COB	Commission des opérations de bourse
COCC	Code des obligations civiles et commerciales.
Coll.	Collection
Com.	Commentaire
Comm.	Commercial
CREDIJ	Centre de recherche et d'étude en droit et institutions judiciaires en Afrique
CREG	Centre de ressources en économie-gestion
CRES	Consortium pour la recherche économique et sociale
CRG	Centre de recherche en gestion
C. trav.	Code du travail
D.	Recueil dalloz
D. Affaires	Recueil dalloz affaires
Déc.	Décision
DG	Directeur général
Dir.	Sous la direction de
Doc. fr.	La documentation française
Dr. sociétés	Droit des sociétés
Éd.	Edition
ELJA	Edition librairie juridique africaine
ERSUMA	Ecole régionale supérieure de la magistrature
Fasc.	Fascicule
FCP	Le fonds commun de placement
Gaz. Pal.	Gazette du palais
G.I.E	Groupement d'intérêt économique
Ibid.	Même référence
Idem.	Même auteur, la même chose
In	Dans
Infra	Ci-dessous
In limine	Dès le début, le commencement
J.A.D.A	Journal africain de droit des affaires
JCL.	Juris classeur
J.C.P	Jurisclasseur périodique
J.O	Journal officiel
Joly.	Bulletin joly sociétés
Journ. sociétés	Journal des sociétés
Juris-Ohada	Bulletin trimestriel de l'information en jurisprudence OHADA
Lato sensu	Au sens large
L.G.D.J.	Librairie générale de droit et de jurisprudence
Litec	Librairie technique

Loc.cit.	*loco citato* (à l'endroit cité)
LPA	Les Petites Affiches
Mél	Mélanges
N°	Numéro
N° spéc.	Numéro spécial
N.T.I.C	Nouvelles technologies de l'information et de la communication
OBS.	Observations
OCDE	Organisation de coopération et de développement économique
OHADA	Organisation pour l'harmonisation en Afrique du droit des affaires
Ohadata	Base de données doctrinale et jurisprudentielle de l'UNIDA sur le droit de l'OHADA
Op.cit.	*opere citato*, (dans l'ouvrage cité)
OPCVM	Organisme de placement collectif en valeurs mobilières
Ord.	Ordonnance
Ord. réf.	Ordonnance de référé
Par ex.	Par exemple
P.	Page(s)
PCA	Président du conseil d'administration
PDG	Président directeur général
Penant	Revue de droit des affaires des pays d'Afrique
Préc.	Précité (e)
PUA	Presses universitaires d'Afrique
PUF	Presses universitaires de France
PUL	Presses universitaires libres
QPC	Question prioritaire de constitutionnalité
RCCM	Registre du commerce et du crédit mobilier
RDAI	Revue de droit des affaires internationales
RDBF	Revue de droit bancaire et financier
Rec.	Recueil
Rép. Sociétés	Répertoire sociétés dalloz
Req.	Chambre des requêtes de la cour de cassation
Rév.	Revue
Rev. dr. Unif.	Revue de droit uniforme
Rev. Sociétés	Revue des sociétés
RIDE	Revue internationale de droit économique
RID comp.	Revue internationale de droit comparé
RID éco.	Revue internationale de droit économique
RJ Com.	Revue de jurisprudence commerciale
RJDA	Revue jurisprudentielle de droit des affaires
RJTUM	Revue juridique Thémis de l'Université de Montréal

RLDC	Revue lamy de droit civil
RSDA	Revue sénégalaise de droit des affaires
RTD com.	Revue trimestrielle de droit commercial et de droit économique
RTD civ.	Revue trimestrielle de droit civil
RTDJA	Revue trimestrielle de droit et jurisprudence des affaires
RTSJ	Revue togolaise des sciences juridiques
S.	Suivant(e)s
SA	Société Anonyme
SARL	Société à responsabilité limitée
SAS	Société par actions simplifiées
SAU	Société anonyme unipersonnelle
SCA	Société en commandite par actions
SCS	Société en commandite Simple
SERDEAUT	Sorbonne études et recherche en droit de l'environnement, de l'aménagement, de l'urbanisme et du tourisme
SICAV	Sociétés d'investissement à capital variable
SNC	Société en nom collectif
Spéc.	Spécialement
Sté	Société
Stricto sensu	Au sens strict ou restreint
Supra	Plus haut
T. com.	Tribunal de commerce
TGI	Tribunal de grande instance
TIC	Technologies de l'information et de la communication
Traité OHADA	Traité de Port-Louis du 17 octobre 1993 instituant l'OHADA
Trib.com	Tribunal commercial
UAC	Université d'Abomey-Calavi
UCAD	Université Cheikh Anta Diop
UEMOA	Union économique et monétaire ouest africaine
UNIDA	Association pour l'unification du droit en Afrique
V.	Voir
Vol.	Volume

SOMMAIRE

INTRODUCTION GENERALE

> « Tout homme qui a le pouvoir est porté à en abuser (...) Pour qu'on ne puisse abuser du pouvoir, il faut que par la disposition des choses, le pouvoir arrête le pouvoir ». MONTESQUIEU, *De l'esprit des lois*, Livre XI, Chapitre IV, Genève, 1748.

1. Les sociétés sont les principaux acteurs de la scène des affaires. Des personnes mettent en commun des biens et des énergies en vue de réaliser, par des opérations qu'elles font ensemble, des bénéfices partageables ou tout simplement pour profiter de l'économie qui pourra en résulter[1]. Elles organiseraient leurs rapports suivant des contrats[2]. Bien plus, on peut créer par contrat des agents économiques (sociétés)[3]. L'engouement pour la forme sociétaire étant certain de nos jours, il est impératif d'avoir une législation qui favorise une gestion saine, transparente et responsable de la société en vue d'assurer sa crédibilité et sa pérennité[4].

Dans la gestion des sociétés, le droit commun des sociétés commerciales fait coexister, « deux catégories d'acteurs : les associés ou actionnaires, apporteurs de capitaux et véritables maîtres de l'affaire sociale qui est destinée à leur procurer du profit et ceux qui sont mandatés

---

[1] P.-G. POUGOUE, (dir.), *Sociétés commerciales et GIE*, Bruylant, Bruxelles, 2002, p.1.

[2] G. FARJAT, *Droit privé de l'économie : théorie des obligations*, PUF, Paris, 1975, p.6 ; art.105 de l'AUSCGIE : « Entre la date de constitution de la société et celle de son immatriculation au Registre du commerce et du crédit mobilier, les rapports entre les associés sont régis par le contrat de société et par les règles générales du droit applicable aux contrats et aux obligations». Il ressort de ce texte que l'idée du fonctionnement contractuel de la société avant son immatriculation est valable. Dans un cas, elle se fonde sur l'application du droit commun des contrats, tandis que dans l'autre cas, elle s'appuie sur l'application du contrat de société (M. KONE, *Le nouveau droit commercial des pays de la zone OHADA : Comparaison avec le droit français*, LGDJ, Paris, 2003, p.185, n°292).

[3] G. FARJAT, *Droit privé de l'économie : théorie des obligations*, op.cit., p.6.

[4] M.-A. NJANDEU, « La protection de la société commerciale en droit OHADA », A. AKAM AKAM,
Les mutations juridiques dans le système OHADA, L'Harmattan, 2009, p.230, n°2.

par eux»[5], à savoir les dirigeants sociaux qui, même s'ils sont associés eux-mêmes doivent gérer au mieux l'intérêt social. Les entrepreneurs apportent donc leurs biens à la société et en confient la gestion[6] aux dirigeants. En conséquence, le vrai pouvoir dans les sociétés appartient aux managers[7].

2. Néanmoins, la société est gouvernée par « la loi de la majorité»[8] qui régit les délibérations des organes sociaux, comme l'assemblée générale des associés et le conseil d'administration[9]. Dans ces conditions, les associés minoritaires estiment qu'ils n'ont pas d'influence sur la politique poursuivie par l'entreprise dans laquelle ils ont investi, car, « il appartient aux majoritaires, et aux dirigeants qu'ils ont mis en place, de définir l'intérêt au vu duquel la société est gouvernée»[10]. De cette manière, il est nécessaire d'apprécier la place des associés minoritaires dans la gouvernance des entreprises en droit « OHADA »[11].

3. Le terme de « place » est polysémique. Il renvoie à l'idée d'espace, de lieu, voire de défense de ce lieu. On parle de « place forte ». Mais la place, c'est aussi l'emploi ; on connaît l'expression de « gens de place ». Enfin, la place illustre encore le rang, la situation, le statut[12]. Par ailleurs, la notion d'associé[13] est à la base du contrat de société. Mais il n'existe quasiment pas de définition juridique de ladite notion en droit OHADA. Ce

---

[5] J. ISSA-SAYEGH, « L'OHADA et le gouvernement des entreprises », 27 septembre 2007, http://www.ajbef.info/index.php/communications/82-l-ohada-et-le-gouvernement-des-entreprises. Consulté le 11/06/2016.

[6] Y. GUYON, « La société anonyme, une démocratie parfaite ! », Propos impertinent de droit des affaires. Mélanges en l'honneur de C. GAVALDA, Dalloz, Paris, 2001, p.136.

[7] G. FARJAT, *Pour un droit économique*, PUF, Paris, 2004, p.80.

[8] La loi de la majorité signifie qu'une décision de la compétence des associés peut être considérée comme valide même si elle n'a pas reçu l'adhésion de la majeure partie d'entre eux : au minimum la moitié plus un, éventuellement, les deux tiers, les trois quarts, etc. P. DIDIER et Ph. DIDIER, *Droit commercial, tome 2, Les sociétés commerciales*, p. 298, n°373 ; M. KONE, *Le nouveau droit commercial des pays de la zone OHADA : Comparaison avec le droit français*, op.cit., p.159, n°248.

[9] Le gouvernement de la société appartient donc, légalement, à celui qui détient la majorité des actions votantes au moment du scrutin (Cl. CHAMPAUD, *Le pouvoir de concentration de la société anonyme*, Sirey, Paris, 1962, p.108, n°108).

[10] D. SCHMIDT, « Les associés minoritaires, un combat légitime? » *Cahier de droit de l'entreprise*, n°5 septembre-octobre 2005, p.58.

[11] Organisation pour l'Harmonisation en Afrique du Droit des Affaires. Organisation regroupant actuellement 17 pays d'Afrique; notamment : Bénin, Burkina Faso, Cameroun, Centre Afrique, Comores, Congo, Côte d'ivoire, Gabon, Guinée Bissau, Guinée, Guinée équatoriale, Mali, Niger, République démocratique du Congo, Sénégal, Tchad, Togo. Il s'agit des pays africains qui souhaitaient moderniser leur droit des affaires.

[12] Chr. BRECHON-MOULENES, « La place du juge administratif dans le contentieux économique public », *AJDA*, 2000, p.679.

[13] Etymologiquement, le terme associé vient du latin «socius» qui peut signifier compagnon, allié, ami; on peut dire qu'il s'agit d'agir en commun ou de créer ensemble.

qui signifie que la loi ne donne aucune définition de l'associé[14]. Seulement, le législateur a utilisé ce mot en définissant la société dans l'article 4 de l'AUSCGIE[15]. Dès lors, on peut se contenter des éléments de définition du législateur français contenus dans la définition de la société donnée par l'article 1832[16] du Code civil. Ledit article pose les conditions spécifiques à la création de la société et celui qui remplit ces conditions est un associé. Il s'agit de la mise en commun d'apports, la participation aux résultats, et la contribution aux pertes. Il fait également implicitement référence, à son intention à s'associer, à l'« affectio societatis»[17].

Selon la doctrine, l'associé est celui qui réalise un apport à la société et qui dispose en contrepartie d'un droit d'intervention dans les affaires sociales[18]. VIANDIER confirme que l'associé est celui qui promet d'apporter un bien à la société et qui intervient dans les affaires sociales[19]. En ce sens, la

---

[14] J-M. MOULIN, *Droit des sociétés*, Gualino, Paris, 2006, p.53 ; E. C. MONTCHO AGBASSA, « Les droits fondamentaux de l'associé en droit OHADA », *RTSJ*, n°7, janvier-Juin 2015, p.67.

[15] La société commerciale est créée par deux (2) ou plusieurs personnes qui conviennent, par un contrat, d'affecter à une activité des biens en numéraire ou en nature, ou de l'industrie, dans le but de partager le bénéfice ou de profiter de l'économie qui peut en résulter. Les associés s'engagent à contribuer aux pertes dans les conditions prévues par le présent Acte uniforme.

[16] La société est instituée par deux ou plusieurs personnes qui conviennent par un contrat d'affecter à une entreprise commune des biens ou leur industrie en vue de partager le bénéfice ou de profiter de l'économie qui pourra en résulter. Elle peut être instituée, dans les cas prévus par la loi, par l'acte de volonté d'une seule personne. Les associés s'engagent à contribuer aux pertes.

[17] Egalement appelé « jus fraternitatis », exprime la volonté commune de tous les associés de grouper leurs efforts en vue d'un but commun. Cet élément présente deux caractéristiques : Collaboration active et consciente de tous les associés en vue de réalisation de leur objectif social. L'intérêt personnel des associés doit s'effacer devant l'intérêt de la société. C'est ce qui distingue l'associé du simple bailleur de fonds et du co-indivisaire. Collaboration sur un pied d'égalité. G. HUBRECHT, A. COURET et J.-J. BARBIERI, *Droit commercial*, 10ème éd., Sirey, Paris, 1986, p102. Selon M. SAMB, l'*affection societatis* signifie que les associes collaborent de façon effective à l'exploitation dans un intérêt commun et sur un pied d'égalité. Il justifie le fait de participer à la gestion au contrôle et la participation à l'administration de la société (M. SAMB, « La réforme du droit des sociétés de l'OHADA : aspects généraux et droit transitoire », *Bulletin de droit économique*, Université Laval, 2014, p.2).
Le Code civil ne prévoit pas expressément cette condition mais elle est généralement rattachée à la volonté commune des associés (M. JORGE, *Droit des affaires*, Armand Colin, Paris, 1999, p.120). De même, la notion d'*affectio societatis* n'est pas utilisé par le législateur OHADA, mais on peut la déduire de l'article 4 de l'AUSCGIE, selon lequel, la société commerciale doit être créée « dans l'intérêt commun des associés » (E. C. MONTCHO AGBASSA, op.cit., p.72 ; M. SAMB, « La réforme du droit des sociétés de l'OHADA : aspects généraux et droit transitoire », op.cit., p.2). Selon la jurisprudence, il n'y a pas de contrat de société s'il n'y a pas d'*affection societatis* (Cass.com. 25 juill. 1949, JCP 1950.II.5798, note Bastian; Cass.com.3 juin 1986, Bull. civ. IV, n°116, p.98).

[18] J-M. MOULIN, op.cit., p.53.

[19] A. VIANDIER, *La notion d'associé*, LGDJ, Paris, 1978, n°156 et s.

notion d'associé se définit à partir de deux critères : la réalisation d'un apport et la participation à la vie sociale[20].

4. Précisément, dans le domaine du droit des sociétés commerciales, l'associé est une personne physique ou morale qui a effectué des apports au capital d'une société et en contrepartie, il a des actions (actionnaire) ou parts sociales (associé) selon qu'il s'agit d'une société de capitaux ou d'une société de personnes. Sauf qu'actuellement, des évolutions récentes semblent remettre en cause cette approche, parce qu'il est possible de rencontrer des associés qui n'ont pas fourni d'apports. C'est le cas des salariés qui peuvent gratuitement recevoir des actions et devenir actionnaires[21].

Face à cette situation, l'utilisation de la notion d'apport pour caractériser la qualité d'associé devient insuffisante[22]. L'associé est donc la personne qui fait partie de la société[23]. Autrement dit, il s'agit d'une personne physique ou morale qui adhère à un contrat de société. « Il a de ce fait le statut juridique d'un cocontractant »[24]. Mais le terme associé dans son acception large recouvre tous les membres d'une société qui y sont liés par leurs apports qui peuvent être en nature, en numéraire ou en industrie sauf dans les sociétés anonymes pour lesquelles les apports en industrie sont interdits[25], sans faire une distinction entre l'associé stricto sensu et l'actionnaire qui pourtant ne sont pas soumis aux mêmes règles. Enfin, la désignation des associés varie en fonction du type de société indexée[26].

---

[20] V. MAGNIER, *Droit des sociétés*, 5ème éd., Dalloz, Paris, 2011, p.87.

[21] L'article 626-1 et suivant de l'AUSCGIE. Selon un auteur, pour le moment, il semble donc que l'actionnariat des salariés soit l'un des moyen-peut-être même le principal- moyen permettant aux salariés d'être associé à la création de la valeur (Chr. LASSALAS, « L'actionnariat des salariés », Mélanges en l'honneur de J. STOUFFLET, LGDJ, Paris, 2001, p.170).

[22] G. H. TCHDOYI-DOUMBE, *La cession de droits sociaux de l'associé minoritaire*, Thèse, Auvergne-Fernand I, 2010, p.108.

[23] E. M. KAMTA FENDOP, « Associés » *Encyclopédie du droit OHADA*, Lamy, 2011, p.354.

[24] J. DJUIKOUO, « Exclusion d'un associé dans les sociétés commerciales en droit OHADA », *Revue africaine des sciences juridiques*, n°1, 2014, p.139.

[25] Parmi les reformes de l'AUSCGIE, il y a la possibilité d'effectuer des apports en industrie dans les différents types de sociétés, sauf dans les sociétés anonymes, cf. art.50-1 à 50-4 et 389.

[26] Ainsi, dans les sociétés à responsabilité limitée (SARL) on parle d'associé ou de porteur de parts ; dans les sociétés anonymes (SA) il s'agit des actionnaires ; pour les sociétés en commandite simple (SCS), l'appellation est duale et correspond selon le cas aux associés commandités et aux associés commanditaires ; dans les sociétés en nom collectif (SNC), on parle simplement d'associés en nom ; alors que pour les sociétés coopératives, il s'agit des coopérateurs. Si la société commerciale est unipersonnelle, l'associé qui la constitue est désigné par le vocable « associé unique » (Art. 5 de l'AUSCGIE). E. M. KAMTA FENDOP, « Associés », op.cit., p.354. Egalement pour la société par actions simplifiée, on parle d'associé.

5. Pour le législateur OHADA, quand il s'agit de parler de société d'une manière générale sans distinction de sociétés de capitaux et de sociétés de personnes, il utilise le terme d'associé[27] et très rarement, il fait allusion à la notion d'actionnaire. Un auteur a affirmé également « que l'associé est toute personne qui crée seule ou avec d'autres, une société commerciale que celle-ci soit de personnes ou de capitaux »[28]. De même, le vocabulaire juridique définit l'actionnaire comme un associé propriétaire d'une ou plusieurs actions, dont la responsabilité est limitée au montant de son apport[29].

6. L'étude des notions d'associé et d'actionnaire, montre que l'actionnaire a toujours été regardé comme un associé. Pourtant, cette présentation n'est guère conforme à la réalité, si l'on veut bien se souvenir de ce qu'est un associé. Sans doute certains actionnaires ont-ils la qualité d'associés, mais ce n'est pas le cas de tous. Beaucoup ne sont que des bailleurs de fonds dont l'état d'esprit est bien éloigné de celui de l'associé connu du Code civil[30]. Car l'actionnaire achetant des actions de préférence sans droits de vote, est moins sensible à la gestion de la société. Même la jurisprudence a considéré le droit de vote de l'associé comme l'une de ses prérogatives fondamentales[31]. C'est pourquoi il y a lieu de distinguer, parmi les actionnaires, ceux qui ont véritablement une âme d'associé et ceux qui se bornent à réaliser un investissement sans avoir une telle ambition[32]. Dans ce sens, il existerait entre l'actionnaire et l'associé une différence de degré et non pas de nature[33].

7. Dans la réalité, même si l'*affectio societatis* est considéré comme une condition nécessaire pour avoir la qualité d'associé, cette affirmation est loin de faire l'unanimité lorsqu'il s'agit des sociétés de capitaux. En effet, il est évident de refuser de prendre en compte la psychologie de l'associé afin de lui reconnaître ou lui refuser cette qualité. Autrement dit, l'*affectio*

---

[27] Voir par exemple l'Acte uniforme OHADA relatif au droit des sociétés commerciales dans son art.4 et s.

[28] D. NZOUABETH, *Les litiges entre associés*, Thèse, UCAD, 2005, p.16.

[29] G. CORNU, *Vocabulaire juridique*, PUF, Paris, 2011, p.25.

[30] V. F. X. LUCAS. « Les actionnaires ont-ils tous la qualité d'associé ? - Brefs propos discursifs autour du thème de l'associé et de l'investisseur », *RDBF*, n°4, juillet 2002.

[31] Cass. civ. 7 avril 1932 : DP 1933, I, p. 153, note P. Cordonnier. Cass.com. 9 février 1999 : JCP éd. E 1999, p.724, note Y. GUYON; Bull. Joly, § 122, 1999, p.577, note J.-J DAIGRE.

[32] Br. KAMENA, *La situation de l'associé minoritaire en France et dans l'espace OHADA*, Thèse, Pierre Mendes France, 2005, p.20.

[33] D. BERT, « La mise en œuvre de la règle de l'unanimité en droit des sociétés », Commentaires d'un arrêt de la CA Versailles, 12ème ch., 24 février 2005, Recueil Dalloz 2005 p.1853.

societatis ne saurait être l'un des critères de la détermination de l'associé[34]. Selon un auteur, les actionnaires dormants demeurent incontestablement des actionnaires à part entière, même si l'on peut s'interroger sur la permanence de leur *affectio societatis.* Leur sommeil est même quelquefois récompensé car il est synonyme de fidélité[35], et l'on peut observer en droit OHADA que les actionnaires dormants titulaires d'actions nominatives accèdent sans difficulté au droit de vote double[36]. Cela conduit à se demander ce qu'est, finalement, un bon actionnaire[37].

8. En outre, qui est actionnaire dans le portage?[38] Ce dernier est une opération dans laquelle une des parties acquiert temporairement une participation dans une société au titre d'un service qu'elle rend à une autre partie, le donneur d'ordre, qui lui assure la sortie, en s'engageant à racheter les titres ou à les faire racheter par un autre bénéficiaire[39]. C'est le cas d'un établissement de crédit. Cependant, les juges français précisent que ce service n'est ni uniquement ni essentiellement une avance ou un crédit, mais passe par une prise de participation temporaire[40]. La question au cœur du problème, est de savoir si le porteur est un véritable actionnaire : d'un côté, il est propriétaire des actions ; mais, d'un autre côté, il ne court pas les risques, de gain ou de perte, de l'actionnaire, vote sur avis et n'a pas l'*affectio societatis*[41]. La Cour de cassation française a affirmé que sauf stipulations contraires, le porteur n'a alors pas vocation à conserver les dividendes, ni à exercer les droits de vote attachés aux actions temporairement cédées. A défaut, il n'est plus un simple porteur, mais un véritable actionnaire, qui ne peut échapper à toute contribution aux pertes par la stipulation de promesses

---

[34] Le critère psychologique de l'*affectio societatis* reçoit application uniquement dans l'hypothèse de la qualification de société. D'éminents auteurs ont pu dire à ce propos que « l'*affectio societatis* ne demeure dans les sociétés anonymes qu'a l'état d'abstraction » : P. Le CANNU, Droit des sociétés, Montchrestien, Paris, 2003, n° 858.

[35] G. PARLEANI, « Qu'est-ce qu'un actionnaire ? Les actions délaissées », Revue des sociétés, 1999, p.715.

[36] Art.752 de l'AUSCGIE : « Un droit de vote double de celui conféré aux autres actions, eu égard à la quotité du capital qu'elles représentent, peut être conféré par les statuts ou l'assemblée générale extraordinaire aux actions nominatives entièrement libérées pour lesquelles il est justifié d'une inscription nominative depuis au moins deux (2) ans au nom d'un même actionnaire».

[37] G. PARLEANI, « Qu'est-ce qu'un actionnaire ? Les actions délaissées », op.cit., p.715.

[38] F. POLLAUD-DULIAN, « Qu'est-ce qu'un actionnaire? L'actionnaire dans les opérations de portage », Revue des sociétés, 1999, p.765.

[39] D. SCHMIDT, « Les opérations de portage des titres de sociétés », *in* Les opérations fiduciaires, Feduci-LGDJ, 1985, p. 29 ; M. Jeantin et J.-P. Bertrel, Le portage d'actions, RJDA 1991/10, p. 683 ; numéro spécial Conventions de portage, RD bancaire et bourse, juill.-août 1991 ; F.-X. LUCAS, *Les transferts temporaires de valeurs mobilières*, LGDJ 1997, n° 103 s., cité par F. POLLAUD-DULIAN, op.cit., p.765.

[40] Paris, 9 juin 1983, *Iro-holding c/ Setilex*, D. 1984, Somm. p. 81, obs. M. Vasseur.

[41] D. SCHMIDT, « Les opérations de portage de titres de sociétés », op.cit., p.29.

de vente et de rachat à prix fixe garanti[42]. Mais le porteur est un véritable actionnaire[43], mais un actionnaire temporaire car il possède la qualité d'actionnaire uniquement pendant la durée d'exécution de son engagement de portage. Le donneur d'ordre ou bénéficiaire, lui, n'est qu'un actionnaire en suspens, un actionnaire à terme. Cette distinction ne va pas sans difficulté, car l'actionnaire à terme est d'ores et déjà intéressé à la bonne marche de la société, alors que l'actionnaire temporaire a acquis les titres, non par intérêt pour la société, mais dans le cadre de l'exécution d'un contrat de service[44].

9. De même, qui des époux a la qualité d'associé en cas d'apport ou d'acquisition de droits sociaux à l'aide de biens communs[45]. L'article 1832-2, du Code civil français attribue la qualité d'associé à l'époux qui réalise l'opération. Néanmoins, l'alinéa 3 du même article ouvre une porte d'entrée dans la société au conjoint en lui permettant de revendiquer la qualité d'associé à hauteur de la moitié des parts. Ce système n'est applicable qu'aux sociétés dont les parts ne sont pas négociables. Ainsi, lorsque l'apport ou l'acquisition des titres de SA ou de SAS est effectué au moyen de biens communs par un seul des époux, c'est celui-ci qui acquiert seul la qualité d'associé quand bien même ces actions restent-elles des biens communs qui donneront lieu à partage en cas de liquidation[46]. L'apport se présente alors comme un élément de la notion d'associé comme l'a démontré VIANDIER[47]. Du moment qu'il y a apport, il y a attribution de droits sociaux, et partant attribution de la qualité d'associé[48]. La validité de cette approche articulée autour de la propriété se vérifie puisqu'elle est l'outil qui permet à la jurisprudence de déterminer l'associé lorsqu'une pluralité de personnes peut prétendre à cette qualification[49].

10. La question d'identifier l'associé se pose également vis-à-vis de l'« indivision »[50].

---

[42] Cass.com., 22 février 2005, Laurent, pourvoi n° *03-16.336*, JCP E 2005, n° 27, p. 1164.

[43] F. DEBOISSY, *La simulation en droit fiscal*, LGDJ, 1997, n°174.

[44] F. POLLAUD-DULIAN, op.cit., p.765.

[45] J. DERRUPPE, « Les droits sociaux acquis avec des biens communs selon la loi n° 82-596 du 10 juillet 1982 », *Defrénois* 1983, art. 33053, cité par D. BERT, op.cit., p.1853.

[46] D. BERT, « La mise en œuvre de la règle de l'unanimité en droit des sociétés », Commentaires d'un arrêt de la CA Versailles, 12ème ch., 24 février 2005, Recueil Dalloz 2005 p.1853.

[47] A. VIANDIER, *La notion d'associé*, n° 154 s.

[48] R. KADDOUCH, *Le droit de vote de l'associé*, Thèse, Aix Marseille, 2001, p.33.

[49] D. BERT, « La mise en œuvre de la règle de l'unanimité en droit des sociétés », Commentaires d'un arrêt de la CA Versailles, 12ème ch., 24 février 2005, Recueil Dalloz 2005 p.1853.

[50] L'indivision de droits sociaux est une situation fréquente en pratique qui résulte de successions non liquidées ou d'une mise en commun conventionnelle de la propriété sur le fondement de l'article 1873-1 du Code civil (On parle également de copropriété d'actions. Ce mode d'organisation est à la lisière de la qualification de société en participation. Sur ces

Afin d'accroître l'implication des associés, les sociétés ont besoin avant tout de mieux identifier leurs associés. Sur ce terrain, la question est de savoir qui de l'indivision ou des indivisaires a la qualité d'associé. En l'absence de textes précis, trois courants doctrinaux ont émergé. Pour les uns, l'associé est l'indivision bien qu'elle n'ait pas la personnalité juridique[51], pour d'autres, il n'y a qu'un seul associé différent en plusieurs personnes distinctes[52] et pour le reste, tous les indivisaires sont associés[53]. C'est à cette dernière thèse que se rallie la Cour de cassation[54]. Par ailleurs, le terme d'associé peut être utilisé pour toutes formes de sociétés, alors que le terme d'actionnaire ne s'applique qu'à une seule forme sociale. Par conséquent, le terme d'associé sera préféré à l'actionnaire dans le cadre de cette étude.

11. Dans une société commerciale, il y a d'un côté les associés majoritaires et de l'autre, les minoritaires. Ces derniers sont ceux qui en raison de leur faible participation dans le patrimoine social, ne jouent pas un rôle décisionnel important durant les assemblées générales. Dans le droit des sociétés, ce terme définit l'associé ou un groupe d'associés qui détient à l'assemblée générale une participation en capital inférieure à celle détenue par un groupe opposé[55]. Selon Yves GUYON, la minorité réunit ceux qui pour des raisons diverses n'ont pas voté les résolutions adoptées par la majorité[56] dans un organe social. Ce qui veut dire que la majorité rassemble les associés qui, grâce au nombre de parts sociales ou d'actions qu'ils détiennent, sont assurés de dominer le vote et par conséquent, faire adopter toutes les décisions qu'ils soutiennent et auxquelles tous les associés doivent s'incliner. De cette manière, la notion de «minorité» signifie que toute personne membre d'un groupement régi par la loi de la majorité doit se soumettre à la décision du plus grand nombre, ou se démettre[57].

---

questions, M. STORCK, « Les groupements de copropriétaires d'actions », Rev. sociétés 1983, p. 293).

[51] C. CHAMPAUD, RTD com. 1969, p.505.

[52] J. HEMARD, F. TERRE et P. MABILAT, *Sociétés commerciales*, t. II, Dalloz, Paris, 1974, n°616.

[53] A. VIANDIER, *La notion d'associé*, op.cit., n°239.

[54] Cass. 1re civ. 6 févr. 1980, Rev. sociétés 1980, p. 521, note A. Viandier ; RTD com. 1980, p. 383, obs. R. Houin ; CA Paris 26 janv. 1996, Bull. Joly Sociétés 1996, p. 311, note P. Le Cannu ; Cass. crim. 11 avr. 1996, RJDA 1996, n° 1213. Plus généralement, V. Y. FLOUR, La qualité d'actionnaire et l'indivision, Rev. sociétés 1999, p. 569

[55] D. SCHMIDT, *Les droits de la minorité dans la société anonyme*, Thèse, Strasbourg. 1969. p.5, cité par F. HMODA, *La protection des créanciers au sein des groupes de sociétés,* Thèse, Franche-Comté, 2013, p.68.

[56] Y. GUYON, *Droit des affaires : droit commercial général et sociétés*, 12ème éd., Economica, Paris, 2003, p.408.

[57] D. SCHMIDT, « Les droits de minorités et les offres publiques ». *Rec. Dalloz,* 2007. p.1887.

12. Mais la position de minoritaire est d'abord fonction des règles de majorité applicables à l'adoption des résolutions ; ces règles varient selon les prises de décision en cause et selon la forme de la société dans laquelle la décision est prise : majorité des trois quarts des parts sociales, majorité de la moitié des parts sociales, doubles majorités en nombre d'associés et en nombre de parts sociales ou autres conditions fixées par les statuts. Selon le type de société et la nature de décision à prendre, la majorité requise peut être relative, absolue, simple ou qualifiée, soit sur la base des présents avec ou non exigence d'un quorum, soit sur la base des associés composant la société[58].

D'une manière générale, la majorité se calcule le plus souvent en capital, en tenant compte par surcroît des parts représentatives. Elle se calcule par tête en cas de fort « *intuitus personae*»[59], ainsi dans les sociétés coopératives dont la règle traditionnelle est « un homme une voix » ou dans les sociétés en nom collectif sauf clause contraire.[60] En somme, les associés minoritaires représentent ceux qui n'ont pas assez de voix pour emporter les décisions lors du vote dans un organe de gestion sociale quand les décisions sont prises selon le principe de majorité.

13. Outre cela, les termes de société et d'entreprise sont souvent pris pour synonymes[61], alors qu'il est inconcevable d'assimiler ces deux concepts[62] étant donné qu'on a des entreprises exploitées par des personnes physiques, sans sociétés, c'est d'ailleurs le plus grand nombre. Seule la notion de société existe en droit. Cette dernière sert de support juridique à l'entreprise.

Quant à l'entreprise, elle est une notion plus économique que juridique. A l'interrogation : qu'est-ce que l'entreprise? Le juriste répond, avec raison, qu'elle n'est pas une notion juridique[63]. Le monde de l'entreprise est au cœur de l'actualité et du débat public. Pourtant, nous avons souvent du mal à en prendre la mesure, voire à le définir[64]. Dans le langage commun, la société commerciale est synonyme d'entreprise.

---

[58] D. VIDAL, *Droit des sociétés*, 7ème éd., LGDJ, Paris, 2010, p.292.

[59] L'*intuitus personae* peut être défini comme « la considération de la personne, de son identité, de ses qualités de façon très générale, quand on s'associe pour former une société. C'est donc un facteur d'ordre psychologique, un élément intentionnel capital, qui détermine l'individu à contracter. J. PAILLUSSEAU, *La société anonyme : technique d'organisation de l'entreprise*, Sirey, Paris, 1967, p.40.

[60] D. VIDAL, op.cit., p.292.

[61] B. GOLDIMAN, cité par J. Ph. ROBE, « L'entreprise en droit », *Droit et Société*, n°29, 1995, p.122.

[62] Il n'y a pas d'identité entre entreprise et société : toutes les entreprises ne sont pas des sociétés (J.-P. LE GALL, *Droit commercial (Mémentos)*, 14ème éd., Dalloz, Paris, 1998, p.4).

[63] P. S. A. BADJI, « OHADA et bonne gouvernance d'entreprise », op.cit., p.210.

[64] C. A. W. NDIAYE, *Droit des entreprises individuelles*, L'Harmattan, Dakar, 2018, p.11, n°1.

Ramené sous l'angle du droit, la société commerciale se distingue de l'entreprise dans la mesure où cette dernière est considérée comme un concept économique[65]. L'entreprise est une organisation économique et humaine[66], alors que la société n'est qu'un cadre juridique[67]. C'est-à-dire que sur le plan de l'analyse juridique, la société est le mode d'organisation par lequel sont reconnus les droits et obligations entre la société, ses membres et ses organes, ainsi qu'à l'égard des tiers[68], alors que l'entreprise n'est pas un sujet de droit autonome; elle n'est pas un sujet de droit concurrent de la société[69].

Pour certains, elle devrait être une nouvelle personne juridique pour faire une place aux intérêts des salariés à côté de ceux des actionnaires[70]. Selon un auteur, la société est la technique juridique destinée à donner à l'entreprise une existence et une organisation sur le plan juridique[71]. Cela signifie que l'entreprise n'est saisie par le droit que lorsqu'elle revêt la forme d'une société commerciale[72]. D'après SUPIOT, « la notion d'entreprise est l'une des plus irritantes qui soit pour un juriste dans la mesure où elle est à la fois insaisissable et incontournable »[73].

14. Toutefois, l'économie et le droit sont devenus deux disciplines aussi interactives qu'interdépendantes. L'économie conduit le juriste, et donc le juge, à s'aventurer sur des terres nouvelles qui ne sont plus aujourd'hui *terra incognita*, mais qui n'en demeurent pas moins matière à remise en cause : remise en cause des concepts, des catégories juridiques, des méthodes, etc., à partir desquels il avait l'habitude de raisonner[74]. L'entreprise, cette notion depuis longtemps familière aux économistes est passée dans le langage juridique.

D'après NDIAYE, l'entreprise est une notion moderne et polysémique qui n'a fait son apparition que très récemment dans notre droit, du moins par rapport à son contenu[75]. Dès lors, l'entreprise et la société sont

---

[65] M. A. NJANDEU MOUTHIEU, « Notion de société commerciale », *Encyclopédie du droit OHADA*, Lamy, 2011, p.1272, n°31.

[66] L'entreprise est un ensemble de moyens humains et matériels ayant pour objet une activité économique (production, commercialisation, service) et pour but la recherche du profit maximum au sein d'un marché (J.-P. LE GALL, op.cit., p.4).

[67] Pour J. PAILLUSSEAU, « Les fondements du droit moderne des sociétés », JCP 1984, I, 3148, n°18 in fine et n°42, cité par P. S.A. BADJI, « OHADA et bonne gouvernance d'entreprise », *Revue ERSUMA*, n° 2 - Mars 2013, p.3.

[68] D. VIDAL, *Droit des sociétés*, op.cit., p.9.

[69] D. VIDAL, ibid.

[70] G. FARJAT, *Pour un droit économique,* op.cit., p.74.

[71] J. PAILLUSSEAU, *La société anonyme : technique d'organisation de l'entreprise*, Sirey, Paris, 1967, p.4.

[72] M. A. NJANDEU MOUTHIEU, « Notion de société commerciale », op.cit., p.1272, n°31.

[73] Cité par J. Ph. ROBE, op.cit., p.118.

[74] Chr. BRECHON-MOULENES, op.cit., p.679.

[75] C. A. W. NDIAYE, *Droit des entreprises individuelles*, op.cit., p11, n°2.

intimement associées sans que l'une ne l'emporte sur l'autre. S'il est indispensable pour les juristes de connaître l'impact économique des normes juridiques dans des domaines tels que le droit des sociétés ou celui des valeurs mobilières, il est tout aussi important que les économistes acquièrent une connaissance des structures juridiques sur lesquelles reposent les différents marchés et politiques[76].

En effet, les règles économiques sont plus étroitement liées aux règles juridiques que ne le sont les règles techniques, et ce phénomène est encore renforcé par la régulation du marché[77]. Ce qui signifie que le droit intervient bien souvent dans le domaine économique. Néanmoins, la notion d'entreprise comprend toute entité exerçant une activité économique, indépendamment du statut juridique de cette entité et de son mode de financement[78]. C'est une unité regroupant des facteurs de production avec pour objectif de produire ou de distribuer des biens ou services en vue de réaliser un profit. Seulement, dans cette étude, le terme d'entreprise et celui de société seront utilisés comme des synonymes.

15. Plus récemment, est apparu le concept de gouvernance d'entreprise. Celui-ci inclut des domaines sur lesquels l'évolution du droit des sociétés a porté jusqu'à présent. En effet, la notion de « gouvernance »[79] est utilisée dans plusieurs sphères. Par cette notion, on entend généralement l'action de piloter, de diriger, de gérer et de gouverner les affaires d'une organisation. Cette dernière peut être un pays, une région, ou une entreprise publique ou privée. C'est à partir des années 1990 que s'est propagé ce concept de gouvernance[80] des entreprises par l'illustre notion de « corporate governance »[81]. Plus qu'un simple domaine d'études, dédié aux interactions

---

[76] K. BELGHITH, *La protection des actionnaires minoritaires lors d'opérations de prises de contrôle*, Thèse, Montréal, 2007, p.3.

[77] Chr. BRECHON-MOULENES, op.cit., p.679.

[78] L'entreprise a reçu des définitions d'ordre économique. Au niveau européen, il a fallu attendre un arrêt de 1991 de la Cour de justice des communautés pour obtenir une définition fonctionnelle et extensive de la notion d'entreprise, fondée sur le critère de l'activité économique. L'arrêt « Höfner et Elsner » du 23 avril 1991.

[79] D'une étymologie complexe – du latin *gubernare*, emprunté au grec *kubernâo*, le terme de gouvernance fut employé en ancien français sous l'ancien régime avant de disparaître du vocabulaire pendant plusieurs siècles. Ce n'est que dans les années 90 que le mot gouvernance réapparaît en France, plutôt dans les milieux autorisés, à travers l'appellation anglaise « governance ». Voir, E. PASQUIER, Démocratiser la gouvernance d'entreprise, http://contributionlibre.com/2012/09/02/democratiser-la-gouvernance-dentreprise/ Consulté le 10/07/2017.

[80] La notion de gouvernance émerge au début des années 1990 (Ph. MOREAU DEFARGES), *La gouvernance*, « Que sais-je », 1ème éd. PUF, Paris, 2003, p.9).

[81] On situe traditionnellement les réflexions à l'origine de la « corporate governance » aux États-Unis. Cette expression est traduite maladroitement par « gouvernement d'entreprise», alors qu'il serait plus exact de parler de « gouvernance des sociétés », mais la confusion persistante (et parfois entretenue) entre société et entreprise explique que la mauvaise

entre dirigeants et actionnaires pour la direction et le contrôle d'une société, la corporate governance est une doctrine d'origine anglo-américaine[82], prônant un système de solutions et de procédures vouées à la création actionnariale et donc conçues pour garantir au mieux la responsabilité des organes de gestion vis-à-vis de la collectivité des actionnaires[83]. Leur finalité est la préservation des intérêts financiers des actionnaires non dirigeants[84]. En outre, lorsque les associés sont dispersés et que les minoritaires sont nombreux, leur pouvoir devient alors illusoire. Or, le débat actuel sur la « gouvernance des entreprises »[85] prend en compte ces insuffisances et vise à mettre fin à l'omnipotence des « dirigeants sociaux »[86] et tend à réhabiliter

traduction a chassé la bonne, y compris dans les textes législatifs. Voir V. MAGNIER, La gouvernance des sociétés cotées face à la crise, LGDJ, Paris, 2010, p. 279. Donc, corporate governance désigne « les travaux qui portent sur les fonctions, les missions et le contrôle des dirigeants des entreprises ». P.-Y. GOMEZ, La république des actionnaires : le gouvernement des entreprises entre démocratie et démagogie, Syros, Paris, 2001, p. 24. Cela passe par l'intervention des associés dans la vie des sociétés qui va de l'information à la reconquête du pouvoir abandonné aux mains des dirigeants sociaux et de forcer ceux-ci à partir s'ils ne réussissent pas. Il s'agit d'un véritable contre-pouvoir poussant les dirigeants à agir dans l'intérêt de la société et donc des associés mais surtout visant à la meilleure revalorisation des titres sociaux.

[82] Or, les investisseurs américains veulent retrouver dans « les pays où ils investissent les pratiques de gestion de grandes sociétés qui commencent à s'établir aux États-Unis : plus de transparence des informations, plus de contrôle de dirigeants, plus de possibilités d'intervention des actionnaires sur le marché de l'entreprise » (P.-Y. GOMEZ, op.cit., p.65).

[83] P. S. A. BADJI, « OHADA et bonne gouvernance d'entreprise », op.cit., p.212.

[84] A. SILLERO, *Ingénierie juridique et financière*, Eska, Paris, 2001, p.86.

[85] Les principes de base de la gouvernance des entreprise sont au nombre de trois :
-La responsabilité des dirigeants sociaux devant les associés ;
-La probité, qui est le devoir minimum de tout dirigeant se traduisant par des obligations de loyauté et de diligence susceptibles de sanctions civiles;
-La transparence qui implique notamment une information.

[86] Les dirigeants sont les personnes physiques et morales investies de pouvoir de représentation de la société à l'égard des tiers, d'un pouvoir de direction au sein de l'entreprise et d'un pouvoir de contrôle des actes accomplis par d'autres organes de la société (M. SAMB, « La réforme du droit des sociétés de l'OHADA : aspects généraux et droit transitoire », op.cit., p.5.). Ce qui signifie que les dirigeants sociaux sont les personnes qui ont le pouvoir d'engager la société et qui sont en contre partie responsables des affaires sociales (B. NJOYA NKAMGA, « Dirigeants sociaux », *Encyclopédie du droit OHADA*, Lamy, 2011, p.634).

Le terme générique d'organe de gestion, de direction et d'administration est fréquemment utilisé dans l'AUSCGIE pour faire référence aux différents dirigeants sociaux des sociétés commerciales. Selon le contexte, ce terme peut couvrir les fonctions suivantes : administrateur général, le président du conseil d'administration, président directeur général, administrateur, directeur général et directeur général adjoint (même lorsqu'ils ne sont pas membre du conseil d'administration), et gérants. B. MARTOR, N. PILKINGTON, D. SELLERS et S. THOUVENOT, L*e droit uniforme africain des affaires issue de l'OHADA*, 2ème éd., Litec, Paris, 2004, p.94.

Outre les dirigeants de droit, définis par la loi, les dirigeants de faits sont définis par la jurisprudence Voir P. Le Cannu, « Les dirigeants de la société par actions simplifiée », Revue des sociétés, 1994, p.239, cité par P. S. A. BADJI, *Réforme du droit des sociétés*

l'associé dans ses droits[87]. La gouvernance d'entreprise a donc pour but de prôner plus de transparence et d'éthique au sein des sociétés afin de délimiter les responsabilités des dirigeants sociaux et donner la possibilité aux associés de participer effectivement à la gestion sociale. Elle a été, en effet, définie comme le système par lequel les entreprises sont dirigées et contrôlées[88].

16. Pour les entreprises privées, la gouvernance est un système permettant la défense de l'intérêt social, la conduite, la gestion, le contrôle et la pérennité de l'entreprise, précisant les pouvoirs, les responsabilités et les relations des actionnaires et des dirigeants, et s'assurant que les objectifs de création de valeur pour l'ensemble des parties prenantes sont bien pris en compte[89]. De cette manière, la gouvernance des entreprises supplée les manques du droit des sociétés en soulignant les devoirs des dirigeants vis-à-vis des actionnaires : loyauté, transparence, efficacité. En effet, tout dirigeant est tenu envers la société de respecter des devoirs de diligence et de loyauté, ce qui lui interdit en particulier de saisir des opportunités qui pourraient intéresser la société qu'il dirige[90].

17. A la suite de l'émergence de la corporate governance dans la doctrine française, un certain nombre de rapports[91] ont vu le jour pour préconiser une réforme du droit des sociétés. C'est suite à ces différents rapports que le législateur a amélioré la qualité du droit des sociétés en

---

commerciales OHADA, L'Harmattan, Dakar, 2016, note de bas de pages n°41, p.25. On peut également ajouter les dirigeants de crise tels que les administrateurs provisoires (B. NJOYA NKAMGA, « Dirigeants sociaux », op.cit. p.653, n°108.

[87] Ce qui signifie que la corporate governance tend à redonner le pouvoir aux associés.

[88] Selon Sir ADRIAN CADBURY, la *"corporate governance"* désigne le système par lequel les sociétés sont dirigées et contrôlées, v. Colloque *Les Echos* 26 oct. 1994, cité par N. DECOOPMAN, « Du *gouvernement des entreprises à la gouvernance* », Picardie Jules Verne, p.105. C'est l'ensemble des mécanismes qui ont pour effet de délimiter les pouvoirs et d'influencer les décisions des dirigeants (G. CHARREAUX, « Vers une théorie du gouvernement d'entreprise », *cahier de recherche, Dijon*, 1996).

[89] P. CABANE, *Manuel de gouvernance d'entreprise*, Eyrolles, Paris, 2013, p.223.

[90] S. SCHILLER et F. PATRIZIO, « Un rééquilibrage nécessaire des relations entre majoritaires et minoritaires dans les sociétés non cotées », *La Semaine Juridique Entreprise et Affaires*, n° 21-22, 22 Mai 2014, p.1284.

[91] Dans ce cadre, on peut citer notamment les rapports: Viénot I de 1995 , Viénot II de 1999 et le rapport de Monsieur Bouton en 2002 , V. A. COURET, « La recherche d'un meilleur gouvernement des entreprises cotées : la contribution du rapport du groupe de travail présidé par Daniel Bouton », *Bull. Joly Sociétés* 2002, p.1126 ; J. PAILLUSSEAU, « La *corporate governance*, A propos du rapport *Bouton* », *D.* 2002, p.2722, cité par E. GROSBOIS, *Responsabilité civile et contrôle de la société*, Thèse, Caen, 2012, p.94.

Et le législateur français a pris acte de cette émergence de la gouvernance des sociétés. Et à cet effet, il a commandé un rapport au sénateur Marini sur la modernisation du droit des sociétés commerciales. V. Le rapport MARINI, Doc.fr., 1996.

France. Etant donné que la gouvernance des entreprises est subordonnée à la qualité de la législation en vigueur.

18. Quant au droit OHADA, le législateur dans l'AUSCGIE s'est inspiré des grands principes du droit français des sociétés, tout en sachant innover à de nombreux égards et tirer ainsi les conséquences de certaines faiblesses de ce modèle. Il convient de préciser que le système OHADA prend en compte les principes de bonne gouvernance d'entreprise, par l'instauration de règles permettant un meilleur fonctionnement des sociétés[92]. C'est dans ce sens que la réforme de l'Acte uniforme du 30 janvier 2014, a pour socle la notion de gouvernance des entreprises. Cependant, il n'y a pas de quoi pavoiser du fait de l'existence de nombreuses imperfections[93]. Ledit Acte uniforme régit les sociétés commerciales à partir de leur naissance jusqu'à leur disparition en passant par leur fonctionnement. Il est sûrement une pièce importante à cause du rôle des sociétés dans les affaires et le développement.

Même si la notion de société[94] existe en droit, l'évolution vers la reconnaissance de cette notion s'est faite progressivement[95]. Cela parce que la prohibition du prêt à intérêt imposée par l'Eglise a retardé la naissance de la banque moderne, ce qui a contraint les marchands à inventer un substitut pour financer le commerce. C'est de cette manière qu'est apparue l'institution de la société. Certes, la décision de créer une société commerciale constitue généralement une réponse à d'impératifs besoins financiers[96]. Mais l'Eglise a accepté la société car, bien qu'elle condamnât le prêt à intérêt, elle tolérait l'idée du risque pris en commun[97]. Pour protéger ces sociétés commerciales et ceux qui prenaient le risque d'en créer, le droit s'est intéressé à ce domaine. D'où l'apparition du droit des sociétés commerciales[98] et son évolution rapide.

---

[92] P. S. A. BADJI, « OHADA et bonne gouvernance d'entreprise », op.cit., p.213.

[93] P. S. A. BADJI, « OHADA et bonne gouvernance d'entreprise », op.cit., p.218.

[94] Dans sa genèse juridique, la société est un contrat qui nécessite pour les associés, outre les conditions du droit commun des contrats, une volonté commune et réciproque d'être associés, de mettre en commun et à disposition de la société les contributions respectives dûment agréées et évaluées, les « apports » et de partager les résultats mais également, on l'a dit, les risques de l'entreprise (un partage du résultat qui peut être un profit ou une économie ou une perte). P. LETOURNEUR, « Catégories et figures d'associés en France, perspectives et proposition de grille de lecture», *EA entreprise et patrimoine*, colloque, Université de Corse, 2014, p.2.

[95] P.-G. POUGOUE, (dir), *Sociétés commerciales et GIE*, op.cit., p.1.

[96] C. A. W. NDIAYE, « Le capital humain dans l'Acte uniforme relatif au droit des sociétés commerciales et du groupement d'intérêt économique (AUSC-GIE) », *Nouvelles annales africaines*, décembre 2014, p.24.

[97] Y. DE CORDT, « Vers une démocratie des actionnaires », *Université catholique de Louvain*, 2007, p.2.

[98] C'est la branche du droit, attachée au droit commercial, qui a pour objet de définir le régime juridique des groupements volontaires de sujets de droit ayant une finalité économique. Il

19. En Afrique, depuis la période coloniale, l'évolution du droit applicable dans chaque Etat était tributaire de la législation de la métropole. Ce qui signifie qu'en général, les règles juridiques applicables dans la plupart des pays d'Afrique en matière de sociétés, portent la marque de l'héritage de la puissance coloniale[99].

Au lendemain des indépendances, les dirigeants africains ont préféré maintenir en vigueur et perfectionné le droit mis en place à l'époque de la colonisation. Les arguments en faveur de la survie et même de l'épanouissement de ce droit en dehors de la modernité sont d'une part, la nécessité de maintenir le système qui était en vigueur afin d'éviter de provoquer le vide juridique et d'autre part, l'impératif de maintenir en fonction les anciens techniciens, qui étaient le plus souvent des cadres de la colonisation, compte tenu de l'insuffisance de cadres à ce moment.

20. Cependant, dans les anciennes colonies françaises, en 1960, lors de l'indépendance des États africains, la législation qui y était applicable, n'était pas exactement celle qui était en vigueur dans la métropole à cette époque[100]. Cela du fait que ces territoires d'outre-mèr étaient entièrement soumis au principe de la «spécialité législative»[101], et donc les lois françaises ne s'appliquaient que si elles avaient fait l'objet d'une extension spéciale[102].

En conséquence, le droit des sociétés commerciales était disséminé dans de nombreux textes, tantôt applicables à un grand nombre de pays, tantôt aux eux et pas aux autres, tantôt applicable à un pays en particulier[103]. Cette différence de législation a longtemps rendu souvent difficile, la connaissance exacte du droit applicable, pour le praticien du droit africain.

---

s'agit principalement des sociétés proprement dites, civiles ou commerciales ; on y rencontre également d'autres groupement de droit privé, telles certaines associations ou les groupements d'intérêt économique. V. D. VIDAL, op.cit., p.8.

[99] Voir sur la question : « Common Law en droit des sociétés commerciales d'Afrique et d'Haïti », Troisième rencontre de droit comparé du Centre International de la Common Law en français (*CICLEF*), Université de Moncton – Ecole de droit -, Eté 1997, cité par P.-G. POUGOUE, (dir), *Sociétés commerciales et GIE,* op.cit., p.4.

[100] Universités francophones, *Droit commercial et des sociétés en Afrique*, EDICEF/AUPELF, Paris, 1989, p.9.

[101] En effet, en vertu de la règle dite de la « spécialité législative » inscrite dans la constitution française, les lois et décrets adoptés en France métropolitaine ne s'appliquaient pas de plein droit outre-mer. Il fallait pour cela que des décrets particuliers, dits « Décrets portant Règlement d'Administration Publique » (D.R.A.P.) soient adoptés et que des aménagements aient été apportés aux textes métropolitains, pour les adapter aux réalités et aux impératifs locaux.

[102] Or d'une part, de nombreux textes du droit français des sociétés n'avaient pas été étendus en Afrique, et même parfois ceux qui l'avaient été, faisaient l'objet de diverses réserves contenues dans les décrets d'application. , P.-G. POUGOUE, (dir.), *Sociétés commerciales et GIE*, op.cit., p.4.

[103] P.-G. POUGOUE, (dir.), *Sociétés commerciales et GIE*, op.cit., p.17.

Pourtant, comme disait Yves GUYON, ce n'est en effet un secret pour personne que si le droit n'est pas une condition suffisante du développement, il en est une condition nécessaire[104]. Dès lors, à l'instar des Etats occidentaux, certains Etats africains ce sont alignés aux tendances de modernisation des législations afin de conforter l'intégration économique. Par conséquent, lesdits Etats ont décidé de créer un droit des affaires[105] moderne et adapté qui répond aux réalités socio-économiques africaines. Afin de satisfaire aux exigences de l'économie contemporaine, la réforme de l'OHADA devait donc principalement relever le double défi de la mondialisation du droit des sociétés et celui de la sécurisation des associés[106].

21. C'est dans ce cadre qu'un traité d'harmonisation regroupant actuellement dix-sept pays d'Afrique a été signé à Port Louis (Îles Maurice) le 17 octobre 1993. Ce traité a créé ainsi l'Organisation pour l'Harmonisation en Afrique du Droit des Affaires (OHADA). C'est-à-dire qu'ayant conscience que le droit est un moyen de développement, les Etats africains ont institué le traité OHADA[107]. L'instauration d'un espace de sécurité juridique et judiciaire[108] indispensable pour drainer d'importants « investissements »[109] étant en effet l'ambition du Traité OHADA, il

---

[104] Y. GUYON, « Conclusion », *Petites affiches*, 13 octobre 2004, n°205, p.59.

[105] Il demeure constant que le droit OHADA mis au pinacle, est le droit des affaires en Afrique (P. S. A. BADJI, *Pour un droit des affaires*, L'Harmattan, Dakar, 2018, p.20).

[106] H.-D. MODI KOKO BEBEY, « La réforme du droit des sociétés commerciales dans l'OHADA », *Rev. Soc.* Avril-Juin 2002, p.256.

[107] P. S. A. BADJI, « OHADA et bonne gouvernance d'entreprise », op.cit., p.209.

[108] La sécurité juridique comprend aussi la sécurité judiciaire. Le législateur OHADA y accorde une très grande importance. C'est tout l'enjeu de la Cour commune de la Justice et d'arbitrage (P.-G. POUGOUE, « Les quatre piliers cardinaux de la sagesse du droit OHADA », *Les horizons du droit OHADA, Mélanges en l'honneur de F. M. SAWADOGO*, CREDIJ, 2018, p.395).

[109] L'investissement est, on le sait, une notion juridique et économique multiforme qui recouvre des réalités extrêmement variées. Du point de vue économique, l'investissement est l'acte qui vise à obtenir l'accroissement et le renouvellement du capital. Par contraste, les traités bilatéraux d'investissement (TBI) - instruments clés du droit international des investissements - définissent l'investissement comme « tous les avoirs, tels que les biens, droits et intérêts de toutes natures » (S. MENETREY, « La place de l'investissement dans l'OHADA », *Questions de droit économique : les défis des Etats africains*, Larcier, 2011, Ohadata D-13-37, p.1). Selon Chr. GAMALEU KAMENI, sur le plan économique, l'investissement est défini au sens restreint et au sens large. Au sens restreint, l'investissement est l'acquisition de biens de production en vue de l'exploitation d'une entreprise et de dégager un revenu ou une augmentation de la capacité de production. Au sens large, il constitue l'acquisition d'un capital en vue d'en percevoir ou d'en consommer le revenu (Chr. GAMALEU KAMENI, « Réflexions sur la réglementation de l'investissement privé étranger dans l'espace de l'OHADA », *Journal du droit international (Clunet)* n° 4, Octobre 2014, p.1219). Sur le plan juridique, l'investissement est une action visant à placer des fonds ou à engager des capitaux dans une entreprise en vue du profit à long terme et résultat de cette action (V. vocabulaire juridique, association Henri Capitant). Cette double définition de

contribue alors à garantir un climat de confiance et faire de l'Afrique un pôle de développement[110].

Pour comprendre le rôle et la place de l'OHADA, il faut partir de l'objectif d'intégration économique visé par les pays membres de cette organisation. La libre circulation des personnes, des biens, des services[111] et des capitaux que suppose une intégration économique achevée aboutit à un élargissement de l'espace économique pour chaque personne et chaque entreprise. La conquête de marchés extérieurs que postule intégration économique se réalise nécessairement grâce aux instruments juridiques empruntés principalement au droit des affaires ou droit économique. L'emploi de ces instruments sera d'autant plus commode pour les acteurs économiques qu'ils sont conçus et utilisés dans les mêmes conditions dans tous les pays concernés par l'intégration économique[112].

22. Avant l'avènement de cette organisation, le droit des Etats parties étant balkanisé[113], l'investisseur étranger avait de la peine à identifier les règles applicables, ce qui signifie que la diversité des droits nationaux africains découlant de la diversité culturelle constituait un obstacle à l'identification d'un ordre juridique applicable dans la majorité des États africains de cette époque. Les « investisseurs »[114] internationaux étaient sans cesse confrontés aux législations hétérogènes. Quant aux nationaux, ils avaient coutume de dénoncer une situation qui leur était préjudiciable. Celle-ci était caractérisée par la coexistence de textes contradictoires. A cela, s'ajoute la corruption doublée d'une méconnaissance par les juges du monde des affaires[115] et les difficultés d'exécution des décisions[116] judicaires. Ce qui

---

l'investissement laisse présager qu'il demeure, de manière générale, une opération réalisée dans le but d'en tirer profit. Bien qu'il se réalise généralement sur le long terme (Note 10 J.-H. LORENZI, L'utilité des investissements à long terme : Rev. éco. fin., déc. 2012, n° 108, p. 17, cité par Chr. GAMALEU KAMENI, op.cit., p.1219).

[110] P. Chr. EWANE MOTTO, *La gouvernance des sociétés commerciales en droit de l'OHADA*, Thèse, Paris-Est, 2015, p.162.

[111] M. GUEYE, « Liberté contractuelle et ordre public dans le nouvel Acte uniforme relatif au droit des sociétés commerciales», *Nouvelles annales africaines*, n°1, 2015, p.33.

[112] J. ISSA-SAYEGH, « L'OHADA, instrument d'intégration juridique des pays africains de la zone franc », *Revue de jurisprudence commerciale*, n°6, Paris, juin 1999, p.237.

[113] P. S. A. BADJI, « OHADA et bonne gouvernance d'entreprise », op.cit., p.209.

[114] La spécificité des clauses qu'imposent les investisseurs en capital dans les documents statutaires ou/et extrastatutaires des sociétés dans lesquelles ils prennent une participation peut *a priori* faire douter qu'ils sont bien des associés comme les autres. Force est à cet égard de constater que leur singularité s'est traduite par l'émergence, tant en jurisprudence qu'en doctrine d'une nouvelle qualification les concernant, celle de « bailleurs de fonds », le Vocabulaire juridique publié sous l'égide de l'association Henri Capitant, sous la direction de G. Cornu, définissant le « bailleur de fonds » comme « la personne qui consent un prêt dont le montant a une destination déterminée ». M. BERTREL, La société, « contrat d'investissement » ?, RTD Com. 2013 p.403.

[115] P. S. A. BADJI, « Réflexions sur l'attractivité du droit OHADA », *Bulletin de droit économique*, Université Laval, 2014, p.50.

signifie qu'il y avait véritablement une insécurité juridique et judiciaire pour quiconque aurait voulu connaître la législation applicable dans l'un de ces pays et à plus forte raison dans l'ensemble des pays concernés[117] et cette situation était préjudiciable aux justiciables et par ricochet au développement socio-économique. Cette insécurité était liée à la fois à la multiplicité des normes juridiques mais également à leur instabilité et à leur interprétation souvent imprévisible par les juges chargés de les appliquer. En un mot, l'insécurité juridique et judiciaire était due en grande partie à la vétusté des textes en vigueur et à l'insuffisance de la formation du personnel judiciaire.

23. L'instabilité normative est le propre des pays en transition, elle se combine avec une inflation de la réglementation et une gestion bureaucratique de l'activité économique qui se révèle particulièrement nuisible[118]. L'inutilité des procédures administratives auxquelles étaient soumis les investisseurs se conjugue parallèlement avec un niveau très faible de protection de leurs droits par l'administration. Pire, l'autonomie laissée à celle-ci et l'absence de contrôle sur ses activités constituent autant d'invitations à l'arbitraire et à la corruption.

24. Il résulte de l'ensemble de ces facteurs que l'investissement en Afrique devrait supporter un coût particulièrement élevé. Ces imperfections ne faisaient que repousser les investisseurs étrangers, tout en pénalisant les nationaux[119]. Conscients de ce que les investisseurs étrangers ne s'intéressaient plus à l'Afrique à cause de l'insécurité juridique et judiciaire, le législateur a tenu à proposer aux États parties un droit qui assure, et partant, plus attractif à l'endroit des investisseurs[120]. Il est donc évident que le climat d'investissement relève d'une approche globale incluant non seulement des stratégies économiques et politiques ainsi que des règles d'éthique mais aussi la modernisation et l'adaptation du droit des affaires

---

[116] D. C. SOSSA, « La protection des investissements étrangers au regard du droit OHADA : d'une internationalisation rectifiée à une internationalisation consentie », *Les horizons du droit OHADA, Mélanges en l'honneur de F. M. SAWADOGO*, CREDIJ, 2018, p.136.

[117] P. G. POUGOUE, (dir), *Sociétés commerciales et GIE*, op.cit., p.16.

[118] H. MARITON, Rapport n°995, juillet 2003, portant sur l'implantation des entreprises françaises en Russie, déposé par la commission des finances, de l'économie générale et du plan à l'assemblée nationale française, p.39. http://www.assemblee-nationale.fr/12/rap-info/i0995.asp, consulté le28/09/2017.

[119] L'amélioration du climat d'investissement est largement tributaire de la bonne marche de la justice, c'est-à-dire d'une justice crédible, équitable, capable de dire le droit avec compétence et de sécuriser les justiciables (R. MASSAMBA, « L'OHADA et le climat d'investissement en Afrique », *Penant*, n°855, 2006, p.140).

[120] H. D. AMBOULOU, *Le droit des affaires dans l'espace OHADA*, 1ère éd., L'Harmattan, 2014, p.18 ; Le droit OHADA est, dans sa réalisation concrète, un droit des activités économiques. Dès lors, il ne peut être efficace si, d'une part, il n'est pas attractif et si, d'autre part, il n'est pas effectif (P.-G. POUGOUE, « Les quatre piliers cardinaux de la sagesse du droit OHADA », op.cit., p.397).

ainsi que la réhabilitation de la justice et la sécurisation des justiciables, en d'autres termes une stratégie juridique et judiciaire[121].

25. Pour remédier à ces insuffisances, il fallait procéder par l'intégration juridique[122]. Cela parce que le regroupement des Etats africains dans le cadre des politiques concertées était désormais le gage de leur essor économique dans un contexte fortement marqué par la mondialisation de l'économie. Outre cela, plus qu'une harmonisation, l'OHADA est une uniformisation. En effet, l'harmonisation consiste à effacer les différences entre les législations en les rapprochant alors que l'uniformisation est une méthode plus radicale consistant à écrire et appliquer les textes dans les mêmes termes et conditions d'un pays à un autre. Malgré les apparences suggérées par son appellation, l'OHADA a résolument opté pour l'uniformisation et non pour l'harmonisation[123]. Cette œuvre législative a pour objectif d'éliminer les divergences législatives entre les Etats membres qu'avait accentuées depuis leurs indépendances la balkanisation de leurs droits issue de la colonisation, et de faciliter ainsi les échanges économiques[124]. Cette uniformisation était nécessaire car comme disait un auteur, aucun droit n'évolue en vase clos et ce depuis l'avènement de la mondialisation[125]. L'une des conséquences de celle-ci est que chaque droit subit l'influence d'autres droits, ce qui peut amener le législateur concerné à orienter son droit[126].

26. La finalité de l'OHADA est l'unification du droit pour « faire de l'Afrique un pôle de développement »[127]. Ce processus est le gage d'attractivité[128] de l'espace OHADA de son élargissement dans la perspective plus globale d'un droit africain des affaires à l'échelle continentale[129]. Ainsi, la sécurité juridique et judiciaire est l'objectif

---

[121] R. MASSAMBA, op.cit., p.137.

[122] L'OHADA poursuit une œuvre d'intégration juridique et de sécurité juridique dans l'espace OHADA (P.-G. POUGOUE, « Les quatre piliers cardinaux de la sagesse du droit OHADA », op.cit., p.392).

[123] J. ISSA-SAYEGH, « L'OHADA, instrument d'intégration juridique des pays africains de la zone franc », op.cit., p.237.

[124] P. S. A. BADJI, « OHADA et bonne gouvernance d'entreprise », op.cit., p.209.

[125] V. ZAKI LAIDI, *Mondialisation et droit,* D.2007, p.2712, cité par P. S. A. BADJI, « Les orientations du législateur OHADA dans l'AUSCGIE révisé », *Revue ERSUMA,* n°6, janv. 2016, p.10.

[126] P. S. A. BADJI, « Les orientations du législateur OHADA dans l'AUSCGIE révisé », op.cit., p.10.

[127] Préambule du Traité OHADA révisé, cité par V. C. NGONO, « Réflexion sur l'espace judiciaire OHADA », *Revue ERSUMA*, n°6, janv. 2016, p.199.

[128] L'attractivité doit s'entendre ici de la capacité de ce droit OHADA à faciliter les affaires et à attirer les investisseurs (P.-G. POUGOUE, « Les quatre piliers cardinaux de la sagesse du droit OHADA », op.cit., p.398).

[129] R. MASSAMBA, op.cit., p.138.

immédiat, tandis que le développement économique de l'Afrique est l'objectif à long terme[130]. Il est certain que le législateur OHADA, tirant les conséquences de l'inadaptation du droit antérieur à l'évolution des situations économiques et aux besoins des entreprises a repris les principales avancées en la matière dans le droit applicable dans les pays développés.

27. Actuellement, dix Actes uniformes[131] ont été adoptés dont celui relatif au droit des sociétés commerciales et du groupement d'intérêt économique. Ce dernier a été adopté à Cotonou le 17 avril 1997, et entré en vigueur le 1[è] janvier 1998 conformément à son article 920 alinéa 2. Néanmoins, les besoins des investisseurs privés n'ont cessé d'évoluer sur le continent africain depuis l'édiction[132] de cet Acte uniforme. Ainsi, pour des raisons de modernité, dix-sept ans après, le législateur OHADA a décidé de réviser ledit Acte. Un nouvel Acte a été adopté en janvier 2014 et entré en vigueur le 5 mai 2014[133], afin de favoriser la création et le développement des entreprises, et d'encourager les investissements locaux et étrangers dans la zone[134]. Ces réformes entreprises qui sont la préoccupation fondamentale des juristes de l'espace OHADA témoignent de l'adaptation du droit au fait qui se dérobe au fil des années[135]. Actuellement, l'OHADA est assurément un cadre approprié pour l'amélioration du climat d'investissement et l'accélération du développement en Afrique[136]. A cet effet, force est de constater que la question de l'investissement est au cœur de la législation de

---

[130] V. C. NGONO, op.cit., p.199.

[131] -Acte uniforme portant droit commercial général ;
- Acte uniforme relatif au droit des sociétés commerciales et du groupement d'intérêt économique ;
- Acte uniforme portant organisation des sûretés ;
- Acte uniforme portant organisation des procédures simplifiées de recouvrement et des voies d'exécution ;
- Acte uniforme portant organisation des procédures collectives d'apurement du passif ;
- Acte uniforme relatif au droit de l'arbitrage ;
- Acte uniforme relatif aux contrats de transport de marchandises par route ;
- Acte uniforme relatif au droit des sociétés coopératives ;
- Acte uniforme relatif au droit comptable et à l'information financière ;
- Acte uniforme relatif à la médiation.

[132] Fr. E. NDJOLO VODOM, « Réflexions sur la société par actions simplifiée de l'Organisation pour l'Harmonisation en Afrique du Droit des Affaires (OHADA) », *RJTUM*, 2016, p.35.

[133] Cet Acte a été publié au journal officiel de l'OHADA, le 4 février 2014 ; Voir également A. SAKHO, « Modernisation et efficacité du droit OHADA des sociétés », Afrilex, Université Montesquieu Bordeaux IV, 2018, p.2.

[134] Ph. MERLE, « Le nouveau droit des sociétés de l'OHADA », *Recueil Dalloz*, 2014, p.768 ; H.-D. MODI KOKO BEBEY, « La réforme du droit des sociétés commerciales dans l'OHADA », op.cit., p.255.

[135] F. TERRE, cité par P. S. A. BADJI, « Les orientations du législateur OHADA dans l'AUSCGIE révisé », op.cit., p.10.

[136] R. MASSAMBA, op.cit., p.139.

l'OHADA[137]. En cela, comme a pu le dire BAKANDEJA, le droit OHADA présente l'atout majeur d'être un droit de recherche d'équilibre en vue de la promotion des investissements[138].

28. Toutefois, en Afrique, la faiblesse des revenus des ménages n'encourage pas l'habitude de l'épargne et de l'investissement. En dehors des entreprises étatiques ou celles des expatriés, le paysage économique des pays africains est dominé par des entreprises détenues par des familles ou des individus. Pour cette raison, les petites et moyennes entreprises occupent la plus grande part de l'économie. L'absence de très grandes entreprises dont le capital est diffus entre plusieurs milliers d'individus déteint sur les pratiques de gouvernement d'entreprises[139]. C'est pourquoi pour des raisons structurelles, il est difficile d'adapter le modèle occidental de gouvernance d'entreprises à l'Afrique, dès lors que les entreprises sont individuelles ou familiales, majoritairement de petite ou moyenne taille, et sont dirigées par les propriétaires ou les membres de leurs familles.

Pourtant, en ce début du troisième millénaire qui consacre le triomphe de l'économie de marché, le droit des sociétés de l'OHADA devait principalement apporter des solutions à trois types de problèmes qui se posent dans les économies africaines. Le premier problème est relatif à la taille insuffisante des entreprises appelées à affronter la concurrence internationale. Il y a ensuite la nécessité de diversifier les sources de financement des entreprises, notamment en ayant recours aux ressources des marchés financiers. La troisième interrogation concerne le rôle que doivent jouer les associés et les salariés dans la gestion de l'entreprise africaine moderne[140].

29. Mais la prospérité des sociétés commerciales passe par le renforcement de la protection des droits des associés par le législateur. A l'origine, les sociétés étaient conçues comme une démocratie : le pouvoir suprême appartenait aux associés réunis en assemblée générale souveraine, les dirigeants étant les mandataires des associés. Cela parce que la complexité de la gestion de la société exigeait en effet que les associés délèguent une partie de leurs prérogatives. La réalité est aujourd'hui bien différente car il s'est opéré un renforcement progressif des pouvoirs

---

137 Chr. GAMALEU KAMENI, op.cit., p.1219.

138 G. BAKANDEJA WA MPUNGU, « L'internationalisation des échanges et le droit OHADA », in *Lamy Droit civil*, janvier 2010, n° 67, p. 83, cité par S. MENETREY, « La place de l'investissement dans l'OHADA », op.cit., p.6.

139 I. SIDIBE, *La gouvernance des sociétés anonymes dans la zone OHADA*, Thèse, UCAD, 2013, p.7.

140 H.-D. MODI KOKO BEBEY, « La réforme du droit des sociétés commerciales dans l'OHADA », op.cit., p.262.

des dirigeants sociaux, au détriment de ceux de la collectivité des associés[141], et de cette manière, le pouvoir dans la société n'appartiendrait pas au peuple des actionnaires réuni en assemblées générales[142]. Il serait exercé par les dirigeants, qui l'ont confisqué, de telle sorte que le fonctionnement de ces sociétés serait plus technocratique que démocratique[143]. Les dirigeants auraient plus ou moins confisqué le pouvoir, un peu comme les dictateurs qui s'installent et se perpétuent par un dévoiement du suffrage universel[144]. Raison pour laquelle, dans les sociétés dirigées par des cadres non associés, naissent des conflits d'intérêts importants : le dirigeant sera incité à privilégier les mesures qui augmentent sa rémunération plutôt que celles qui augmentent les bénéfices de la société[145]. Il y a donc, et c'est prévisible, une confrontation constante entre la préservation des intérêts patrimoniaux des associés et les pouvoirs des dirigeants sociaux[146]. Selon le rapport MARINI, le droit des sociétés laissait apparaître un double déséquilibre. Cela parce que d'une part, il assure une suprématie des fonctions de direction sur celles de contrôle, d'autre part, il privilégie les contrôles de type externe (judiciaire) au détriment des contrôles internes exercés par les actionnaires et les commissaires aux comptes[147].

30. Pourtant, les actionnaires passifs[148] qui ne sont pas impliqués dans la gestion de la société souhaitent pouvoir contrôler de manière efficace la gestion de la société menée par les dirigeants[149]. Comme disait Adam SMITH : « les directeurs de ces sortes de compagnies étant les régisseurs de l'argent d'autrui plutôt que de leur argent, on ne peut guère s'attendre à ce qu'ils y apportent cette vigilance exacte et soucieuse que des associés

---

141 V. MAGNIER, *Droit des sociétés*, op.cit., p.86.

142 V. J. PAILLUSSEAU, « La modernisation du droit des sociétés commerciales », D.1996, p. 291, cité par P. S. A. BADJI, « Les orientations du législateur OHADA dans l'AUSCGIE révisé », op.cit., p.15.

143 Y. GUYON, « La société anonyme, une démocratie parfaite ! », op.cit, p.133.

144 Y. GUYON, « La société anonyme, une démocratie parfaite ! », op.cit, p.140.

145 M. H. MONSERIE-BON et L. GROSCLAUDE, *Droit des sociétés et des groupements*, Montchretien, Paris, 2009, p.66.

146 J. ISSA-SAYEGH, « L'OHADA et le gouvernement des entreprises », 27 septembre 2007, http://www.ajbef.info/index.php/communications/82-l-ohada-et-le-gouvernement-des-entreprises. Consulté le 11/06/2016.

147 Rapport du Sénateur MARINI remis au Premier Ministre, relatif à la modernisation du droit des sociétés», La documentation française, juillet 1996 ; https://www.senat.fr/rap/l00-005/l00-0053.html, consulté le 28/02/2017.

148 Parmi les associés minoritaires, une distinction est généralement faite entre les associés minoritaires actifs et les minoritaires passifs dont le seul souci est le placement spéculatif (A. SAKHO, *Les groupes de sociétés en Afrique*, Karthala, 2010, p.146, n°285).

149 Chr. PICHARD, « Pacte d'actionnaires : un outil précieux pour la transmission de l'entreprise familiale » (2ème partie), JOURNAL DES SOCIETES n°26, Paris, novembre 2005, p.25 ; http://www.pichard.com/wp-content/uploads/2005/11/transmission_entreprise_part2.pdf ; consulté le 28/09/2017.

apportent souvent dans le maniement de leurs fonds »[150]. Ceci amène à réfléchir sur la place des associés dans la gouvernance des entreprises, étant donné que les associés sont principalement concernés par le respect des règles de gouvernement d'entreprise puisque celles-ci sont destinées à les protéger des risques d'abus ou de fraude de la part des dirigeants[151]. De BEAUFORT disait que l'actionnaire est ...à lui seul un organe social de la société chargé de la défense des intérêts de celle-ci[152].

31. Par ailleurs, le majoritaire ou le groupe majoritaire détient ce que l'on appelle le contrôle de la société[153], c'est-à-dire le pouvoir de faire adopter les décisions qu'il propose[154] ou exercer une influence déterminante sur sa gestion[155]. En matière de « groupe de sociétés [156]», une société est présumée détenir le contrôle d'une société lorsqu'elle détient, directement ou indirectement ou par personne interposée, plus de la moitié des droits de vote

---

[150] A. SMITH, *Recherche sur la nature et les causes de la richesse des nations*, 1776, p.401.

[151] V. MAGNIER, *La gouvernance des sociétés cotées face à la crise*, LGDJ, Paris, 2010, p.52.

[152] V. DE BEAUFORT, G*ouvernance d'entreprise en Europe*, Economica, 2006, p.229.

[153] Art. 175 de l'AUSCGIE dispose que : « Une personne physique ou morale est présumée détenir le contrôle d'une société : 1°) lorsqu'elle détient, directement ou indirectement ou par personne interposée, plus de la moitié des droits de vote ;
2°) lorsqu'elle dispose de plus de la moitié des droits de vote en vertu d'un accord ou d'accords conclus avec d'autres associés ».
Dans ce cadre, le contrôle minoritaire ne signifie pas alors que les actionnaires minoritaires contrôlent la société. Il indique seulement qu'avec un pourcentage inférieur à la majorité des actions ou parts sociales, il est possible d'avoir la maîtrise de la société.

[154] Br. KAMENA, Thèse, op.cit., p.10.

[155] La règle, dans certaines sociétés commerciales, est que les décisions sont prises à la majorité des associés en assemblée générale. De ce fait, les associés qui disposent d'une majorité peuvent *de facto* « contrôler » les sociétés. En plus, en nommant les dirigeants sociaux, ils sont par exemple en mesure d'influencer les choix de gestion.

[156] L'Acte uniforme relatif aux sociétés commerciales définit le groupe de sociétés comme l'ensemble formé par des sociétés unies entre elles par des liens divers qui permettent à l'une d'elles de contrôler les autres (Art.173 de l'AUSCGIE). Cette définition reconnaît de fait l'existence du groupe de sociétés mais, elle ne permet pas de conclure que le groupe est une structure juridique autonome. C'est un ensemble des sociétés économiquement liées mais juridiquement distinctes (M. Nd. MBAYE, « Les groupes de sociétés dans l'organisation pour l'harmonisation du droit des affaires (OHADA)», *Penant* n°848, 2004, p.280). Le principe en droit OHADA est celui de l'indépendance des sociétés. C'est-à-dire que ledit groupe n'a pas la personnalité morale, et pour cela, il n'est pas un sujet de droit. C'est par exemple le cas des groupements d'intérêt économiques. Le groupe doit cependant être constitué des sociétés qui existent juridiquement (Cass.crim, 22 juin 1999, n° 98-13. 611. bull. Joly 1999, p. 978). La pratique des groupes de sociétés se caractérise par la liaison d'un ensemble de sociétés juridiquement indépendantes mais en fait, soumises à une unité de décision économique (Y. GUYON, Droit des affaires, t. I. Economica, 11e éd., n°580, cité par M. KONE, « La notion de groupe de sociétés en droit OHADA », Penant, n°856, Juillet - Septembre 2006, Ohadata D-06-54, p.1). Les unes s'appelées filiales, sont placées sous le contrôle plus ou moins étroit d'une autre, appelée société mère, qui leur impose une communauté de stratégie et de comportement (M. KONE, « La notion de groupe de sociétés en droit OHADA », ibid).

ou lorsqu'elle dispose de plus de la moitié des droits de vote en vertu d'un accord ou d'accords conclus avec d'autres associés[157]. De cette manière, les décisions de l'assemblée générale ne sont que des opinions d'un groupe, plus ou moins restreint, des actionnaires disposant du contrôle de la société[158]. C'est ce qui distingue le minoritaire du majoritaire : le minoritaire n'a aucun pouvoir de décision.

32. La situation des minoritaires est caractérisée par leur exclusion de l'exercice du pouvoir dans la société car la gestion des sociétés commerciales obéit à la loi de la majorité[159]. C'est-à-dire que le rôle de l'associé minoritaire dans la prise de décision est limité et, corrélativement, ses intérêts sont menacés par les décisions que peut lui imposer la majorité[160]. Pourtant, les associés minoritaires reprochent aux associés majoritaires quelques fois, d'abuser de leurs droits et de gérer la société dans leurs intérêts personnels au lieu de l'intérêt social, alors que les minoritaires attendent d'une bonne gouvernance des entreprises que l'enrichissement social soit partagé entre tous les associés, selon la part qui revient à chacun dans le « capital social»[161].

Une partie de la doctrine a très tôt constaté que le fonctionnement véritable des sociétés commerciales repose sur l'organisation judiciaire d'une inégalité de fait des associés[162]. Or, la minorité d'associés ne devrait

---

[157] Art.175 de l'AUSCGIE. Néanmoins, en droit français, l'alinéa 1-4 de l'article 233 du Code de commerce prévoit une autre cause de contrôle. Elle dispose que le contrôle peut se fonder sur la faculté d'une société, associée ou actionnaire dans une autre société, de nommer ou de révoquer la majorité des membres des organes d'administration, de direction ou de surveillance de cette dernière. Cet article précise que la société contrôleuse doit être «associée ou actionnaire» de la société contrôlée ; cela signifie aussi que ce pouvoir de nomination ou de révocation est exercé dans le cadre d'un organe social, et non en raison d'un acte ou d'une décision extérieure à la société. Mais ce texte évoque par ailleurs le pouvoir de nommer et de révoquer la majorité des organes sociaux sans pour autant exiger que la société contrôleuse ait la majorité du capital social de celle contrôlée[157].

[158] B. MERCADAL, Ph. JANIN, *Mémento Pratique Francis Lefebvre : Sociétés Commerciales*, 1995, éd., Francis Lefebvre, 1994, p.520, n°1710.

[159] A. SAKHO, *Les groupes de sociétés et le droit,* Thèse, UCAD, 1993, p.193.

[160] Br. KAMENA, Thèse, op.cit., p.17.

[161] Le capital social peut donc être défini en droit des sociétés comme le montant de la somme des apports à effectuer par les associés ou actionnaires à la société pour le tout ou une partie essentielle au jour de sa constitution (article 62 de l'AUSCGIE). C'est le montant total de la valeur nominale des parts sociales ou des actions émises par la société et réparties entre les associés ou actionnaires en contrepartie de leurs apports. Cette définition est celle de l'AUSCGIE (articles 51 et s., article 64) (M. N. MBAYE, « Capital social », Encyclopédie du droit OHADA, Lamy, 2011, p.463, n°2).

[162] A. PERCEROU, *Loi actuelle et projets récents en matière de sociétés par actions*, Thèse, Paris, 1932 ; A. TAMBOISE, L*e nouveau régime des actions à vote plural*, thèse, Lille, 1935 ; G. Ripert, *Les aspects juridiques du capitalisme moderne*, 1951, cité par Br. KAMENA, Thèse, op.cit., p.10.

pas être livrée pieds et mains liés aux caprices de la majorité[163]. Au contraire, la minorité, malgré qu'elle semble avoir un poids minime dans le pouvoir décisionnel, peut changer les stratégies des majoritaires et avoir une influence sur les plans d'une société[164]. C'est pourquoi il est nécessaire d'accorder aux associés minoritaires une place dans la gouvernance des entreprises. Cela parce que la vraie gouvernance des sociétés passe par l'existence d'une possibilité concrète de mettre en œuvre les voies d'action permettant aux minoritaires de contrôler effectivement le respect de la finalité du gouvernement de la société[165].

33. La place des minoritaires est justifiée par plusieurs raisons. D'abord, le minoritaire a le droit de savoir quel est l'intérêt poursuivi par la société dans laquelle il a investi[166]. Ensuite, pour le contrôle du respect de l'intérêt commun en tant que finalité du gouvernement de la société et organiser un contre-pouvoir dans le fonctionnement ou direction de l'entreprise. Enfin, pour veiller à la bonne gouvernance des entreprises dont l'objectif principal est de stimuler l'interventionnisme des associés minoritaires afin de lutter contre la concentration des pouvoirs dans la gestion des sociétés. Autrement dit, l'associé fut-il minoritaire ou simple investisseur entend pouvoir *a minima* exercer un réel contrôle sur la gestion et parfois y prendre part. Il souhaite ne pas être écarté des décisions qui peuvent avoir un impact sur les choix stratégiques pour la structure[167].

34. Certains auteurs accordent une place de choix à l'intention du minoritaire de s'intéresser et de participer au fonctionnement de la société[168]. La nature même du contrat de société implique que l'on reconnaisse un droit de contrôle étendu à tout associé qui ne participe pas directement à la gestion sociale[169]. En plus, l'information est une première composante du principe de transparence dans la gestion sociale. Les majoritaires entretiennent des liens privilégiés avec les dirigeants et ont accès à des informations dont ne disposent pas les minoritaires, alors que tout associé doit être le créancier de ces informations quel que soit son niveau de participation dans le capital. Ainsi, les principes de la gouvernance d'entreprise ont comme objectif de

---

[163] M. COZIAN, A. VIANDIER et F. DEBOISSY, *Droit des sociétés*, 23ème éd., Litec, Paris, 2010, p.186.
[164] K. BEIGHITH, *La protection des actionnaires minoritaires lors d'opérations de prises de contrôle*, Thèse, Montréal, 2007, p.1.
[165] D. SCHMIDT, « Les associés minoritaires, un combat légitime? », op.cit., p.60
[166] D. SCHMIDT, « *Les associés minoritaires, un combat légitime?* » ibid.
[167] M. ROUSSILLE, « Retour sur l'impératif de protection des associés », *Droit des sociétés*, n°3, Mars 2016, p.1.
[168] Notamment Cl. CHAMPAUD, ouvrage précité ; J. BRANCHUT, *Les abus de minorité dans la société anonyme*, thèse, Paris II, 1974, p.11 ; A. CONSTANTIN, *Les rapports de pouvoir entre actionnaires*, Thèse, Paris I, 1998, p.102, n°98.
[169] P. S. A. BADJI, « OHADA et bonne gouvernance d'entreprise », op.cit., p.213.

corriger cette asymétrie par la promotion d'un égal accès à l'information pour tout associé. A cet égard, on peut dire que la protection des minoritaires doit être partie intégrante des principes du gouvernement d'entreprise[170] car, la qualité de la gouvernance des entreprises se mesure à la place accordée aux minoritaires et au respect de leurs droits. De cette manière, protéger les associés minoritaires devient moins un acte d'équité qu'un acte de bonne gestion sociale.

35. Suite à ces différentes raisons, la question qui se pose dans cette étude est la suivante : quelle est la place accordée aux associés minoritaires dans le fonctionnement des sociétés commerciales en droit OHADA?

La place donnée à l'associé minoritaire témoigne, en effet, du degré de prise en compte de certains principes tels que la bonne gouvernance ou l'égalité entre associés[171], cela parce que les dirigeants ne sont pas bien placés pour attester la légalité de leurs actes, puisqu'ils en sont les auteurs[172].

36. L'adoption de bonnes pratiques de gouvernement d'entreprise contribue à accroître la confiance des investisseurs nationaux, réduit le coût du capital, concourt au bon fonctionnement des marchés de capitaux, et en définitive confère davantage de stabilité aux sources de financement[173]. Dans ce cadre, l'application des principes du gouvernement d'entreprise dans les sociétés est devenue une nécessité, parce qu'elle est le gage, aux yeux des investisseurs, d'un meilleur fonctionnement sociétaire et donc d'une protection renforcée des actionnaires[174]. Car, la protection des associés est l'un des deux impératifs, avec la protection des tiers, sur lesquels est bâti le droit des sociétés[175]. Il s'avère que l'ensemble de ces règles de protection des associés et des créanciers participe de la recherche des moyens d'encadrer juridiquement le pouvoir[176]. En plus, la survie des organisations et des sociétés en particulier repose sur l'existence de mécanismes organisationnels permettant de réguler les conflits, donc de discipliner les dirigeants afin

---

[170] Br. KAMENA, Thèse, op.cit., p.16.

[171] Sur la notion d'égalité entre associé en droit OHADA, (A. FAYE, « L'égalité entre associés » (Acte uniforme sur le droit des sociétés et du GIE) : Ohadata D-04-10 *Revue droit écrit*, Droit sénégalais n°2, université des sciences sociale Toulouse 1, 2OO3, p.9, cité par A. M. CARTRON et B. MARTOR, « L'associé minoritaire dans les sociétés régies par le droit OHADA », *Cahier de droit de l'entreprise,* n°1 janvier-février 2010, Paris, p.21).

[172] D. SCHMIDT, « *Les associés minoritaires, un combat légitime?* » op.cit., p.60.

[173] Le rapport sur l'observation des normes et Code, « Principes de gouvernement d'entreprise de l'OCDE », Paris, OCDE, 2004, p.13.

[174] M.-H. MONSERIE et L. GROSCLAUDE, *Droit des sociétés et des groupements*, Montchretien, Paris, 2009, p.145.

[175] M. ROUSSILLE, « Retour sur l'impératif de protection des associés », op.cit., p.1.

[176] A. SAKHO, *Les groupes de sociétés et le droit*, op.cit., p.193.

qu'ils gèrent dans l'intérêt des actionnaires[177]. En somme, ces principes s'articulent essentiellement autour de trois objectifs qui se révèlent fondamentaux. Il faut absolument renforcer l'efficacité des dirigeants de sociétés, améliorer le fonctionnement des organes de gestion et enfin restaurer le rôle des associés.

37. En réalité, en droit des sociétés commerciales, les associés minoritaires ont été longtemps marginalisés dans la gouvernance des entreprises. Au regard des règles fondamentales de la bonne gouvernance des entreprises et les nouvelles réformes en droit des sociétés commerciales dans les pays développés, il serait nécessaire d'accorder une place primordiale aux associés et de préférence minoritaires dans la gouvernance des entreprises en droit OHADA. Telles sont les hypothèses de ce travail de recherche.

38. Concernant les objectifs de cette étude, il s'agit notamment de :
-Analyser l'ensemble des dispositifs portant sur la gouvernance des entreprises dans l'Acte uniforme OHADA révisé relatif au droit des sociétés commerciales et du groupement d'intérêt économique ;
-Voir s'il y a une place réservée aux associés minoritaires dans des dispositifs portant sur la gouvernance des entreprises ;
-Vérifier la prise en compte des règles fondamentales de la bonne gouvernance des entreprises dans la législation ;
-Voir si le législateur a prévu des dispositions relatives à la mise en œuvre de ces règles ;
-Susciter des mesures allant dans le sens de la démocratie actionnariale dans la gouvernance des entreprises et l'implication accrue des associés minoritaires ;
-Et enfin, proposer des mesures pouvant concilier le droit des sociétés commerciales et la gestion de l'entreprise en associant toutes les parties prenantes et en particulier, les associés minoritaires.

39. Quant à l'intérêt, cette étude présente des intérêts scientifique et pratique certains. Par rapport à l'intérêt scientifique, la présente étude en ambitionnant d'atteindre les objectifs ci-dessus mentionnés, constitue une contribution aux discussions portant sur le droit des sociétés commerciales. En outre, en s'inspirant des reformes des lois portant sur le droit des sociétés commerciales dans certains États occidentaux, elle constituera un parchemin pour une prise en compte de la place des associés minoritaires dans la gouvernance des entreprises en droit OHADA.

---

[177] G. CHARREAUX et J. P. PITOL-BELIN, « Le conseil d'administration, lieu de confrontation entre dirigeants et actionnaires», Ecole universitaire de management *DIJON*, 1991, p.4.

S’agissant de l'intérêt pratique, cette étude est une contribution au renforcement de la bonne gouvernance des entreprises qui constitue une garantie pour des nouveaux investisseurs[178]. En accordant une place aux associés minoritaires, il s'agit de leur assurer une certaine garantie dans la défense de leurs intérêts et en même temps ceux de toutes les parties prenantes. L’importance de l’introduction des principes et des outils du gouvernement d’entreprises dans les sociétés se mesure à l’aune du degré d’efficacité[179] du système de protection de l’actionnaire minoritaire[180]. Le plus souvent, les marchés les plus développés relativement à l’importance de l’économie sont également ceux où les droits des actionnaires minoritaires sont les mieux protégés par la loi ou la réglementation[181]. Derrière la notion générique d'associé, et la manière quelque peu univoque avec laquelle il est appréhendé dans les textes, se nichent des besoins de protections fortes différentes. Le statut juridique de l'associé révèle le tropisme d'un droit construit sur le modèle des sociétés de capitaux et qui gagnerait aujourd'hui à intégrer une vision plus fine et plus réaliste de sa participation concrète à la vie de l'entreprise[182].

40. Cette étude permettra d’une part, la prise en compte de la place des associés minoritaires dans la gouvernance des entreprises en droit OHADA et l’accès desdits associés à l’information sociale. Et d’autre part, l’amélioration de la transparence dans la gouvernance des entreprises qui constitue une garantie des intérêts des nouveaux investisseurs et en même temps ceux de toutes les parties prenantes. De même que le choix et la gestion démocratique des organes sociaux, avec l'implication accrue des associés minoritaires dans ces organes. En outre, l’étude de la jurisprudence, de la doctrine, des textes législatifs et réglementaires nationaux et /ou internationaux relatifs à la gouvernance des entreprises sera faite. Et cela permettra également de proposer des mesures pouvant concilier la législation en droit des sociétés commerciales et la gestion de l’entreprise en associant toutes les parties prenantes.

---

[178] Une garantie n’intéresse un prêteur que si elle lui apparaît efficace (S. I. B. GUEDEGBE, « Le crédit-bail à l’épreuve du droit des procédures collectives après la révision de l’ Acte uniforme portant organisation des procédures collectives d’apurement du passif», *Les horizons du droit OHADA, Mélanges en l’honneur de F. M. SAWADOGO*, CREDIJ, 2018, p.501).

[179] Le droit, c’est du concret : il faut protéger efficacement les droits dans tous les aspects de la vie. Le droit, quoi qu’on pense, ne peut être indifférent à la notion d’efficacité (P.-G. POUGOUE, « Les quatre piliers cardinaux de la sagesse du droit OHADA », op.cit., p397).

[180] A. KITSOU, *Le gouvernement d’entreprise dans les sociétés familiales non-cotées*, Thèse, Strasbourg, 2013, p.212.

[181] J. HAMON, « La répartition des droits de vote, leur exercice et l’efficacité économique », CEREG Université Paris-Dauphine, 2001, p.2.

[182] M. ROUSSILLE, « Retour sur l'impératif de protection des associés », op.cit., p.1.

41. Par ailleurs, dans le cadre de cette étude, il est nécessaire d'emprunter une démarche à la fois analytique et comparative. D'une part, il convient par une recherche documentaire approfondie d'analyser l'état de la législation OHADA sur la place des associés minoritaires dans la gouvernance des entreprises. Et d'autre part, on procédera à une étude comparative sur cette question entre la législation OHADA en droit des sociétés commerciales et du groupement d'intérêt économique et celle de certains États occidentaux en général et la France en particulier pour signaler les points auxquels l'Acte uniforme n'a pas apporté des éclaircissements et identifier les insuffisances. Cela nous permettra de proposer des pistes de solutions.

42. Ainsi, de la réflexion sur « la place des associés minoritaires dans la gouvernance des entreprises en droit OHADA », il ressort que longtemps marginalisés, suite aux réformes apportées par l'AUSCGIE, les associés minoritaires ont bénéficié d'un renforcement de leur place dans la gouvernance des entreprises (**Première partie**). Mais l'analyse approfondie de cet Acte uniforme permet de constater une permanence de la précarité du statut des associés minoritaires (**Seconde partie**).

Première partie : Une place renforcée dans l'Acte uniforme révisé relatif au droit des sociétés commerciales

43. Pendant longtemps, la gestion des sociétés a été confiée aux dirigeants qui ne sont pas quelquefois des associés. Actuellement, un nouveau modèle de gouvernance des entreprises se bâtit depuis quelques années suite à l'échec du précédent. C'est certainement ce qui a amené le législateur OHADA a révisé l'Acte uniforme relatif au droit des sociétés commerciales et groupement d'intérêt économique en janvier 2014. La réforme intervenue est motivée par le souci du législateur d'introduire plus de modernité et de flexibilité dans le droit des sociétés commerciales.

44. La jurisprudence ayant précisé que la portée abrogatoire des Actes uniformes implique que les dispositions de droit national portant sur le même objet que lesdits Actes uniformes, ou qui leur sont contraires, soient abrogées au profit des seules dispositions du droit uniforme[183], les modifications et ajouts apportés ont pour but de mettre en œuvre à travers le texte révisé, les bonnes pratique de gouvernance d'entreprise en clarifiant les rôles entre les différents organes et fonctions, et en réduisant les risques de conflits d'intérêt[184]. Il s'agit donc de renforcer la transparence et le contrôle dans la gestion sociale dès lors que la transparence est le premier principe fondateur de la gouvernance des entreprises. Elle est un des attributs de la bonne gouvernance[185]. A cet effet, l'encadrement du pouvoir des dirigeants sociaux doit nécessairement passer par l'existence d'un actionnariat fort dans la vie sociale.

45. En théorie, tout associé, indépendamment du nombre de parts sociales qu'il détient, est susceptible d'être élu comme membre des organes

---

[183] CCJA, N° 043/2005, 7-7-2005: Aziablévi YOVO et autres c/ Sté TOGO TELECOM, Recueil de Jurisprudence de la CCJA, n° 6, juin-décembre 2005, p. 25 ; Le Juris-Ohada n°1/2006, p. 8, obs. Filiga Michel SAWADOGGO in Ohadata D-07-16 ; Ohadata J-06-32.

[184] A. DIEYE, *Régime juridique des sociétés commerciales et du GIE dans l'espace OHADA*, 4ème édition, 2014, p.7.

[185] F. MEUNIER, « Evaluation et négociation d'entreprise », Revue échanges, n°211, juin 2004, p.4.

de gestion, participe à l'élection des dirigeants, et contrôle les « actes »[186] des dirigeants. Ce schéma traditionnel est exact en ce qui concerne les principaux associés, mais ne reflète absolument pas la réalité lorsque l'on se tourne du côté des associés minoritaires. L'insuffisance du pouvoir que confère leur participation au capital social leur interdit d'espérer une désignation comme dirigeant[187].

46. Avec l'adoption du nouvel Acte uniforme relatif au droit des sociétés commerciales, l'associé minoritaire bénéficie de tous les outils nécessaires pour participer activement à la vie politique, économique et sociale de la société et s'imposer comme véritable contre-pouvoir à l'égard à la fois des dirigeants sociaux mais aussi de ses coassociés[188]. La raison est que le législateur a adopté un texte promouvant un aménagement du contrôle de pouvoir de décision des dirigeants sociaux par les associés minoritaires (**Premier titre**) et la participation de l'associé minoritaire au pouvoir de décision (**Second titre**).

---

[186] Par acte, il faut entendre toute délibération ou décision susceptible d'être prise par les organes sociaux.

[187] M. D. POISSON, *La protection des actionnaires minoritaires dans les sociétés des capitaux en droit français et en droit anglais comparés*, Thèse, Clermont 1, 1984, p.1.

[188] A. M. CARTRON et B. MARTOR, « L'associé minoritaire dans les sociétés régies par le droit OHADA », *Cahier de droit de l'entreprise,* n°1 janvier-février 2010, Paris, p.21.

Premier titre : Un aménagement du contrôle du pouvoir de décision des dirigeants sociaux par les associés minoritaires

47. De la même façon que dans une démocratie représentative, où le pouvoir est exercé par les mandataires choisis par le peuple pour le représenter, dans les sociétés commerciales la gestion sociale est confiée à des dirigeants sociaux nommés par les associés, en vue de représenter les intérêts de la société. De cette manière, les décisions qui concernent la gestion courante de l'entreprise sont prises par les dirigeants sociaux tandis que celles relatives à la structure juridique de l'entreprise et à la situation des associés sont prises par les associés réunis en assemblée générale. Comme on n'est jamais mieux servi que par soi-même un contrôle aussi direct que possible du pouvoir évite les détournements de celui-ci par les dirigeants. L'actionnaire comme le citoyen n'est pas intéressé par l'exercice direct du pouvoir. Il veut seulement s'assurer que ceux qui l'exercent en son nom n'abusent pas de la délégation qui leur a été consentie[189].

Selon SCHMIDT, lorsque la loi donne aux majoritaires, et aux dirigeants que les majoritaires ont nommés, le pouvoir de gouverner la société, ce n'est pas dans leur intérêt personnel : ce pouvoir ne leur est pas conféré avec licence d'abandonner, de délaisser ou de spolier les intérêts des coassociés ; il leur est conféré pour gouverner la société qui regroupe les intérêts de tous les actionnaires[190]. On y protège les minoritaires en renforçant les organes de contrôle et en améliorant l'information et la transparence[191].

48. Pour garantir le respect du principe de transparence dans la gestion sociale et celui d'égalité entre associés, étant donné que les dirigeants sont choisis selon le principe de la majorité, le législateur OHADA a pris conscience que l'associé minoritaire doit contrôler la gestion des dirigeants sociaux. Dans ce cadre, il a procédé à une prise des mesures pour améliorer le contrôle des associés minoritaires **(Chapitre1)** et simplifier des différents mécanismes de contrôle des minoritaires facilitant leur droit de regard sur la gestion sociale **(Chapitre 2)**.

---

[189] Y. GUYON, « La société anonyme, une démocratie parfaite ! », op.cit., p.134.
[190] D. SCHMIDT, « Les associés minoritaires, un combat légitime? », op.cit., p.59.
[191] Y. GUYON, « La société anonyme, une démocratie parfaite ! », op.cit., p.135.

Chapitre 1 : Une prise des mesures améliorant le contrôle des associés minoritaires

49. Une société n'est pas la propriété absolue de ses dirigeants. Trop d'intérêts sont en jeu pour qu'il puisse en être ainsi. Raison pour laquelle, dans toute société, il existe des mécanismes de contrôle[192] de la gestion, accessibles à tout associé même minoritaire. Plus remarquables certes, est l'existence d'un contrôle exercé par une minorité d'actionnaires[193]. Pour améliorer ce contrôle, le législateur a pris des mesures allant dans le sens du renforcement des règles de gouvernance (**Section1**), et de la consécration de la liberté contractuelle des associés (**Section 2**).

Section 1 : Le renforcement des règles de gouvernance

50. La gouvernance des entreprises vise une répartition des compétences et des responsabilités pour une bonne gestion sociale. Mais si le législateur peut contribuer à perfectionner certains aspects du gouvernement d'entreprise, l'efficacité du système reste tributaire d'une application responsable par chaque acteur de ses différents pouvoirs : transparence, responsabilité, engagement sont les clés d'un gouvernement d'entreprise efficace[194]. Les attitudes passives des actionnaires sont en opposition totale avec le cadre de la gouvernance d'entreprise construit sur l'idée, selon laquelle les actionnaires travaillent avec le conseil pour diriger l'entreprise[195]. Le mouvement du gouvernement d'entreprise œuvre pour la restauration de la souveraineté des actionnaires[196]. Dès lors, le droit OHADA met en place un arsenal législatif visant à maintenir un juste équilibre des rôles entre les organes de direction et les associés. Son objectif est en effet d'assurer une bonne gouvernance au sein des sociétés en exigeant une parfaite transparence des activités de gestion sociale et, par la suite une meilleure transmission aux associés des informations relatives au fonctionnement quotidien et à l'état de santé de l'entreprise[197]. Cette

---

[192] D. LEGEAIS, *Droit commercial et des affaires*, 19ème éd., Paris, Sirey, 2011, p.185.
[193] Cl. CHAMPAUD, *Le pouvoir de concentration de la société anonyme*, op.cit., p.115, n°118.
[194] V. MAGNIER, *La gouvernance des sociétés cotées face à la crise*, op.cit., préface de Ph. MARINI.
[195] V. DE BEAUFORT, « Gouvernance d'entreprise – De nouvelles orientations à échelle de l'Union européenne », op.cit., p.15.
[196] A. COURET, « L'amélioration des droits des actionnaires », *La loi NRE et le droit des sociétés*, Montchrestien, Paris, 2003, p.62.
[197] A. M. CARTRON et B. MARTOR, op.cit., p.22.

évolution a essentiellement pour finalité d'assurer la protection de l'intérêt des associés, en particulier des minoritaires. Car selon un auteur, depuis les origines de la gouvernance d'entreprise, l'objectif a été de garantir les droits des actionnaires, en particulier ceux des actionnaires minoritaires[198].

51. Même dans les groupes de sociétés, certains groupes mettent en place des systèmes de gouvernance à travers des comités de gouvernance ou d'éthique qui sont chargés d'assurer la bonne gouvernance du groupe, la diffusion de chartes déontologiques au sein des filiales du groupe ou l'orientation de la politique du groupe en matière de responsabilité sociale[199]. Pourtant, la mise en place d'une gouvernance à l'échelle des groupes se heurte à l'autonomie des sociétés membres du groupe, qui sont dotées d'une vie sociale propre et sont guidées par leur intérêt social. Or, la société qui se soumet aux règles de gouvernance d'entreprise contribue à restaurer la confiance des associés et des investisseurs. C'est pourquoi le législateur dans l'AUSCGIE a procédé d'une part, à l'innovation dans le contrôle des documents de gestion (**§1**) et d'autre part, au renforcement de l'effectivité de l'exercice de l'action en responsabilité civile des dirigeants sociaux (**§2**).

§1 : L'innovation dans le contrôle des documents de gestion sociale

52. Le législateur fixe le principe du droit de communication des documents à toute époque aux associés pour le contrôle et énumère les documents sur lesquels porte ce droit. Cela permet aux associés minoritaires d'avoir accès à l'information sociale car aucune condition relative à la détention d'une fraction du capital social n'est requise pour accéder à ces documents. Dans l'AUSCGIE, le législateur a fait l'extension des documents objets du contrôle (**A**) et en même temps, le législateur souhaite que les dirigeants sociaux se réfèrent aux codes de gouvernance d'entreprise dans leurs rapports. Ce qui signifie qu'il a reconnu des codes de gouvernance d'entreprise (**B**).

A : L'extension des documents objet du contrôle

53. La condition première d'un contrôle est qu'il s'exerce à partir de renseignements corrects et suffisants. Ainsi, un régime de gouvernement d'entreprise doit garantir la diffusion en temps opportun d'informations exactes sur tous les sujets significatifs concernant l'entreprise, notamment la

[198] V. DE BEAUFORT, « Gouvernance d'entreprise – De nouvelles orientations à échelle de l'Union européenne », op.cit., p.17.
[199] Th. DOUVILLE, « La gouvernance des groupes de sociétés », *Lexis droit des sociétés*, n° 6, Juin 2017, p.1.

situation financière, les résultats, l'actionnariat et le gouvernement de cette entreprise[200]. Cette information est tout d'abord l'expression la plus ancienne et la plus naturelle de ce que l'on nomme aujourd'hui la « gouvernance d'entreprise » ; tout processus de contrôle et/ou de sanction trouve sa source dans l'information communiquée aux associés[201]. Son objectif est en effet d'assurer une bonne gouvernance au sein des sociétés en exigeant une parfaite transparence des activités de gestion sociale et, par la suite, une meilleure transmission aux associés des informations relatives au fonctionnement quotidien et à l'état de santé de la société[202]. Donc, les dirigeants sociaux rendent compte aux associés de la situation des affaires sociales et de l'état de gestion[203]. Par conséquent, dans la mesure où la gestion des dirigeants est soumise à leur approbation, le contrôle des associés est un contrôle *a posteriori*[204].

54. Dans l'Acte uniforme révisé, la relation entre l'entreprise, émettrice d'information, et son associé à travers la communication financière est marquée par une sensible évolution, largement manifestée dans ce domaine par l'influence de la modernité de la législation. Pour renforcer le contrôle des associés, le législateur a procédé par l'extension des documents dont tout associé peut prendre connaissance. C'est-à-dire que le législateur a complété la liste des documents devant être transmis aux associés. Selon l'article 526[205] de l'Acte uniforme révisé relatif au droit des sociétés commerciales, en plus des anciens documents accessibles pour tout associé même minoritaire, le législateur ajoute des procès-verbaux et des feuilles de présence des réunions du conseil d'administration, ainsi que des conventions réglementées, conclues par la société.

55. En principe, le contrôle minoritaire suppose l'existence d'une minorité organisée d'actionnaire à côté d'une majorité d'actionnaires isolés,

---

[200] Le rapport sur l'observation des normes et Code, « Principes de gouvernement d'entreprise de l'OCDE », Paris, OCDE, 2004, p.53.
[201] M. H. MONSERIE-BON et L. GROSCLAUD, *Droit des sociétés et des* groupements, op.cit., p.97.
[202] A. M. CARTRON et B. MARTOR, « L'associé minoritaire dans les sociétés régies par le droit OHADA », op.cit., p.22.
[203] D. VIDAL, op.cit., p.257.
[204] C. MASQUEFA, *La restructuration*, LGDJ, Paris, 2000, p.300.
[205] Art.526 de l'AUSCGIE : Tout actionnaire peut, en outre, à toute époque prendre connaissance et copie :
1°) des documents sociaux visés à l'article précédent concernant les trois (3) derniers exercices ;
2°) des procès-verbaux et des feuilles de présence des réunions du conseil d'administration ;
3°) des procès-verbaux et des feuilles de présence des assemblées tenues au cours de ces trois derniers exercices ;
4°) des conventions réglementées conclues par la société ;
5°) de tous autres documents, si les statuts le prévoient.

ignorants ou dédaigneux de leurs droits[206]. Mais en rendant accessible des procès-verbaux du conseil d'administration, le législateur permet aux associés minoritaires qui ne sont pas la plus part du temps représentés au conseil[207], d'avoir un regard sur la manière dont la société est gérée. Il arrive que le conseil d'administration ne soit ni distinct ni indépendant de la direction générale de l'entreprise. Dans ce cas, il est peu probable que les intérêts des actionnaires, en particulier des actionnaires minoritaires, soient pris en compte[208]. Ce droit de regard et de contrôle permet aux associés de donner leur avis sur les affaires sociales et en tout état de cause de surveiller la gestion de celle-ci. En plus, le législateur a ajouté un dernier alinéa à l'article 525 de l'Acte uniforme révisé qui précise que toute délibération de l'assemblée générale annuelle prise en violation du droit de communication peut être annulée. Le droit français est allé un peu loin en ajoutant que l'associé ou l'actionnaire qui exerce ce droit de consultation peut se faire assister « d'un expert inscrit sur une des listes établies par les Cours et tribunaux »[209].

56. Concernant les conventions réglementées, elles sont les conventions intervenues directement ou par personne interposée entre la société et l'un de ses gérants ou associés[210]. Pour cela, elles sont aussi

---

[206] Cl. CHAMPAUD, *Le pouvoir de concentration de la société anonyme*, op.cit., p.116, n°119.

[207] Pourtant, la présence de certains associés minoritaires au conseil d'administration permet de fidéliser les minoritaires à la société. Elle vise à les intéresser à la marche ou à l'évolution des affaires sociales afin qu'ils puissent mieux contrôler la gestion sociale est de leur faire une place au conseil d'administration. Selon l'article 417 de l'AUSCGIE, toute personne peut être administrateur d'une société si elle est élue à cette fonction. Dans cette optique et pour éviter que l'entrée des associés minoritaires ne conduise pas les administrateurs influents à imposer leurs manières de gestion aux minoritaires, il est nécessaire que ces derniers, par le biais d'un aménagement statutaire (Art. 424 de l'AUSCGIE.) ou pactes d'associés comme prévu par l'article 2 al.1 de l'AUSCGIE, puissent siéger en tant qu'administrateurs.

[208] BANQUE AFRICAINE DE DÉVELOPPEMENT, « Rapport sur le développement de l'Afrique », 2011, ch. 7, p.149-150, cité par M. SAMB, « Gouvernance et transparence en droit des sociétés de l'espace OHADA : perspectives de droit dur (*hard law*) et de droit souple (*soft law*)», *Bulletin de droit économique*, Université Laval, 2017, p.5.

[209] L'article 144 du décret du 23 mars 1967.

[210] Art.350 de l'AUSCGIE. Voir également Art. 438, 502 de l'AUSCGIE.

La doctrine considère comme convention réglementée tout acte conclu entre la société et une personne exerçant certains pouvoirs en son sein ou entre elle et une entité dans laquelle cette personne joue un rôle ou est intéressée. (Voir LE CANNU et B. DONDERO, op.cit., p. 499, cité par F. HMODA, La protection des créanciers au sein des groupes de sociétés, op.cit., p.73) ; Des conventions conclues, d'une part, avec les dirigeants ou les actionnaires détenteurs d'une importante fraction des droits de vote, d'autre part, avec des sociétés ayant des dirigeants communs (sociétés membres d'un groupe). (D. GIBIRILA, « La réforme des conventions réglementées dans les sociétés anonymes par l'ordonnance du 31 juillet 2014 », *Lexbase, n°584, 2014*, p.1.). Selon le législateur français, pour les sociétés anonymes, une convention réglementée est toute convention intervenant entre une société et l'une des personnes visées par la réglementation, dès lors que cette convention ne figure pas parmi

susceptibles d'engendrer un conflit d'intérêt entre l'intérêt personnel du dirigeant et celui des associés et des actionnaires de la société contractante[211]. Elles permettent aux associés minoritaires de se prémunir des agissements aussi bien des dirigeants que des associés majoritaires[212]. C'est ainsi que le législateur a institué cette procédure de contrôle des conventions entre la société et ses actionnaires, de même que pour ses dirigeants. La mise en œuvre de cette procédure permet en outre d'éclairer les responsabilités induites par l'inobservation du dispositif de contrôle ainsi que les éventuelles sanctions y afférentes[213].

57. En outre, comme l'avait bien déclaré une ancienne jurisprudence française[214], l'Acte uniforme a précisé également que le droit de prendre connaissance des documents emporte celui d'en prendre une copie à ses frais, sauf en ce qui concerne l'inventaire[215]. L'appréhension de cette réglementation est donc capitale. Elle participe du contrôle de la gestion de la société, et permet de prévenir, voire de mettre en évidence, certaines fautes de gestion sociale ainsi que les entorses à l'intérêt social. En cas de violation du droit de communication, tel qu'il est prévu par les articles 525 et 526 de l'Acte uniforme, il est statué sur ce refus, à la demande de l'actionnaire, par la juridiction compétente statuant en bref délai. Ce dernier peut simplement ordonner à la société, sous « astreinte »[216], de communiquer les documents à l'actionnaire dans les conditions fixées par l'Acte

---

celles dont la conclusion est libre ou, au contraire, prohibée (Les articles L. 225-38 et L. 225-86 du Code de commerce).

[211] D. LOUKANOU, « Les conventions réglementées dans les sociétés commerciales de l'espace OHADA », *Penant,* n°848, 2004, p.326.

[212] L'application de ce nouveau régime peut elle-même réserver quelques surprises. Il se peut notamment qu'au stade de l'approbation par l'assemblée générale de la convention, la règle selon laquelle l'associé intéressé ne prend pas part au vote conduise à attribuer aux minoritaires, seuls habilités à voter, le pouvoir d'approuver ou non la convention. Ceux-ci se trouveront donc investis d'un véritable pouvoir de décision peu commun dans un système dominé par la loi de la majorité. La volonté d'une transparence de la gestion débouche ainsi sur un accroissement considérable de l'influence des associés minoritaires (L. GODON, « La protection des actionnaires minoritaires dans la loi relatives aux nouvelles régulations économiques », *Actualité du droit des sociétés*, Bulletin Joly Sociétés, Juillet 2001, n°7, p.738).

[213] D. LOUKANOU, op.cit., p.327.

[214] « Prendre copie » s'entend de façon large, visant la prise de notes, les photocopies, l'utilisation du magnetophone, C.R.M.J.O. déb. Ass.nat. 5 avr. 1972, p. 819 ; RTD com., 1972, p. 410, n°19, note R. Houin.

[215] Art.525 de l'AUSCGIE.

[216] C'est une condamnation pécuniaire, par période de temps (jour, semaine) jusqu'à exécution de l'obligation. Le but est d'amener le débiteur à exécuter en nature une obligation de faire, ne pas faire ou de donner (HESS-FALLON (B.) et SIMON (A-M.), Droit civil, 6ème éd., Dalloz, Paris, 2001, p.334).

uniforme[217]. Par conséquent, les dirigeants sociaux qui opposeraient un refus non justifié engageraient ainsi, leur « responsabilité civile [218]» et pourraient être condamnés à des dommages et intérêts.

58. Cependant, un délai dans la transmission des documents ne devrait pas être confondu avec un refus et n'entraînerait, par conséquent, aucune nullité[219]. Le Tribunal de Grande Instance de Pau a, au contraire, décidé en 1959, qu'une telle annulation pouvait être la conséquence juridique, « si ce retard empêche l'actionnaire d'exercer son contrôle sur la gestion des administrateurs, le mettant dans l'impossibilité de participer au vote, avec toute l'information nécessaire »[220]. Il a été jugé par le tribunal de première instance de Yaoundé que « L'énumération des documents et renseignements présentés aux articles 525 et 526 de l'AUSCGIE comme devant être mis à la disposition des actionnaires, était exhaustive »[221]. Néanmoins, une telle position jurisprudentielle ne mérite pas une approbation car ignorant l'article 526 de l'AUSCGIE qui admet la possibilité de communication de tous autres documents, si les statuts le prévoient[222]. Enfin, pour confirmer son désir de renforcer la bonne gouvernance des entreprises, le législateur a reconnu dans l'Acte uniforme révisé, le recours aux codes de gouvernance dans les rapports présentés par les dirigeants sociaux.

B : La reconnaissance des codes de gouvernance d'entreprise

59. La gouvernance d'entreprise est définie comme l'ensemble des règles qui régissent la manière dont les entreprises sont dirigées et contrôlées[223]. Elle répartit les compétences entre les différentes parties intervenantes au sein de l'entreprise, et pose les règles et les procédures de prise de décision. « Son objectif est d'améliorer la performance et la rentabilité des opérations conclues par la société en prenant des décisions de

[217] Art. 528 de l'AUSCGIE. Voir aussi, TPI Yaoundé, Ord. réf. n°494/0, 06 février 2001, NDJEUDJUI Thadée contre continental Business Machines S.A., V. commentaires de l'art. 528 de l'AUSCGIE éd. 2002, p.452.

[218] La responsabilité civile est l'obligation pour une personne de réparer un dommage subi par autrui, à la suite d'un acte ou un évènement qui l'engage.

[219] Cf. l'arrêt de la Cour de cassation du 5 janvier 1926, Gaz. Pal. 1926. 1. 389.

[220] Jugement du TGI de Pau, 7 octobre 1959, D. 1960. 248.

[221] TPI Yaoundé, Ord. réf. n°494/0, 06 février 2001, NDJEUDJUI Thadée contre continental Business Machines S.A., V. commentaires de l'art. 528 de l'AUSCGIE éd. 2002, p. 452, précité.

[222] Art. 526 de l'AUSCGIE al.1er et 3.

[223] Selon un auteur, le gouvernement d'entreprise fait référence alors au « système par lequel les entreprises sont dirigées et contrôlées ». Il postule simplement une réflexion sur la rationalité du pouvoir et sur les éventuelles inefficiences découlant d'une mauvaise rationalité (A. COURET, « L'amélioration des droits des actionnaires », op.cit., p.62).

manière concertée, transparente et surtout contrôlée par différents organes de la société »[224]. L'amélioration des structures de gouvernance d'une entreprise est un impératif vital pour assurer sa pérennité.

60. Une très grande partie des règles et des principes de gouvernance d'entreprise est élaborée au niveau national, par le biais de législations ou de codes. Les Etats disposent d'une multitude de systèmes sophistiqués de gouvernance d'entreprise qui organisent la distribution des pouvoirs au sein d'une société ainsi que les structures qui composent cette société[225]. Néanmoins, certaines règles de gouvernance d'entreprise ne sont pas contenues dans des textes législatifs ou réglementaires, mais comme l'a déjà confirmé le législateur OHADA dans son article 831-2[226] de l'AUSCGIE révisé, elles sont élaborées par les organisations représentatives des entreprises. Dans cet article, le législateur a introduit la responsabilité du président du conseil d'administration en lui imposant l'établissement d'un rapport portant sur la composition du conseil, des conditions de préparation et d'organisation des travaux du conseil, ainsi que des procédures de contrôle interne et de gestion des risques mises en place par la société.

61. A cet effet, le législateur mentionne le souhait pour les dirigeants sociaux de se référer aux codes de gouvernance d'entreprises[227]. Patrice BADJI parle d'encouragement du recours volontaire au Code de

---

[224] Gouvernement (ou gouvernance) d'entreprise, https://www.economie.gouv.fr/facileco/gouvernement-ou-gouvernance-dentreprise; consulté le 29/09/2017.

[225] V. DE BEAUFORT, « Gouvernance d'entreprise – De nouvelles orientations à échelle de l'Union européenne », op.cit., p.4.

[226] En effet, l'article dispose que : « Le président du conseil d'administration rend compte, dans un rapport joint au rapport mentionné aux articles 525 2°) et 547-1 ci-dessus, de la composition du conseil, des conditions de préparation et d'organisation des travaux du conseil, ainsi que des procédures de contrôle interne et de gestion des risques mises en place par la société, en détaillant notamment celles de ces procédures qui sont relatives à l'élaboration et au traitement de l'information comptable et financière pour les comptes sociaux et, le cas échéant, pour les comptes consolidés. Sans préjudice des dispositions des articles 487 et 488 ci-dessus, ce rapport indique en outre les éventuelles limitations que le conseil d'administration apporte aux pouvoirs du directeur général.
Lorsqu'une société se réfère volontairement à un Code de gouvernement d'entreprise élaboré par les organisations représentatives des entreprises, le rapport prévu au présent article précise également les dispositions qui ont été écartées et les raisons pour lesquelles elles l'ont été. Se trouve de surcroît précisé le lieu où ce Code peut être consulté. Si une société ne se réfère pas à un tel Code de gouvernement d'entreprise, ce rapport indique les règles retenues en complément des exigences requises par la loi et explique les raisons pour lesquelles la société a décidé de n'appliquer aucune disposition de ce Code de gouvernement d'entreprise.
Le rapport prévu au présent article précise aussi les modalités particulières relatives à la participation des actionnaires à l'assemblée générale ou renvoie aux clauses des statuts qui prévoient ces modalités. Le rapport prévu au présent article est approuvé par le conseil d'administration et rendu public ».

[227] Pour l'instant seule la côte d'Ivoire et le Sénégal ont un Code de gouvernance.

gouvernance d'entreprise[228]. L'objectif du code est de leur permettre de dynamiser leur gestion, d'améliorer leurs résultats opérationnels et de contribuer au développement durable et à la pérennité de l'entreprise. L'application des dispositions du code par une entreprise devrait avoir un impact important sur son développement et stimuler de manière significative tant sa croissance que son sens de l'innovation[229]. Cette initiative répond là aussi aux souhaits des investisseurs étrangers confrontés à des difficultés pour obtenir des informations correctes et pertinentes sur les entreprises[230].

62. Néanmoins, le législateur n'encadre pas l'adhésion et le contenu des codes de gouvernance d'entreprise. Dans ces conditions, les dispositions y figurant et leur application relèvent de l'autorégulation des entreprises. Le code de gouvernance ne cherche pas à imposer des règles mais suggère plutôt des pistes de progrès. Il constitue pour les associés minoritaires qui doivent contrôler la gestion sociale des dirigeants sociaux une grille d'évaluation pertinente. Il vise également à réduire l'asymétrie d'information entre différentes parties intervenants dans la prise de décision au sein de l'entreprise.

63. Cependant, lors de la rédaction de ce rapport prévu par les articles 525 et 547-1 de l'Acte uniforme, le fait de se référer à un code de gouvernance n'est actuellement qu'une faculté. De ce fait, ce code est non contraignant et cela appelle à la responsabilisation des entreprises qui devront s'autoréguler. Seulement, la loi précise que quand les dirigeants choisissent de se référer à un code de gouvernance d'entreprise, ils ont également l'obligation d'indiquer le lieu où ce code peut être consulté. Le même article mentionne que les dirigeants sociaux doivent préciser les dispositions du code de gouvernance d'entreprise qui ont été écartées et les raisons pour lesquelles elles l'ont été.

64. En réalité, on est tenté de confirmer que le législateur OHADA fait la référence à un Code de gouvernance d'entreprise une obligation, car il précise que si une société ne se réfère pas à un tel Code de gouvernement d'entreprise, ce rapport indique les règles retenues en complément des exigences requises par la loi et explique les raisons pour lesquelles la société a décidé de n'appliquer aucune disposition de ce Code de gouvernement d'entreprise. La pléthore de Codes de bonne conduite, parfois traduits en législations contraignantes, adoptés dans les pays industrialisés, témoigne du

---

[228] P. S. A. BADJI, *Réforme du droit des sociétés commerciales OHADA*, op.cit., p.155.
[229] K. CERRADA et Fr. JANSSEN, « De l'applicabilité, des spécificités et de l'utilité d'un Code de gouvernance d'entreprise pour les PME et les TPE : le cas de la Belgique », Revue internationale P.M.E. : économie et gestion de la petite et moyenne entreprise, vol. 19, n°3-4, 2006, p.177.
[230] H. MARITON, op.cit., p.34.

souci général de voir les entreprises appliquer certaines règles de gouvernance[231]. Cependant, dans l'union européenne, certains pays notamment la Belgique[232], la France[233], ont déjà adopté des Codes de gouvernance des entreprises.

65. En somme, il est nécessaire au moins d'avoir un Code sur le gouvernement d'entreprise, qui constitue en fait un recueil de bonnes pratiques qu'il est recommandé aux entreprises d'adopter. Cette initiative répond là aussi aux souhaits des associés minoritaires « confrontés à des difficultés pour obtenir des informations correctes et pertinentes sur les entreprises ... ainsi qu'à diverses pratiques de manipulation des actifs notamment par le biais de faillites fictives et de participations croisées »[234]. A cet effet, le Code de gouvernance facilite le contrôle de la gestion sociale des dirigeants sociaux. Après le contrôle, s'il est avéré qu'il y a eu une mauvaise gestion sociale, la responsabilité civile des dirigeants peut être engagée. C'est pour cela que dans l'Acte uniforme révisé, le législateur a renforcé l'effectivité de l'exercice de l'action en responsabilité civile des dirigeants sociaux.

§2 : L'effectivité de l'exercice de l'action en responsabilité civile des dirigeants sociaux

66. Comme un organisme vivant, l'entreprise naît, vit, et peut être, le siège de désordres divers, dont les plus graves sont susceptibles de provoquer sa disparition, par arrêt du crédit et des flux financiers[235]. Ces différentes situations dépendent des actes et le comportement des dirigeants sociaux. En effet, le manquement des dirigeants à leurs obligations entraine des conséquences néfastes sur la situation financière de l'entreprise. Dans ce cas, la question de leur responsabilité civile se pose[236]. Celle-ci peut être mise en cause à partir du moment où il peut être établi que les dirigeants

---

[231] K. CERRADA et Fr. JANSSEN, « De l'applicabilité, des spécificités et de l'utilité d'un Code de gouvernance d'entreprise pour les PME et les TPE : le cas de la Belgique », op.cit., p.166.
[232] Le Code belge de gouvernance d'entreprise, Design et production, Bruxelles, 2009, 40p. http://www.ecgi.org/codes/documents/cg_code_belgium_12mar2009_fr.pdf. Téléchargé le 29/09/2017.
[233] Afep-Medef, Code de gouvernement d'entreprise des sociétés cotées, 2016, 42p. https://www.rsenews.com/public/dossier_eco/doc/Code-Gouvernement-Entreprise-revision1116.pdf ; Consulté le 29/09/2017.
[234] H. MARITON, op.cit., p.34.
[235] F. PEROCHON et R. BONHOMME, cité par A. AKAM AKAM, «La responsabilité civile des dirigeants sociaux en droit OHADA», *RIDE,* 2007, p.212.
[236] A. AKAM AKAM, *Les mutations juridiques dans le système OHADA*, L'harmattan, Paris, 2009, p.5.

sociaux ont commis des « fautes»[237] dans l'exercice de leurs fonctions et que celles-ci ont eu des conséquences négatives pour la société, les associés ou les tiers. Ce qui fait que, dès lors qu'un majoritaire désigne un représentant au conseil d'administration, ce dernier peut être poursuivi s'il agit contre l'intérêt des autres actionnaires. Un actionnaire minoritaire pourra même agir contre lui au nom de la société[238]. Les associés ont individuellement un droit de critique qui leur permet[239], d'exercer l'action en responsabilité civile des dirigeants sociaux.

67. Le contentieux relatif à ce chef de responsabilité ne cesse de se développer, ce qui révèle un renforcement du contrôle opéré par les associés[240]. En plus, le régime de la responsabilité des dirigeants sociaux s'est alimenté des principes prévus par les codes de gouvernance d'entreprise. L'action en responsabilité civile constitue l'une des réponses offertes aux associés pour lutter contre les dérives constatées dans la gestion de certaines sociétés[241]. Cette action est aussi bien individuelle[242] que sociale[243].

---

[237]. Le dirigeant ne sera déclaré responsable envers la société ou les associés que sur la base de la faute prouvée, (Versailles 21 janv.1993, dit Costanzo et Vidal c/Leroy, Rev. sociétés 1993, p.884, obs. Y. Guyon). La faute du dirigeant consiste, de façon générale dans des agissements contraires aux intérêts de la société ou dans le manquement au devoir de loyauté qu'un dirigeant a vis-à-vis des associés (Cass.com., 12 mai 2004, Beley c/SA Former, Rev. sociétés 2005, p.140, note L. Godon ; JCP 2004, éd. E, I, p.1393, note F.- G. Trebule).
La faute réside dans la violation des lois et règlements, des statuts et le plus souvent dans une faute de gestion. Certes, les hypothèses de fautes de gestion sont très diverses. On peut citer à titre d'exemples, la négligence dans la conduite des affaires sociales, le défaut de surveillance du personnel, le désintérêt pour la gestion, le fait de concurrencer la société dirigée (Cass.com., 7 oct. 1997, JCP 1997, éd. E, I, n°710, p.500, obs. A. Viandier et J.-J. Caussain) celui d'obtenir le renforcement de frais fictifs ou de ne pas avoir recouvré une créance sociale, le fait de ne pas avoir souscrit une assurance-entreprise, le fait d'avoir abusé la situation pour s'octroyer des rémunération et avantages anormaux, le fait d'avoir différé le remboursement de sommes dues par la société et d'avoir exposé cette dernière à des intérêts moratoires (Cass.com., 12 janv. 1993, RJDA 1993, n°800, p. 698), le fait d'avoir longuement gardé le silence sur les opérations hasardeuses et finalement très préjudiciables à la société (Paris, 4 févr. 1994, leguay c/FNB et autres, Bull. Joly 1994, p.402, note M. Pariente).

[238] S. SCHILLER et F. PATRIZIO, « Un rééquilibrage nécessaire des relations entre majoritaires et minoritaires dans les sociétés non cotées », op.cit., p.1284.

[239] M. GERMAIN (dir.), G. RIPERT et R. ROBLOT, *Droit commercial*, LGDJ, Paris, 1996, p.733, n°979.

[240] D. LEGEAIS, op.cit., p.180.

[241] M. COZIAN, A. VIANDIER et F. DEBOISSY, op.cit., p.172.

[242] L'action individuelle est celle appartenant en propre à tout associé ou à un tiers et par laquelle l'associé demande la réparation d'un dommage qu'il a personnellement subi. Elle peut être exercée par toute personne même l'associé minoritaire pouvant justifier d'un préjudice individuel (Cf. article 162 de l'AUSCGIE) distinct de celui subi par la société. Le préjudice est individuel lorsqu'il est personnellement souffert par tout associé même minoritaire sans être la conséquence d'un préjudice subi par la société. Par contre, est collectif le préjudice que chacun des associés subit à proportion de la fraction du capital qu'il détient :

68. Ces actions sont en grande parties dirigées par les associés minoritaires qui recherchent à imputer des fautes à leurs dirigeants. Etant donné que tout associé a qualité pour agir en justice toutes les fois que cela se situe dans l'intérêt légitime de la société[244]. Ainsi, l'action en responsabilité civile est une arme efficace entre les mains des associés minoritaires; puisque ceux-ci ne peuvent pas, faute de majorité révoquer les dirigeants, ils peuvent toujours leur intenter un procès[245]. Ladite action a été renforcée dans l'Acte uniforme révisé, d'une part, par l'admission d'un mandataire représentant la société dans l'instance (**A**) à la demande de la société ou de tout associé même minoritaire, et d'autre part, par la déclaration de la nullité d'une décision sociale destinée à éteindre l'action en responsabilité des dirigeants (**B**).

A : L'admission d'un mandataire représentant la société dans l'instance

69. L'action sociale appartient à la société qui peut l'exercer chaque fois qu'un préjudice affecte directement le patrimoine social. Cette action tend à la reconstitution du fonds social amputé par l'effet du préjudice qui lui a été causé. Pour renforcer la mise en œuvre de cette action, l'AUSCGIE dispose que : « la société ou tout associé peut également demander à la

---

c'est cet élément de proportionnalité qui permet de caractériser le préjudice comme social (V. Com. 26 janv. 1970, D. 1970.643, note J. Guyénot, Bull. civ. IV, no 30, Rev. soc. 1970.476, note J. G., J. C. p. 1970. II. 16385, note Y. Guyon ; Com. 4 mars 1986, Bull. civ. IV, n° 42). Dès lors, le préjudice doit être causé par un dirigeant social et non par la société elle-même. Ainsi, en vertu des articles 161 à 164 de l'AUSCGIE, tout associé, peut introduire une procédure judiciaire à l'encontre des dirigeants sociaux visant à engager leur responsabilité. Selon ESCARRA et RAUL, (cité par Fr. DIENG, *La direction des sociétés anonymes en droit sénégalais comparé aux droits français, anglais et américain*, Thèse, Panthéon-Sorbonne-Paris I, 1995, p.451) la plupart des actions individuelles reposent sur la violation du droit commun des obligations et plus spécialement sur un vice du consentement: erreur et surtout dol - Par exemple, les déclarations mensongères des administrateurs ayant incité des actionnaires à céder leurs titres. D'une manière générale, l'action individuelle sanctionne toute atteinte à un droit propre de l'actionnaire. Par exemple: - le défaut de convocation d'un actionnaire à une assemblée générale ;
- le défaut de communication de documents sociaux auxquels il a droit ;
- le refus d'enregistrer son vote ;
- le refus de reconnaître sa procuration ;
- le défaut de paiement de dividendes auxquels il a droit, etc.

Par contre, les fautes de gestion donnent rarement lieu à une action individuelle, parce que le préjudice est alors subi par la société. Si les actionnaires subissent un dommage, c'est de manière indirecte et il est proportionnel à l'intérêt que l'actionnaire possède dans la société.

243 « L'action sociale est l'action en réparation du dommage subi par la société du fait de la faute commise par le ou les dirigeants sociaux dans l'exercice de leurs fonctions (article l'art.166 de l'AUSCGIE).

244 CA Cotonou, arrêt n°65/99 du 29/4/99, affaire M. Guy Barbara c/ Société Sivapt.

245 M. COZIAN, A. VIANDIER et F. DEBOISSY, op.cit., p.172.

juridiction compétente de désigner un mandataire *ad hoc* pour la représenter dans l'instance, lorsqu'il existe un conflit d'intérêts entre la société et ses représentants légaux»[246]. Il ressort de cette disposition que le juge aussi peut désigner un mandataire *ad hoc* pour représenter la société en justice en cas de conflits d'intérêts entre la société et ses dirigeants[247].

70. En principe, la société est représentée par les dirigeants sociaux. Par cette possibilité, le législateur confirme la mise à l'écart des dirigeants sociaux lors de l'exercice de l'action sociale[248], en donnant à la juridiction compétente le pouvoir de désigner un mandataire qui remplace les dirigeants sociaux. Ce pouvoir donné aux juges de désigner un mandataire chargé de

[246] Art. 167 al. 3 de l'AUSCGIE.

[247] P. S. A. BADJI, « Les orientations du législateur OHADA dans l'AUSCGIE révisé », op.cit., p.25.

[248] En principe, l'action sociale est intentée par les dirigeants sociaux. Néanmoins, la difficulté nait du fait que, ces derniers ne peuvent engager leur propre responsabilité. Pour pallier cette inertie des dirigeants sociaux, un ou plusieurs associés regroupés peuvent intenter l'action sociale au nom et pour le compte de la société, après une mise en demeure des organes compétents non suivi d'effets dans un délai de 30 jours (Art.167 al. 1 de l'AUSCGIE, précité).
Si rien n'est fait dans ce délai, on peut valablement présumer que le dirigeant, probablement est impliqué dans les faits réprouvés (Paris, 4 févr. 1994, Bull. Joly, 1994, p.403). C'est-à-dire que le tribunal ne peut connaître de l'action sociale intentée par les associés que si la défaillance des représentants légaux de la société est démontrée (A. AKAM AKAM, «La responsabilité civile des dirigeants sociaux en droit OHADA», op.cit., p.220). C'est donc pour éviter la paralysie de l'action sociale que le législateur a conféré aux actionnaires la possibilité de se substituer aux organes sociaux défaillants en exerçant l'action sociale à leur place (C. AMEIL, cité par P. Chr. EWANE MOTTO, op.cit., p.73). Toutefois, cette action existait dans les règles relatives à la SARL.
Cette attribution dérogatoire de la qualité pour agir à l'associé est justifiée, d'une part, par le caractère conservatoire de l'action «ut singuli (C'est l'action sociale en responsabilité civile exercée par un ou plusieurs associés contre les dirigeants sociaux en réparation du dommage causé par leurs fautes de gestion à la société. Cf. CCJA, arrêt n°15/2005, 24 février 2005, Agoua Maurice c/la société Win SARL, Recueil de jurisprudence OHADA n°5, janv.-juin 2005, pp.65 à 67)», puisqu'elle a pour objet la défense du patrimoine social, et d'autre part, par son caractère subsidiaire (CH. PAGNUCCO, *L'action sociale ut universi et ut singuli en droit des groupements*, cité par M. COZIAN, A. VIANDIER et F. DEBOISS, op.cit., p.173.), parce qu'elle a vocation à être exercée par les dirigeants de la société. Mais les intéressés sont rarement enclins à tresser la corde qui servira à les pendre ; ce n'est qu'est qu'éventuellement en cas de changement des dirigeants sociaux que le successeur n'ayant aucune raison d'épargner son prédécesseur, pour engager l'action sociale. Or, très souvent, les dirigeants sont demeurés en place malgré le préjudice causé à la société (M. A. NJANDEU MOUTHIEU, « Commentaires : CCJA, arrêt n°015/2005, 24 février 2005, Agoua Maurice c/la société Win SARL », *Les* 2010*grandes décisions de la Cour commune de justice et d'arbitrage de l'OHADA*, L'Harmattan, Paris, 2010, p.162). C'est pourquoi il faut assurer la défense du patrimoine social par l'action exercée par les associés. Cette action sociale peut être engagée par un associé agissant individuellement sans rechercher l'accord de ses coassociés (M. A. NJANDEU MOUTHIEU, « Commentaires : CCJA, arrêt n°015/2005, 24 février 2005, Agoua Maurice c/la société Win SARL », *Les* 2010*grandes décisions de la Cour commune de justice et d'arbitrage de l'OHADA*, L'Harmattan, Paris, 2010, p.162).

représenter la société dans l'instance à la demande de tout associé renforce les pouvoir des associés minoritaires. Il suffit seulement pour le demandeur de prouver que les intérêts de la société sont menacés, une fois la société est représentée par ses dirigeants dans l'instance en question. C'est-à-dire que le législateur conditionne la désignation du mandataire par l'existence d'un conflit d'intérêt entre la société et ses représentants. La seule condition posée est l'existence d'un conflit d'intérêt entre la société et son représentant légal.

Dominique SCHMIDT définit le conflit d'intérêt comme la situation dans laquelle l'intérêt d'une personne peut aller à l'encontre d'un autre intérêt qu'elle doit soigner[249]. Selon le même auteur, le conflit d'intérêts se caractérise par une sorte de dilemme : l'intéressé ne peut pas choisir de satisfaire l'un des intérêts sans négliger l'autre. S'il choisit l'un, il porte atteinte à l'autre[250]. Concernant l'exercice de cette action sociale, il s'agit d'une situation dans laquelle un dirigeant social possède, à titre personnel, des intérêts qui pourraient influer ou paraître influer sur la manière dont il pourra défendre en instance la reconstitution du fonds social amputé par l'effet du préjudice subi par la société.

En dépit du devoir de loyauté qui s'impose au dirigeant vis-à-vis de la société, le dirigeant indélicat sera tenté de défendre ses intérêts personnels avant ceux de la société[251]. Cette mesure évite ainsi la représentation de la société par ses dirigeants lorsque ces derniers sont en situation de défendre des intérêts qui pourraient s'avérer contraires à ceux de la société, notamment lorsque les faits allégués dans le cadre de cette action sociale auraient été commis par les dirigeants toujours en fonction[252].

Par ailleurs, il ne fait nul doute que lorsque l'action *ut singuli* est formée contre le dirigeant, représentant légal de la société, cette condition est automatiquement remplie. En effet, si le dirigeant n'a aucun intérêt à voir une action indemnitaire engagée à son encontre, au contraire, la société a intérêt à obtenir réparation du préjudice qu'elle a subi du fait de la faute de gestion de son dirigeant[253]. Dans ce cadre, la Cour de cassation française a rejeté le pourvoi formé contre un arrêt de la Cour d'appel qui avait désigné un mandataire ad hoc pour introduire au nom de la société une action en résiliation du contrat conclu entre cette société et la société de son nouveau dirigeant[254]. Dans cette affaire, le nouveau dirigeant, représentant légal de la

---

[249] Voir D. SCHMIDT, « Essai de systématisation des conflits d'intérêts », Recueil Dalloz, 24 fév. 2013, p.2, n°7.

[250] D. SCHMIDT, « Essai de systématisation des conflits d'intérêts », op.cit., p.3.

[251] L. MONGIN-ARCHAMBEAUD, « Action *ut singuli* formée contre le dirigeant, représentant légal de la société : le rôle fondamental du mandataire ad hoc », op.cit., p.478.

[252] X. HUBERT et B. BOUMAZA, « Réforme du décret du 23 mars 1967 sur les sociétés commerciales » : *JCP* N 2007, p.1286.

[253] L. MONGIN-ARCHAMBEAUD, « Action *ut singuli* formée contre le dirigeant, représentant légal de la société : le rôle fondamental du mandataire ad hoc », *Bulletin Joly Sociétés*, Juillet-Août 2014, p.478.

[254] Cass. 2e civ., 16 juill. 1982, Pentecost SA Mine, Minerais et Métaux.

société, en conflit d'intérêt, avait en effet profité de ses nouvelles fonctions pour faire en sorte que la société se désiste d'une première action en résiliation, engagée par l'ancien dirigeant. Il était dès lors légitime qu'un mandataire ad hoc soit désigné afin de s'assurer que la société agisse conformément à son intérêt social et non à celui de son dirigeant[255].

71. De surcroît, pour renforcer la vocation réparatrice de l'action en responsabilité civile des dirigeants sociaux, le législateur, dans l'Acte uniforme révisé en déterminant les conditions de la mise en œuvre de ladite action, a remplacé la notion de dommage par celui de préjudice[256]. Dans ces conditions, l'action en responsabilité civile ayant vocation réparatrice du préjudice causé, le législateur déclare nulle toute décision qui a pour effet d'éteindre l'action en responsabilité des dirigeants sociaux.

B : La déclaration de nullité d'une décision sociale destinée à éteindre l'action en responsabilité des dirigeants

72. La nullité est la sanction de l'invalidité d'un acte juridique, ou d'une procédure. Il peut s'agir du non-respect d'une forme précise qui est légalement imposée ou de l'absence d'un élément indispensable à son efficacité. En droit des sociétés commerciales, la nullité est « une sanction »[257] d'une règle protectrice des intérêts propres à la société, aux associés ou aux tiers. Cette mesure a été retenue par le législateur OHADA dans l'Acte uniforme révisé pour sanctionner des décisions ou des accords tendant à anéantir l'action en responsabilité civile des dirigeants sociaux du fait des fautes commises dans l'exercice de leurs fonctions.

73. Le législateur[258] précise que : « Aucune décision de l'assemblée des associés, d'un organe de gestion, de direction ou d'administration ne peut avoir pour effet d'éteindre une action en responsabilité contre les dirigeants sociaux pour la faute commise dans l'accomplissement de leurs fonctions. Toute décision contraire est nulle». Par cette disposition, le législateur vient préciser le sort de certaines situations[259] en consacrant un nouveau régime de nullité. Il renforce l'éthique et la gouvernance en prescrivant des cas de nullités de certaines décisions prises par des associés

---

[255] L. MONGIN-ARCHAMBEAUD, « Action *ut singuli* formée contre le dirigeant, représentant légal de la société : le rôle fondamental du mandataire ad hoc », op.cit., p.479.
[256] Cf. Art. 162 et 165 de l'AUSCGIE.
[257] La sanction est la mesure de l'efficacité d'un droit. Il ne sert à rien, en effet, d'être titulaire d'une prérogative si celle-ci n'est pas juridiquement protégée par une sanction efficace (A. SAKHO, *Les groupes de sociétés et le droit,* op.cit., p.208).
[258] Art. 169 et 331 de l'AUSCGIE.
[259] P. S. A. BADJI, *Réforme du droit des sociétés commerciales OHADA*, op.cit., p.160, n°159.

ou dirigeants sociaux pour blanchir les actes illégaux pris par les dirigeants sociaux dans l'exercice de leurs fonctions sociales. Dans l'ancien Acte uniforme, le législateur interdisait ce genre de décisions sociales ou accords mais sans les déclarer nulles.

74. Ce texte pose le principe d'une responsabilité d'ordre public des dirigeants sociaux, d'où il ressort la nullité de toute décision d'exonération. Seules sont admises les clauses légales d'exonération, en l'occurrence celles énoncées par le droit commun, mais cela n'est pas possible dans les Etats parties au traité OHADA parce que rien n'est prévu dans ce sens. Or, le juge ne peut exonérer ou limiter la responsabilité du dirigeant social que si ce dernier peut se prévaloir d'une cause d'exonération parmi celles prévues par la loi ou admises par la jurisprudence[260]. Au demeurant, les associés peuvent valablement dans les statuts écarter ces causes légales, ce qui aggraverait la responsabilité des dirigeants[261]. Tout associé ou actionnaire peut toutefois renoncer lui-même à l'action individuelle après avoir saisi la justice. Il peut également s'abstenir d'exercer personnellement l'action sociale dans le cadre d'une transaction avec la société, alors que les autres poursuivraient cette action[262].

75. Par ailleurs, l'action en responsabilité des dirigeants sociaux est un moyen de manifester le désaccord des associés minoritaires qui ne peuvent pas les révoquer faute de majorité. La jurisprudence précise que l'action en nullité peut être exercée par tout actionnaire même si les voix de celui-ci ne suffisent pas à empêcher l'adoption des résolutions proposées[263]. Le droit commun des nullités des décisions de société peut être un instrument efficace entre les mains des minoritaires[264]. Ils pourront demander l'annulation des décisions prises par les dirigeants sociaux.

76. En principe, il n'y a pas de nullité d'un acte sans texte[265]. Raison pour laquelle, la nullité doit résulter d'une disposition expresse voire impérative de l'Acte uniforme. Ce qui signifie qu'en dehors des causes de nullité édictés de façon expresse, aucune autre irrégularité n'est sanctionnée

---

[260] A. AKAM AKAM, «La responsabilité civile des dirigeants sociaux en droit OHADA», op.cit., p.239.

[261] D. GIBIRILA et W. FEUGERE, *Maîtrise des risques du dirigeant*, Ed. Francis Lefebvre, Paris, 2009, p.24.

[262] Paris, 14 mai 1982 : BRDA, 1982/17, p.11.

[263] CA Paris 9-11- 1983 : BRDA 1/84 p.12.

[264] M. GERLAIN, « Les droits des minorités », RIDC, Vol.54 n° 2, Persée, Avril-juin 2002, p.410.

[265] Art. 242 et s. de l'AUSCGIE. La nullité d'une société est juridiquement encadrée avec une certaine rigueur : elle ne peut résulter que d'une disposition expresse de l'Acte uniforme ou des textes généraux de droit interne régissant la nullité des contrats (M. SAMB, « La réforme du droit des sociétés de l'OHADA : aspects généraux et droit transitoire », op.cit., p.4).

par la nullité. Cela correspond parfaitement à la philosophie générale de l'Acte uniforme. Dès lors que ledit Acte cherche à éviter autant que possible la destruction de la société ou des actes sociaux[266]. Il revient au juge d'apprécier l'opportunité ou non de prononcer cette nullité[267]. La rigueur apparaît également dans la prescription très courte de l'action (trois ans), la préférence allant vers la régularisation et la théorie de la société de fait[268]. De cette manière, alors que la société et les actes modificatifs ne peuvent être annulés qu'en présence d'une disposition expresse en ce sens, les actes non modificatifs, eux, n'encourent cette sanction qu'en vertu d'une disposition impérative[269]. Ces développements qui précèdent prouvent que la nullité n'a donc pas la faveur du législateur de l'OHADA[270]. Le recul de la nullité dans l'ancien Acte uniforme n'est cependant pas sans contrepartie. Le législateur a en effet aménagé diverses mesures destinées à se substituer à la nullité[271].

77. Dans des situations pareilles, il emploie fréquemment une autre technique sanctionnatrice en présence des dispositions impératives qui ne sont pas sanctionnées par la nullité, et pour cela, les actes indésirables ou contraires aux dispositions légales sont simplement réputés non écrites. Mécanismes de gouvernance, régime de nullité ont été rénovés[272] pour renforcer le pouvoir de contrôle de la gestion sociale. Ce même pouvoir de contrôle est renforcé également par la liberté contractuelle des associés.

---

[266] B. O. KASSI, « Le recul de la nullité dans l'Acte uniforme sur les sociétés commerciales et le groupement d'intérêt économique », *Penant,* n°848, 2004, p.357.

[267] CCJA, arrêt n° 034/2008/PC, 3 juillet 2008, *Bassirou Ka* c/ *Cisse et autres*, reproduit dans P.G. Pougoue et S.S. Kuate Tameghe (dir.), préc., note 2, p. 121, obs. Njeufack Temgwa.

[268] M. SAMB, «La réforme du droit des sociétés de l'OHADA: aspects généraux et droit transitoire », op.cit., p.4.

[269] Cette dernière expression désigne les textes d'ordre public, c'est-à-dire ceux auxquels les particuliers ne peuvent déroger, parce qu'ils correspondent à des intérêts essentiels de la société. J.CARBONNIER, Droit civil, T. IV, 22e éd., n°68 et s, cité par B.O. KASSI, op.cit., p.367.

[270] P. S. A. BADJI, *Réforme du droit des sociétés commerciales OHADA*, op.cit., p.159, n°157.

[271] B. O. KASSI, op.cit., p.365.

[272] P. S. A. BADJI, *Réforme du droit des sociétés commerciales OHADA*, op.cit., p.162, n°160.

Section 2 : Le renforcement de la liberté contractuelle des associés

78. La pratique et le monde des affaires, souffrant de la grande rigidité du droit des sociétés, militaient depuis longtemps pour un assouplissement[273]. Une souplesse dans l'aménagement du fonctionnement des sociétés s'avère en effet indispensable pour permettre à ces dernières, acteurs du marché, de suivre et de participer au développement économique des affaires dans un contexte international concurrentiel[274]. Or, cette flexibilité ne peut venir que de la liberté contractuelle.

Le principe de l'autonomie de la volonté qui a inspiré la réglementation des rapports contractuels, se manifeste sous la forme de deux principes ; le principe du consensualisme et surtout celui de la liberté contractuelle qui est une liberté de contracter ou de ne pas contacter et même celle de fixer le contenu de son contrat[275]. Ainsi que l'a exprimé le doyen CARBONNIER, « la liberté contractuelle est la face juridique de cette loi économique de marché »[276]. Plus précisément, comment l'a si bien dit J. PAILLUSSEAU : « La liberté contractuelle signifie essentiellement la possibilité pour les associés de choisir les règles relatives à l'organisation interne de la société, celles qui n'ont pas de conséquences sur les droits des tiers, des créanciers et du personnels et qu'ils peuvent organiser de la même manière leurs relations »[277].

Dans ce cadre, une question a été posée de savoir si les sociétés commerciales doivent être régies par des normes uniformément définies par le législateur ou bien faut-il laisser aux associés une large liberté contractuelle pour aménager comme ils entendent l'organisation et le fonctionnement statutaire de leur entreprise ?[278]

79. En effet, la liberté contractuelle est un des principes qui régit non seulement le droit commun des obligations, mais aussi trouve son

---

[273] J.-P. CHAZAL, « Liberté contractuelle, représentation et direction des SAS», *RTD.com*, n°4, 2002, p.688.

[274] J.-J. DAIGRE, « Transformer les sociétés » in « De nouveaux espaces de liberté contractuelle », *JCP - Cah. dr. entr.*, 2/1995, p. 16, cité par C. LEROY, *Le pacte d'actionnaires dans l'environnement sociétaire*, Thèse, Paris-Est Creteil Val de Marne, 2010, p.5.

[275] M. GUEYE, « Liberté contractuelle et ordre public dans le nouvel Acte uniforme relatif au droit des sociétés commerciales», op.cit., p.333.

[276] J. CARBONNIER, *Droit et passion du droit sous la Ve République*, Flammarion, Forum, 1996, p. 177, cité par C. LEROY, op.cit., p.5.

[277] J. PAILLUSSEAU, « La modernisation du droit des sociétés », RTD Com. 1996, p.287, n°19, cité par M. GUEYE, « Liberté contractuelle et ordre public dans le nouvel Acte uniforme relatif au droit des sociétés commerciales», op.cit., p.337.

[278] P. S. A. BADJI, « Les orientations du législateur OHADA dans l'AUSCGIE révisé », op.cit., p.22.

application en droit des sociétés commerciales. Le droit des sociétés est plus que jamais soumis à deux tendances contradictoires : d'un côté la prolifération d'une réglementation de plus en plus tatillonne, de l'autre l'aspiration à davantage de souplesse et de liberté dans l'organisation et le fonctionnement de ces personnes morales[279]. L'évolution vers la contractualisation[280] et vers la souplesse des règles de création des entreprises s'impose actuellement à une époque où se développe d'une façon accélérée la mondialisation des échanges. Partant, les sociétés commerciales créées actuellement subissent plusieurs aménagements lors de la rédaction des statuts. Cette multiplication des aménagements contractuels tire également sa source dans la volonté du législateur de promouvoir le principe de la liberté contractuelle qui permet aux associés d'adapter les statuts de la société à leurs besoins.

80. En principe, la liberté contractuelle signifie que les parties font théoriquement ce qu'elles veulent, et leur liberté devrait s'exprimer sur tous les plans ; depuis l'initiative du contrat, le choix du partenaire, la forme du contrat, la détermination du contenu du contrat, et l'exécution dudit contrat[281]. Cependant, pour faciliter le contrôle de la gestion sociale, la liberté contractuelle des associés permet également la dissociation du pouvoir et du capital (**§1**) et la consécration de la validité des pactes d'associés (**§2**).

§1 : La possibilité de dissociation du pouvoir et du capital

81. Le principe d'égalité de traitement s'applique aux associés majoritaires et minoritaires et permet ainsi d'assurer la protection de leurs droits. Néanmoins, les associés peuvent décider du contenu qu'ils vont donner à la règle d'égalité. Le plus souvent, c'est la loi elle-même qui leur indique cette voie. Bien entendu, une telle option trouve son fondement dans l'intérêt commun ou dans les prérogatives consenties aux associés, et qui sont attachées à leur participation dans le capital. La consultation des statuts donne une idée précise sur la manière dont les associés ont reçu le principe

---

[279] Y. GUYON, Avant-propos, Traité des contrats, *Les sociétés,* 4ème éd. L.G.D.J, 1999, p.7, cité par P. S. A. BADJI, « Les orientations du législateur OHADA dans l'AUSCGIE révisé », op.cit., p.22.

[280] C'est-à-dire l'expansion du pouvoir reconnu aux associés d'aménager eux-mêmes et librement le fonctionnement de leur société (P. BERTEL, Liberté contractuelle et société, RTD Com. 1996, p. 595 et s. cité par M. GUEYE, « Liberté contractuelle et ordre public dans le nouvel Acte uniforme relatif au droit des sociétés commerciales», op.cit., p.336.

[281] J. LOHOUES-OBLE, « L'autonomie des parties : le caractère supplétif des dispositions de l'avant-projet d'Acte uniforme OHADA sur le droit des contrats », Rév. dr. unif., 2008, p.323.

d'égalité[282]. De cette manière, l'Acte uniforme écarte le principe qui impose aux associés la détention d'une certaine quotité dans le capital social pour pouvoir participer au contrôle de la gestion sociale. Cette dissociation du capital et du pouvoir permet l'attribution des actions de préférence (**A**) et se manifeste également par la liberté dont jouissent des associés dans l'organisation du pouvoir (**B**).

A : L'attribution des actions de préférence

82. Dans une société de capitaux, l'égalité est en principe une égalité entre actions[283]. Mais cette règle n'est pas d'ordre public, d'où la possibilité de création des actions de préférence. Ces actions peuvent résulter de l'émission de nouvelles actions, ou de la conversion d'actions ordinaires en actions de préférence. Dans ce cadre, l'Acte uniforme en son article 755 dispose que : « Nonobstant les dispositions de l'article 754 ci-dessus, lors de la constitution de la société ou au cours de son existence, il peut être créé des actions de préférence dans les conditions des articles 778-1 et suivants, ci-après et jouissant d'avantages par rapport à toutes les autres actions ». Elles sont instituées par l'AUSCGIE dans son article 778-1 et suivant, et se substituent au mécanisme des actions de priorité qui figurait dans l'ancien Acte uniforme. Au cours de l'existence de la société, la création doit cependant, nécessairement être décidée par l'assemblée générale extraordinaire sur la base d'un rapport du conseil d'administration ou de l'administrateur général[284]. Aussi, sont-elles présentées comme une exception à la règle selon laquelle « A chaque action, est attaché un droit au dividende proportionnel à la quotité du capital qu'elle représente »[285]. Les actions de préférence, en offrant des possibilités extrêmement diverses de variation des droits attribués à ses titulaires, visent en particulier à faciliter le financement des entreprises[286]. L'appel aux capitaux dont la société a besoin, est la justification la plus couramment admise pour passer légalement au principe d'égalité[287]. Dès lors, le législateur OHADA a fait ainsi preuve de réalisme économique pour encourager les investissements dans l'espace communautaire, notamment au profit des entreprises en sous capacité

---

[282] A. FAYE, « L'égalité entre associés » (Acte uniforme sur le droit des sociétés et du GIE) : Ohadata D-04-10, p.2.

[283] G. RIPERT et R. ROBLOT, cité par E. W. GONCALVES, « La rupture de l'égalité dans les souscriptions prioritaires d'actions en droit OHADA», *De l'esprit du droit africain.* Mélanges en l'honneur de P. G. POUGOUE, Cotonou, CREDIJ, 2014, p.341.

[284] B. MARTOR et J. FASSI, « Panorama de la réforme du droit des sociétés OHADA », *La semaine juridique-entreprise et affaire*, n°9-10, 2014, p.22.

[285] Art.754 de l'AUSCGIE.

[286] J.-J. LECAT, « Les actions de préférence dans le nouvel Acte sur les sociétés commerciales et le GIE », *Penant,* n°887, 2014, p.196.

[287] E. W. GONCALVES, « La rupture de l'égalité dans les souscriptions prioritaires d'actions en droit OHADA», op.cit., p.342.

financière[288]. Mais grâce à ces actions, outre les retours sur investissements, tout associé dispose de droits spécifiques (**1**) qui lui ont été aménagés pour sa protection et surtout pour le contrôle de la gestion sociale des dirigeants sociaux. Mais le droit de veto (**2**) est le plus important pour les minoritaires.

1 : Les droits conférés par les actions de préférence

83. Les droits issus des actions de préférence doivent être définis dans les statuts et sont de nature très variée : ils peuvent s'agir d'actions sans droit de vote, d'actions avec droit de vote double, d'actions avec suspension du droit de vote pendant une durée déterminée ou déterminable ou aménagement du droit de vote, d'actions avec un droit aux dividendes diminué ou accru, d'un droit de contrôle spécifique, d'un avantage pécuniaire etc. Par la création des actions de préférence à droit de vote double, un associé minoritaire en capital peut être majoritaire au niveau des droits de vote, car l'intérêt des actions de préférence est de permettre d'ajuster, de manière temporaire ou structurelle, et selon la situation capitalistique de chaque société, les droits attachés aux actions que détiennent certains actionnaires[289].

84. La qualification d'actions de préférence dépend des droits particuliers qui leur sont attachés. Ce qui signifie que les actions de préférence ne peuvent être qualifiées comme telles qu'à la condition que les droits qu'elles confèrent ne soient pas absolument similaires à ceux des actions ordinaires. Selon VIANDIER, les actions de préférence ne sont pas nécessairement des actions ayant plus de droits, mais seulement des actions assorties de droits différents ; c'est l'altérité et non le privilège qui définit l'action de préférence[290]. Il est ainsi possible d'émettre des actions de préférence comportant des droits moindres que les actions ordinaires. Pour cela, adoptant la règle selon laquelle tout ce qui n'est pas interdit est permis, le législateur[291] s'en remet à l'imagination des émetteurs pour créer toutes sortes d'actions de préférence[292].

---

[288] E. W. GONCALVES, ibid.
[289] B. MARTOR et J. FASSI, op.cit., p.23.
[290] A. VIANDIER, « Les actions de préférence », JCP E 1440, Comm. 2004, p. 1529, n°10.
[291] Art.778-1 de l'AUSCGIE.
[292] V. MAGNIER, « Les actions de préférence : à qui profite la préférence ? », Recueil Dalloz, 2004, p.2559.

85. Toutefois, selon certains auteurs, l'action de préférence ne saurait se ramener à un antiprivilège[293]. Le législateur OHADA semblait aller également dans le même sens en confirmant que lors de la constitution de la société ou au cours de son existence, il peut être créé des actions de préférence ...jouissant d'avantages par rapport à toutes les autres actions »[294]. Dans ces conditions, il semble que le régime des actions de préférence, notamment l'application prévue par l'article 755 de l'Acte uniforme allant dans le sens des avantages particuliers en cas d'attribution des actions à une personne déterminée, est plus justifié si l'on comprend la préférence comme un avantage. On ne peut pas comprendre en quoi les associés seraient protégés par l'attribution d'actions de préférence aux droits réduits.

Un auteur[295] considère que les actions de préférence ne peuvent comporter qu'un type de restriction, prévu par le texte : le droit de vote. En tant que droit attaché aux actions de préférence, le droit de vote peut être aménagé pour un délai déterminé ou déterminable. Il peut être suspendu pour une durée déterminée ou déterminable ou supprimé[296]. Autrement dit, la préférence peut s'accompagner d'une suspension ou d'une suppression du droit de vote[297].

86. Le principe est la liberté dans l'aménagement du droit de vote attaché aux actions de préférence. Ainsi, il est possible de limiter le nombre de voix auquel donne droit une action de préférence ou de restreindre l'exercice du droit de vote qui lui est attaché, notamment en limitant ce droit de vote aux seules décisions concernant les porteurs d'actions de préférence[298]. Par contre, on ne peut pas plafonner le droit de vote des seuls titulaires d'actions de préférence, car le législateur exige que le plafond soit étendu à toutes les actions sans distinction[299]. Le droit de vote au sein d'une même catégorie, s'il est maintenu, devra être homogène entre les détenteurs d'actions de cette catégorie et aucune individualisation du droit de vote pour un ou plusieurs porteurs particuliers au sein d'une même catégorie ne semble pouvoir être opérée[300].

---

[293] A. COURET et H. Le NABASQUE, « Valeurs mobilières. Augmentations de capital, Nouveau régime », édition Francis Lefèbvre, 2004, n° 504-8.), cité par A. BAUDRY, « Les actions de préférence », Université Paris II Panthéon Assas, 2005, p.15.
[294] Cf. art.755 de l'AUSCGIE précité.
[295] B. PICHARD, « Quels droits pour les actions dites de préférence ? », Les Petites Affiches, 21 janvier 2005 n°15, p.7, cité par A. BAUDRY, « Les actions de préférence », op.cit., p.15.
[296] Art. 778-1 de l'AUSCGIE.
[297] P. S. A. BADJI, *Réforme du droit des sociétés commerciales OHADA*, op.cit., p.78, n°60.
[298] Ch-E. PRIEUR et M. TAZI, « Les actions de préférence », Journal des sociétés, Paris, n°13 septembre 2004, p.10.
[299] Art.543 de l'AUSCGIE.
[300] Ch-E. PRIEUR et M. TAZI, op.cit., p.10.

87. En outre, la liberté n'est néanmoins pas totale car les règles habituellement rattachables à l'ordre public sociétaire, telle la prohibition des clauses léonines, ne sont pas écartées par une disposition particulière[301]. Aussi, il ne sera pas possible de créer des actions avec un droit de vote triple ou quadruple. De même, par des actions de préférence, il ne sera pas possible de transférer les pouvoirs et attributions d'un organe social de la société au profit d'un autre organe social[302].

Cette liberté est encadrée pour éviter une trop grande dissociation entre le pouvoir et le capital et donc pour assurer la représentativité en termes de capital des associés dotés du droit de vote. Selon le législateur OHADA, les actions de préférence sans droit de vote ne peuvent représenter plus de la moitié du capital social, et dans les sociétés dont les actions sont admises aux négociations sur une bourse des valeurs, plus du quart du capital social[303]. Ce qui signifie que c'est lorsque le droit de vote est supprimé que le législateur pose des limites[304]. Par conséquent, toute émission ayant pour effet de porter la proportion au-delà de cette limite peut être annulée.

2 : Le droit de veto

88. Concernant le droit de veto, le législateur OHADA est muet, mais il s'agit d'un droit qui permet à son titulaire de s'opposer, si nécessaire, à certaines décisions d'un organe social[305] visées communément dans un pacte, pour des raisons qui tiennent notamment à la confidentialité des rapports entre associés, voire dans les statuts[306]. Dans ces conditions, l'interrogation qui naît inévitablement est celle de savoir si la société peut accorder à un associé un droit de veto qui lui permettra de tenir en échec la volonté majoritaire[307].

La loi peut doter certains titres sociaux, notamment, les actions de préférence d'un droit de veto[308]. Ainsi, l'Acte uniforme[309] dispose que : « Lors de la constitution de la société ou au cours de son existence, il

---

[301] Jurisclasseur Banque - Crédit - Bourse, fasc. 1803 : Actions de préférence, n°15.
[302] B. MARTRO et J. FASSI, op.cit., p.23.
[303] Art. 778-1 de l'AUSCGIE.
[304] P. S. A. BADJI, Réforme du droit des sociétés commerciales OHADA, op.cit., p.78, n°60.
[305] M. RAKOTOVAHINY, « Le droit de veto dans les sociétés », Revue des sociétés 2017, p.277 ; H. HOVASSE, « Le droit de veto », *Dr. sociétés*, juillet 2014, p. 13, spéc. n°1.
[306] S. LE PICHON, « QPC en cours sur le traitement fiscal d'un rachat de titres », http://www.lexplicite.fr/droit-veto-les-sas-jurisprudence-conforte-pratique/, consulté le05/10/2017.
[307] M. NDIAYE, *L'inégalité entre associés en droit des sociétés*, Thèse, Panthéon-Sorbonne - Paris I, 2017, p.310.
[308] A. VIANDIER, « Les actions de préférence (ordonnance 2004-604 du 24 juin 2004) », JCP E 2004. 1440.
[309] Art. 778-1 de l'AUSCGIE.

peut être créé des actions de préférence, avec ou sans droit de vote, assorties de droits particuliers de toute nature, à titre temporaire ou permanent ». Ce texte permet aux statuts de créer des actions de préférence avec un droit de veto en faveur de tout associé même minoritaire. A cet égard, les statuts préciseront à qui est attribué ce droit de veto, sa durée, les décisions qui en sont l'objet. Ainsi, dans certaines hypothèses, un associé ou le dirigeant d'une société peut se voir reconnaître, souvent par les statuts, l'existence d'un droit de veto à l'encontre d'une décision de tel ou tel organe social. Son terrain de prédilection reste les statuts dans les sociétés où prédomine la liberté contractuelle. A cet égard, il n'est pas fondamental dans la mesure où il n'existe que si les statuts le prévoient ou l'interdisent[310].

Selon un auteur, nul droit de veto ne peut être institué pour neutraliser des délibérations de SARL, de SA et de SCA[311]. La raison de cette hostilité tient au fait que, dans ces formes sociales, la loi écarte toute possibilité de séparer le pouvoir politique de la participation au capital[312]. Or, le droit de veto est délié de la participation au capital à la différence de ce qui est pour le droit de vote[313]. Mais ce droit de veto se rattache au droit de vote[314], en ce qu'un veto, plus qu'un vote multiple, assure à une personne le pouvoir de décider seule, ou plus exactement d'empêcher une décision, même contre une majorité. Il permet à celui qui en est titulaire de jouer un rôle de contrepouvoir[315]. Néanmoins, le droit de vote est diffus dans la mesure où il concerne tous les associés d'une société, alors que le droit de veto est exprès car il ne peut être attribué qu'à une personne bien déterminée. A défaut, il ne peut prospérer. Le droit de vote porte sur toutes les décisions collectives, le droit de veto ne peut être général ; à défaut, il pourrait aboutir

---

310 D. GIBIRILA, « Droit de veto d'un sociétaire relatif aux nominations des membres du conseil d'administration », *Lexbase Hebdo édition affaires*, n°457, du 10 mars 2016, note sous Civ. 1re, 17 févr. 2016, n˚ 15-11.304.

311 H. HOVASSE, « Le droit de veto », op.cit., n°6.

312 M. NDIAYE, op.cit., p.313.

313 H. HOVASSE, cité par M. RAKOTOVAHINY, op.cit., p.277.

314 A ce niveau, le droit de vote est consacré par la loi et reconnu comme droit fondamental de l'associé. Le droit de veto relève généralement des statuts. À cet égard, il n'est pas fondamental dans la mesure où il n'existe que si les statuts le prévoient ou l'interdisent (D. GIBIRILA, « Droit de veto d'un sociétaire relatif aux nominations des membres du conseil d'administration», Lexbase Hebdo édition affaires n˚457 du 10 mars 2016, note sous Civ. 1re, 17 févr. 2016; 15-11.304. V. aussi pour cet arrêt H. Hovasse, Le droit de veto dans une association, Dr. sociétés, 2016, n° 5, comm.76, cité par M. RAKOTOVAHINY, op.cit., p.277). Le droit de vote est diffus dans la mesure où il concerne tous les associés d'une société, alors que le droit de veto est exprès car il ne peut être attribué qu'à une personne bien déterminée. À défaut, il ne peut prospérer. Le droit de vote porte sur toutes les décisions collectives, le droit de veto ne peut être général ; à défaut, il pourrait aboutir à un anéantissement du droit de vote. Pareil droit ne peut être qu'explicite (Com. 16 févr. 2016, n° 14-23.093) et ne porter que sur des décisions préalablement identifiées dans les statuts (M. RAKOTOVAHINY, op.cit., p.277).

315 M. RAKOTOVAHINY, ibid.

à un anéantissement du droit de vote. Pareil droit ne peut être qu'explicite[316] et ne porter que sur des décisions préalablement identifiées dans les statuts[317].

Selon HOVASSE, le droit de veto se caractérise par deux éléments : le droit de veto fait obstacle à ce qu'une décision soit prise ou son exécution est paralysée et son titulaire est placé dans une situation exorbitante lui permettant de bloquer le jeu normal des règles sociétaires[318]. Sa mise en œuvre laisse souvent présumer une mésentente entre associés, une divergence de vues, entrevoir parfois une situation de blocage au sein du groupement[319]. A cet effet, s'il est largement admis que ladite prérogative peut être attribuée à certaines personnes, associés ou non, pour s'opposer aux décisions de ces organes, y compris dans les sociétés anonymes[320], selon la doctrine, tout comme la jurisprudence[321], certaines précautions doivent être prises dans la rédaction des clauses régissant le droit de veto pour éviter des difficultés de principe. Le droit de veto ne saurait porter atteinte au principe de compétence et de spécialité des organes sociaux. Il conviendra par ailleurs de limiter l'étendue du droit de veto à certaines décisions importantes pour l'investisseur ou stratégiques pour la société[322], afin que le titulaire du droit de veto ne puisse être considéré comme un dirigeant de fait.

Dans un contexte où les décisions doivent être prises à l'unanimité comme dans la SNC, le droit de veto est lié au vote et manifeste un désaccord avec le reste de la communauté des associés au risque, il ne faut pas le négliger, de bloquer le fonctionnement de la société[323]. Néanmoins, selon une jurisprudence française, l'exercice d'un droit de veto ne peut résulter d'une abstention[324].

---

[316] Com. 16 févr. 2016, n° 14-23.093, « Qu'en statuant ainsi, alors que la simple abstention du président qui ne s'est pas opposé à la demande de l'administrateur de convertir le redressement en liquidation judiciaire de la société et qui n'a pas interjeté appel de la décision du tribunal de commerce ayant prononcé cette conversion ne vaut pas exercice de son droit de veto, la Cour d'appel a violé les textes susvisés ».

[317] M. RAKOTOVAHINY, op.cit., p.277.

[318] H. HOVASSE, « Le droit de veto», Droit des sociétés n° 7, juill. 2014, dossier 5, n° 1.

[319] M. RAKOTOVAHINY, op.cit., p.277.

[320] H. HOVASSE, « Le droit de veto », op.cit., n° 15 à 17.

[321] Cass.com. 6 mai 1995, *Dr. sociétés* 1996, comm. 149, 2e espèce ; *Bull. Joly* 1996, p. 822, note P. Le Cannu.

[322] C'est-à-dire que toutes les décisions sociales ne peuvent faire l'objet d'un droit de veto. Il apparaît alors que ce droit, même s'il ressort des statuts, n'a pas un champ d'application illimité. Son usage doit être encadré pour éviter les dérives et garantir la réalité du droit de vote.

[323] M. RAKOTOVAHINY, op.cit., p.277.

[324] La simple abstention du président qui ne s'est pas opposé à la demande d'un administrateur de convertir le redressement en liquidation judiciaire de la société et qui n'a pas interjeté appel de la décision du tribunal de commerce ayant prononcé cette conversion ne vaut pas exercice de son droit de veto (Cass.com., 16 févr. 2016, n°14-23.093, F-D, Sociéét Acos c/ Msson : JurisData n°2016-002769. C'est-à-dire que l'exercice du droit de veto, à défaut de résulter d'une volonté explicitement exprimée, ne peut se déduire que d'actes ou

Pour HOVASSE, on ne peut plus parler de droit de veto, lorsqu'à l'abri de la règle de l'unanimité chacun indifféremment peut bloquer une décision[325]. Autrement, notons que certaines situations produisent les mêmes effets que le veto. On pense aux hypothèses suivant lesquelles la législation requiert l'unanimité. En pareils cas, la loi accorde, *de facto*, un droit de veto à chaque associé, puisqu'il suffit que l'un d'entre eux s'oppose à la décision pour que celle-ci soit bloquée. Cette observation se retrouve également dans le cas de minorités de blocage[326].

En plus, la loi n'ignore pas l'existence du droit de veto dans certaines circonstances même si elle ne désigne pas la situation comme telle. Ainsi dans le cas d'une cogérance, un droit d'opposition existe qui n'est autre qu'une forme de veto, appelée là aussi à jouer un rôle de contrepouvoir[327]. Ce droit de veto permet de mettre en place un contrepouvoir au regard de décisions de gestion qui seraient inadaptées pour la société et permet l'exercice d'un contrôle réciproque de chacun des dirigeants. Cette hypothèse trouve un écho dans le cadre de la SAS où une clause des statuts peut octroyer un droit de veto au président à l'égard des décisions du directeur général[328]. Son exercice se justifiera sans doute à l'occasion de relations conflictuelles entre les gérants. A cet égard, le droit de veto joue comme un modérateur et obligera normalement les cogérants à trouver un accord qui va dans l'intérêt de la société pour éviter tout risque de blocage[329]. Selon un auteur, un droit de veto général ne « ruine pas le droit de vote des associés car il peut être institué un droit de vote plural »[330]. Le droit de veto a également été reconnu par les tribunaux dans un arrêt récent de la Cour de cassation[331].

---

comportement positif ou de commission (Commentaires de D. GALLOIS-COCHET, Droit des sociétés, n°5 mai 2016, Lexis Nevis, Les revues Juris Classeur, p.33).

[325] H. HOVASSE, cité par M. RAKOTOVAHINY, ibid.

[326] M. NDIAYE, op.cit., p.312.

[327] Cela signifie que quand la loi envisage le droit de veto, elle ne l'aborde pas sous la forme d'un droit de veto, mais plutôt sous la forme d'une opposition.

[328] Com. 19 nov. 2013, n° 12-26.702, « La société [la SAS] a pour président M. X et pour directeur général M. Z, lequel a été investi par les statuts des mêmes pouvoirs que le président, "sous réserve du droit de veto attribué à ce dernier" [...] », Bull. Joly, 1er févr.2014, n° 02, note de P-L. Perrin.

[329] M. RAKOTOVAHINY, op.cit., p.277.

[330] H. HOVASSE, « Le droit de veto », op.cit., n° 11.

[331] Cass.com., 19 nov. 2013, n° 12-26702, Bull. Joly sociétés, févr. 2014, n°02, p. 85, note P.-L. Périn. En l'espèce, les statuts avaient investi un directeur général de SAS avec les mêmes pouvoirs que le président *«sous réserve du droit de veto attribué à ce dernier»*, sans autre précision. La société ayant été mise en redressement puis en liquidation judiciaire, le directeur général avait fait appel du jugement de conversion en liquidation, contre la volonté du président. Dans cette affaire, malgré la rédaction peu précise des statuts et une manifestation d'opposition du président qui n'avait pas été exprimée sous forme de veto, la Cour d'appel a néanmoins reconnu que le droit de veto du président avait été exercé de de manière implicite. Ce litige souligne les difficultés potentielles de mise en œuvre du droit de veto lorsque les statuts ne sont pas assez précis.

Connu de la jurisprudence, méconnu de la doctrine et ignoré de la loi, le droit de veto est suspect. Liminairement, parce que la loi n'explicite pas un tel droit dans le cadre des sociétés. Puis ce droit est un droit potestatif, unilatéral pour celui qui en est pourvu. Sa mise en œuvre laisse souvent présumer une mésentente entre associés, une divergence de vues, entrevoir parfois une situation de blocage au sein du groupement. Enfin ce droit de veto a un effet décisionnaire alors qu'il est du pouvoir d'une seule personne[332].

Par ailleurs, l'expression d'un droit de veto au bénéfice d'un associé lui permet d'exercer un pouvoir sur les décisions qu'il peut considérer comme importantes dans le respect de l'intérêt social. L'admission dans les statuts d'un droit de veto oblige les parties prenantes à le respecter. Outre les statuts, le droit de veto peut trouver une assise dans le cadre d'un pacte d'associés qui organise les relations entre les actionnaires dans les sociétés par actions[333]. La présence d'un droit de veto dans un pacte d'associés permet de neutraliser des décisions défavorables ou critiquables.

89. Cependant, l'exercice du droit de veto ne doit pas être abusif ou contraire à l'intérêt social, afin d'éviter une action pour « abus de minorité »[334] contre son titulaire. La question qui se pose est de savoir si le droit de veto attaché aux actions de préférence peut permettre à son titulaire de s'opposer à certaines décisions, même adoptées par l'assemblée générale des associés à la majorité requise. La réponse est affirmative seulement, dans

---

[332] M. RAKOTOVAHINY, op.cit., p.277.

[333] M. RAKOTOVAHINY, ibid.

[334] Art. 131 de l'AUSCGIE : Il y a abus de minorité lorsque, en exerçant leur vote, les associés minoritaires ou égalitaires s'opposent à ce que des décisions soient prises, alors qu'elles sont nécessitées par l'intérêt de la société et qu'ils ne peuvent justifier d'un intérêt légitime. Selon la Cour de cassation française, l'abus de minorité se définit comme l'attitude d'un minoritaire contraire à l'intérêt général, accomplie dans l'unique dessein de favoriser ses intérêts égoïstes au détriment des majoritaires (Cass. com. 15 juill. 1992, Bull. civ. IV, n° 270 ; D. 1993, Jur. p. 279, note H. Le Diascorn ; Bull. Joly Sociétés 1992, p. 1083, note P. Le Cannu ; Rev. sociétés 1993, p. 400, note P. Merle). En outre, l'abus de minorité est caractérisé lorsque les minoritaires non seulement recherchent un intérêt personnel contraire à l'intérêt social mais également font obstacle à la réalisation d'une opération déterminante de la survie de la société (Cass. com. 5-5- 1998 : RJDA 7/98 n° 862).

Pour protéger les associés minoritaires, les juges ont décidé que l'abus de minorité ne peut émaner d'un associé qui ne détient pas la minorité de blocage dès lors que son vote négatif s'ajoute à celui d'un autre associé alors que le projet d'augmentation de capital avait été écarté en l'absence de collusions frauduleuses entre ces deux associés (CA Bordeaux 7-16 1997 : Bull. Joly 1990 p. 284 note Bonpoint). De même, l'opposition au vote justifiée par des raisons propres à un associé ne suffit pas à établir cet abus (CA Paris 23-11- 2001 n° 01-3506 : RJDA 7/02 n° 768) ; ainsi jugé à propos du minoritaire ayant rejeté un « coup d'accordéon » et une augmentation consécutive de capital qu'il jugeait trop coûteux et contraire à la saine gestion de la société excluant son sauvetage acharné , estimant cette opération inapte à résoudre toutes les difficultés de la société (CA Montpellier 18-6- 2002 n° 01- 2547 : RJDA 8-9/04 n° 981).

les sociétés SAS. En plus, attribuer à l'associé titulaire d'une action de préférence le droit de s'opposer à telle décision de l'assemblée générale, c'est enfreindre les dispositions légales précitées et porter atteinte au droit de vote des autres associés.

90. Pourtant, en dehors des actions de préférence, toutes les actions confèrent un droit de vote aux associés. On pourrait peut-être prévoir un tel droit de veto dans un cas particulier : lorsque toutes les actions de la société sont des actions de préférence, et que les statuts prévoient une suspension particulière du droit de vote, en cas d'opposition d'un associé titulaire d'une catégorie particulière d'actions de préférence donnant droit de veto. Cette suspension particulière du droit de vote des titulaires d'action de préférence, si elle est décidée après la souscription, doit être acceptée par tous les associes concernés. C'est pourquoi le droit de vote attaché aux actions de préférence doit respecter les règles qui régissent le droit de vote dont bénéficient toutes autres actions. Toutefois, la dissociation du pouvoir et du capital, permet également aux associés d'organiser librement le pouvoir.

B : La liberté des associés dans l'organisation du pouvoir

91. Contrairement aux actionnaires de la SA, qui se voient imposer les règles de gestion par le législateur[335], pour certaines sociétés, les associés sont libres d'organiser la gérance[336]. « Les statuts déterminent librement les organes de leur gestion et les pouvoirs au moins dans les rapports entre associés »[337]. C'est le cas pour la société par actions simplifiée (SAS)[338] récemment consacrée par le législateur OHADA, car ses membres ont toute liberté pour organiser l'attribution du pouvoir dans la société indépendamment de toute référence à la quotité détenue dans le capital social par chacun des associés. Cette forme hybride de société, qui cumule la puissance financière des sociétés par actions et la liberté quasiment absolue des conventions, n'a été reçue en droit de l'OHADA qu'en 2014. Entretemps, les formes sociales originellement proposées par le droit de l'OHADA étaient devenues impropres à répondre aux exigences de flexibilité des entrepreneurs[339].

---

[335] M. KONE, *Le nouveau droit commercial des pays de la zone OHADA : Comparaison avec le droit français*, op.cit., p.193.

[336] Exemple pour la société en nom collectif, art.276 de l'AUSCGIE : Les statuts organisent la gérance de la société. Ils peuvent désigner un ou plusieurs gérants, associés ou non, personnes physiques ou morales, ou en prévoir la désignation dans un acte ultérieur.

[337] M. KONE, *Le nouveau droit commercial des pays de la zone OHADA : Comparaison avec le droit français*, op.cit., p.193.

[338] Art.853-1 à 853-23 de l'AUSCGIE.

[339] Fr. E. NDJOLO VODOM, op.cit., p.36.

En droit français, l'introduction et surtout l'élargissement du domaine de la SAS en droit positif ont sensiblement bouleversé l'univers des sociétés commerciales[340]. « La liberté octroyée par les textes offre la potentialité la plus importante pour l'aménagement du rapport pouvoir-investissement »[341]. C'est donc en pleine conscience des imperfections de la législation en vigueur que les rédacteurs du nouvel AUSCGIE ont introduit la SAS[342], laquelle se conçoit comme une société dont : « [...] les statuts prévoient librement l'organisation et le fonctionnement [...] »[343]. La SAS devient ainsi la structure idéale pour dissocier la détention de capital du pouvoir au sein de la société, ce qui devrait être particulièrement intéressant pour les jeunes créateurs d'entreprise ne disposant pas suffisamment de capitaux[344]. Par cette société, le législateur OHADA a écarté l'article 129 de l'AUSCGIE qui impose le principe de proportionnalité du droit de vote de chaque associé à la quotité détenue dans le capital[345].

92. La souplesse d'organisation de la SAS est bien adaptée au contrôle du pouvoir. En effet, nomination des dirigeants sociaux, modalités des prises de décision, ce sont là autant de questions pour lesquelles les associés réunis en assemblée ont la faculté de choisir la disposition la mieux adaptée à la taille de leur société, à son objet, comme à leur état d'âme, leur expérience et leurs habitudes. C'est la SAS qui s'adapte aux exigences des associés, à travers une rédaction des statuts adéquate et non le contraire. L'organisation de cette société est essentiellement définie par les statuts au lieu d'être prévue par la loi.

93. La reconnaissance de la liberté d'organisation statutaire de la SAS, résulte des termes de l'article 853-1 de l'Acte uniforme révisé. Selon ceux-ci : « [...] les statuts prévoient librement l'organisation et le fonctionnement de la société [...] ». Avec cette disposition, la société par actions simplifiée, plus que toute autre forme sociale, remet la volonté de coopération des associés au cœur du contrat de société[346]. La plupart des règles d'organisation, de gouvernance et fonctionnement de la SAS sont librement déterminées par les associés dans les statuts. Ce qui signifie qu'il revient aux statuts de déterminer librement les conditions de quorum et de majorité

---

340 J.-P. CHAZAL, op.cit., p.688.

341 J. PRIEUR, « Le contrat d'investissement, *Revue de droit bancaire et financier* », n°1, Janvier, p.2.

342 B. MARTOR et J. FASSI, op.cit., p.21.

343 Art. 853-1de l'AUSCGIE.

344 Ph. MERLE, « Le nouveau droit des sociétés de l'OHADA », op.cit., p.768.

345 Comme en France, le principe de proportionnalité entre le capital investi et le droit de vote ne joue pas : une action peut donc donner droit à plusieurs voix, sans limitation (Ph. MERLE, « Le nouveau droit des sociétés de l'OHADA », op.cit., p.768).

346 Fr. E. NDJOLO VODOM, op.cit., p.47.

présidant à l'adoption des décisions collectives. Celles-ci peuvent être différentes selon la nature et l'importance des décisions à prendre. Dès lors, les associés ou actionnaires peuvent prévoir tout organe collégial de gouvernance ou de surveillance de leur société, dont les pouvoirs et les modalités de fonctionnement seront précisés dans les statuts. Il peut s'agir du comité de pilotage, comité exécutif, conseil, etc. La SAS permet aux fondateurs de conserver le pouvoir alors qu'ils sont minoritaires du capital en raison des besoins des capitaux propres satisfaits par l'investisseur[347].

94. Dans cette société, « la liberté des associés dans l'organisation de la gérance s'exprime non seulement par la libre détermination de l'organe de gestion, mais également dans la fixation des pouvoirs de cet organe »[348]. C'est-à-dire que les pouvoir des dirigeants sociaux sont déterminés par les statuts. Sont ainsi valables les clauses qui prévoient que certains actes importants ne soient accomplis qu'avec l'autorisation des associés[349]. C'est seulement à défaut de dispositions statutaires que l'article 277 al.1er AUSCGIE reconnaît au gérant le pouvoir de faire tous les actes de gestion dans l'intérêt de la société. Mais il est nécessaire d'être vigilant sur ce point et de veiller à ne pas donner à cet organe le nom de « conseil d'administration » afin de ne pas entretenir une confusion inutile avec la société anonyme.

95. Au contraire, dans certaines sociétés notamment la société anonyme, on constate l'intervention du législateur, et souvent de manière impérative, ce qui limite d'autant la liberté des associés et des dirigeants sociaux. Or, cela n'est pas le cas dans les SAS tels que prévus par le législateur OHADA, car il appartient aux statuts d'arrêter les règles d'organisation interne et de contrôle. De cette manière, les associés peuvent se réunir à tout moment en assemblée générale extraordinaire pour changer le fonctionnement de leur société à partir de la modification des statuts, alors que dans les autres sociétés ce pouvoir est limité.

96. Cette dissociation du capital et du pouvoir implique que les associés majoritaires ne soient pas forcément eux qui ont le contrôle de la société. Cela permet à tout associé même minoritaire d'avoir plus de pouvoirs qu'il ne dispose de parts au capital social. Les règles[350] de quorum et de majorité prévues par le législateur OHADA ne sont pas applicables à ce type de société. Alors que le non-respect des règles pour les autres sociétés

---

[347] J. PRIEUR, op.cit., p.2.
[348] M. KONE, *Le nouveau droit commercial des pays de la zone OHADA : Comparaison avec le droit français*, op.cit., p.194.
[349] M. KONE, *Le nouveau droit commercial des pays de la zone OHADA : Comparaison avec le droit français*, ibid.
[350] Art.549 de l'AUSCGIE.

est sanctionné par la nullité des délibérations prises[351]. Sauf dans les SNC et les SCS dans lesquelles, il y a une certaine souplesse dans l'aménagement dans la prise des décisions collectives. Néanmoins, dans toutes ces sociétés, la liberté contractuelle permet de conclure des pactes extra-statutaires entre associés pour organiser la gestion sociale.

§ 2 : La consécration de la validité des pactes d'associés

97. Le droit contemporain des sociétés est ainsi caractérisé par l'existence d'une dynamique favorable à une plus grande souplesse, grâce à la liberté contractuelle, sur fond d'une approche institutionnelle de la discipline[352], marquée par le maintien d'un bloc de règles impératives et la « prolifération d'une réglementation de plus en plus tatillonne »[353]. Si les statuts de sociétés sont assurément le lieu privilégié de l'organisation des rapports entre associés, ils n'en ont pas le monopole[354], à partir du moment où le législateur a consacré la validité des pactes d'associés qui peuvent jouer le même rôle.

La pratique des pactes est né dans le cadre des concentrations et regroupements d'entreprises pour lesquels, les pactes permettent d'assurer la stabilité de la direction et l'actionnariat majoritaire face aux risques d'agressions inamicales ou de mettre en place un pouvoir égalitaire dans les filiales communes crées en vue d'une coopération inter-entreprises. Pour obtenir des sources de financement extérieur, ces pactes permettent d'attirer les investisseurs susceptibles de prendre des participations minoritaires dans le capital des sociétés non cotées en leur offrant les avantages qu'ils récupèrent en contre partie de leur prise de risque[355]. Ainsi, les investisseurs institutionnels ont la possibilité d'employer ces outils contractuels propices au renforcement de leur position de minoritaires. Ces accords permettent de renforcer, avec une plus grande liberté que les statuts ne le permettraient, la protection des intérêts convergents de certains associés.

En permettant aux associés de compléter les dispositions légales ou de les remplacer par des règles introduisant plus de souplesse dans leurs relations ou dans le fonctionnement de leurs entreprises, le législateur OHADA consacre un aspect fondamental de la liberté contractuelle. Il s'agit

---

[351] Art.244 de l'AUSCGIE.

[352] B. OPPETIT, « Les tendances actuelles du droit des sociétés français », Journées franco-bulgares, Bulletin de la société de législation comparée, 1989, p. 108 et s. cité par C. LEROY, op.cit., p.7.

[353] Y. GUYON, cité par C. LEROY, ibid.

[354] B. CAVALIE et A. HONTEBEYRIE, « Quand la Cour d'appel de Versailles renforce l'efficacité des pactes d'actionnaires », *Lexbase hebdo n°414-Edition privée générale*, oct. 2010, p.1.

[355] M. GUEYE, « Liberté contractuelle et ordre public dans le nouvel Acte uniforme relatif au droit des sociétés commerciales», op.cit., p.341.

de la liberté reconnue aux parties non seulement de contracter, mais surtout de déterminer le contenu de leur contrat[356]. Dans ce cadre, la loi a précisé le domaine des pactes d'associés (**A**), dont l'acceptation en droit OHADA est la preuve d'un relatif recul de l'ordre public (**B**).

A. Le domaine des pactes d'associés

98. Le législateur a mis en place des instruments pour stabiliser le pouvoir dans l'entreprise ou offrir des moyens de contrôle aux uns et aux autres. Parmi ces instruments se trouvent les pactes d'actionnaires[357]. En effet, les pactes d'associés ou actionnaires se définissent comme l'ensemble des conventions extra-statutaires par lesquelles deux ou plusieurs actionnaires, personne physique ou morale, organisent entre eux, selon un certain équilibre, les relations individuelles qu'ils entretiennent au sein de la société, au regard de la gestion du pouvoir et la détention du capital[358]. La volonté des associés peut d'ailleurs, selon la Cour de cassation française, « organiser toute solution qui n'est pas contraire à une règle d'ordre public, à une stipulation impérative des statuts ou à l'intérêt social »[359]. C'est la consécration nette et claire de cette pratique fréquemment mise en œuvre par les associés, et qui vise à conclure en marge ou en complément des statuts de la société, des pactes d'associés en vue de régir les relations au sein de la société[360] ou à certains actionnaires de sortir de celle-ci en contournant les règles qui restreignent cette éventualité[361].

99. En effet, un pacte d'associés pourra s'avérer un outil précieux du fait de sa souplesse, et il permet bien souvent de trouver un équilibre entre les différents intérêts des associés. Il est un contrat conclu entre personnes qui présentent une qualité particulière, celle d'être associés d'une même société, et à une fin spécifique pour ces dernières, celle de préciser, en dehors des statuts, les relations qu'elles entretiennent en cette qualité. Ils peuvent donc permettre de compléter discrètement les statuts, à condition de ne pas y porter atteinte[362]. Ainsi, un pacte d'associés est une convention conclue en dehors des statuts pour organiser les règles de gouvernance et d'accès au capital d'une société. Le libéralisme en droit des sociétés se

---

[356] M. GUEYE, « Liberté contractuelle et ordre public dans le nouvel Acte uniforme relatif au droit des sociétés commerciales», op.cit., p.339.

[357] A. SAKHO, « L'exécution forcée des obligations de faire résultant des pactes de référence dans les cessions d'actions», *L'obligation. Mélanges en l'honneur de* P.-G. POUGOUE, Yaoundé, L'Harmattan, 2015, p.811.

[358] C. LEROY, op.cit., p.7.

[359] Cass. Com., Bull. Joly Sociétés 2004, p.544, note P. Le Cannu.

[360] B. MARTOR et J. FASSI, op.cit., p.19.

[361] E. W. GONCALVES, *Droit des sociétés*, 2ème éd., Pothier, Paris, 2014, p.47.

[362] Br. KAMENA, Thèse, op.cit., p.363.

manifeste par la conclusion de ces pactes extrastatutaires qui, il faut le rappeler ne doivent pas contredire les dispositions statutaires et les Actes uniformes, ou aller à l'encontre de l'intérêt social.

100. La jurisprudence française, confrontée à un impératif économique, en a admis la validité sur le fondement de cette liberté[363]. A ce moment, ces conventions n'avaient pas véritablement fait l'objet d'une reconnaissance par le droit OHADA[364]. Dès lors, l'absence de leur reconnaissance en droit des sociétés privait de sécurité le recours à cet outil si important d'organisation des relations entre associés même si un arrêt de la Cour d'appel d'Ouagadougou en avait reconnu la validité[365]. Dans cette affaire, la Cour a permis à des tiers non signataires d'évoquer les dispositions du pacte, soit qu'il leur a causé préjudice soit qu'il peut leur profiter[366]. Ce qui est étonnant étant donné que les pactes d'associés n'ont effets qu'entre leurs signataires.

101. Outre cela, avant la révision de l'Acte uniforme, seule la référence au droit commun des contrats permettait de défendre la validité de ces pactes. Fort heureusement, le législateur a pris conscience de ce besoin de flexibilité en droit des sociétés, et dans l'AUSCGIE a consacré la validité des pactes d'associés[367] en listant les domaines dans lesquels la volonté des associés ou tout simplement des parties peut s'exprimer[368]. La volonté des associés peut d'ailleurs, selon la Cour de cassation française, « organiser toute solution qui n'est pas contraire à une règle d'ordre public, à une stipulation impérative des statuts ou à l'intérêt social »[369]. Par la conclusion d'un pacte, les associés peuvent librement prévoir d'organiser : les relations entre associés ; la composition des organes sociaux ; la conduite des affaires de la société ; l'accès au capital ; la transmission des titres sociaux. Le domaine cité par le législateur OHADA est loin d'être exhaustif.

102. De plus, si le législateur est précis sur la manière dont l'organisation doit se faire, il reste muet sur la forme que peut prendre celle-

---

363 Cass.com. 13 février 1996, *Rev. sociétés*, 1996, p. 781, note J.-J. Daigre et Cass.com. 7 janvier 2004, *Bull. Joly*, 2004.544, note P. Le Cannu.
364 A. D. EYANGO DJOMBI, « La contractualisation du droit des sociétés commerciales de l'OHADA », *Penant,* 2015, n°893, p.348.
365 Arrêt du 19 juin 2009 de la Cour d'appel d'Ouagadougou n° 037/09.
366 E. W. GONCALVES, *Droit des sociétés*, op.cit., p.47.
367 Art.2-1 de l'AUSCGIE : Sous réserve du respect des dispositions du présent acte uniforme auxquelles il ne peut être dérogé et des clauses statutaires, les associés peuvent conclure des conventions extrastatutaires en vue notamment d'organiser, selon les modalités qu'ils ont librement arrêtées.
368 P. S. A. BADJI, *Réforme du droit des sociétés commerciales OHADA*, op.cit., p.33, n°11.
369 Cass. Com., Bull. Joly Sociétés 2004, p544, note P. Le Cannu.

ci[370]. Or, l'absence de réglementation de la forme de ces pactes laisse libre cours à l'imagination des associés. Selon le même auteur, cette remarque peut néanmoins être relativisée dans la mesure où il existe des conventions extrastatutaires expressément consacrées[371]. Mais d'une manière générale, ces pactes permettent aux associés qui, pris individuellement, n'auraient pas d'influence sur les décisions prises par une société, d'exercer le contrôle de celle-ci par un simple accord extra-statutaire[372]. C'est pourquoi grâce à ces pactes, l'associé minoritaire a toujours la faculté de se réserver, au stade de la rédaction du pacte d'actionnaires et des statuts, un rôle important aussi bien dans la prise des décisions collectives que dans la nomination des dirigeants sociaux[373].

103. A cet effet, la première fonction des pactes d'associés est d'assurer la stabilité du contrôle de la gestion sociale. Parmi ces pactes se trouvent les conventions de vote et « les clauses d'information »[374]. Par la mise en œuvre de ces clauses d'information, l'assemblée générale d'associés devient, en toute certitude, un organe de contrôle de la gestion sociale car elle est le lieu idéal de discussion et d'expression des associés particulièrement minoritaires.

Dans ce cadre, non seulement ces pactes permettent aux associés minoritaires de mieux contrôler les activités sociales, mais également de mettre en place des systèmes de nature à augmenter leur influence lors des assemblées générales. Certaines clauses des pactes permettent donc aux actionnaires minoritaires de prendre en main la gestion de la société. Si on prend l'exemple du droit de veto, des associés minoritaires, comme des investisseurs peuvent légitimement souhaiter se voir accorder un droit de veto sur certaines décisions importantes, ce qui suppose de s'accorder pour convenir de règles de majorité renforcées. Ce qui signifie que la présence d'un pacte d'associés empêche un associé minoritaire d'être lésé par les décisions et agissements de l'associé majoritaire.

Dans la pratique des groupes de sociétés, il est fréquent que les associés majoritaires soient nombreux et dispersés de telle sorte que pour

---

[370] P. S. A. BADJI, *Réforme du droit des sociétés commerciales OHADA*, op.cit., p.34, n°13.

[371] P. S. A. BADJI, *Réforme du droit des sociétés commerciales OHADA*, op.cit., p.34, n°14. Voir Article 765 de l'AUSCGIE qui dispose que : « Nonobstant le principe de la libre transmissibilité énoncée à l'article 764 ci-dessus, les statuts ou les conventions mentionnées à l'article 2-1 ci-dessus peuvent stipuler certaines limitations à la transmission des actions dans les conditions prévues aux articles 765-1 à 771-3 ci-après ».

[372] PARLEANI, « Les pactes d'actionnaires », Rév. Soc. 1991. 1 ; Martin et Faugerolas : « Les pactes d'actionnaires », JCP.1989. 1. 3412, cité par E. W. GONCALVES, op.cit., p.46.

[373] A. M. CARTRON et B. MARTOR, op.cit., p.22.

[374] Les clauses d'information mettent la fourniture de certains renseignements notamment la situation comptable trimestrielle et détaillée, les états financiers prévisionnels, le projet de budget et le plan d'investissement à la charge des dirigeants sociaux.

assurer la pérennité et la cohésion de l'ensemble au sein de la « société mère »[375], des pactes sont conclus entre eux.

104. De même, aux termes de ces conventions, certains actionnaires s'engagent à voter dans un sens déterminé[376], il peut s'agir également d'une renonciation particulière et temporaire au droit de vote ou la suppression du droit de vote pour un temps déterminé[377]. Ce sont les actionnaires ne détenant pas une minorité de blocage dans les assemblées générales, lesquels sont alors incapables de faire prévaloir leur volonté au titre de leur seul niveau de participation, qui sont intéressés en premier chef par les conventions de vote, organisant cette possibilité d'intervenir, de manière dérogatoire, dans le processus décisionnel au sein de la société[378].

105. En outre, les clauses du pacte règlent par exemple, l'exercice du droit de vote entre les cocontractants, prévoient un droit de consultation sur certains sujets à débattre au conseil d'administration, permet d'assurer aux minoritaires des dividendes conséquents, à certains actionnaires de réserver les postes de direction aux membres du pacte[379]. A ce propos, il a été jugé qu' « est valable, la convention par laquelle une personne s'engage à faire en sorte que son cocontractant soit nommé président de la société, dès lors qu'un tel engagement n'entraîne aucune restriction aux pouvoirs du conseil d'administration au cas où celui-ci nommerait l'intéressé comme président, de le révoquer à tout moment et sans indemnité »[380]. Egalement, les pactes d'actionnaires peuvent contenir les clauses de rencontre permettant la rencontre fréquente des associés afin de se prononcer sur l'avenir de la société[381] insérées dans les contrats pour faciliter la renégociation des contrats[382]. S'agissant des nouveaux associés, le pacte inclut souvent une clause de ratification par laquelle les signataires stipulent que tout nouvel associé, par exemple par l'effet d'une cession devra adhérer au pacte.

---

[375] Une société est société mère d'une autre société quand elle possède dans la seconde plus de la moitié du capital. Cf. 179 de l'AUSCGIE. Néanmoins, il n'est pas nécessaire pour considérer une société comme mère qu'elle constitue sa filiale : il suffit qu'elle la contrôle par une participation majoritaire dans son capital.

[376] Chr. PICHARD, op.cit., p.3.

[377] P. S. A. BADJI, *Réforme du droit des sociétés commerciales OHADA*, op.cit., p.39, n°22.

[378] C. LEROY, op.cit., p.91.

[379] E. W. GONCALVES, *Droit des sociétés*, op.cit., p.48.

[380] Paris, 3 mars 1995. RJDA. 12/95 n°1380.

[381] Sur la portée des clauses de rencontre en droit des contrats, V. J. MESTRE et B. FAGES, « Portée des clauses de réunion ou de rencontre en vue de faciliter la renégociation du contrat », Angers, 27 janv. 2004, RJDA 2005, n°1068 ; Paris, 14 oct.2005, 25e ch. B, SA Vocalcom c/SA Florence Gillier Communication, inédit, RTDCIV, 2006, p.112, cité par P. S. A. BADJI, *Réforme du droit des sociétés commerciales OHADA*, op.cit., p.39.

[382] P. S. A. BADJI, *Réforme du droit des sociétés commerciales OHADA*, op.cit., p.39, n°22.

106. Outre cela, il arrive que des pactes lient l'ensemble des actionnaires d'une société[383]. Dans ces conditions, on ne peut manquer de s'interroger sur la raison pour laquelle les associés ont, dans un tel cas, recours à une convention extra-statutaire alors qu'ils pourraient *a priori* faire figurer leur accord dans les statuts et bénéficier d'une meilleure efficacité. Il existe au moins trois bonnes raisons de préférer les pactes d'associés aux statuts. D'abord, la validité de certaines clauses est douteuse lorsqu'elle figure dans les statuts, c'est le cas notamment des conventions de vote, des clauses d'exclusion, d'inaliénabilité ou des clauses de rachat d'actions à prix fixe[384]. Ensuite, les pactes d'associés sont plus facilement modifiables. Enfin, il est probable que les partenaires soient attachés au secret des affaires.

En outre, il convient d'ajouter le cas des « clauses de sortie conjointe »[385] qui peuvent être prévues dans un pacte d'associé et confèrent par exemple aux associés minoritaires le droit de céder leurs titres si les majoritaires cèdent les leurs[386]. Au terme d'une telle convention, un actionnaire, en général majoritaire, s'engage à faire racheter par le cessionnaire de ses titres de contrôle, aux mêmes conditions, les actions d'un minoritaire, et faute pour le cessionnaire d'accepter, le partenaire débiteur s'expose à devoir racheter lui-même les titres du minoritaire.

Un tel engagement des actionnaires majoritaires est souvent exigé par les investisseurs financiers, comme condition de leur prise de participation minoritaire dans le cadre d'opérations de capital-investissement, afin d'accroître la liquidité de leurs titres, d'échapper à toute décote de minorité et également d'éviter qu'ils se retrouvent bloqués dans une société qui va être dirigée par une nouvelle équipe qui leur est inconnue[387]. Par ce pacte, il peut être prévu qu'en cas de franchissement à la baisse d'un certain seuil de participation par le majoritaire du fait de la

---

383 Dans un tel cas, selon Y. GUYON, le pacte et les statuts deviennent indivisibles (Y. GUYON), *Traité des contrats - Les sociétés, aménagements statutaires et conventions entre associés,* LGDJ, 5ème éd., 2002 n°198 et 202 in fine). Nous pensons également que lorsque le pacte est signé par l'ensemble des actionnaires de la société, il n'est susceptible de subir une plus forte emprise de l'ordre public sociétaire que s'il ne concernait que certains actionnaires.

384 En ce sens, Ph. BRUNSWICK, «SAS et capital investissement vers la fin des pactes d'actionnaires extrastatutaires ?», *D.*, 2000.595, II. 1, cité par C. LEROY, op.cit., p.39.

385 Une clause de sortie conjointe permet à tous les associés ou à certains d'entre eux d'obtenir le droit de céder leurs actions ou parts sociales si l'un d'entre eux vient à céder ses titres, et ce aux mêmes conditions et au même cessionnaire.

386 Afin de faciliter la mise en œuvre du pacte de sortie conjointe, il convient de définir avec précision les conditions que devra vérifier le projet de cession du débiteur de nature à déclencher la procédure ainsi que les modalités de notification de ce projet au bénéficiaire. Le pacte doit également stipuler un délai pendant lequel le bénéficiaire pourra exercer sa faculté de sortie avant la date prévue pour la réalisation de la cession projetée (C. LEROY, op.cit., p.105).

387 C. LEROY, op.cit., p.28.

cession, celui-ci s'oblige à faire racheter ou à racheter lui-même la totalité des actions ou parts sociales du minoritaire.

107. En sus de la souplesse des pactes d'actionnaires, comparativement au formalisme requis pour individualiser dans les statuts la situation de certains actionnaires ou modifier les dispositions statutaires, les pactes d'actionnaires présentent un atout de confidentialité, tout au moins dans les sociétés non cotées[388]. Toutefois, cette confidentialité est exclue en matière boursière[389]. Des raisons de politique économique justifient en effet, qu'afin de préserver le bon fonctionnement des marchés financiers, en assurant notamment la transparence du marché ainsi que la sécurité des épargnants, le législateur encadre par un certain nombre de règles spécifiques et contraignantes, de publicité[390]. Par exemple, selon le législateur français[391], les pactes d'associés qui comportent des conditions préférentielles de cession ou d'acquisition portant sur au moins 5 % du capital ou des droits de vote d'une société cotée doivent en effet être communiqués aux autorités financières, lesquelles en assurent la publicité. Le non-respect de cette obligation entraîne la suspension des effets du pacte en période d' « offre publique »[392] d'achat.

---

[388] C. LEROY, *Le pacte d'actionnaires dans l'environnement sociétaire*, op.cit., p.10.

[389] L'opposabilité du pacte d'associés aux tiers exige, comme pour tout contrat de droit commun, non seulement l'existence d'un contrat légalement formé et en cours d'exécution ainsi que la preuve de l'existence d'un tel contrat, mais encore, la connaissance par le tiers de l'existence dudit contrat. Or les pactes d'associés ne font l'objet, tout au moins dans les sociétés non cotées, d'aucune publicité obligatoire de nature à révéler leur existence et leur contenu aux tiers. Cela implique que les pactes d'associés ne sont pas, en principe, opposables aux tiers, les dérogations à ce principe demeurant très exceptionnelles. A ce titre, la question s'est posée, afin d'améliorer la force obligatoire des pactes d'associés, d'organiser un mode de publicité desdits pactes.

[390] C. LEROY, op.cit., p.16.

[391] Art. L 233-11 C du Code de commerce français : Toute clause d'une convention prévoyant des conditions préférentielles de cession ou d'acquisition d'actions admises aux négociations sur un marché réglementé et portant sur au moins 0,5 % du capital ou des droits de vote de la société qui a émis ces actions doit être transmise dans un délai de cinq jours de bourse à compter de la signature de la convention ou de l'avenant introduisant la clause concernée, à la société et à l'Autorité des marchés financiers. A défaut de transmission, les effets de cette clause sont suspendus, et les parties déliées de leurs engagements, en période d'offre publique.

[392] L'offre publique est une opération de marché qui modifie radicalement la situation d'une société, soit qu'elle génère un changement de contrôle, voire une compétition pour ce contrôle, et permet à tous les actionnaires de céder leurs titres dans les conditions identiques, soit qu'elle annonce ou réalise un retrait de la cote et l'expropriation des actionnaires minoritaires (A.GENITEAU, « Les techniques juridiques de contestation de la politique sociale par des actionnaires minoritaires actifs », *Les stratégies juridiques des entreprises*, Larcier, Bruxelles, 2009, p.196). En France, la loi n° 2005-842 du 26 juillet 2005 pour la confiance et la modernisation de l'économie a renforcé la protection des actionnaires minoritaires en créant un nouveau cas d'offre publique d'achat obligatoire. Ainsi, aux termes de l'article L. 433-3, IV, du Code monétaire et financier, tel qu'il résulte de la loi nouvelle : «le règlement général de l'Autorité des marchés financiers fixe également les conditions dans

Par ailleurs, sous peine de sanctions pécuniaires, tous les pactes qui peuvent avoir une incidence sur une offre publique en cours doivent être notifiés aux sociétés concernées et à l'AMF et doivent être publiés dans un quotidien financier[393]. En outre, une question a été posée de savoir si un salarié peut se prévaloir d'une clause d'un pacte d'actionnaires. Dès lors qu'un pacte d'actionnaires prévoit que le licenciement de certains de ses salariés doit être autorisé par le conseil de surveillance à une majorité déterminée de ses membres, les salariés concernés sont en droit de se prévaloir de cette clause, dont le non-respect rend leur licenciement sans cause réelle et sérieuse[394].

108. S'agissant de la durée des pactes d'associés, à défaut de sa fixation par les parties signataires, celui-ci sera à durée indéterminée de sorte que chaque partie pourra le résilier à tout moment, à condition de respecter un préavis raisonnable. Il a été jugé qu'un pacte d'associés conclu sans durée précise, l'est en réalité pour la durée de la société et ne constitue donc pas un engagement illimité[395]. Le pacte d'actionnaires réunit donc cette alchimie qui consiste à sauvegarder le respect des lois et règlements, tout en préservant la liberté individuelle des associés[396].

Par ailleurs, il convient de signaler que cette liberté accordée aux associés, d'organiser la société par un pacte, se trouve toutefois encadrée. En premier lieu, ces pactes ne peuvent pas porter sur les dispositions impératives du droit des sociétés et toute clause contraire est nulle ou réputée non écrite. En second lieu, l'Acte uniforme prévoit que certains mécanismes peuvent alternativement être introduits dans les statuts ou dans un pacte d'associé. C'est le cas par exemple d'un droit de préemption ou d'une clause d'inaliénabilité. Enfin, d'autres mécanismes sont expressément réservés aux statuts et ne peuvent être exclusivement insérés dans un pacte. Il s'agit, par exemple, des clauses d'agrément[397] dont l'Acte impose qu'elles soient

---

lesquelles tout projet d'offre publique déposé conformément aux dispositions de la section 1 du présent chapitre ou de la présente section doit, lorsque l'offre porte sur une société qui détient plus du tiers du capital ou des droits de vote d'une société française ou étrangère dont des titres de capital sont admis aux négociations sur un marché réglementé d'un État partie à l'accord sur l'Espace économique européen ou sur un marché équivalent régi par un droit étranger et qui constitue un actif essentiel de la société détentrice, être accompagné des documents permettant de prouver qu'un projet d'offre publique irrévocable et loyale est ou sera déposé sur l'ensemble du capital de la société contrôlée ou qui constitue un actif essentiel, au plus tard à la date d'ouverture de la première offre publique».

[393] A. CONSTANTIN, *Droit des sociétés*, 5ème éd., Dalloz, Paris, 2012, p.92.

[394] Soc. 18 mars 2009, no 07-45.212, BRDA 15 avr. 2009, n°1 ; Bull. Joly 2009. 786, note Constantin.

[395] CA Angers, 1ré ch. A, 20 sept. 1988, Cointreau c/ Cointreau, *Bull. Joly,* 1988, p. 850.

[396] E. W. GONCALVES, *Droit des sociétés*, op.cit., p.48.

[397] Les clauses d'agrément sont des dispositions statutaires par lesquelles l'accès à la qualité d'actionnaire est subordonné à l'accord de l'assemblée générale des actionnaires ou du

statutaires et donc en principe partagées entre tous les associés. Ces différents accords entre associés est le résultat d'un certain recul de l'ordre public dans l'Acte uniforme révisé.

B : Le relatif recul de l'ordre public

109. L'AUSCGIE contient un certain nombre de règles dont le bloc constitue l'ordre public. Ce dernier est défini comme « tout ce que le droit positif n'entend pas abandonner à la volonté des individus» [398]. Ce qui signifie qu'il ne peut y être dérogé sauf dans les cas prévus par la loi. Cela laisse penser que l'ordre public occupe une grande importance en droit des sociétés commerciales de l'OHADA, avec comme conséquence, la limitation de la liberté contractuelle des associés.

Dans un avis rendu le 26 avril 2000[399], la CCJA a rappelé que les dispositions de l'Acte uniforme relatif aux sociétés commerciales et GIE sont d'ordre public et s'appliquent à toutes les sociétés commerciales à raison de leur forme et de leur objet. Cette affirmation émane de l'article 2 de l'ancien Acte uniforme qui disposait que : « Les dispositions du présent Acte uniforme sont d'ordre public, sauf dans les cas où il autorise expressément l'associé unique ou les associés, soit à substituer les dispositions dont ils sont convenus à celles du présent Acte uniforme, soit à compléter par leurs dispositions celles du présent Acte uniforme ». Or cette exigence du respect de l'ordre public semblait traduire une méfiance du législateur OHADA à l'égard de la liberté contractuelle des associés. La vigueur de cet ordre public sociétaire de l'OHADA se manifeste par une interdiction absolue faite aux associés et aux Etats parties de déroger, en l'absence d'une autorisation expresse, aux dispositions de l'acte uniforme. La liberté contractuelle des associés était dès lors sensiblement restreinte[400]. Par conséquent, l'autonomie de leur volonté se trouve affectée[401].

110. Néanmoins, cette disposition a essuyé de vives critiques de la part de la doctrine qui estimait à juste titre que l'Acte uniforme était « truffé » de dispositions d'ordre public dont la force obligatoire était

---

conseil d'administration. C'est une restriction importante à la libre cessibilité de l'action (Cl. CHAMPAUD, *Le pouvoir de concentration de la société anonyme*, op.cit., p.51, n°49).

[398] J. GHESTIN, « L'ordre public, notion à contenu variable, en droit privé Français », cité par N. BORGA, *L'ordre public et les sûretés conventionnelles*, Thèse, JEAN MOULIN-LYON 3, 2007, p.4.

[399] Avis n° 02/2000 EP de la CCJA du 26 avril 2000.

[400] M. GUEYE, « Liberté contractuelle et ordre public dans le nouvel Acte uniforme relatif au droit des sociétés commerciales», op.cit., p.335.

[401] P. NGUIHE KANTE, « Le caractère d'ordre public du droit uniforme des sociétés commerciales en Afrique », 2010, Ohadata D-12-58, p.5.

délimitée de façon plus ou moins expresse et précise[402]. Un autre auteur a affirmé que : « la réglementation OHADA des sociétés commerciales est marquée par le seau de l'autoritarisme : l'ordre public y règne en souverain quasi-absolu, sauf dans certains cas, où des dérogations auraient été expressément prévues par le législateur. A cet égard, cette réglementation s'applique indépendamment de la volonté des associés»[403].

111. Egalement, cette emprise de l'ordre public sur l'autonomie de la volonté a été fortement dénoncée par JOSSERAND qui faisait remarquer que, « de plus en plus, les pouvoirs publics interviennent dans la naissance, dans la vie et dans la mort du contrat, tandis qu'à l'inverse le rôle joué par les volontés des parties devient de plus en plus secondaire et effacé ; par un paradoxe singulier, le contrat devient de moins en moins contractuel»[404].

112. Le législateur OHADA s'est par la suite, ravisé en lançant un mouvement de contractualisation dans l'Acte uniforme révisé. Ce changement se matérialise par une nouvelle formulation de l'article 2[405] qui ne fait plus référence à la notion d'ordre public même si le caractère impératif de l'essentiel des dispositions de l'Acte uniforme reste maintenu[406]. En outre, un article 2-1 a été intégré à l'Acte uniforme qui, tout en promouvant clairement la liberté contractuelle dans l'organisation des sociétés commerciales, fixe le cadre de la liberté dont peuvent jouir les associés[407].

Ce retour à la libéralisation du droit des sociétés qui semble être en réalité une tendance du droit moderne[408] est caractérisé par un recul assez

---

[402] J. ISSA SAYEGH, « Les caractères de l'ordre public des dispositions de l'Acte uniformes relatif au droit des sociétés commerciales et du groupement d'intérêt économique (AUSCGIE) », *Penant,* n°869, 2012, p.393.

[403] P. NGUIHE KANTE, op.cit., p.1.

[404] L. JOSSERAND, « Les dernières étapes du dirigisme contractuel : Le contrat forcé et le contrat légal », *DH.* 1940, chron. 5, cité par A. D. EYONGO DJOMBI, « La contractualisation du droit des sociétés commerciales de l'OHADA », *Penant,* 2015, n°893, p.457.

[405] En effet, il résulte de l'article 2 du nouveau texte que « Les statuts de la société commerciale et du groupement d'intérêt économique ne peuvent déroger aux dispositions du présent acte uniforme sauf dans les cas où celui-ci autorise expressément l'associé unique ou les associés, soit à substituer des clauses statutaires aux dispositions du présent acte uniforme, soit à compléter par des clauses statutaires les dispositions du présent acte uniforme ».

[406] M. GUEYE, « Liberté contractuelle et ordre public dans le nouvel Acte uniforme relatif au droit des sociétés commerciales», op.cit., p.335.

[407] M. GUEYE, « ibid.

[408] Cette hypertrophie des règles d'ordre public dans le droit des sociétés commerciales de l'OHADA n'est pas très conforme à la récente évolution du droit des sociétés. Le droit moderne des sociétés va dans le sens de la contractualisation, c'est-à-dire l'expansion du pouvoir direct des associés de faire à leur mesure, l'organisation sociétaire qui leur convient (P. NGUIHE KANTE, op.cit., p.3).

perceptible de l'ordre public dans un nombre important de ses dispositions[409]. C'est-à-dire que, l'encadrement croissant de la liberté contractuelle tend[410], déjà, à remettre en cause l'ordre public. On s'aperçoit avec ce mouvement que le droit des sociétés commerciales évolue du statut d'ordre public vers plus de contrat. Ce recul peut être justifié, par le souci de la préservation de la liberté contractuelle des associés, qui ne saurait complètement opprimée dans un contexte actuel d' « économie de marché »[411].

Mais si ce recul peut être aisément relevé à travers certaines dispositions, il faut néanmoins préciser qu'en ce qui concerne le principal fondement textuel de l'ordre public qu'est l'article 2, on ne saurait véritablement parler d'un recul de cet ordre public[412]. Dès lors que ce dernier est un instrument de protection des valeurs essentielles au sein de l'ordre juridique[413] à une époque déterminée. Il est vrai que le contenu de l'article 2 de l'AUSCGIE a changé, mais cela ne signifie pas qu'une liberté totale est accordée aux associés[414].

113. On pourrait alors penser que le désir d'innover en changeant simplement de formulation ne saurait justifier l'intervention du législateur OHADA surtout que l'ancien texte[415] ne posait visiblement aucun problème de langue; qu'en s'engageant à reformuler le texte, le législateur a très certainement voulu nuancer le caractère excessif qu'il avait auparavant attribué à l'ordre public[416]. Cette volonté de modernisation du droit des sociétés affichée par le législateur a néanmoins conduit à un relatif recul de l'ordre public dans l'Acte uniforme.

114. Par ailleurs, en dehors de l'interprétation que peut susciter la reformulation de l'article 2 de l'AUSCGIE vis-à-vis du recul de l'ordre

---

[409] A. D. EYANGO DJOMBI, op.cit., p.458.
[410] N. BORGA, op.cit., p.4.
[411] L'économie de marché est un système économique où les prix des biens et des services sont le résultat de décisions prises librement par les particuliers et les entreprises. Une véritable économie de marché se caractérise par l'absence d'intervention de l'Etat dans les décisions des particuliers et des entreprises : primauté du contrat par rapport à la loi, taxes faibles, code du travail réduit voire inexistant (https://www.cafedelabourse.com/lexique/definition/economie-de-marche, consulté le 28/oct. 2017).
[412] A. D. EYANG DJOMBI, « La contractualisation du droit des sociétés commerciales de l'OHADA », *Penant,* n°893, 2015, p.458.
[413] N. BORGA, op.cit., p.9.
[414] P. S. A. BADJI, Réforme du droit des sociétés commerciales OHADA, op.cit., p.33.
[415] Les dispositions du présent Acte uniforme sont d'ordre public, sauf dans les cas où il autorise expressément l'associé unique ou les associés, soit à substituer les dispositions dont ils sont convenus à celles du présent Acte uniforme, soit à compléter par leurs dispositions celles du présent Acte uniforme.
[416] A. D. EYONGO DJOMBI, op.cit., p.459.

public, dans plusieurs dispositions de l'Acte uniforme révisé, ledit recul est assez perceptible. Par exemple, l'Acte uniforme révisé accorde aux associés, à travers les statuts, la liberté de pouvoir prendre en compte des votes à distance, en considérant comme présents, pour le calcul du quorum et de la majorité, les associés ayant voté par correspondance[417]. De même que la participation à distance par voie de visioconférence ou d'autres moyens de «télécommunication»[418] permettant leur identification[419].

115. L'admission d'exceptions statutaires aux dispositions d'ordre public ne doit pas étonner ; elle doit même être la plus large possible à propos de la société commerciale. En effet, celle-ci, comme toute société d'ailleurs est d'abord un contrat dont les termes sont, en principe, laissés à la liberté des parties ou l'associé unique, lesquels manifestent leurs volontés dans le pacte social que sont les statuts ou la déclaration unilatérale ou encore dans les délibérations des assemblées générales ou les organes dirigeants[420].

En outre, l'adoption de la société par actions simplifiées qui accorde une importante liberté aux associés dans l'organisation et dans son fonctionnement constitue une illustration parfaite du recul de l'ordre public en droit des sociétés commerciales et GIE de l'OHADA[421]. Dans la réalité, conformément au droit OHADA, la liberté conférée aux associés, qu'ils sont appelés à exercer à travers les statuts, ne s'arrête qu'en présence des règles auxquelles le législateur aura donné un caractère impératif[422]. Il y a donc comme une dynamique favorable à une plus grande souplesse à travers la liberté contractuelle, bien que certaines règles impératives soient toujours omniprésentes[423].

116. C'est probablement pour cette même raison, qu'en droit français, dans le cadre des SAS, ce caractère d'ordre public est rappelé à l'occasion du vote de la décision d'exclusion d'un associé d'une SAS par un arrêt de la chambre commerciale du 27 octobre 2007[424]. Néanmoins, cette

---

[417] Art.133-1 de l'AUSCGIE.

[418] Le terme « télécommunication » désigne l'ensemble des moyens techniques permettant l'acheminement fidèle et fiable d'informations entre deux points différents.

[419] Art. 133-2 de l'AUSCGIE.

[420] J. ISSA SAYEGH, « Les caractères de l'ordre public des dispositions de l'Acte uniformes relatif au droit des sociétés commerciales et du groupement d'intérêt économique (AUSCGIE) », op.cit., p.396.

[421] A. D. EYONGO DJOMBI, op.cit., p.462.

[422] Cette prescription est contenue à l'article 853-1 de l'AUSCGIE précité.

[423] C. LEROY, op.cit., p. 7.

[424] Cass.om 23 Octobre 2007 n° 06-16.537. Cet arrêt est confirmé par Cour d'appel de Montpellier du 05 janvier 2010, Juris-data n°2010-000303 et par un arrêt de la Cour d'appel de Colmar du 18 janvier 2011, Juris-Data n°2011-2991. 89. En l'espèce, il s'agissait d'une

décision ne fait pas l'unanimité de la doctrine. Un auteur[425] pense qu'elle contredit le principe de la liberté d'organisation qui caractérise la SAS et qu'elle peut rendre en pratique impossibles certaines exclusions. Ce recul de l'ordre public dans l'Acte uniforme est un signe de renforcement de la liberté contractuelle des associés. A travers la prolifération des techniques contractuelles instituées pour permettre aux associés de réguler leurs rapports entre eux, au détriment des exigences d'ordre public.

Cependant, le recul de l'ordre public ne doit pas être assimilé à sa disparition. La liberté contractuelle dont l'accroissement a été consacré par l'Acte uniforme connaît des limites. Si à un moment quelconque de leur vie sociale, les associés posent des actes qui se trouvent être au-delà du pouvoir dévolu à leur volonté par la loi, lesdits actes qui auront été pris en violation des dispositions légales pourront être sanctionnés[426].

117. En somme, une partie importante de la nouvelle réglementation applicable aux sociétés commerciales est centrée autour de la volonté individuelle ou collective des associés. Celle-ci domine sensiblement la création, le fonctionnement et même quelquefois la disparition de la société.

Néanmoins, tenant compte du fait que la vie de l'entreprise sociétaire ne saurait être laissée à la seule et entière discrétion des associés et qu'il est nécessaire de mettre en place un dispositif pour préserver non seulement les attributs de l'associé mais également les intérêts de la société elle-même et ceux des tiers intéressés à la pérennité de l'entreprise, des dispositions de l'ordre public ont été maintenues dans certains domaines afin de mieux canaliser la marge de manœuvre de plus en plus importante

---

SAS qui avait trois associés, un associé majoritaire et deux minoritaires. Une disposition des statuts de la société avait prévu qu'en cas d'exclusion, l'associé menacé ne participera pas au vote. Les associés minoritaires ont procédé au vote sans appeler le majoritaire à voter sur sa propre exclusion. Ce dernier conteste la décision d'exclusion en demandant l'annulation de celle-ci au motif que le droit de participation au vote est un droit absolu et qu'aucune clause statutaire ne peut y déroger. Sa demande a été rejetée par la Cour d'appel de Douai. Mais heureusement pour lui que la Cour de cassation a censuré la décision de la Cour d'appel, sous le visa de l'article 1844 alinéa 1 du Code civil et de l'article L227-16 du Code de commerce : « Attendu qu'il résulte du premier de ces textes que tout associé a le droit de participer aux décisions collectives et de voter et que les statuts ne peuvent déroger à ces dispositions que dans les cas prévus par la loi ; que si, aux termes du second, les statuts d'une société par actions simplifiée peuvent, dans les conditions qu'ils déterminent, prévoir qu'un associé peut être tenu de céder ses actions, ce texte n'autorise pas les statuts, lorsqu'ils subordonnent cette mesure à une décision collective des associés, à priver l'associé dont l'exclusion est proposée de son droit de participer à cette décision et de voter sur la proposition ».

[425] A. VIANDER, « Vote de l'associé d'une SAS menacé d'exclusion », JCP E 2007, 2433. Pour l'auteur, on ne peut dans le même temps affirmer que « les statuts déterminent les décisions qui doivent être prises collectivement par les associés dans les formes et conditions qu'ils prévoient » (C. com., art. L. 227-9, al. 1er) et soumettre les mêmes statuts à l'exigence de l'article 1844, sauf à nier la nature de société purement contractuelle de la SAS.

[426] A. D. EYONGO DJOMBI, op.cit., p.463.

reconnue aux associés[427]. Dès lors, les différentes restrictions opposées au déploiement de la liberté des associés attestent que l'ordre public demeure un pilier essentiel du droit des sociétés de l'Acte uniforme, mais qu'il a simplement changé de visage en la matière.

Selon BADJI, l'Acte uniforme n'a pas perdu son caractère d'ordre public[428]. Le droit OHADA est simplement passé d'un ordre public extrêmement rigoureux à un ordre public plus flexible[429]. Il semble avoir voulu consacrer une conception de la notion d'ordre public qui tienne compte de l'impératif de protection de l'intérêt général et de la place d'autonomie contractuelle[430], nécessaire à la construction d'un droit des sociétés efficace[431].

118. En plus, en droit OHADA, «la dimension institutionnelle »[432] qui se renforce dans la SA et SARL est révélatrice du caractère d'ordre public. A l'endroit des associés, elle exprime une limitation de leur liberté contractuelle, en faisant fi du principe de l'autonomie de la volonté. La règle connaît d'importantes nuances dans les sociétés à caractère personnel ou contractuel prononcé[433]. Par ailleurs, dans l'Acte uniforme révisé, le législateur a simplifié les mécanismes de contrôle de la gestion sociale.

---

427 M. GUEYE, « Liberté contractuelle et ordre public dans le nouvel Acte uniforme relatif au droit des sociétés commerciales», op.cit., p.356.

428 P. S. A. BADJI, *Réforme du droit des sociétés commerciales OHADA*, op.cit., p.33.

429 A. D. EYONGO DJOMBI, op.cit., p.464.

430 L. BOY, « Contrats d'affaires et droit de la concurrence : pratique contractuelle et ordre public de direction et de protection dans les espaces régionaux » , Actes du colloque international de Libreville sur Les pratiques contractuelles d'affaires et les processus d'harmonisation dans les espaces régionaux organisé par l'Ecole régionale supérieure de la Magistrature des Etats membres de l'OHADA (ERSUMA) du 26 au 28 octobre 2011 à Libreville (Gabon), 1ère éd., IPE, Benin, juin 2012, p. 298, cité par A. D. EYONGO DJOMBI, op.cit., p.465.

431 A. D. EYONGO DJOMBI, ibid.

432 Une organisation charpentée par des statuts rigoureux, v. G. FARJAT, *Pour un droit économique*, op.cit., p.78.

433 P. NGUIHE KANTE, op.cit., p.8.

Chapitre 2 : Une simplification des différents mécanismes de contrôle des minoritaires garantissant leur droit de regard sur la gestion sociale

119. Dans la gouvernance des entreprises, la gestion du dirigeant doit pouvoir faire l'objet d'un contrôle[434]. C'est dire que ce dernier doit rendre des comptes[435]. Le législateur OHADA a simplifié les mécanismes de contrôle destinés à éviter tout « abus de pouvoir »[436] par des dirigeants sociaux. Le contrôle de la gestion des dirigeants sociaux par les associés est un contrôle des opérations de gestion par le biais de l'information (**Section 1**), mais le législateur permet également des mécanismes de contrôle nécessitant un passage obligé au juge à la demande des minoritaires (**Section 2**).

Section 1 : Le contrôle des opérations de gestion par le biais de l'information

120. La notion de contrôle a plusieurs significations en droit des sociétés[437]. Mais il peut être défini ici, comme l'action de vérifier la validité, la sincérité et la fiabilité de l'information sociale. Aujourd'hui, la notion de contrôle par les actionnaires est une notion essentielle : les clivages entre actionnaires passent par cette idée de contrôle. D'un côté existe un groupe d'actionnaires ayant une relation privilégiée avec les dirigeants. Ces actionnaires ont accès à l'information économique vraie sur les performances de l'entreprise. De l'autre, des actionnaires qui subissent

---

[434] Le contrôle s'entend ici dans son sens premier : il s'agit de l'idée de vérifier, surveiller, voire s'informer.

[435] P. S. A. BADJI, « OHADA et bonne gouvernance d'entreprise », op.cit., p.213.

[436] Les pouvoirs sont l'ensemble des droits que la loi ou les statuts confèrent aux dirigeants sociaux à raisons de leurs fonctions ; le texte réprime les agissements des dirigeants sociaux qui, dans le cadre de leurs attributions, se livrent à des actes contraires à l'intérêt social et à des fins personnelles (D. DUPONT-DELESTRAINT, *Droit pénal des affaires et des sociétés commerciales*, 2ème éd., Dalloz, Paris, 1980, p.269).

[437] Comme l'a remarqué M. Michel, ce terme possède au moins deux sens dans la langue juridique française. Dans un sens général, le pouvoir de contrôle est un pouvoir de surveillance et de réforme d'actes de gestion patrimoniale. Dans un sens particulier aux sociétés anonymes, bien qu'il ait tendance à s'étendre à d'autres institutions, le contrôle est le pouvoir de diriger l'activité sociale (Cl. CHAMPAUD, *Le pouvoir de concentration de la société anonyme*, op.cit., p.105, n°104).

inexorablement une asymétrie d'information[438]. Le contrôle de la qualité de l'information est donc un des mécanismes du gouvernement d'entreprise[439]. Nombreux sont les associés, principalement minoritaires, qui souhaitent étendre ce droit d'information de manière à garder un certain contrôle sur la société et, par-là, à mieux gérer leurs investissements[440]. En plus, l'information sur la vie de la société assure l'effectivité de la participation des associés à l'assemblée générale, et du contrôle des décisions prises par les dirigeants sociaux. Conscient des conséquences qui peuvent résulter d'une inégalité dans l'information, le législateur OHADA consacre sans distinction à tout associé le droit d'accès à l'information. Dès lors que l'accès à l'information sociale est la clef du contrôle des opérations de gestion des dirigeants sociaux. Néanmoins, le législateur n'a pas défini la notion d'opération de gestion, mais il convient de considérer comme telle, l'opération accomplie par les organes de direction et d'administration de la société. Pour cela, le contrôle de ces opérations exige la disponibilité de l'information financière (**§1**), et cette dernière est renforcée par la procédure d'alerte des associés (**§2**).

§1 : La disponibilité de l'information financière

121. L'efficacité des structures du gouvernement d'entreprise dépend de leur capacité à réduire les situations d'asymétrie d'information et les conflits d'intérêt[441]. Pour y arriver, il est nécessaire de contrôler la gestion du patrimoine social par des dirigeants sociaux. L'un des instruments sur lequel s'appuie le contrôle de l'action du dirigeant social est l' « information financière »[442] publiée. Dès lors que les infractions à l'information financière peuvent avoir des conséquences néfastes sur le comportement des investisseurs et sur la rentabilité de l'entreprise. L'amélioration du dispositif d'information et d'action des associés est donc

---

[438] A. COURET, « L'amélioration des droits des actionnaires », op.cit., p.65.

[439] C. DJAMA, Fraude à l'information comptable et financière : Le rôle des autorités de régulation, *(CRG) Université des sciences sociales*, Toulouse, 2008, p.3 ; https://halshs.archives-ouvertes.fr/halshs-00522510/document, consulté le 30/09/2017.

[440] A. FENEON, *Droit des sociétés en Afrique, OHADA*, 2ème éd., LGDJ, Paris, 2017, p.686, n°1545.

[441] C. DJAMA, ibid.

[442] Al.1 de l'article 7 de l'Acte uniforme relatif au droit comptable et à l'information financière (AUDCIF): « Les états financiers de synthèse regroupent les informations financières au moins une fois par an sur une période de douze mois, appelée exercice ; ils sont dénommés états financiers annuels». Voir également (MICHAILESCO, 2000), cité par C. DJAMA, Fraude à l'information comptable et financière : Le rôle des autorités de régulation, op.cit., p.3. « L'information financière est définie ici comme l'ensemble des états financiers normalisés et diffusés par l'entreprise auprès de ses partenaires. Cette information ayant pour objectif de donner une représentation de la réalité économique d'une entreprise, sa qualité attendue dépend du cadre légal et normatif, des jugements du préparateur et de la forme qui la rend intelligible auprès des utilisateurs ».

considérée comme un facteur de « régulation » de l'entreprise et plus spécialement comme un rééquilibrage du contrôle de la gestion de la société au profit des apporteurs de capitaux[443]. C'est pourquoi en droit des sociétés commerciales, il est de nos jours très difficile d'appliquer un texte qui ne garantit aucune information minimale aux associés minoritaires.

Pour ces derniers qui ne participent pas à la gestion quotidienne des affaires sociales, le droit d'information est le moyen par excellence de s'imposer face aux dirigeants sociaux[444]. En outre, le renforcement de la protection des associés minoritaires, en mettant à leur disposition une information égalitaire, donne à l'associé la possibilité de suivre l'évolution économique de ses actions. De manière générale, on constate une amélioration du dispositif d'information des associés[445].

122. Le contenu matériel de cette information est loin d'être univoque. Mais l'information dont il est question est majoritairement de nature comptable[446] et financière. L'évolution récente du droit comptable marque une accentuation de l'information des associés sur les affaires sociales par l'accès qu'elle leur accorde sur certaines de ces informations de gestion[447]. Il s'agit de faire connaître aux associés la situation financière de la société par le biais des principaux documents. Les rapports et différents documents[448] mentionnés par l'article 525 de l'Acte uniforme OHADA révisé relatif au droit des sociétés sont autant de supports à la diffusion de l'information financière. A cet effet, le législateur a enrichi le droit à l'information des minoritaires (**A**) et ce droit est renforcé par une portabilité occasionnelle de l'information (**B**).

A : L'enrichissement du droit à l'information des minoritaires

123. Au fil des réformes, les sociétés sont l'objet d'obligations nouvelles afin de répondre aux critères du gouvernement d'entreprise et par conséquent de satisfaire la demande d'information des associés, mais également pour attirer de nouveaux investisseurs surtout étrangers qui ont pour habitude de prendre en compte ces critères avant de décider d'un

[443] L. GODON, « La protection des actionnaires minoritaires dans la loi relatives aux nouvelles régulations économiques », op.cit., p.728.
[444] A. M. CARTRON et B. MARTOR, op.cit., p.24.
[445] H.-D.MODI KOKO BEBEY, « La réforme du droit des sociétés commerciales dans l'OHADA », op.cit., p.229.
[446] L'information des associés dans l'Acte uniforme de l'OHADA relatif au droit des sociétés commerciales et du groupement économique est essentiellement d'ordre comptable (H.-D. MODI KOKO BEBEY, « La réforme du droit des sociétés commerciales dans l'OHADA », op.cit., p.229).
[447] D. VIDAL, op.cit., p.269.
[448] Cf. art.525 de l'AUSCGIE précité.

investissement[449]. La réforme de l'OHADA renforce sensiblement les droits des associés dans les divers types de sociétés retenus par l'Acte uniforme.

Cette évolution se manifeste principalement à travers l'amélioration des procédés classiques d'information des associés[450]. L'information est d'une importance capitale pour tout associé même minoritaire car c'est grâce à celle-ci qu'il va juger de l'opportunité d'user d'autres droits dont il dispose sur la société. Voilà pourquoi elle doit donner une image claire et véridique de cette société et permettre une comparaison avec les années antérieures. Tout associé est le créancier de l'information quel que soit son niveau de participation dans le capital ou quelle que soit la forme de la société à laquelle ils appartiennent[451].

124. La seule qualité d'associé suffit pour bénéficier de ce droit, qui permet à tout associé de mieux exprimer son avis sur les affaires sociales. Les dirigeants peuvent y être contraints par une décision judiciaire, assortie le cas échéant d'une astreinte[452], ce qui signifie que les dirigeants sociaux qui opposeraient un refus non justifié engageraient ainsi leur responsabilité civile et pourraient être condamnés à des dommages et intérêts. Ces obligations d'information sont non seulement étendues de texte en texte, mais également appliquées avec grande rigueur par la jurisprudence[453]. Dès lors que l'information due aux associés ou actionnaires par la société est nécessaire pour qu'ils puissent exercer un contrôle sur la manière dont sont gérés leurs apports[454].

125. En effet, la relation entre l'entreprise, émettrice d'information, et son associé à travers la communication financière est marquée par une sensible évolution, largement prouvée dans ce domaine par l'influence de la modernité de la législation. L'extension par le législateur OHADA[455] des documents accessibles par tout associé est l'une des manifestations de l'enrichissement de l'information sociale dans le nouvel Acte uniforme relatif au droit des sociétés commerciales et groupement d'intérêt économique. De même, la récente révision de l'Acte uniforme relatif au droit comptable et à l'information financière est censée enrichir l'information

---

449 P. Chr. EWANE MOTTO, op.cit., p.280.

450 H.-D. MODI KOKO BEBEY, « La réforme du droit des sociétés commerciales dans l'OHADA », op.cit., p.229.

451 L'Acte uniforme garanti obligatoirement à tout associé sans exception, le droit d'accès à l'information vis-à-vis des dirigeants sociaux. Donc, même l'associé minoritaire dispose d'une prérogative d'information. Cf. art. 526 de l'AUSCGIE.

452 Art. 528 de l'AUSCGIE. Voir aussi, TPI Yaoundé, Ord. Réf. N°494/0, 06 février 2001, Th. NDJEUDJUI contre continental Business Machines S.A., inédit.

453 S. SCHILLER et F. PATRIZIO, op.cit., p.2864.

454 Y. DE CORDT, *L'égalité entre actionnaires*, op.cit. p.825.

455 Les articles 525 et 526 de l'AUSCGIE précité.

sociale des associés[456]. En outre, cette information doit être mise à la disposition des associés dans des conditions satisfaisantes.

126. Quant au contrôle de la qualité de l'information, il repose sur les principes de transparence et de réalité, qui permettent de faire en sorte que les dirigeants sociaux délivrent aux intéressés une information bien établie, complète, fiable et à temps. Elle est fiable lorsqu'elle permet à l'investisseur de comprendre et d'apprécier la situation financière et les performances de l'entreprise. Le droit à l'information est une protection des actionnaires minoritaires, raison pour laquelle, ces derniers doivent obtenir des informations satisfaisantes sur les décisions que veut prendre la majorité et ensuite disposer, en cas de conflit d'intérêts, à travers la requête en révocation d'un moyen de contrôle du pouvoir de cette majorité[457]. Selon le même auteur, le droit à l'information des actionnaires constitue, ainsi pour l'essentiel, un moyen d'harmoniser les intérêts et non pas un instrument du système de contrôle de l'entreprise propre au droit des sociétés[458].

127. Grâce au principe de la liberté contractuelle consacré par le législateur, l'associé minoritaire est donc libre, au moment de la rédaction des statuts, de se garantir une information plus complète, lui assurant une meilleure visibilité des actes de gestion sociale, car, les associés minoritaires doivent être mis en mesure d'empêcher la conduite opportuniste des majoritaires. En effet, l'actionnaire dispose donc d'un droit d'information périodique et permanente. L'information périodique recouvre les publications comptables, les opérations financières et l'assemblée des actionnaires. Par complément, l'information permanente s'étend à tous les événements, non récurrents, irréguliers, qui peuvent survenir au cours de la vie de l'entreprise[459].

128. Toutefois, l'associé peut se heurter à un refus de la société lorsque la société redoute légitimement un usage abusif de l'information par l'associé. C'est le cas lorsque l'associé sollicitant l'information occupe une position de concurrent. C'est-à-dire que les obligations de diffusion de l'information ne sont pas censées contraindre les entreprises à rendre « publiques des informations risquant de compromettre leur position concurrentielle, à moins que ces données ne soient indispensables pour

---

[456] Acte uniforme relatif au droit comptable et à l'information financière, adopté le 26 janvier 2017 à Brazzaville, au Congo et paru au J.O. OHADA numéro spécial du 15 février 2017.
[457] A. ALCOUFFE et C. KALWEIT, « Droits à l'information des actionnaires et actions sociales des associés en France et Allemagne. Considérations de droit comparé en relation avec les directives américaines », *Revue internationale de droit économique,* 2003, p.165.
[458] A. ALCOUFFE et C. KALWEIT, ibid.
[459] C. GIRARD, *L'activisme des actionnaires minoritaires au sein du gouvernement des entreprises françaises*, Thèse, Bourgogne, 2001, p.90.

éclairer pleinement les investisseurs dans leurs décisions et éviter de les induire en erreur »[460].

129. En outre, le droit à l'information est une prérogative difficile à distiller : trop d'information mise à la charge de la société risque de freiner son activité et d'avoir un coût important ; mais l'information demeure nécessaire pour assurer le contrôle de la gestion[461]. C'est pourquoi pour renforcer l'accessibilité des informations sociales, le législateur a prévu leur portabilité occasionnelle.

B : La portabilité occasionnelle de l'information

130. L'information donnée aux associés dans le cadre du contrôle de la gestion sociale est soit portable[462] soit quérable[463]. La quérabilité est de principe en droit OHADA. En vertu des articles 525 et 526 de l'AUSCGIE, les associés peuvent consulter les documents sociaux au lieu du siège social[464]. Néanmoins, ce principe de la quérabilité, bien que fermement affirmé, n'en est pour autant absolu. Le droit OHADA prévoit d'adresser directement certains documents au domicile des associés. Il s'agit des documents importants[465] comme l'avis de convocation des associés à une assemblée générale indiquant l'ordre du jour lorsque toutes les actions sont nominatives[466], le rapport de l'expert de gestion[467], les indications relatives à la société en cas de liquidation[468] ainsi que l'offre de rachat par la société de ses propres actions lorsque également toutes les actions sont nominatives[469].

---

[460] Rapport de l'OCDE aux ministres des Finances et aux gouverneurs des banques centrales du G20, « Principes de gouvernance d'entreprise du G20 et de l'OCDE », Septembre 2015, p.47 ; https://www.oecd.org/daf/ca/Corporate-Governance-Principles-FRA.pdf, consulté le 1/9/2016.

[461] M.-H. MONSERIE-BON et L. GROSCLAUDE, *Droit des sociétés et des groupements*, Montchretien, Paris, 2009, p.155.

[462] Les informations portables sont toutes les informations qui doivent être portées à la connaissance de leurs bénéficiaires (F. TERRÉ, *« Sécurité juridique et annonces légales »*, Gaz. Pal. 11 octobre 2008 n° 285, p. 2). C'est-à-dire que l'information portable est celle que les dirigeants sociaux apportent ou envoient aux associés. De même, il peut s'agir de celle qui fait l'objet d'une publicité obligatoire en divers lieux accessibles à tous. C'est le cas par exemple d'un site internet. La portabilité est absolue lorsque la communication ainsi faite l'est automatiquement, et relative lorsque l'expédition n'est réalisée que sur demande des actionnaires.

[463] L'information quérable est celle que l'actionnaire va chercher au siège social.

[464] A. M. CARTRON et B. MARTOR, op.cit., p.23.

[465] A. M. CARTRON et B. MARTOR, op.cit., p.24.

[466] Art. 518 de l'AUSCGIE.

[467] Art.160 de l'AUSCGIE.

[468] Art.266 de l'AUSCGIE.

[469] Art. 644 de l'AUSCGIE

131. En effet, un droit n'étant utile que s'il est connu de son titulaire, un auteur[470] a proposé qu'il soit, *de lege ferenda,* exigé que la lettre ou l'avis de convocation rappelle à tout actionnaire qu'il peut, aux termes des dispositions de la partie réglementaire du Code de commerce, demander l'envoi de certains documents et renseignements. Cela est important, car il y a des documents et des renseignements qui échappent à la règle de la portabilité de l'information[471]. Mais, avec la récente consécration de la liberté contractuelle des associés dans l'Acte uniforme, actuellement les associés peuvent déroger au principe de la quérabilité de l'information sociale lors de la rédaction des statuts de la société ou en concluant des pactes d'associés consacrés par l'Acte uniforme révisé.

En plus, s'agissant de la convocation de l'assemblée des actionnaires, l'Acte uniforme dispose que « Si toutes les actions sont nominatives, cette insertion peut être remplacée par une convocation faite aux frais de la société par lettre au porteur contre récépissé ou par lettre recommandée avec demande d'avis de réception, télécopie ou courrier électronique». Il s'agit en l'occurrence d'une portabilité dépendant exclusivement du bon vouloir de la direction sociale. Celle-ci est en droit, vu les termes de l'Acte uniforme qui consacre une faculté plutôt qu'une obligation, non seulement de procéder à une simple insertion de l'avis dans un journal habilité à recevoir les annonces légales, mais aussi dans ce cas, de refuser de faire parvenir lesdits documents à l'actionnaire qui en ferait éventuellement la demande[472].

132. En outre, il a été jugé par le tribunal de première instance de Yaoundé que l'énumération des documents et renseignements présentés aux articles 525 et 526 de l'Acte uniforme relatif au droit des société commerciales comme devant être mis à la disposition des actionnaires était exhaustive[473]. Bien que cette décision porte principalement sur le caractère illustratif ou limitatif de la liste des documents sociaux énumérés par l'Acte uniforme, elle touche aussi incidemment au problème des procédés par lesquels ceux-ci sont portés à la connaissance des actionnaires. En effet, si l'on admet que l'énumération des articles susvisés a un caractère « exhaustif », il pourrait alors être déduit que seuls les documents visés par ces textes sont soumis à la règle de la quérabilité de l'information et que, de ce fait, *a contrario,* les documents non repris dans cette énumération seraient

---

[470] Y. GUYON, Droit des affaires, t. 1 : Droit commercial général et sociétés, 11ème éd., 2001, op. cit., n°295.

[471] L.-D. MUKA TSHIBENDE, L'information des actionnaires, source d'un contre-pouvoir dans les sociétés anonymes de droit français et périmètre O. H. A. D. A., Thèse, Aix-Marseille, 2009, p.69.

[472] L.-D. MUKA TSHIBENDE, op.cit., p.80.

[473] Trib. 1ère inst. de Yaoundé, ord. de référé n° 494/O, 6 février 2001, affaire Ndjeudjui Thaddée, arrêt précité.

susceptibles d'être adressés aux actionnaires à domicile, à moins que le législateur ne mentionne expressément qu'ils sont soumis à la règle de la « mise à disposition » au lieu du siège social[474].

133. Par ailleurs, la portabilité et la quérabilité comme deux méthodes de diffusion de l'information peuvent être utilisées dans une même société commerciale sans mettre en cause la diffusion égalitaire de l'information entre associés, à la seule condition que l'information portable excède l'information quérable. C'est le cas lorsque l'associé reçoit à sa demande toutes les informations nécessaires à l'accomplissement de sa mission de contrôle. Sauf qu'actuellement, l'utilisation d'internet tend à compliquer la distinction traditionnelle entre information quérable et information portable. De lors, il est souhaitable d'une manière générale que le législateur aille vers la règle de la portabilité de l'information sociale, plus favorable aux associés minoritaires et plus protectrice comme moyen permettant une amélioration de l'information des associés.

134. Toutefois, s'agissant du conseil d'administration, l'alinéa 2 de l'article 435 de l'AUSCGIE dispose que : « Le conseil d'administration procède aux contrôles et vérifications qu'il juge opportuns. Le président du conseil d'administration de la société est tenu de communiquer à chaque administrateur tous les documents et informations nécessaires à l'accomplissement de sa mission ». Il ressort de ce texte que la portabilité est assurée aux administrateurs. Pour renforcer l'information sociale, d'autres moyens de contrôle permettant de prévenir des risques ou d'anticiper sur quelques difficultés ont été mis en place par le législateur au bénéfice de tout associé. C'est le cas de la procédure d'alerte.

§ 2 : L'information renforcée par la procédure d'alerte des associés

135. Le droit OHADA a intégré une dimension prévisionnelle de l'information de l'associé qui ne doit pas être informé seulement *a posteriori* lorsque les difficultés sont présentes. Les associés doivent bénéficier des informations précises sur l'entreprise, un des moyens leur permettant de contrôler l'activité sociale. Le droit à l'information permanente permet aux associés non dirigeants des différents types de sociétés commerciales de contrôler la gestion.

Mais, en cas de difficultés financières, les associés des sociétés de personnes ont le droit comme ceux des sociétés à risque limité, d'engager la

---

[474] L.-D. MUKA TSHIBENDE, op.cit., p.75.

procédure d'alerte[475]. Elle a pour objet d'attirer l'attention des dirigeants sociaux sur le sérieux, voire sur la gravité de la situation en leur permettant de prendre les mesures les plus exactes possibles, des difficultés rencontrées ou sur le point de survenir, et de proposer les solutions les plus appropriées à ces difficultés. Mais, quelques moyens de pression peuvent également être exercés sur ceux-ci pour prendre les décisions nécessaires à la continuité de l'exploitation. Selon un auteur, l'alerte est une procédure destinée à réveiller les dirigeants de la société[476]. C'est-à-dire que l'alerte permet la détection des premiers signes de faiblesse et l'activation d'une défense immunitaire.

136. La procédure d'alerte est une innovation en droit OHADA parce qu'avant son avènement, la majorité des pays dans lesquels ce droit est appliqué ignorait ce mécanisme. Elle est prévue par les articles 157[477] et 158[478] de l'AUSCGIE révisé. De cette manière, en droit OHADA, dans le

---

[475] M.-A. NJANDEU, « La protection de la société commerciale en droit OHADA », op.cit., p.232.

[476] M.-A. NJANDEU, « La protection de la société commerciale en droit OHADA », op.cit., p.232.

[477] « Dans les sociétés autres que les sociétés par actions, tout associé non gérant peut, deux (2) fois par exercice, poser par écrit des questions au gérant sur tout fait de nature à compromettre la continuité de l'exploitation. Le gérant répond par écrit, dans le délai de quinze (15) jours, aux questions posées en application de l'alinéa précédent. Dans le même délai, il adresse copie de la question et de sa réponse au commissaire aux comptes, s'il en existe un ». C'est en raison de la complexité croissante des questions de comptabilité que l'idée est née de confier le contrôle des sociétés à des professionnels compétents et indépendants dont les rapports éclairaient la décision de l'assemblée des associés. Cela parce que ces derniers ne sont pas en mesure, en raison de leur manque de temps et de compétences, de s'assurer que les comptes constituent une image fidèle des affaires sociales. A cet égard, le commissariat aux comptes est la première manifestation de l'amélioration du fonctionnement du contrôle des sociétés (A. SAKHO, « Les attentes en matière de mission légale de commissariat aux comptes », *Revue sénégalaise de droit des affaires (RSDA)*, N°5-6-7-8 /2005-2006, p.93). Ce sont les articles 376 de l'AUSCGIE pour les SARL et 702 pour les SA qui règlementent les conditions de nomination des commissaires aux comptes. La désignation de ces derniers est un impératif dans les sociétés anonymes. Ainsi, pour les sociétés anonymes, si l'assemblée omet d'élire un commissaire aux comptes, titulaire ou suppléant tout actionnaire peut demander en référé à la juridiction compétente, la désignation d'un commissaire aux comptes (Art.708 de l'AUSCGIE). Quant aux sociétés à responsabilité limitée, le législateur a prévu les conditions pour lesquelles la désignation d'un commissaire aux comptes par chaque société est obligatoire. En dehors de ces conditions, sa nomination devient facultative. Toutefois, selon la même loi, un ou plusieurs associés détenant, au moins, le dixième du capital social peut demander en justice la désignation d'un commissaire aux comptes (Art. 376 de l'AUSCGIE). Ainsi, les associés minoritaires possèdent un pouvoir de demander la nomination d'un commissaire aux comptes. Ce dernier a pour mission permanente, à l'exclusion de toute immixtion dans la gestion, de vérifier les valeurs et les documents comptables de la société et de contrôler la conformité de sa comptabilité aux règles en vigueur (Art.712 de l'AUSCGIE).

[478] « Dans une société anonyme, tout actionnaire peut, deux (2) fois par exercice, poser des questions au président du conseil d'administration, au président-directeur général ou à l'administrateur général, selon le cas, sur tout fait de nature à compromettre la continuité de

cadre de la prévention des difficultés des entreprises, le législateur a prévu la possibilité pour les associés de déclencher une procédure d'alerte en posant des questions aux dirigeants sociaux[479]. Il est donc prévu que les associés peuvent procéder au contrôle de la société par l'intermédiaire des questions posées aux dirigeants[480]. Dans les sociétés par actions, les questions s'adressent au président du conseil d'administration, au président directeur général ou à l'administrateur général selon le cas. Dans les autres sociétés, elles s'adressent au gérant.

137. Quant au délai de réponses, alors que l'ancien Acte uniforme donnait aux dirigeants trente jours pour répondre aux questions posées, pour des raisons de rapidité, voire de bonne gouvernance, le nouvel Acte uniforme ramène ce délai à quinze jours dans les deux catégories de sociétés[481]. Néanmoins, la législation française paraît plus favorable aux auteurs des questions puisque la réponse y est donnée séance tenante[482]. Malgré cela, l'alerte est une procédure de dissuasion à la disposition des associés minoritaires (**A**) avec également un possible recours à l'alerte éthique (**B**) qui s'inscrit dans la compliance (C).

A : Une procédure de dissuasion à la disposition des associés minoritaires

138. La procédure d'alerte consiste à découvrir les indices de difficultés afin d'organiser rapidement et discrètement une résistance efficace[483]. Le terme d'alerte, selon CHAPUT, est bien choisi. Ce n'est pas encore le temps des alarmes ou même des conflits. Il ne s'agit que de prévenir les dirigeants des écueils prévisibles...[484]. Ce mécanisme de « signes

---

l'exploitation. Le président du conseil d'administration, le président-directeur général ou l'administrateur général, selon le cas, répond par écrit, dans un délai de quinze (15) jours, aux questions posées en application de l'alinéa précédent. Dans le même délai, il adresse copie de la question et de sa réponse au commissaire aux comptes ».

[479] Art.157 de l'AUSCGIE pour les sociétés autres que les sociétés par actions. Et selon l'Art.158, « dans une société anonyme, tout actionnaire peut, deux fois par exercice, poser des questions écrites au président-directeur général, au directeur général ou à l'administrateur général, selon le cas, sur tous faits de nature à compromettre la continuité de l'exploitation ».

[480] P.-G. POUGOUE, (dir), *Sociétés commerciales et GIE*, op.cit., p.161.

[481] Art.157 al.2 de l'AUSCGIE « Le gérant répond par écrit, dans le délai de quinze (15) jours, aux questions posées en application de l'alinéa précédent. Dans le même délai, il adresse copie de la question et de sa réponse au commissaire aux comptes, s'il en existe un ».

[482] Article L225-108 du Code de commerce français (Modifié par Ordonnance n°2010-1511 du 9 décembre 2010 - art. 5).

[483] Y. GUYON, *Droit des affaires*, Tome 2, *Entreprises en difficultés-Redressement judiciaire-Faillite*, 9ème éd., Economica, Paris, 2003, n° 1044, p.51.

[484] Y. CHAPUT, *Droit de la prévention et du règlement des difficultés des entreprises*, PUF, 1986, n° 40, cité par F. M. SAWADOGO, *Droit des entreprises en difficultés*, Bruylant, Bruxelles, 2002, n° 40, p.36.

et de clignotants » constitue une des prérogatives des associés relevant de la gestion normale de la société. Elle est un moyen de contrôle et d'information aux mains des associés. Sa consécration par le législateur OHADA vise à prévenir les difficultés des entreprises et vient encore matérialiser la naissance d'un véritable droit d'information des associés minoritaires. Aux termes du droit français, cette procédure n'est ouverte qu'aux actionnaires détenant au moins 5% du capital social[485].

139. Le droit OHADA n'impose pas la réalisation d'une telle condition, ce qui signifie qu'aucune condition relative à la détention d'une fraction du capital n'est requise pour sa mise en œuvre. La procédure est ouverte à tout associé, ce qui est une véritable innovation du droit OHADA par rapport au français. Ce dispositif est important pour les associés minoritaires qui se seraient trouvés exclus du bénéfice de ce droit si l'on avait institué des seuils comme en France[486]. Dans un tel contexte, on peut estimer que la législation OHADA, par le biais de la procédure d'alerte, confère à l'associé minoritaire de réels pouvoirs qu'il n'aurait pas sous les régimes juridiques d'autres Etats voisins[487].

En octroyant ce droit à tous les associés quel que soit leur pourcentage dans la société, le droit OHADA a nettement renforcé le pouvoir des associés minoritaires[488] dans le contrôle de la gestion sociale. Pour cela, l'alerte consacre une égalité manifeste entre les actionnaires[489]. Tout simplement, son déclenchement est subordonné à l'existence de tout fait de nature à compromettre la continuité de l'exploitation. Cela exige de ne retenir dans la perspective de l'alerte que des faits significatifs, majeurs ou indéniables de manière à éviter des procédures de plaisanterie qui auraient pour fondement une simple crainte des difficultés et non leur réalité. En principe, cette tâche de dépistage des difficultés et leur révélation aux instances dirigeantes revient en grande partie aux minoritaires.

140. De cette manière, ce mécanisme d'information et de contrôle constitue une véritable force de dissuasion aux mains des minoritaires parce qu'elle permet d'éviter que les dirigeants ne donnent des réponses ambigües aux associés par le truchement des questions orales. Cette procédure devrait permettre non seulement d'obtenir des informations mais surtout d'inciter les dirigeants à prendre au plus vite les mesures de rétablissement de la situation

---

[485] L'article L 225-232 du Code de commerce français.
[486] A. M. CARTRON et B. MARTOR, op.cit., p.25.
[487] A. M. CARTRON et B. MARTOR, ibid.
[488] M. LECERF, OHADA, « La procédure d'alerte : un nouveau moyen de prévention des difficultés des entreprises », Afrique, Harmonisation du droit des affaires OHADA : CJFE/CFCF n°2, 1998, p.325 et s., spéc.p.331, cité par CARTON et B. MARTOR, ibid.
[489] Art. 158 de l'AUSCGIE.

qui s'imposent. L'efficacité de ce mécanisme relevant de la gestion normale dépend du moment de son déclenchement, car plutôt l'alerte est donnée, plus grande est la chance de guérison de la société. Par ailleurs, le législateur OHADA n'ayant pas interdit aux salariés de signaler eux aussi tout fait de nature à compromettre la continuité de l'exploitation de l'entreprise, il est possible également de recourir à l'alerte éthique.

B : Le possible recours à l'alerte éthique

141. Participant de l'amélioration de l'information due aux différents acteurs de l'entreprise, le droit d'alerte accordé à certains acteurs, permet de réagir efficacement en cas de situation inquiétante. Il vise ainsi à provoquer une discussion interne à l'entreprise, dont l'objet sera à la fois de prendre la mesure la plus exacte possible des difficultés rencontrées ou sur le point de survenir, de proposer, à la suite de cette discussion, les solutions les plus appropriées à résoudre les difficultés[490]. Dans ces conditions, les salariés doivent être associés à la recherche de solutions permettant d'éviter l'apparition de difficultés susceptibles de compromettre la continuité de l'activité de l'entreprise, un risque majeur contre leurs emplois. L'actionnariat salarié, tel qu'étudié aujourd'hui relève principalement des dispositifs légaux donnant aux salariés un accès minoritaire au capital de leur entreprise[491].

En effet, « L'intérêt des salariés concernant la viabilité à long terme de leur entreprise est un élément que le cadre de la gouvernance d'entreprise devrait prendre en compte. L'implication du personnel dans la direction de l'entreprise peut passer par l'information, la consultation et la participation au sein du conseil d'administration»[492]. Dans un premier temps, la gouvernance se limitait aux relations de pouvoir entre dirigeants et actionnaires, et donc aux règles de fonctionnement internes aux sociétés. Depuis quelques années, elle se préoccupe aussi d'intégrer, au moins partiellement, les coûts externes : il s'agit de prendre en compte, dans la gestion de l'entreprise, ses impacts sur l'environnement, sur l'emploi, la sécurité et la santé des employés et sur les sous-traitants, et toutes sortes de conséquences de l'activité qui relèvent de la responsabilité sociale des entreprises (RSE)[493]. C'est pourquoi il est nécessaire de consacrer l'alerte éthique ou l'alerte professionnelle.

---

[490] M. JEANTIN et P. LECANNU, *Droit Commercial : Instruments de paiement et de crédit ; Entreprises en difficulté,* Précis Dalloz, 5ème éd. Paris, 1999, p. 286, n°444.

[491] P. LETOURNEUR, « L'actionnariat salarié, un développement résistible », *Droit des sociétés,* n°3, Mars 2016, p.35.

[492] V. DE BEAUFORT, « Gouvernance d'entreprise – De nouvelles orientations à échelle de l'Union européenne », op.cit., p.20.

[493] R. BELINGA et B. SEGRESTIN, « Un contrat de société sans contrat d'investissement ? Les interrogations des actionnaires minoritaires sur le droit des sociétés » : Dialogue avec

142. Cette dernière est un mécanisme qui permet l'intervention des salariés dans des domaines bien définis pour dénoncer les comportements répréhensibles qu'ils ont constatés dans leur milieu professionnel. Il s'agit d'un geste accompli par un salarié, témoin, dans son activité professionnelle, d'actes illicites ou dangereux, en avertissant les autorités ayant le pouvoir d'y mettre fin. Selon un auteur[494], l'alerte professionnelle « est un ensemble de règles organisant la possibilité pour un salarié ou toute autre personne exerçant une activité dans une entreprise de signaler au chef d'entreprise ou à d'autres personnes désignées à cet effet :

• des actes contraires à des dispositions législatives ou réglementaires, aux dispositions des conventions et accords collectifs de travail applicables à l'entreprise ou à des règles d'origine éthique ou déontologique, qui nuisent gravement au fonctionnement de l'entreprise;

• des atteintes aux droits des personnes et aux libertés individuelles qui ne seraient pas justifiées par la nature de la tâche à accomplir ni proportionnelle au but recherché ;

• des atteintes à la santé physique et mentale des salariés».

143. Pendant longtemps, les salariés ont été ignorés par le droit des sociétés. Mais aujourd'hui nul ne conteste plus qu'ils en sont des acteurs essentiels[495]. En droit français, le législateur a progressivement doté les salariés de moyens d'information et d'action importants, assez similaires à ceux offerts aux associés[496]. Initialement, ce sont des préoccupations d'ordre social qui ont conduit à impliquer de plus en plus les salariés dans la vie de la société[497]. Néanmoins, en droit OHADA, les salariés n'ont pas le droit, de déclencher l'alerte. Cela alors que la reconnaissance du droit d'alerte professionnelle aux salariés devrait participer de la volonté du législateur d'associer plus étroitement les salariés à la gestion, voire au contrôle de la gouvernance des entreprises. Or, pour le moment, aucun texte

---

Colette NEUVILLE. Gérer et Comprendre. Les Annales des Mines, 2018, p.34 ; voir également A. SAKHO, « Modernisation et efficacité du droit OHADA des sociétés », op.cit. p.2.

[494] P. S. A. BADJI, « Les orientations du législateur OHADA dans l'AUSCGIE révisé », op.cit., p.12.

[495] D. LEGEAIS, op.cit., p.185; Les salariés doivent avoir leur place dans les mécanismes juridiques de l'entreprise (G. FARJAT, *Pour un droit économique*, op.cit., p.75).

[496] A. CONSTANTIN, *Droit des sociétés*, op.cit., p.74. Comme prérogatives des salariés, on peut citer notamment : Demander la désignation d'un expert de gestion (C.com., art. L. 223-37 et L.225-231). Mettre en œuvre la procédure d'alerte : lorsqu'il a connaissance des faits de nature à affecter de manière préoccupante la situation économique de l'entreprise, le comité d'entreprise peut demander à l'employeur de lui fournir des explications (C. trav., art. L. 2323-67, I, al.1). Demander en justice la désignation d'un mandataire chargé de convoquer l'assemblée générale en cas d'urgence (C. trav., art. L. 2323-67, I, al. 2).

[497] Chr. LASSALAS, « L'actionnariat des salariés », Mélanges en l'honneur de J. STOUFFLET, LGDJ, Paris, 2001, p.170.

de loi n'oblige les salariés à révéler la violation des règles applicables au sein de leur entreprise. Sauf que qu'aucun texte ne l'interdit de le faire.

144. Normalement, il faut, pour la reconnaissance d'un droit à l'information des travailleurs, faire bénéficier aux travailleurs, comme c'est le cas pour les associés, de la possibilité de déclencher la procédure d'alerte, véritable source d'information sur la gestion sociale, notamment lorsque les salariés constatent qu'il y'a crise[498]. Cela, étant donné que l'alerte d'un salarié a toutes les chances d'être efficace, car étant déclenchée par une personne qui suit, de manière permanente l'évolution de l'entreprise et est alors à même d'agir dès les premiers indices de difficultés. Selon un auteur, l'exclusion des travailleurs de la procédure d'alerte est fondée sur la peur que ceux-ci n'en fassent un usage intempestif pouvant nuire au crédit de la société[499].

145. En outre, suite à la non reconnaissance du droit à l'information aux salariés, ces derniers auront des difficultés à accéder aux documents leur permettant de mettre en évidence un risque pour la continuité de l'activité qu'ils veulent sauvegarder. Pourtant, la reconnaissance du droit d'alerte aux salariés doit participer de la volonté du législateur d'associer plus étroitement les salariés à la gestion, voire à la surveillance du fonctionnement des entreprises. Néanmoins, depuis l'avènement de l'Acte uniforme révisé, l'affirmation de la non reconnaissance de l'alerte aux salariés peut-être atténuée en raison du fait que, le salarié peut cumuler sa qualité de salarié avec celle d'associé[500]. Autrement dit, la possibilité d'alerte reste ouverte aux salariés qui peuvent y recourir de façon individuelle lorsqu'ils sont actionnaires ou associés de la société. Contrairement à un auteur qui affirme que sur ce point, l'on observe que le législateur de l'OHADA semble être en déphasage avec son homologue français qui, lui, reconnaît cette prérogative au comité d'entreprise[501], dans l'Acte uniforme révisé relatif au droit des sociétés commerciales, le législateur est sensible à la situation des salariés qui concourent au développement de la société commerciale. Cela s'est manifesté d'abord par la possibilité pour ces derniers d'être membre du conseil d'administration[502], ensuite, le rachat de ses propres actions par la société pour les attribuer aux salariés et enfin avec

[498] P. Chr. EWANE MOTTO, op.cit., p.209.
[499] M. F. SAWADOGO, op.cit., p.39, n°4.
[500] Cf. les articles 157, 158, 525, 526, 527 de l'AUSCGIE.
[501] P. Chr. EWANE MOTTO, op.cit., p.212.
[502] Art.417 de l'AUSCGIE.

la réforme, la possibilité pour les salariés de se voir attribuer de façon gratuite des actions[503].

146. Outre cela, les salariés par l'intermédiaire de leurs institutions représentatives peuvent intervenir dans le cadre des procédures collectives OHADA[504]. La loi[505] reconnaît en effet aux représentants du personnel, le droit d'informer la juridiction compétente de tout fait de nature à « compromettre la continuité de l'exploitation»[506] de la société commerciale. Dès lors, on peut affirmer que les élus du personnel sont donc désormais à même de déclencher une alerte. En effet, le comité d'entreprise doit pouvoir justifier sa démarche. D'une part, les faits contestés doivent être de nature à affecter, d'une manière préoccupante, la situation économique de l'entreprise, et d'autre part, leur existence doit être avérée[507]. Le comité d'entreprise doit être en mesure de fournir aux juges du fond des éléments objectifs pouvant appuyer sa démarche[508]. Cette faculté d'informer l'autorité judiciaire donne aux salariés le moyen d'exprimer leur inquiétude sur des faits qu'ils considèrent comme particulièrement préoccupants pour l'avenir de la société[509]. Sinon à quoi sert-il de reconnaître une place aux salariés dans la procédure de redressement de la société alors que l'urgence était justement de l'amener à participer à la prévention des agissements ouvrant la porte à la crise ?

147. Toutefois, la portée de cette mesure est à relativiser. En effet, le droit d'alerte « externe » mise en place par l'AUPC s'exerce dès lors qu'existe au sein de l'entreprise un représentant du personnel. Par conséquent, ce droit d'information est exclu dans les entreprises de moins de 20 salariés[510]. Une question a été posée de savoir si les salariés attributaires d'actions gratuites acceptent les risques auxquels les associés sont exposés ? Au regard de l'article 626-1 de l'Acte uniforme relatif au droit des sociétés,

---

503 P. S. A. BADJI, « Les orientations du législateur OHADA dans l'AUSCGIE révisé », op.cit., p.11. Cf. l'art. 626-1 à 626-6 de l'AUSCGIE.

504 V. YANPELDA, « Les salariés dans les procédures collectives OHADA. Acteurs ou spectateurs ? », *Revue de droit comparé du travail et de la sécurité sociale*, n°1, Université de Douala, 2011, p.38.

505 Art.29 alinéa 1 de l'AUPC.

506 Cette notion est une expression de la santé financière de l'entreprise, laquelle se conçoit aisément comme le degré de probabilité de la voir cesser ses activités, notamment pour cause de faillite (Voir D. VIDAL, « Prévention des difficultés des entreprises », n° 4 et s. cité par M. OULD EBA, op.cit., p.94).

507 Cass.soc., 18 janv. 2011, n° 10-30.126, note A. BAREGE, JCP S n° 18, 3 Mai 2011, 1218; F. MACORIG-VENIER, RTD Com, 2011, n° 11, p. 411.

508 CA Paris, 28 juin 2000, n° 1999/12130, JurisData n° 2000-121720; Cass. soc., 30 juin 1993, n° 90-20.158, Bull. civ. 1993, V, n° 190.

509 V. YANPELDA, op.cit., p.38.

510 V. YANPELDA, ibid.

il faut répondre par la négative[511]. Ces actions attribuées aux salariés ne donnent pas droit aux dividendes[512].

148. En revanche, le salarié actionnaire peut exercer ses prérogatives par le biais de deux mécanismes importants : le droit de vote aux assemblées générales et la participation au conseil d'administration. Dans cette logique, les salariés actionnaires peuvent désormais jouer un rôle d'arbitre dans le perpétuel conflit d'intérêts qui oppose les actionnaires majoritaires aux actionnaires minoritaires. Il convient de préciser que ce salarié est un actionnaire nécessairement minoritaire puisque le nombre d'actions qu'il est appelé à détenir ne doit pas excéder 10% du capital social[513]. La présence de salariés actionnaires au sein du conseil d'administration permet une meilleure représentation du capital humain dans les débats du conseil, une meilleure information pour les salariés en ce qui concerne les choix stratégiques de l'entreprise et une connaissance accrue des opérations quotidiennes réalisées par le conseil[514].

149. En outre, si l'attribution gratuite d'actions permet de faire participer les salariés à la gestion de la société commerciale, elle peut néanmoins susciter des réserves et ce, eu égard à l'expression « certaines catégories d'entre eux » contenue à l'article 626-1 précité, à propos des salariés. Sur quel critère se baser pour discriminer certains salariés au profit d'autres. Cette discrimination si justifiée soit-elle peut-elle apaiser le climat social ? Rien n'est moins sûr[515]. Pourtant, le constant réel est l'inscription de l'alerte éthique dans la compliance.

C : L'inscription de l'alerte éthique dans la compliance

150. La compliance[516] est une notion anglo-saxonne qui correspond en français à « la conformité»[517], qui s'entend comme la conformité à des

---

[511] P. S. A. BADJI, « Les orientations du législateur OHADA dans l'AUSCGIE révisé », op.cit., p.12.
[512] Art. 640 al.7 de l'AUSCGIE.
[513] Art. 626-1 de l'AUSCGIE.
[514] V. DE BEAUFORT, « Gouvernance d'entreprise – De nouvelles orientations à échelle de l'Union européenne », op.cit., p.21.
[515] P. S. A. BADJI, « Les orientations du législateur OHADA dans l'AUSCGIE révisé », op.cit., p.12.
[516] Cette notion se réfère au respect de toutes les lois et les règles applicables, ainsi que des codes de conduite et les directives, qu'ils soient internes ou externes à une entreprise; il inclut désormais également un engagement volontaire à l'intégrité. Il y aussi une dimension éthique dans la notion de compliance, composée de valeurs sociales et morales allant au-delà des normes strictement légales et étroitement liée au fait que dans tous ses actes, une entreprise dispose d'un certain pouvoir de discrétion qui est laissé par la loi.

lois, des réglementations et à des règles spécifiques à chaque secteur[518]. Particulièrement, la compliance est définie comme « l'ensemble des processus qui permettent d'assurer le respect des normes applicables à l'entreprise par l'ensemble de ses salariés et dirigeants, mais aussi des valeurs et d'un esprit éthique insufflé par les dirigeants »[519]. De cette manière, il est incontestable que cette notion et les pratiques et comportements qui en découlent gagnent du terrain dans les entreprises, privées comme publiques[520]. Il s'agit d'un vrai moteur dans le cadre de la gestion globale du risque dans l'entreprise et de la protection de celle-ci par la prévention et le contrôle. Selon un auteur, son cœur est l'obligation de prévenir et d'alerter sur une possible violation des règles[521] en vigueur.

151. La *compliance* a d'abord été élaboré dans le secteur financier à la suite de la crise de 2008. Il est apparu nécessaire de réguler l'activité financière afin d'éviter que le séisme connu par le secteur bancaire ne se réitère pas[522]. Par le terme *compliance*, il s'agit d'une fonction managériale qui consiste en un système d'information et de communication ayant pour but, avant tout, de prévenir et de discipliner un comportement illicite ou même immoral des agents de l'entreprise[523]. Selon un auteur, une fonction de « compliance » efficace requiert de l'entreprise des pouvoirs d'enquête, des sanctions disciplinaires et surtout un accès à des informations sensibles. Disons-le, le lanceur d'alerte est typiquement détenteur d'informations sensibles. L'entreprise concernée par cette information a généralement un intérêt fort à y accéder et à la contrôler[524]. Dans ce cadre, comme on l'a déjà vu, l'alerte éthique permet de contrôler la conformité de la société à son environnement normatif ce qui évite la destruction de ses valeurs. Ces lanceurs d'alerte deviennent des composantes du gouvernement d'entreprise

---

[517] Une définition « par la négative » semble dans ce contexte plus appropriée. La conformité pourrait être définie comme « le contrôle du risque de non-conformité » d'une organisation par rapport à des dispositions financières, législatives ou réglementaires ou de normes professionnelles et déontologiques, une non-conformité générant un risque de sanction judiciaire, administrative ou disciplinaire, de perte financière significative, ou d'atteinte à la réputation (A. M. LIBMANN et L. RUSNAC, « La compliance et la due diligence dans le spectre de l'intelligence économique », *Netsources*, n°124, 2016, p.1).

[518] A. M. LIBMANN et L. RUSNAC, ibid.

[519] Cf. Cercle de la compliance ; http://s401419591.siteweb-initial.fr/adh%C3%A9sion/q-a-de-la-compliance/de-la-compliance/ Consulté, le 30/09/2017.

[520] A.-M. LIBMANN et L. RUSMAC, op.cit., p.2.

[521] M.-A. FRISON-ROCHE, « Droit de la compliance : livret de Séminaire - semestre d'automne 2016 », http://mafr.fr/fr/article/droit-de-la-compliance-livret-de-cours-semestre-da/, consulté le 15 juin 2017.

[522] C. DUBUCQ, « La compliance en Afrique », https://lex4.com/la-compliance-en-afrique/, consulté le 26/12/2018.

[523] B. FASTERLING, « Les dispositifs d'alertes professionnelles et le salarié citoyen », *La Revue des droits de l'homme,* 2016, p.4.

[524] B. FASTERLING, op.cit., p.4.

grâce à leur action de détection d'abus. C'est pourquoi il est nécessaire de construire des mécanismes d'alerte réels et effectifs permettant de réceptionner les dénonciations de tous les acteurs sociaux même les salariés, sélectionner les informations pertinentes, prendre les mesures nécessaires en découlant et assurer la protection du lanceur d'alerte. Cela prouve la nécessité de la consécration du mécanisme de compliance en droit OHADA (**1**), même s'il convient de déplorer l'absence d'une théorie générale de la compliance (**2**)

1 : La nécessité de la consécration du mécanisme de compliance

152. En Afrique, le risque de non-conformité aux standards est devenu un enjeu considérable pour les entreprises. Celles-ci ont pendant très longtemps souffert d'un handicap de compétitivité par rapport aux entreprises étrangères. Globalement, la mise en place de véritables politiques de conformité ou compliance au sein de l'entreprise répond à un réel besoin d'anticipation des risques. Cette nécessité est due essentiellement à deux facteurs : d'une part, le développement des législations anti-corruption nationales et internationales et d'autre part, l'alourdissement des sanctions infligées aux entreprises qui les enfreignent[525]. Dès lors, une gestion efficace de la conformité fait donc partie intégrante de la gouvernance des entreprises. Car au-delà de valeurs fortes et d'un engagement clair à la conformité, un dispositif interne de gestion de la conformité adapté aux risques concrets encourus constitue un élément décisif d'une gestion d'entreprise diligente et de qualité[526].

153. Actuellement, malgré que ce système renforce le contrôle de la gestion sociale, voire la gouvernance des entreprise, il n'est pas encore consacré en droit OHADA, même s'il n'est pas interdit. Selon un auteur, pour connaître le succès sur la durée, les entreprises doivent adopter une culture fondée sur la conformité réglementaire[527]. Toutefois, le contenu du dispositif de conformité de l'entreprise varie en fonction du profil de risque stratégique. C'est-à-dire qu'il n'existe pas d'un dispositif uniforme et contraignant pour une gestion efficace de la conformité. Toutefois, il existe un certain nombre d'éléments fondamentaux d'une conformité[528] efficace.

---

[525] A.-M. LIBMANN et L. RUSMAC, op.cit., p.2.
[526] J. BEGLINGER et A. MICHEL, op.cit., p.4.
[527] J. BEGLINGER et A. MICHEL, « Traits fondamentaux d'une gestion efficace de la conformité », Economiesuisse, 2014, p.2.
[528] Il s'agit de :
- un engagement des dirigeants sociaux. Ainsi, la direction de l'entreprise doit se prévaloir d'une intégrité sans concession, en particulier en ce qui concerne le respect des lois et des directives internes. Selon les auteurs, la direction élabore à cet effet des règles de conduite

154. Par ailleurs, concernant la dimension éthique de compliance, les normes internes de comportement qu'une entreprise établit ne doivent pas contenir des standards au-dessous de ce qui est exigé par les dispositions légales. Bien au contraire, il est parfaitement concevable et dans certains cas voire souhaitable, que ces normes internes aillent au-delà, d'autant plus que la loi laisse une marge d'appréciation en cas d'absence de réglementation. En somme, on peut identifier deux aspects dans la notion de compliance. Le premier aspect concerne la responsabilité des dirigeants sociaux de mettre en place un système de contrôle interne pour la surveillance des risques. A cet effet, la fonction de compliance est l'une des manières de contrôler ce dernier. Le deuxième aspect concerne la gestion même des risques de l'entreprise, selon la politique et les limites définis par les dirigeants.

Avoir une éthique et être en conformité procure de nombreux avantages aux entreprises. Cela leur permet de développer la confiance de leurs investisseurs qui seront plus attirés par une entreprise dotée d'une forte éthique avec une bonne gouvernance. Une bonne éthique et conformité peuvent également éviter de lourdes sanctions aux entreprises[529]. Pour réaliser des investissements ambitieux, la conformité est plus que nécessaire aux entreprises de la zone OHADA. De cette manière, la compliance joue un rôle majeur dans la gestion sociale malgré l'absence d'une théorie générale de cette notion.

(aussi appelées code déontologique ou code éthique) et veille, par une gestion rigoureuse, à ce que ces exigences soient respectées et, si nécessaire, mises en œuvre, à tous les niveaux de l'entreprise. Elle ne laisse planer aucun doute sur le fait qu'elle attend des collaborateurs de l'entreprise une conduite conforme aux règles et intègre en toutes circonstances.
- L'existence d'une structure du dispositif de conformité. Ce dernier doit être organisé de telle manière qu'il permette une mise en œuvre efficace des règles de conduite, avec à sa disposition des ressources financières, personnelles et matérielles adéquates. Dans ce cadre, la fonction de conformité peut être organisée séparément ou intégrée à d'autres fonctions de soutien, aussi longtemps que l'indépendance et la coordination nécessaires sont assurées. Sur le plan de la structure, la garantie de l'efficacité du dispositif de conformité passe par la création d'au moins un service indépendant auquel les inquiétudes, les soupçons et les violations du droit peuvent être signalés de manière confidentielle. J. BEGLINGER et A. MICHEL, op.cit., p.6.
- Le processus de conformité. Ce dernier doit être planifié et systématique et inclut par exemple l'analyse régulière des risques juridiques, l'adoption et la mise en œuvre de directives internes, la formation de collaborateurs exposés et le traitement des informations relatives à des inquiétudes, des soupçons et des violations du droit.
- Des incitations et des sanctions adéquates complètent le dispositif de conformité.
- Le contrôle de l'efficacité et l'amélioration permanente des mesures prises.

[529] C. DUBUCQ, « La compliance en Afrique », https://lex4.com/la-compliance-en-afrique/, consulté le 26/12/2018.

2 : L'absence d'une théorie générale de la compliance

155. La compliance est un terme anglophone qu'il est difficile à traduire réellement en langue française. La difficulté de traduction rejoint la difficulté à définir très précisément la notion de « compliance », tant celle-ci a du mal à se situer dans un environnement uniforme et figé. Elle ne fait l'objet d'aucune norme définie de façon universelle, du moins dans la pratique[530]. Il est parfois traduit en « conformité », mais c'est en quelque sorte reculer pour mieux sauter car l'on ne sait guère définir juridiquement la conformité. Le terme est d'ailleurs inséré dans des expressions comme « programme de conformité » ou « engagement de conformité », qui se réfèrent à autre chose. De cette manière, l'absence de définition nette est un handicap majeur en droit et l'on affirme souvent que la compliance ne relève pas de celui-ci, mais plutôt par exemple de l'éthique[531].

156. En effet, la compliance est une nouvelle notion qui n'a pas pour le moment sa théorie générale. Cette dernière est définie comme une « réflexion doctrinale ayant pour objet de mettre à jour les fondements et les catégories, les évolutions et les principes à partir desquels s'organise une matière »[532]. En un mot, la théorie générale est entendue comme « disposition générale applicable au même objet »[533], en l'occurrence la compliance. L'on parle de plus en plus de compliance. On peut lire articles, ouvrages, littérature grises, décisions ou définitions. Mais rien ne converge vraiment[534]. Selon le même auteur, autant le dire, la compliance est pour l'instant une auberge espagnole. L'un y verra une obligation morale de se soucier de l'humanité, l'autre un engagement unilatéral de ne plus recommencer une faute passée avérée, etc[535]. Pourtant, lorsque le dispositif est important et coûte si cher aux sociétés, l'on ne peut pas demeurer dans une telle définition ouverte à tout-vent.

157. L'absence de théorie générale, est infiniment regrettable. Elle prive les chercheurs à la fois de directives pour leurs travaux et d'un cadre auquel ils puissent rattacher les résultats acquis. Ces chercheurs dès lors sont

---

530 A.-M. LIBMANN et L. RUSMAC, op.cit., p.1.
531 M.-A. FRISON-ROCHE, « Droit de la compliance : livret de Séminaire - semestre d'automne 2016 », op.cit.
532 L. CADIET, « Pour une Théorie générale du procès », *Ritsumeikan Law Review* No. 28, 2011, p.129.
533 M. CRESP, *Le temps juridiques en droit privé, essai d'une théorie générale*, Thèse, Bordeaux IV, 2010, p.9, note de bas de page n°1.
534 M.-A. FRISON-ROCHE, « Droit de la compliance : livret de Séminaire - semestre d'automne 2016 », op.cit.
535 M.-A. FRISON-ROCHE, ibid.

amenés, ou bien à poursuivre leurs études sans référence à aucune thèse générale, ce qui revient à chercher sans savoir ce qu'on cherche,... [536]. Voilà bien où commence le malaise incantatoire et l'emprisonnement de l'esprit de libre recherche. Il faut être d'accord, bien sûr, que «l'absence de théorie générale est infiniment regrettable ». Elle l'est en ce sens que, sans théorie générale, il n'y a pas de lois générales, donc pas d'explication proprement scientifique[537]. Il est donc urgent de construire les principes directeurs de ce qui est en train d'apparaître : « Le droit de la compliance ».

158. Par ailleurs, malgré l'absence actuelle de définition de la compliance, cette dernière contribue au contrôle de la gestion sociale puisqu'elle prône le respect des normes applicables dans la gouvernance des entreprises. S'agissant de ce contrôle, il peut être effectué également par des mécanismes nécessitant un passage obligé au juge à la demande des minoritaires.

Section 2 : Des mécanismes de contrôle nécessitant un passage obligé au juge à la demande des minoritaires

159. Dans le but de la protection des intérêts minoritaires, le « droit des sociétés commerciales a prévu un certain nombre de dispositions destinées à favoriser l'information en vue de l'intervention minoritaire dans la vie sociales »[538]. La réforme de l'Acte uniforme révisé OHADA relatif au droit des sociétés renforce le contrôle des associés sur la gestion des dirigeants sociaux. En effet, l'obligation faite par l'Acte uniforme aux dirigeants des sociétés, d'établir et de communiquer leur rapport de gestion, les comptes sociaux, les rapports des commissaires aux comptes et les questions qui peuvent leur être posées en application des articles 157 et 158 peut se révéler insuffisante pour certains associés, qui s'estimeraient néanmoins insuffisamment éclairés sur la situation de la société[539]. C'est pourquoi il est nécessaire, à titre préalable, de permettre aux associés ou certains d'entre eux d'obtenir en justice des éléments d'information complémentaires[540]. Dans l'Acte uniforme, le législateur a procédé à un

---

536 J. MARCHAL et J. LECAILLON, cité par Fr.- A. ANGERS, « Revenu national et théorie de la répartition », L'actualité économique, Volume 38, numéro 1, Montréal, avril-juin 1962, p.85.

537 Fr.- A. ANGERS, ibid.

538 A. SAKHO, *Les groupes de sociétés en Afrique*, op.cit., p.189, n°, 379.

539 A. FENEON, « Mésentente entre associés dans les sociétés anonymes OHADA : Prévention et mode de règlement », *Penant,* n°848, 2004, p.268.

540 B. PETIT, *Droit des sociétés commerciales*, Litec, Paris, 2002, p.94.

encadrement de la nouvelle expertise de gestion (**§1**) et la consécration de l'administration provisoire (**§2**).

§1 : Un encadrement de la nouvelle expertise de gestion

160. L'Acte uniforme révisé a non seulement organisé l'information des associés, mais il a également prévu les cas où l'information s'avèrera insuffisante, d'autres moyens d'information supplémentaires au profit des associés, surtout les minoritaires. A cet effet, si les dirigeants se montrent réticents à la divulgation des informations relatives à certaines opérations de gestion, l'expertise de gestion[541] faite par un professionnel et ordonnée par la justice, est en mesure de mettre au point lesdites opérations pour les associés. Ainsi, l'expertise de gestion[542] est un mécanisme qui permet aux associés de demander en justice la désignation d'un ou plusieurs experts chargés de rendre un rapport sur une opération de gestion. Ce qui signifie que l'expertise de gestion répond au souci premier de garantir une information fiable aux associés[543]. D'après le nouvel Acte uniforme[544], la demande d'expertise est adressée à la juridiction compétente du siège social, statuant à bref délai, et non au président de la juridiction compétente, comme le précisait l'ancien Acte uniforme. Cette fois-ci, il n'est même pas nécessaire de chercher si les conditions du référé sont remplies[545].

161. L'expertise de gestion est une mesure légale de détection des difficultés dans la gestion sociale. Elle est réservée aux associés qui

---

[541] Art. 159 de l'AUSCGIE « Un ou plusieurs associés représentant au moins le dixième du capital social peuvent, soit individuellement, soit en se groupant sous quelque forme que ce soit, demander à la juridiction compétente du siège social, statuant à bref délai, la désignation d'un ou de plusieurs experts chargés de présenter un rapport sur une ou plusieurs opérations de gestion » et l'art. 160 du même Acte.

[542] Génitrice de l'expert de gestion, l'expertise de minorité a été instituée en France par la grande réforme du 24 juillet 1966. Si dans son principe, ce principe fut favorablement accueilli par la doctrine, sa mise en œuvre a dévoilé maintes insuffisances. Aussi le législateur est-il intervenu pour améliorer l'expertise de minorité en même temps qu'il l'étendait à la société à responsabilité limitée. Ce fut l'œuvre de la loi n°84 -148 du 1er mars 1984 relative à la prévention et au règlement amiable des difficultés des entreprises. Celle-ci a eu par ailleurs le mérite d'ouvrir l'action en désignation de l'expert au ministère public, au comité d'entreprise et, si la société fait publiquement appel à l'épargne, à la commission des opérations de bourse. Dès lors, l'expression « expertise de minorité » s'est avérée inexacte pour rendre compte de toute la réalité que recouvre cette procédure. Ainsi l'expression « expertise de gestion » a été consacrée (A. FOKO, « L'essor de l'expertise de gestion dans l'espace OHADA », n°867, Penant, 2009, p.174).

[543] H.-D.MODI KOKO BEBEY, « La réforme du droit des sociétés commerciales dans l'OHADA », op.cit., p.261.

[544] Art.159 de l'AUSCGIE précité.

[545] Br. KAMENA, « La désignation d'un expert de gestion : réflexion à la lumière du droit français », *Revue africaine de sciences politique et sociales*, n°3, ELJA, Dakar, 2014, p.222.

s'estiment moins éclairés sur la gestion sociale[546]. Mieux encore, elle est une protection des minoritaires[547] dans la gestion des sociétés commerciales où la loi par excellence est celle des majoritaires. Ainsi, lorsque les associés minoritaires ont besoin des informations plus précises sur une opération donnée, ils peuvent faire recours à l'expertise de gestion en tant que mesure leur permettant de vérifier la régularité de certaines opérations de gestion des dirigeants sociaux, ou se ménager préalablement des preuves à l'encontre desdits dirigeants dans la perspective d'engager des procédures judiciaires. C'est une mesure de protection des minoritaires[548].

162. Dans les groupes de sociétés, contrairement au droit OHADA, le droit français reconnaît aux minoritaires d'une société mère, le droit de poser des questions écrites, et en cas de défaut de réponse solliciter une expertise de gestion[549]. Ce qui signifie que les minoritaires de la société mère peuvent demander une expertise de gestion dans les filiales contrôlées sur les opérations de gestion réalisées par les dirigeants des filiales du groupe. Si l'on peut saluer cette disposition pour son réalisme économique, en ce qu'elle permet de s'affranchir ponctuellement des limites tenant à l'autonomie juridique des différentes sociétés qui composent le groupe, ce texte se signale toutefois par ses limites.

Premièrement, cette prérogative, cantonnée aux sociétés par actions, n'est susceptible de bénéficier qu'aux minoritaires de la société mère. Le pouvoir d'interrogation des minoritaires serait donc strictement descendant. Pourquoi ne pas avoir reconnu ce même pouvoir aux minoritaires des filiales, et ne pas leur avoir permis d'interroger les opérations de gestion réalisées au sein de la société mère, qui sont tout autant susceptibles d'impacter leur fonctionnement[550].

---

[546] H.-D. MODI KOKO BEBEY, « La réforme du droit des sociétés commerciales dans l'OHADA », op.cit., p.225.

[547] A. FOKO, « L'essor de l'expertise de gestion dans l'espace OHADA », *Penant*, Paris, avril-juin, 2009, p.183.

[548] B. HESS-FALLON et A.-M. SIMON, *Droit des affaires*, 15ème éd., Dalloz, Paris, 2003, p.124.

[549] Dans les sociétés par actions, le législateur tient compte de l'existence possible du groupe, comme en atteste de l'article L. 225-231 du Code de commerce, disposant que « (...) un ou plusieurs actionnaires représentant au moins 5 % du capital social, soit individuellement, soit en se groupant sous quelque forme que ce soit, peuvent poser par écrit au président du conseil d'administration ou au directoire des questions sur une ou plusieurs opérations de gestion de la société, ainsi que, le cas échéant, des sociétés qu'elle contrôle au sens de l'article L. 233-3. Dans ce dernier cas, la demande doit être appréciée au regard de l'intérêt du groupe. La réponse doit être communiquée aux commissaires aux comptes. A défaut de réponse dans un délai d'un mois ou à défaut de communication d'éléments de réponse satisfaisants, ces actionnaires peuvent demander en référé la désignation d'un ou plusieurs experts chargés de présenter un rapport sur une ou plusieurs opérations de gestion (...) ».

[550] J.-Chr. PAGNUCCO, « Les pouvoirs des minoritaires dans les groupes de sociétés », *Lexis droit des sociétés*, n° 6, .Juin 2017, p.2.

163. Sur le plan pratique, ce point est cependant susceptible de ne lier que partiellement l'expert, dans la mesure où la jurisprudence admet, que dès lors que sont initialement respectées les conditions de recevabilité d'une demande d'expertise de gestion, que l'expert soit en droit d'étendre ses investigations à plusieurs sociétés du groupe[551]. En outre, la possibilité offerte aux associés minoritaires de la société contrôlant de demander une expertise de gestion dans une filiale devrait avoir pour corollaire de leur reconnaître le droit d'exercer l'action sociale « *ut singuli* » [552] contre les dirigeants de la filiale.

164. L'expertise de gestion s'inscrit dans le cadre des principes de la gouvernance des entreprises. Pour cela, elle limite les conséquences d'une gestion désastreuse et permet de lutter contre les dirigeants qui se montrent rétifs à la transparence, pour des raisons d'inégale valeur[553]. Dans le cadre du renforcement du contrôle de la gestion sociale des dirigeants sociaux, l'une des réformes remarquables apportées par l'Acte uniforme révisé est l'encadrement de l'expertise de gestion par un abaissement du seuil requis des associés (**A**) pour la mise en œuvre de cette mesure de consolidation de la transparence des opérations de gestion (**B**).

A : L'abaissement du seuil requis

165. L'expertise de gestion est considérée comme un moyen de protection des minorités. Appelée encore « expertise de minorité »[554], elle permet aux associés minoritaires qui soupçonnent une mauvaise gestion de la société d'obtenir des informations précises grâce à l'intervention d'un expert, autorité compétente indépendante. C'est une arme décisive ouverte aux associés minoritaires. Elle constitue pour ces derniers, un véritable moyen de pression et d'information à l'encontre du management en place et/ou des associés majoritaires[555]. L'expertise de gestion a une fonction d'information de l'associé ainsi que d'autres parties prenantes à l'entreprise[556]. Cependant, en étant une mesure d'information, l'expertise de

[551] Cass.com., 15 juill. 1987, n° 86-13.644 : JurisData n° 1987-001361 ; JCP E 1987, I, 16959, n° 14, obs. A. Viandier et J.-J. Caussain.

[552] L'action *ut singuli* en tant que action sociale est exercée avant tout dans l'intérêt de la société. C'est le préjudice social qui la fonde. Cette action vise immédiatement la défense des intérêts de la société et, indirectement à plus long terme, la défense de ceux des actionnaires les plus fidèles (B. NJOYA NKAMGA, « Dirigeants sociaux », op.cit., p.704, n°432).

[553] P. LE CANNU, *Droit des sociétés*, Domat, Droit privé, Montchrestien, Paris, 2002, n°877.

[554] Cette mesure autorise les associés minoritaires, pris individuellement ou en groupe à demander en justice une enquête sur des opérations de gestion.

[555] P. Chr. EWANE MOTTO, op.cit., p.82.

[556] Br. KAMENA, « La désignation d'un expert de gestion : réflexion à la lumière du droit français », op.cit., p. 220.

gestion n'est pas accordée si celui qui la demande est déjà suffisamment informé sur les opérations critiquées[557]. Cette procédure qui se veut être une source d'information et un moyen de contrôle de la gestion sociale pour les actionnaires minoritaires s'inscrit avant tout dans « un vaste chantier » entamé par le législateur de l'OHADA pour une meilleure protection de l'intérêt social[558].

166. Cependant, en droit OHADA, la désignation d'un expert de gestion à l'initiative des associés est liée à la détention d'une fraction déterminée du capital social. Malgré cette exigence, cette mesure est l'une des innovations les plus marquantes de la réforme du droit des sociétés commerciales en Afrique[559]. Elle a connu un vif succès et le législateur dans son Acte uniforme révisé a modifié son régime. Il a notamment accru le nombre de personnes auxquelles l'action était ouverte, en exigeant comme seule condition, la détention du dixième du capital social au lieu de cinquième comme l'ancien texte[560]. L'explication de cet abaissement c'est de permettre à un nombre important d'associés de contrôler la gestion de la société[561]. En abaissant le quorum, le législateur a renforcé les droits des associés minoritaires. Ce seuil s'apprécie à la date de la saisine du juge à qui la demande a été adressée[562]. On a souligné que les titres en voie de «délaissement»[563] devraient continuer à être pris en compte pour calculer les quorums, ou pour déclarer les franchissements de seuils[564].

---

557 Cass.com., 12 février 2008, Rév. Soc., 2008, p.600, note A. Cerati-Gautier ; D., 2008, AJ. 612 ; RTD Com., 2008, p.361, obs. B. Dondero ; Bull. Joly, 1er mai 2008, n°5, p.384, note G. Auzero.

558 P. Chr. EWANE MOTTO, op.cit., p.81.

559 H.-D. MODI KOKO BEBEY, « La réforme du droit des sociétés commerciales de l'OHADA », *Rev. soc.* avril-juin 2002, p.255.

560 L'article 159 de l'AUSCGIE : « Un ou plusieurs associés représentant au moins le dixième du capital social peuvent, soit individuellement, soit en se groupant sous quelque forme que ce soit, demander à la juridiction compétente du siège social, statuant à bref délai, la désignation d'un ou de plusieurs experts chargés de présenter un rapport sur une ou plusieurs opérations de gestion ». Donc pour faciliter sa mise en œuvre, la seule condition requise est que la demande émane d'un ou de plusieurs associés représentant seulement 10% du capital social.

561 P. S. A. BADJI, *Réforme du droit des sociétés commerciales OHADA*, op.cit., p.153, n°147.

562 CA Versailles, 11 mars 1999 : D'affaires 1999, n°159, p.721 ; RJDA 6/1999, n°683, arrêt rendu avant la loi NRE fixant à 5% le minimum de capital requis.

563 Le délaissement est un désintérêt anormal, donc durable, à l'égard du titre, et non à l'égard de la société. C'est une sorte d'abandon unilatéral, sans revendication concurrente d'un tiers sur ce bien. Mais ce désintérêt n'est qu'un non-usage, et chacun a le droit d'user ou de ne pas user de sa propriété. Il est traditionnellement enseigné que la propriété ne se prescrit pas, ce qui vaut bien sûr pour les titres représentatifs des droits d'actionnaire (Cass. 1re civ., 2 juin 1993, D. 1994, p. 582, note Fauvarque-Cosson).

564 M. CLEMENT, La vente des titres nominatifs en déshérence, cité par G. PARLEANI, « Qu'est-ce qu'un actionnaire ? Les actions délaissées », op.cit., p.715.

167. Ce chiffre peut être atteint également par plusieurs associés qui se groupent sous quelque forme que ce soit pour présenter cette demande[565], comme le cas des associés minoritaires. Autrement dit, l'expertise de gestion permet aux actionnaires minoritaires de se réunir afin de mettre en œuvre ce mécanisme de contrôle surtout à un moment où la société traverse une crise[566]. Il faudrait voir dans cette autorisation donnée au groupement des minoritaires, un simple moyen pour le législateur, de faciliter l'exercice de l'action et non un mécanisme visant à opérer un groupement quelconque des associés minoritaires.

168. Pour le législateur OHADA, il s'agit là de confirmer sa volonté d'assurer aux petits actionnaires les moyens de se défendre[567]. Cette mesure élargit le périmètre d'information des actionnaires minoritaires et rééquilibre les forces au sein de l'entreprise. Elle permet ensuite aux actionnaires minoritaires de se renseigner sur la nature, la portée et les conséquences de questions susceptibles de leur porter préjudice et, par conséquent, d'exercer effectivement le contrôle des affaires sociales[568].

Néanmoins, on peut penser que dès lors que le demandeur a cessé d'être associé, il n'a plus qualité pour agir. Cette qualité devrait alors s'apprécier au jour de l'acte introductif d'instance[569]. C'est à la même date qu'il faut apprécier le seuil exigé par la loi. C'est-à-dire que le demandeur doit être un associé détenant nécessairement, soit individuellement soit en se groupant, la fraction du capital minimum exigé par la loi. Il faut toutefois noter que les principales décisions rendues en justice en la matière concernent des associés minoritaires, puisque l'expertise de gestion est une action par laquelle la minorité révèle son aptitude à intervenir en qualité d'organe social subsidiaire de contrôle[570].

169. En droit français, la possibilité de solliciter une expertise de gestion est subordonnée à l'accomplissement d'une formalité préalable. A ce niveau, le demandeur doit avoir préalablement posé une question écrite au dirigeant de la société. Ce n'est qu'à défaut de réponse dans un délai d'un

---

[565] A. FENEON, « Les droits des actionnaires minoritaires dans les sociétés commerciales de l'espace OHADA », *Penant,* 2002, n°839, p.160.
[566] F. ANOUKAHA, *Sociétés commerciales et GIE*, Bruylant, Bruxelles, 2002, p.161.
[567] B. Y. MEUKE, « L'information des associés minoritaires dans l'OHADA : Réflexion sur l'expertise de gestion », *ATER*, université de Nantes, p.8.
[568] P. Chr. EWANE MOTTO, op.cit., p.82.
[569] Cour d'appel d'Abidjan 2 mars 2004, arrêt n°376-société METALOCK PROCESS-CI SARL c/ TOURRBOUBART, (ohadata J-046489), www.ohada.com, Voir sur la position française, Cour d'appel de Versailles 11 mars 1999 : Bull Joly 1999. 670/ Cour d'appel de Versailes 27 février 1997 : Bull Joly 1999.543.
[570] D. SCHMIDT, « Les droits de la minorité dans la société anonyme », *SIREY,* 1970, n°283 cité par D. VIDAL, Manuel droit des sociétés, 5ème éd., LGDJ, Paris, n°749, p.376.

mois ou à défaut de communication d'éléments de réponses satisfaisants que les actionnaires minoritaires peuvent alors demander la désignation d'un expert[571]. L'expertise de l'article L. 225-231 a parfois été présentée comme une procédure subsidiaire[572], dont l'application supposerait que les demandeurs prouvent qu'ils ont vainement épuisé tous les autres moyens d'information dont ils disposent. Dans une moindre mesure, l'affirmation du caractère subsidiaire de l'expertise de gestion peut s'apparenter à un affaiblissement des moyens d'action des actionnaires minoritaires, si l'on considère que ceux-ci doivent avoir préalablement épuisé la voie des questions écrites posées aux dirigeants[573].

Mais, la Cour de cassation française a cependant décidé dans un arrêt rendu par sa chambre commerciale le 21 octobre 1997, que la loi n'impose pas cette condition de subsidiarité. Il faut simplement que les demandeurs démontrent leur intérêt précis à être renseignés sur des opérations suspectes, susceptibles de leur porter préjudice et d'être contraires à l'intérêt social[574]. Selon un auteur, « l'expertise de gestion n'est pas une sanction de la gestion ; en revanche, elle sanctionne une information insuffisante »[575].

170. En droit OHADA, l'associé n'a pas à préciser qu'il a épuisé toutes les voies d'information dont il dispose avant de déclencher l'expertise de gestion. Le souci du législateur est de privilégier le contrôle de la gestion sociale par tout associé. L'article 160 de l'AUSCGIE prévoit que la société, qui n'a pas le droit de s'opposer à l'expertise doit en supporter les frais[576]. Cette mesure ne peut qu'encourager l'exercice de cette action par les minoritaires.

171. Par ailleurs, l'appréciation de la fraction du capital représentée par les demandeurs a donné lieu à difficulté lorsque les actions sont l'objet d'une copropriété ou sont soumises à usufruit. En effet, concernant l'indivision, le principe d'indivisibilité des titres s'oppose à ce que les copropriétaires d'actions indivises puissent agir séparément en vue de la

---

[571] Cf. Art. L. 225-231, alinéas 1 et 2 dans leur rédaction issue de la loi n°2001-420 du 15 mai 2001 relative aux nouvelles régulations économiques.

[572] D. GIBIRILA, *Droit des sociétés*, 2ème éd., Ellipses, Paris, 2005, p.296, n°627.

[573] L. GODON, « La protection des actionnaires minoritaires dans la loi relatives aux nouvelles régulations économiques », op.cot., p.728.

[574] Cass.com., 21 octobre 1997, Droit des sociétés 1998, p. 16, n° 13 note D. Vidal ; Rev. Sociétés 1998, p.82,
note P. Didier ; JCP éd. E 1998, p.36, note Y. Guyon ; Bull. Joly 1998, §7, p. 30, note P. le Cannu ; RTD Com 1998, p. 171, note Y. Reinhard et B. Petit ; RJDA 1998, n° 64, p.38.

[575] P. Le CANNU, « Elément de réflexion sur la nature de l'expertise judiciaire de gestion » ; Bull Joly 1988.553.

[576] A. FENEON, « Les droits des actionnaires minoritaires dans les sociétés commerciales de l'espace OHADA », op.cit., p.163.

désignation d'un expert de gestion. Quant à l'usufruit, certains arrêts lient la demande d'expertise à l'exercice du droit de vote et attribuent de manière distributive le droit d'agir selon l'objet même de l'expertise. Si celle-ci doit être portée sur une question relevant de la compétence de l'assemblée générale ordinaire, le droit d'agir appartiendrait à l'usufruitier[577]. Si au contraire, l'expertise devait porter sur une question relevant de la compétence de l'assemblée générale extraordinaire, l'action ne pourrait être exercée que par le nu-propriétaire[578].

172. En somme, l'expertise de gestion constitue un des nombreux volets de la protection des minoritaires[579]. Le but de cette mesure est l'obtention d'informations sur la gestion de la société, qui permettront au demandeur d'apprécier la transparence de certaines opérations de gestion.

B : Une consolidation de la transparence des opérations de gestion

173. Il est aujourd'hui nécessaire pour moderniser le cadre de la gouvernance d'entreprise et du droit des sociétés d'accroître la transparence. En effet, la transparence dans sa fonction économique permet d'assurer le bon fonctionnement du marché en assurant la connaissance des informations nécessaires aux opérateurs[580]. Pour des raisons de transparence, il est nécessaire de donner aux associés des moyens d'action efficaces lorsque les dirigeants de sociétés ne respectent pas les obligations qui pèsent sur eux, notamment celles concernant l'information[581]. L'expertise de gestion permet à l'actionnaire qui souhaite être renseigné sur la gestion de la société d'obtenir le maximum d'informations sur des faits que les dirigeants ont tendance à dissimuler en s'abritant derrière le secret des affaires[582]. C'est le procédé le plus souvent utilisé par les minoritaires car il réalise un équilibre entre les nécessités de leur information et celles de la protection de la société[583]. Cette mesure tend également à mettre fin à des abus de pouvoir de la part d'un groupe majoritaire, qui est de nature à compromettre gravement l'intérêt social. Pour cela, le législateur de l'OHADA est venu au secours de la société et des associés en instituant l'expertise de gestion, car, cette mesure permet de vérifier la transparence des opérations de gestion entreprises par les dirigeants sociaux.

---

[577] Paris, 27 mai 1988, D. 1988, I.R. 219, Bull. Joly 1988, p. 783, n° 247.

[578] V. Versailles, 19 déc. 1989, Bull. Joly 1990, p. 182, n° 48, note P. Le Cannu, Dr. sociétés 1990.10, note M. Marteau-Petit.

[579] F. ANOUKAHA, *Sociétés commerciales et GIE*, op.cit., p.161.

[580] I. URBAIN-PAELEANI, « L'amélioration de l'information sur la gouvernance des entreprises », *Revue des sociétés*, 2013, p.393.

[581] M.-H. MONSERIE-BON et L. GROSCLAUDE, op.cit., p.150.

[582] P. Chr. EWANE MOTTO, op.cit., p.81.

[583] P. Chr. EWANE MOTTO, op.cit., p.78.

174. En application de l'article 159 de l'AUSCGIE, dans une affaire entre la société Sen Jet SARLc/Alex andro ROCCHI et Roverto OTTAVI, la CA de Dakar a ordonné l'expertise de gestion en ces termes « ...Considérant qu'il résulte des pièces du dossier que les intimés sont des associés de la société Sen Jet SARL dont les parts représentent 30% du capital social ; considérant que leur demande participe de leur droit en tant qu'associés d'être informés sur la gestion de la société, que l'appelant n'ayant produit aucun document pouvant renseigner sur la gestion de la société, il y a lieu de confirmer l'ordonnance prise sur ce point... »[584]. Selon la jurisprudence, pour que la demande aboutisse, il faut que le demandeur fasse état d'une présomption d'irrégularité, ou du moins qu'il établisse que l'opération concernée est susceptible de porter atteinte à l'intérêt social[585]. En fait une irrégularité qui affecte la vie juridique, économique ou comptable de la société, porte gravement atteinte à l'intérêt social[586]. Encore faut-il qu'il démontre que la mesure présente pour lui un intérêt[587].

175. A cet effet, l'expertise de gestion qui a pour base l'information financière, apparaît incontestablement comme une source de transparence dans la gestion sociale. Suite aux risques auxquels elle expose la société concernée, l'expertise de gestion demeure une mesure grave qui ne peut être décidée à la légère d'où des caractères sérieux et légitime de la demande sont exigés. Il appartiendra en effet aux juges saisis de s'assurer que la demande est fondée sur un motif sérieux et légitime[588]. Toutefois, le juge n'a pas non plus à apprécier les opérations en cause et l'évolution financière de la société[589], il doit simplement juger l'opportunité de la nomination sollicitée pour l'information du demandeur, puisque la mesure d'information organisée par l'expertise de gestion tend à l'établissement de cette preuve[590].

---

[584] CA de Dakar, arrêt n°547 du juillet 2010, Bulletin des Arrêts rendus par la CA de Dakar en matière civile et commerciale, vol. n°1, p.325.

[585] Cass.com, 10 févr. 1998 : JPC E 1999, p.771, note D. Gibirila.

[586] I. SIDIBE, op.cit., p.63.

[587] La demande ne peut être accueillie lorsque le demandeur, disposant en sa qualité d'administrateur et directeur général de toutes les informations nécessaires, ne démontre ni l'existence d'un risque d'atteinte à l'intérêt social, ni l'impossibilité d'obtenir l'information : CA Versailles, 14 févr.2007 n°06-05831 : Bull. Joly Sociétés 2007, § 237, p.858, note J.-F. Barbièri. – De même, lorsqu'une nouvelle expertise ne permettrait pas d'obtenir d'autres informations que celles qui figurent déjà dans les deux rapports établis par l'expert-comptable désigné par le comité central de l'entreprise, le juge peut, en bon droit, rejeter la demande de désignation d'un expert formée par cette même institution : Cass.com., 12 févr. 2008, n°06-20121 :Bull. Joly Sociétés 2008, § 81, p.384, note G. auzero.

[588] A. FENEON, « Les droits des actionnaires minoritaires dans les sociétés commerciales de l'espace OHADA », op.cit., p.160.

[589] D. GIBIRILA, *Droit des sociétés*, op.cit., p.297, n°627.

[590] Voir observations Y. Reinhard sous Cass. Com., 15 juil.1987 ; RTD.com1988.75.

176. Lorsque des opérations suspectes sont réalisées, une expertise par un professionnel peut être ordonnée par la justice. Elle aboutit à la rédaction d'un rapport qui éclaire le demandeur ainsi que tous ceux qui ont besoin de ces informations. En plus, les opérations de contrôle ne s'intéressent qu'aux actes émanant des dirigeants sociaux et non des assemblées générales[591]. Cela se comprend puisque la séparation des pouvoirs fait des assemblées, non des organes de gestion mais plutôt de délibération. Mieux les juges estiment que les minoritaires ont pu jouir d'une information suffisante au cours de l'assemblée générale et partant leur droit de critique aurait dû s'exercer à ce moment[592].

177. Ainsi devons-nous comprendre des termes de l'Acte uniforme de l'OHADA que les décisions relevant de la seule compétence des associés sont exclues du champ d'application de l'expertise de gestion : c'est ainsi que la régularité de la tenue des assemblées générales, ou celle d'une décision d'augmentation de capital, ne saurait à l'évidence justifier une expertise de gestion[593]. Par ailleurs, en plus de l'encadrement de l'expertise de gestion, le législateur a consacré l'administration provisoire.

§2 : Une consécration de l'administration provisoire

178. L'AUSCGIE a introduit de nouvelles dispositions visant à débloquer les situations de crises internes entre associés ou dirigeants sociaux. Ces crises, qui ne sont pas nécessairement financières, peuvent néanmoins paralyser le bon fonctionnement de la société et la mettre en danger[594]. La société peut être paralysée par l'absence ou la défaillance des organes de gestion. A cet effet, selon le nouvel Acte uniforme relatif au droit des sociétés commerciales, lorsque le fonctionnement normal de la société est rendu impossible, soit du fait des organes de gestion, de direction ou d'administration, soit du « fait des associés »[595], la juridiction compétente statuant à bref délai, peut décider de nommer un administrateur provisoire

---

[591] CA Paris, 8 nov. 1991, Bull. Joly, 1992 P50, P 177 ; RJDA, 1992, p.123 ; CA Paris, 27 nov. 1991, D., 1992, inf. rep., p.71, CA Versailles, 27 févr. 1997, Bull. Joly, 1997, p.220, P543, note P. Le Cannu et M. Menjucq.

[592] Com., 12 janv. 1993, JCP, 1993, II, 22029, note Y. Guyon, Rev. soc., 1993, 426, note B. Saintourens, D. 1993, note T. Bonneau.

[593] A. FENEON, « Les droits des actionnaires minoritaires dans les sociétés commerciales de l'espace OHADA », op.cit., p.162.

[594] B. MARTOR et J. FASSI, op.cit., p.19.

[595] Ce défaut d'entente constitue une mésintelligence ou mésentente ou encore l'altération profonde de l'accord original entre les associés ayant présidé à la création de la société et à la définition des modalités de fonctionnement. Voir M. DIOUF, « Réflexion sur l'administration provisoire de société en droit sénégalais », Nouvelles annales africaines, n°1, 2009, p.228.

aux fins d'assurer momentanément la gestion des affaires sociales[596]. C'est-à-dire qu'en cas de dysfonctionnement des organes de gestion, un administrateur provisoire peut être désigné par voie de justice[597], pour remplacer les organes de gestion.

179. Par cette mesure, le législateur OHADA a trouvé une autre occasion pour innover dans la gestion de la société lorsque la survie de celle-ci est en cause. Cela alors que selon un auteur, en droit français, la désignation d'un administrateur provisoire n'est ni prévue ni organisée par la loi. Il s'agit d'une pure construction prétorienne[598]. Concernant les avantages de cette mesure, il faut reconnaître que la nomination d'un administrateur provisoire permet d'organiser des situations d'attente en cas de blocage des organes sociaux. En outre, il est indéniable que la nomination d'un administrateur provisoire peut, dans certains cas, avoir un effet conciliateur et apaiser un litige brûlant entre actionnaires[599].

180. Toutefois, la nomination d'un administrateur provisoire ne peut être le fait que de la juridiction statuant au fond, ce qui n'est pas le cas du juge des référés[600]. Dans ce domaine, seul le tribunal chargé des affaires commerciales est compétent. Bien qu'une ancienne décision des juges appliquant le droit OHADA ait affirmé que si le conflit entre acteurs sociaux persiste et est de nature à paralyser le fonctionnement de la société, le juge peut nommer un administrateur provisoire[601], ce dernier ne figurait jusque-là pas dans l'Acte uniforme relatif au droit des sociétés commerciales. Il voit

---

[596] Art.160-2 de l'AUSCGIE. Selon un auteur, l'administration provisoire est une technique permettant la désignation d'un tiers nommé par décision de justice et chargé, pour un temps de se substituer aux organes légaux de la société en assurant la gestion des affaires sociales, afin de permettre le dénouement d'une crise interne venue troubler le cours normal de la vie sociale, Voir R. Vatinet, Administration provisoire, J.-CL. Soc., fasc.43-10, Date du fascicule : 1er septembre 2007, cité par M. BOYE, « L'administration provisoire des sociétés commerciales en OHADA », *Revue africaine de sciences politique et sociales*, n°5, 2015, p.317.

[597] J.-F. GOFFIN, *Responsabilités des dirigeants de sociétés*, 2ème éd. Larcier, Bruxelles, 2004, p.95.

[598] M. COZIAN, A. VIANDIER et F. DEBOISSY, op.cit., p.241.

[599] J.-F. GOFFIN, op.cit., p.95.

[600] Cour d'appel de Cotonou, arrêt n°178/99 du 30 septembre 1999 affaire dame Karamatou IBIKUNLE c/Ste CODA-Bénin et quatre autres, Ohadata J-06-93.

[601] Aff. Société Continentale des Pétroles et d'Investissements c/ Etat béninois précitée, p. 44.), à l'issue de l'examen préalable au fond des problèmes de la société (Cotonou, n°178, 30 sept. 1999, aff. DAME KARAMATOU IBUKUNLE c/ Société CODA BENIN et quatre autres. Voir également CA Dakar Arrêt n°169 du 15 mars 2013, Bulletin des arrêts rendus en matière civile et commerciale, Cour d'Appel de Dakar, 2014, p.233. Dans cette affaire, la Cour a conclu qu'il n'est établi aucun dysfonctionnement de la société consécutive à une mésentente des associés de nature à justifier la désignation d'un administrateur provisoire.

donc son rôle officialisé par l'insertion d'un nouveau titre consacré à l'administration provisoire de la société dans l'Acte uniforme révisé.

181. Dans de nombreux cas, la crise qu'il s'agit de résoudre est si complexe ou risque de durer encore si longtemps que le tribunal doit donner à l'administrateur des pouvoirs relativement généraux, afin que ce dernier puisse faire face à une situation changeante et prendre les mesures qui s'imposent pour assurer la survie de la société[602]. Dès lors, tout associé même minoritaire peut saisir par requête le président de la juridiction compétente pour que ce dernier, statuant à bref délai, nomme pour une durée de six mois renouvelable un administrateur provisoire. A cet effet, l'administration provisoire en tant qu'une solution à l'incapacité des organes sociaux à fonctionner (**A**), dessaisit les dirigeants sociaux (**B**).

A : Une solution à l'incapacité des organes sociaux à fonctionner

182. L'administration provisoire est une technique de sauvetage des entreprises qui permet à l'autorité compétente, en cas de difficultés graves compromettant les intérêts sociaux et le fonctionnement régulier de la société, de désigner temporairement une personne dénommée administrateur provisoire à la tête de cette société, à l'effet de régler cette difficulté, en assurant momentanément la gestion sociale[603]. Concernant ses obligations, notons l'obligation pour l'administrateur provisoire de présenter au moins une fois tous les trois mois à la juridiction compétente, un rapport sur les opérations qu'il a accomplies de même que sur l'évolution de sa mission[604]. On sait que, c'est au nom de l'intérêt général que le juge désignera un administrateur provisoire. Il est certain que ce n'est pas une mesure destinée à permettre aux minoritaires de défendre leurs intérêts, quelle que soit l'importance des intérêts en conflits. C'est un organe désigné avec comme charge de veiller aux intérêts sociaux à titre exceptionnel pour assurer la gestion momentanée d'une société faisant face à une crise sociale[605].

183. En effet, le législateur soumet la désignation d'un administrateur provisoire à une seule condition. Il s'agit de la situation où le fonctionnement normal de la société est rendu impossible, soit du fait des organes de gestion, de direction ou d'administration, soit du fait des associés. Ce qui signifie que lorsqu'une société traverse une crise grave, les tribunaux

---

[602] M. DIOUF, op.cit., p.231.

[603] B. NJOYA NKAMGA, *L'administrateur provisoire des sociétés dans l'espace OHADA*, cité par P. Chr. EWANE MOTTO, op.cit., p.180.

[604] P. S. A. BADJI, *Réforme du droit des sociétés commerciales OHADA*, op.cit., p.130, n°.115.

[605] P. Chr. EWANE MOTTO, op.cit., p.179.

se reconnaissent compétence pour désigner un administrateur provisoire qui remplace les dirigeants jusqu'à ce qu'une solution ait pu être trouvée[606]. L'existence d'une crise sociale est la justification exclusive de la nomination d'un administrateur provisoire[607]. La jurisprudence OHADA a confirmé cette condition en déclarant que la nomination d'un administrateur n'est admise qu'en cas de la mésintelligence paralysant le fonctionnement des organes sociaux, il n'y a pas lieu d'y procéder dès lors que les organes de la société fonctionnent, se réunissent et délibèrent conformément aux statuts de la société[608]. De cette manière, cette procédure apparaît comme un instrument de contrôle institué au bénéfice exclusif de la minorité[609]. Pour y arriver, il appartient au juge saisi d'une demande de nomination d'un administrateur provisoire de rechercher l'existence ou non d'une paralysie dans le fonctionnement de la société[610].

184. Seulement, cette expression est tout sauf claire et va susciter des problèmes d'interprétation. Il appartiendra au juge, au cas par cas, de dire si le fonctionnement normal de la société est impossible[611]. Il apparaît ainsi qu'en invoquant le non-respect par les dirigeants sociaux de leurs obligations d'information, les actionnaires ne pourront persuader le juge à désigner un administrateur provisoire que si les faits précisément reprochés aux dirigeants ont eu pour effet d'affecter sérieusement le fonctionnement de la société[612].

185. De même, la Cour de cassation française a confirmé que l'administration provisoire est une mesure exceptionnelle qui suppose rapportée la preuve de circonstances rendant impossible le fonctionnement normal de la société[613]. Raison pour laquelle, la Cour d'appel d'Abidjan a déclaré que les conditions de nomination d'un administrateur provisoire ne sont pas réunies, dès lors que le demandeur ne rapporte pas la preuve de faits

[606] P. S. A. BADJI, « Les orientations du législateur OHADA dans l'AUSCGIE révisé », op.cit., p.24.
[607] M. BOYE, « L'administration provisoire des sociétés commerciales en OHADA », op.cit., p.328.
[608] Cour suprême de Côte d'Ivoire, chambre judiciaire, arrêt n°123/07 du 9 mars 2007, la société Yara West Africa, la société Yara France (Me Théodore HOEGAH st Michel ETTE) c/la société de financement et de participation de Côte d'Ivoire dite SFPI (Me Jules Avlessi). Actualités juridiques, n°57, p.150. Ohadata J-09-306.
[609] B. PETIT, op.cit., p.94.
[610] Cour d'appel d'Abidjan, arrêt n° 258 du 2S février 2000, OHADATA J-02-132.
[611] P. S. A. BADJI, « Les orientations du législateur OHADA dans l'AUSCGIE révisé », op.cit., p.24.
[612] L.-D. MUKA TSHIBENDE, op.cit., p.577.
[613] Cass.com., 25 janv. 2005 : Rev. sociétés 2006, p.828, note A. Lecourt. –Cass.com., 6 févr. 2007, n°05-19008 : Dr. Sociétés 2007, n°73, note H. Hovasse ; Bull Joly Sociétés 2007, p.690, note p. Scholer.

paralysant le fonctionnement de la société[614]. De cette manière, il convient de noter qu'initialement, les tribunaux ne désignaient un administrateur provisoire que dans les seuls cas où les organes de la société étaient paralysés ou faisaient l'objet d'un dysfonctionnement[615]. Si tel n'est pas le cas, la demande est souvent rejetée. Autrement dit, dans tous les cas où la crise ne débouche pas sur une paralysie de la société, le recours à l'administration provisoire devrait être écarté.

186. En plus, les dissensions entre actionnaires, si violentes soient-elles ne justifient pas la désignation d'un administrateur provisoire tant que les organes sociaux fonctionnent normalement[616]. Ce qui a amené les juges à déclarer qu'une mésentente entre associés ne saurait la justifier dès lors qu'elle ne conduit pas à paralyser le fonctionnement actuel de la société[617], cela parce que l'administrateur provisoire n'est pas un arbitre chargé de trancher le moindre conflit opposant minoritaire et majoritaire.

187. Toutefois, pour protéger les minoritaires, une juridiction française a estimé que même en cas de fonctionnement normal des organes sociaux d'une entreprise, un administrateur provisoire pouvait être nommé dans les cas d'un abus de droit manifeste de la majorité des actionnaires, compromettant gravement les intérêts des actionnaires minoritaires de la

---

[614] Cour d'appel d'Abidjan, 4ème chambre civile et commerciale, arrêt n°641 du 17 juin 2005, affaire : Mme F. épouse B. et un autre c/Mme P.- Le Juris Ohada n°2/2007, p.34.ohadata J-08-79.

[615] Y. GUYON, note Trib.Comm.Paris (référés), 9 mai 1969, J.C.P., 1969, 16063.

[616] Cour d'Appel d'Abidjan, dans l'affaire Société Négoce Afrique Côte d'Ivoire dite NACI-SA c/ la Société WIN SARL (V. supra, p. 44, Abidjan, n° 258, 25 févr. 2000. , Par exemple, Cass.com., 29 sept. 2009, n°08-19937, BP : Bull. Joly Sociétés 2010, § 4, p.23, note G. Gil : graves dissensions entre les associés de la société titulaire des droits d'édiction d'une partie des albums d'Axtérix le Gaulois.

La Cour censure en ces termes : « Il ressort des débats que le 23 octobre1997, MANUEL TERREN exerçant les fonctions de Directeur Général de la société NACI a tenu différents conseils d'Administration tel qu'il résulte de la production des procès-verbaux de délibération, établis à cet effet ;

Dès lors, quand bien même l'effectivité d'un litige entre MANUEL TERREN et les autres associés de la société NACI, ne peut faire l'objet de contestation, il n'en demeure pas moins, qu'il n'a existé de fait, aucun blocage dans l'Administration et la gestion de ladite société ; Ainsi, le Premier Juge, en ne fondant sa décision de nomination d'un Administrateur provisoire au sein de la société NACI, sur le seul fait que ladite mesure ne lésait aucune des parties au litige alors qu'il eut fallu rechercher en l'espèce, l'existence ou non, d'une paralysie dans le fonctionnement de ladite société, n'a donné de base légale à sa décision; Il y a donc lieu d'infirmer l'ordonnance querellée ; Statuant à nouveau, il convient de dire que la demande en nomination d'un administrateur provisoire de la société NACI n'est en l'état, nécessaire ; en sorte que les organes dirigeants de ladite société demeurent toujours en fonctions... ».

[617] Cour d'Appel de Daloa, 2e chambre civile et commerciale, arrêt n°85 du 29 mars 2006, affaire : E. c/Société civile d'exploitation forestière de l'ouest dite SCEO-SARL-Le Juris Ohada, p.40. Observations J. ISSA-SAYEGH, Ohadata J-08-87.

société[618]. Il découle de cette jurisprudence que « le pouvoir de diriger l'entreprise doit s'exercer non dans l'intérêt de la majorité des détenteurs de capitaux mais celui de l'entreprise »[619]. C'est également l'existence d'un conflit entre deux associés de la SARL dans l'affaire Sieur NOUBICIER Léon C/Sieur NGAMAKO Michel qui a justifié la désignation d'un administrateur provisoire par le juge des référés. Cette mise sous administration provisoire de la SARL avait pour origine les désaccords émaillant les rapports entre les deux associés notamment l'éviction de l'un des coassociés de la gérance et le fait que le fonds de commerce avait été mis en location-gérance sans l'accord de l'autre associé[620].

188. En outre, les dissensions graves et d'une extrême mésintelligence à savoir entrave à l'exercice du droit à l'information sur l'état financier et comptable de la société lors de l'assemblée générale par les associés majoritaires, refus de modification de l'ordre du jour et achat frauduleux des parts sociales de l'un des associés par le gérant associé ont justifié la désignation d'un administrateur provisoire[621]. Le juge des référés dans un litige de mésentente entre associés au Cameroun n'a pas hésité à placer une société à responsabilité limitée sous administration provisoire[622].

189. Il arrive que les minoritaires sollicitent la désignation d'un administrateur provisoire alors même que les organes en place ne sont en rien paralysés ; certains juges du fond accèdent à leur demande si l'intérêt social est gravement menacé[623]. Au Sénégal, le juge des référés avait nommé un administrateur provisoire après avoir constaté que la mésentente était grave et de nature à porter atteinte gravement aux intérêts de la société[624]. Pour le juge français, c'est à bon droit que, pour désigner un administrateur provisoire à une société anonyme, le juge des référés se fonde sur l'existence d'une mésintelligence grave et persistante entre administrateurs et actionnaires ainsi que sur la précarité des décisions prises à unc infime

---

618 Paris, 15 mars 1968, R.P.S, 1969, 63.
619 Cour d'Appel de Paris 22 mai 1965, Dalloz 1968, p.147, note Contrin.
620 TPI de Bafang, affaire Sieur Noubicier Léon C/ sieur Ngamako Michel, note KALIEU ELONGO Y.R., Juridis périodique, n°79, avril-mai-juin2009, p.31 et sv.
621 TPI de Bonanjo, ordon. de référé n° 367 du 16 juillet 2004, Aff. Peughoua Emmanuel et Kamkeng François c/ Tene Job, *Juridis Périodique* n° 83, juillet-août-septembre 2010, pp. 18 et s. note Nandjip Moneyang S.
622 TPI de Bafang, Ordonnance de référé n°27/ORD/CIV/TPI/2007, Affaire Sieur Noubicier Léon c/ sieur Ngamako Michel », in Juridis Périodique n°78, Avril-Mai-Juin 2009, p.29-36.
623 ROUEN, 25 sept. 1969 : JCP, 1970, 16219, note GUYON (Y.), sur l'affaire pittoresque dans laquelle les charmes d'une secrétaire ont entraîné une grave crise sociale.
624 T.R.H.C Dakar, ordonnance de référé, n° 939 du 16 septembre 1996, Aduo kouame c/Sadibou Ndiaye es qualité et société Abdoulahat Shiping company, Revue ERSUMA, n°6 Janvier 2016, p.24.

majorité et sur la perte du capital social à concurrence de plus des trois quarts[625].

190. Par ailleurs, il semble que les termes utilisés par l'article 160-1 de l'Acte uniforme OHADA permettent de considérer que la nomination d'un administrateur provisoire n'est pas réservée seulement à la paralysie constatée mais aussi imminente. C'est-à-dire, à partir du moment où il existe des signes annonciateurs de son imminence. Selon un auteur, c'est ce qui va justifier la saisine d'un juge statuant à « bref délai »[626].

En principe, c'est seulement lorsque la société est exposée à un péril certain et imminent que le juge accepte d'intervenir au nom de l'intérêt social. Pour cette raison, au cas où le risque évoqué est simplement éventuel, la demande n'est pas recevable. Mais la situation devient difficile lorsque le préjudice, sans être actuel, risque de se réaliser si aucune mesure d'urgence n'est prise. C'est le cas d'un péril prévisible[627]. Dans ces conditions, il est possible de désigner un administrateur provisoire à titre préventif pour juguler un péril à venir. Péril des intérêts sociaux, que la société soit immatriculée ou qu'elle soit seulement en formation[628].

191. De même, dans un groupe de sociétés, la Cour de cassation française a reconnu dans une ancienne décision que « Une société anonyme actionnaire minoritaire d'une autre société, dont le président faisait l'objet de poursuites pénales, est recevable et bien fondée à faire désigner un administrateur provisoire non seulement à cette société mais aux autres sociétés du groupe auquel elle appartient »[629].

---

[625] Cour d'appel d'Aix, 6ème ch., 14 novembre 1957; Ste immobilière Aix-Termal c. Bigonnet et autres, JCP, 1957, II, 10304, cité par P. S. A. BADJI, « Les orientations du législateur OHADA dans l'AUSCGIE révisé », op.cit., p.25.

[626] M. BOYE, op.cit., p333.

[627] Rouen, 2e Ch., 19 mars 1974 : Rev. trim. dr. com. 1974, 537, n° 10, observ. R. Houin ; Rev. soc. 1974, 718, observ. J.-J. Burst.

[628] Paris, 3 janvier 1984 : Bull. mens. Joly 1984, 520, n° 179 ; coup d'État dans une S.A.R.L. en formation.

[629] Cass.com. 5 février 1985 ; S.A. Sogar et autres c. S.A. Prisunic, cité par A. VIANDIER, *La Semaine Juridique* Edition Générale, n° 45, 6 Novembre 1985, II 20492. Dans cette affaire, la Cour d'appel, ayant relevé que la présence et l'action du président de la société était si « nécessaire » aux sociétés du groupe que celles-ci avaient, dès son incarcération, sollicité par une requête commune que leur soit désigné un administrateur provisoire commun, a fait ressortir ainsi qu'aucune société ne jouissait en fait, d'une administration autonome ; les juges du fond ont également retenu, que les agissements du président de la société, bien qu'ils eussent fait l'objet de poursuites pénales, ne l'avaient pas privé « dans les sociétés du groupe, de l'autorité et des responsabilités qu'il y exerçait » et que bien plus, il n'apparaissait pas que les organes de ces sociétés aient exercé contre lui quelque action que ce soit ; les mêmes juges, qui avaient constaté ainsi la carence des organes sociaux de chacune des sociétés, qui mettait en péril imminent non seulement les intérêts de la société concernée mais aussi ceux du groupe tout entier ont donc pu décider la nomination d'un administrateur provisoire.

Quant aux dirigeants neutralisés, ils peuvent de surcroît, s'ils sont reconnus fautifs au terme d'une action en responsabilité civile, être condamnés à supporter les honoraires de l'administrateur provisoire désigné[630]. Avec ces dispositions organisant l'administration provisoire dans l'Acte uniforme, le législateur répond à deux questions qui se posaient. D'une part, il met fin à une doctrine qui considérait qu'à l'absence d'une disposition légale spécifique dans l'Acte uniforme pour régler les cas exigeant la désignation d'un administrateur provisoire, on pouvait se référer à l'article 147 de l'AUSCGIE[631]. D'autre part, il a mis un terme à une jurisprudence hésitante, notamment au Cameroun qui considérait jusqu'alors que l'article 51 du Code de commerce français de 1807 dans sa version applicable dans certains Etats francophones d'Afrique, disposait que toute contestation entre associés, ou pour raison de la société devrait être jugée par les arbitres[632].

192. L'administrateur provisoire va se substituer en tout ou partie aux dirigeants en place. La décision du juge saisi définit en principe l'étendue de sa mission. Néanmoins, la gestion de la société mettant en exergue les actes de disposition et les actes conservatoires, la question se pose alors de savoir si l'administrateur provisoire peut prendre des actes de disposition engageant l'avenir de la société. Selon le législateur OHADA, l'administrateur provisoire représente la société dans le cadre de sa mission et dans la limite de ses pouvoirs. Tout acte qu'il accomplit en outrepassant ces pouvoirs est inopposable à la société[633].

Par contre, la jurisprudence française adopte une position nuancée. Tout dépend de ce que commande l'intérêt social. Mais normalement, l'administrateur désigné par l'autorité judiciaire est investi de tous les pouvoirs conférés par la loi à un dirigeant social. Ce qui signifie qu'il doit également s'occuper de la gestion quotidienne, ce qui englobe à l'évidence les actes conservatoires[634]. En tout état de cause, non seulement le droit à

---

[630] Cass.com., 12 janvier 1970, n° 67-11.816, affaire *Orlandi c. Bonant et Sté Orlandi*, Bull. Joly sociétés, n°3, 1970, p.177-178.

[631] Article 147 de l'AUSCGIE renvoie le règlement de tout litige entre associés ou entre un ou plusieurs entre eux et la société à la juridiction compétente, ce qui laisse ainsi à la loi interne de chaque Etat en considération de ses règles d'organisation judiciaire, de désigner ainsi cette juridiction.

[632] Les articles 51 et 63 ont été abrogés en France par la loi des 17 et 23 juillet 1857 ; cette abrogation a été étendue aux colonies par décret impérial en date du 14 mai et 3juin 1862 suite à l'avis du comité consultatif des colonies. Toutefois, la portée de cette abrogation au Cameroun a été discutée en jurisprudence jusqu'à la période la plus récente.

[633] Art. 160-4 de l'AUSCGIE.

[634] V. pourtant, Cass. 3e civ. 3 mai 2007, n°05-18486, PB : Dr. Sociétés 2007, n°127, obs. H. Lécuyer ; Bull. Joly Sociétés 2007, p. 1057, note B. Saintourens : alors même qu'il a mission d'administrer et de gérer tant activement que passivement une SCI, la nature conservatoire de

l'information des associés n'est pas mis en cause du fait que leur société est sous administration provisoire[635], mais également tout associé peut obtenir en justice la révocation de l'administrateur provisoire si cette demande est fondée sur un motif légitime[636]. Selon Patrice BADJI, on pourrait se poser la question de savoir si la révocation de l'administrateur provisoire est suivie automatiquement de son remplacement. A son avis, tout dépend du besoin des associés[637].

193. Les pouvoirs judiciairement attribués à l'administrateur sont, sauf précision contraire du juge, identiques à ceux légalement conférés aux dirigeants sociaux[638]. Cependant, les pouvoirs sont mieux en mieux définis par les ordonnances qui désignent les administrateurs provisoires. Ces derniers ne pourront pas disposer d'un pouvoir général. C'est pourquoi il est difficile d'envisager que l'administrateur provisoire puisse engager la société pour l'avenir, il devrait être cantonné dans la gestion des affaires courantes[639], ce qui exclut les décisions d'investissement, la définition de la stratégie, la restructuration. Son rôle est malheureusement de conservation plus que de véritable gestion ; c'est la marque de son caractère provisoire, le provisoire n'étant qu'une « attente organisée »[640]; la considération du futur conduit à limiter les initiatives de celui qui ne fait que passer. En revanche, pour ce qui concerne la gestion interne de la société (convocation des assemblées, arrêté des comptes), ses pouvoirs sont ceux d'un organe social[641]. La durée de sa mission ne peut excéder six mois, sauf prorogation de la juridiction compétente[642] et la décision de sa nomination doit faire objet de publication[643]. Toutefois, il est possible d'exercer un recours contre l'ordonnance du juge des référés qui n'a pas délimité de façon précise, la durée de nomination de l'administrateur provisoire[644].

---

la mission de l'administrateur provisoire ne lui permet pas de saisir le juge des loyers commerciaux d'une demande tendant à la fixation du prix du loyer d'un bail renouvelé.

[635] P. S. A. BADJI, *Réforme du droit des sociétés commerciales OHADA*, op.cit., p.131, n°115.

[636] Art. 160-7 de l'AUSCGIE.

[637] P. S. A. BADJI, *Réforme du droit des sociétés commerciales OHADA*, op.cit., p.131, n°115.

[638] B. PETIT, op.cit., p.99.

[639] A. DIEYE, op.cit., p.102.

[640] L. Lorvellec, Remarques sur le provisoire en droit privé, Mélanges A. Weill, Paris, Dalloz, Litec, 1983, p. 385, spéc. p. 387.

[641] A. VIANDIER commentaires : Cass.com. 5 février 1985 ; S.A. Sogar et autres c. S.A. Prisunic, *La Semaine Juridique* Edition Générale, n° 45, 6 Novembre 1985, II 20492.

[642] Art. 160-2 de l'AUSCGIE.

[643] Art. 160-3 de l'AUSCGIE.

[644] Référé, comm. Bruxelles, 9 mars 1984, en cause SPRL. La petite ferme contre Balta et Van Der Haeghen inédit, cité dans G. HORMANS, « Le rôle du juge dans la vie des sociétés », o.c, 429. https://www.fichier-pdf.fr/2014/12/09/brochure-d-explication-de-l-acte-uniforme-ohada-modifie/ consulté le 30/09/2016.

194. Pour cette raison, une Cour d'appel a d'ailleurs rappelé dans un considérant : « qu'une mesure de référé consistant à substituer des administrateurs provisoires aux organes d'une société normalement investis du pouvoir de gestion par l'assemblée générale, doit rester aussi limitée que possible dans le temps, et qu'il faut favoriser le retour aux règles normales de fonctionnement d'une personne morale»[645]. Dès lors, sauf décision précise du juge, l'administrateur provisoire doit normalement s'abstenir de tout acte qui engagerait l'avenir de façon irréversible ou supposerait un choix politique qu'il ne lui appartiendrait pas de prendre. Malgré cela, la désignation d'un administrateur provisoire dessaisit les dirigeants sociaux.

B : Un dessaisissement des dirigeants sociaux à la demande des minoritaires

195. Les dirigeants et les associés interviennent dans le gouvernement de l'entreprise sociale d'une façon qui varie selon « la forme de la société[646] ». Les associés semblent détenir la souveraineté[647] à la base et le dernier mot en cas de conflit, tandis que les dirigeants apparaissent comme des organes dépositaires d'une délégation de cette souveraineté dont ils doivent rendre compte à tout moment[648]. En effet, les associés ont « le pouvoir de désigner[649] » et de « révoquer[650] » les dirigeants comme d'approuver ou non leur gestion ainsi que les décisions prises.

---

[645] Référé, comm. Mons, 10 juillet 1979, R.P.S., 1979.256.

[646] Le choix d'une forme juridique pour une société est conditionné principalement par le montant et la nature des apports ou actions, par l'étendue du pouvoir de décision souhaitée et par le niveau de responsabilité assumée par les associés. C'est en combinant ces 3 éléments que l'associé choisira la forme juridique de sa société.

[647] Quelle que soit la force du principe de la plénitude des pouvoirs des dirigeants sociaux, elle se heurtera toujours à la souveraineté des associés exercée en assemblée générale ordinaire ou extraordinaire. Cette souveraineté se traduit par des pouvoirs qu'aucun autre organe ne peut exercer (pouvoirs exclusifs) et par le fait qu'elle peut limiter les pouvoirs que la loi accorde aux autres organes (inopposabilité aux tiers, voir supra) (J. ISSA-SAYEGH, « L'OHADA et le gouvernement des entreprises », 27 septembre 2007, http://www.ajbef.info/index.php/communications/82-l-ohada-et-le-gouvernement-des-entreprises. Consulté le 11/06/2016).

[648] J. ISSA-SAYEGH, « L'OHADA et le gouvernement des entreprises », ibid.

[649] S'agissant de la désignation des dirigeants, en principe ce sont les associés qui désignent les dirigeants sociaux. V. P.-G. POUGOUE, (dir), *Sociétés commerciales et GIE*, op.cit., p.147.

[650] Toutefois, le corollaire de la nomination des dirigeants sociaux par les associés est la « révocation » de ces derniers par les associés, une fois les associés ne sont pas contents de la gestion de la société par ces dirigeants sociaux. C'est-à-dire qu'il n'existe pas en droit de dirigeants irrévocable ; les dirigeants sont révocables sur décision des associés ; certains sont révocables ; *ad nutum*, c'est-à-dire de façon discrétionnaire et sans indemnités ; en droit français, tel est le sort du président directeur général, du président du conseil d'administration,

En outre, la non-observance par les dirigeants sociaux des obligations d'information dont ils sont tenus vis-à-vis des associés peut conduire ces derniers à solliciter en justice la nomination d'un administrateur provisoire, mesure dont le principal effet est de dessaisir les dirigeants[651] sociaux. Dès lors que cette mesure prive les dirigeants sociaux de leurs pouvoirs de gestion sociale ou encore l'administrateur provisoire est substitué aux organes de la société. C'est-à-dire que l'administration provisoire que les associés sont en droit de demander en justice[652] entraîne un dessaisissement total ou partiel des dirigeants sociaux en fonction de la

---

des administrateurs et des membres du conseils de surveillance dans la SA ; les autres catégories de dirigeants sont révocables pour juste motif ; ceci ne signifie pas qu'ils ne peuvent pas être révoqués en l'absence de justes motif, mais seulement que leur révocation justifie l'octroi de dommages et intérêts (M. COZIAN, A. VIANDIER et F. DEBOISSY, op.cit., p.161).

En pratique, l'impossibilité en droit OHADA de révocation ad nutum du dirigeant social à fait l'objet de réticence de la part des associés, qui inséraient dans les statuts une clause de révocation du gérant sans contrôle judiciaire. Cela car il est utile de se réserver une faculté de révocation ad nutum du dirigeant social quand on ne connaît pas ses aptitudes. Par ailleurs, dans les sociétés anonymes, seuls l'administrateur et l'administrateur adjoint sont révocables par l'assemblée générale des associés (Cf. les articles 509 et 515 de l'AUSCGIE). Le PDG, le DG, le DGA et le président du conseil d'administration sont révocables par le conseil d'administration (Cf. les articles 469, 475 et 492 de l'AUSCGIE). Pour statuer sur la révocation d'un administrateur, d'un administrateur général ou de son adjoint, l'assemblée générale ordinaire ne peut valablement délibérer, sur première convocation, que si les actionnaires présents ou représentés possèdent au moins le quart des actions ayant le droit de vote ; si cette condition n'est pas remplie, aucun quorum n'est requis sur deuxième convocation (Art. 549 de l'AUSCGIE). S'agissant de la majorité nécessaire pour décider, l'assemblée générale ordinaire statue à la majorité des voix exprimée (Article 550 de l'AUSCGIE). Il ressort de ces textes que même les associés minoritaires peuvent révoquer les dirigeants sociaux au cours de l'assemblée générale à condition de remplir la condition exigée par l'article 549 de l'Acte uniforme portant droit des sociétés commerciales. Cela parce que, pour statuer valablement, il n'est pas nécessaire que les associés ou actionnaires présents ou représentés possèdent la moitié des actions ayant le droit de vote. En outre, selon l'article 326 de l'AUSCGIE, « le gérant est révocable par juridiction compétente dans le ressort de laquelle est situé le siège social, pour juste motif, à la demande de tout associé». Dès lors, tout associé même minoritaire peut demander en justice cette révocation. Contrairement à la révocation décidée par les associés qui peut intervenir même sans justes motifs, l'existence d'une cause légitime est la condition de la révocation décidée par le juge. Il revient donc aux associés d'établir la « cause légitime » qui justifie la demande de révocation du dirigeant et au juge compétent de la contrôler préalablement à toute décision (A. AKAM AKAM, *La cessation des fonctions des dirigeants des sociétés commerciales en droit OHADA*, op.cit., p. 18). Les juges doivent vérifier si les motifs invoqués par l'associé pour demander la révocation constituent une cause légitime de révocation du dirigeant social. Ainsi, l'action en révocation d'un dirigeant social est une action que tout associé individuellement même minoritaire exerce au nom et pour le compte de la société.

651 L.-D. MUKA TSHIBENDE, op.cit. p.570 ; Les dirigeants sociaux sont dessaisis de la gestion de la société. V. M. DIOUF, op.cit., p. 241. Voir également sur le cette question, M. BOYE, op.cit., p.327.

652 Cass. req., 12 janvier 1927, Gaz. Pal., I, 1927, p.525.

mission fixée par le juge dans l'ordonnance de nomination de l'administrateur provisoire.

196. Par contre, en cas d'absence de dessaisissement des dirigeants sociaux, il ne s'agira pas d'un administrateur provisoire mais d'un « mandataire *ad hoc*» [653]. C'est le cas lorsque, le mandataire judiciaire est chargé d'assister les organes sociaux lesquels conservent leurs pouvoirs. Le mandataire *ad hoc* se rattache alors à la notion commune de mandat considérée comme un ordre ou d'une mission. Même une ancienne décision de la Cour de cassation avait confirmé que la désignation de l'administrateur provisoire entraîne *ipso facto* le dessaisissement des dirigeants sociaux auxquels l'administrateur provisoire se substitue dans l'exercice des prérogatives légales[654], pendant le temps que se dénoue la crise. Selon la jurisprudence française, sa mission peut se limiter à un contrôle de la gestion ou à l'accomplissement d'une mesure d'information[655].

Le législateur OHADA reconnaît que l'administrateur peut disposer de tous les pouvoirs d'administration au sein de la société[656], sans toutefois que la mesure ne puisse équivaloir à une révocation des dirigeants en place, lesquels conservent leur qualité, puisque, dans ce cas, ils sont tout juste « provisoirement » dessaisis[657].

197. La dépossession des prérogatives que les dirigeants subissent ainsi est non seulement partielle, puisque circonscrite à un domaine précis de compétences, mais également ponctuelle, dans la mesure où la mission du mandataire désigné se limite à l'accomplissement de l'acte d'information à la place des dirigeants[658]. En effet, la loi exige que le demandeur de cette désignation ait un lien de droit avec la société en question. C'est l'article 160-2 de l'AUSCGIE qui énumère les personnes qualifiées pour saisir le juge aux fins de désigner l'administrateur provisoire. Aux termes de cet article, « la juridiction compétente est saisie à la requête soit des organes de gestion, de direction ou d'administration, soit d'un ou plusieurs associés… ». Sans les conditions de détention d'une quotepart minimum du capital social, ce qui signifie que pour la désignation d'un administrateur provisoire, aux fin d'assurer momentanément la gestion des affaires sociales, le juge peut être saisi par tout associé même minoritaire.

---

[653] Le mandataire *ad hoc* reçoit mission d'accomplir certains actes ou de déployer une certaine activité dans le but fixé par le juge.

[654] Cass.com., 6 mai 1986, n° 8414.43 affaire Boblet c. Deprez, Bull.civ.IV,n°77, 1986, p.67-68.

[655] Cass. 2ème civ. 27 mai 1974, n° 73-13.275, Gaz. Pal., II, jur., p.790.

[656] Art.160-6 de l'AUSCGIE.

[657] A. CONSTANTIN, Droit des sociétés. Droit commun et droit spécial des sociétés, 3ème éd., cité L.-D. MUKA TSHIBENDE, op.cit., p.576.

[658] L.-D. MUKA TSHIBENDE, ibid.

198. Dans la réalité, c'est souvent à la suite d'une mésentente entre minoritaires et majoritaires pouvant entraîner le blocage du bon fonctionnement de la société que la désignation d'un administrateur provisoire est sollicitée[659]. L'action est très largement ouverte car toute personne ayant un intérêt suffisant peut l'exercer. Mais en pratique, ce sont surtout les minoritaires qui usent de cette faculté[660]. Autrement dit, les associés minoritaires sont les demandeurs naturels[661] de cette désignation. Elle répond au souci premier de garantir une information fiable et nécessaire aux actionnaires minoritaires. Elle désigne « une action par laquelle la minorité révèle son aptitude à intervenir en qualité d'organe social subsidiaire de contrôle»[662]. Ainsi, la désignation par un juge d'un administrateur provisoire qui se substitue momentanément aux organes de direction à la demande d'un associé minoritaire est la mesure la plus radicale qui soit. Il s'agit d'une mesure significative prévue par le législateur et visant à renforcer les pouvoirs dont disposent les associés minoritaires pour protéger la société dans laquelle ils ont investi.

199. La jurisprudence comporte au moins une trace de l'utilisation de cette possibilité à l'échelle du groupe. En effet, il a été donné droit à la demande d'un minoritaire qui, sur fond de crise sociale, sollicitait non seulement le remplacement par un administrateur provisoire du président d'une société poursuivi pénalement, mais également que l'administrateur provisoire voit ses attributions étendues à l'ensemble du groupe, dans la mesure où le dirigeant poursuivi en était le principal animateur[663]. En raison, encore une fois, du principe d'autonomie juridique des sociétés du groupe, il est donc difficilement concevable que les minoritaires d'une filiale obtiennent le dessaisissement des dirigeants de la société-mère. Les minoritaires d'une société mère souhaitant obtenir l'administration provisoire d'une filiale se heurteraient à la même difficulté, à la différence près que la société à laquelle ils appartiennent aurait sûrement le pouvoir de faire procéder au remplacement de ce dirigeant, en raison de sa prépondérance dans les décisions collectives de la filiale[664].

---

[659] M. DIOUF, op.cit., p.252.

[660] M.-D. POISSON, op.cit., p.303.

[661] M. COZIAN, A. VIANDIER et F. DEBOISSY, op.cit., p.242.

[662] D. SCHMIDT, Les droits de la minorité dans la société anonyme, Sirey, 1970, n° 283, cité par D. VIDAL, Manuel droit des sociétés, 5ème éd., L.G.D.J., Paris, 2006, n° 749, p. 376, cité par P. Chr. EWANE MOTTO, op.cit., p.80.

[663] Cass.com., 5 févr. 1985, n° 82-15.119 : JurisData n° 1985-700250 ; Bull. civ. IV, n° 44 ; JCP E 1985, II, 14534 ; JCP G 1985, 20492, note A. Viandier.

[664] J.-Chr. PAGNUCCO, « Les pouvoirs des minoritaires dans les groupes de sociétés », op.cit., p.3.

La Cour de cassation française a eu l'occasion de préciser que l'intérêt de l'adhérent ou de l'associé à demander la nomination d'un administrateur provisoire « doit être apprécié au jour de l'introduction de la demande et ne peut dépendre de circonstances postérieures qui le rendraient sans objet »[665]. Seulement, les affaires s'accommodant mal de la publicité, le recours à cette protection doit être exceptionnel, les dirigeants devant s'arranger à ce que la gestion soit transparente par le biais d'une information complète et continue des actionnaires en tant que de besoin[666].

200. Toutefois, l'administrateur provisoire n'est pas un arbitre chargé de trancher le moindre conflit opposant les associés minoritaires et les majoritaires. Cette dernière proposition doit cependant être nuancée ; car, il arrive que les minoritaires sollicitent la désignation d'un administrateur provisoire alors que les organes en place ne sont en rien paralysés. Même avant la révision de l'Acte uniforme, au moment où un conflit entre acteurs sociaux persistait et était de nature à paralyser le fonctionnement de la société, le juge avait nommé un administrateur provisoire, à l'issue de l'examen préalable au fond des problèmes de la société[667]. La nomination d'un administrateur n'a pas pour but de protéger les intérêts des associés mais bien ceux de la société, dès lors qu'il s'agit d'une solution à l'incapacité des organes sociaux.

201. Par ailleurs, s'agissant de cette incapacité, l'un des apports notables de l'AUSCGIE porte sur les modifications des conditions de révocation de certains dirigeants sociaux[668]. Dans ce cadre, l'Acte uniforme a rajouté une nouvelle disposition concernant les conditions de révocation du gérant d'une société à responsabilité limitée. L'article 338-1 de l'AUSCGIE dispose que « l'assemblée ne peut délibérer sur une question qui n'est pas inscrite à l'ordre du jour. Néanmoins, elle peut, même si cette question n'est pas inscrite à l'ordre du jour, révoquer le gérant et procéder à son remplacement»[669].

---

[665] Cass. 2e civ., 9 nov. 2006 : Juris-Data n° 2006-035767.

[666] P. Chr. EWANE MOTTO, op.cit., p.180.

[667] Cotonou, n° 178, 30 sept. 1999, aff. DAMA KARAMATOU IBUKUNLE c/ Société CODA BENIN et quatre autres.

[668] M. A. NGWE et S.-P. KAKOU, « Le dirigeant social dans l'Acte uniforme révisé », *Penant*, 2014, n°887, p.184.

[669] Ainsi, dans les sociétés de personnes et la SARL, sauf clause contraire des statuts, la révocation est décidée par les associés réunis en assemblée générale et peut intervenir à tout moment. L'Acte uniforme consacre ce principe de libre révocation des dirigeants sociaux, tout en la tempérant par le contrôle éventuel par le juge du motif fondant une telle décision. En effet, il prévoit que « si la révocation est décidée sans justes motifs, elle peut donner lieu à dommages et intérêts » (Cf. AUSCGIE dans son article 281 pour la révocation du gérant de la SNC et 326 pour la révocation du gérant de la SARL).

202. Cette nouvelle disposition vient confirmer une ancienne jurisprudence du tribunal régional hors classe de Dakar[670] qui a décidé qu'il n'est pas utile de fixer dans l'ordre du jour le point sur la révocation du gérant. Ce tempérament au principe de fixité de l'ordre du jour se comprend aisément. Les organes de gestion étant seuls compétents pour définir l'objet de la future réunion, on les imagine mal prévoir leur propre éviction[671].

Toutefois, si l'absence d'inscription de la révocation n'est pas en soi fautive[672], les actionnaires ne doivent pas avoir prémédité l'éviction[673]. Ce principe de fixité n'est pas absolu, car il connaît plusieurs tempéraments. Dès lors, si une question abordée en assemblée générale n'est pas inscrite à l'ordre du jour mais qu'elle est susceptible d'être rattachée à un point de ce dernier, les associés peuvent valablement délibérer[674].

Néanmoins, selon la jurisprudence, il convient d'annuler la délibération de l'assemblée générale extraordinaire de SAS ayant adopté la résolution relative à la modification de la répartition des droits de vote des associés, dès lors que l'ordre du jour ne comportait aucune question ni aucun projet de résolution relatif à cette résolution qui a été rajoutée en cours d'assemblée[675]. Autrement dit, l'assemblée peut amender telle ou telle résolution, sous réserve de rester dans les limites de l'ordre du jour. Mais dans ces conditions, le porteur de pouvoirs en blanc doit voter contre les résolutions modifiées ou rectifiées qui n'ont pas été agréées par le conseil d'administration.

Outre cela, dans l'Acte uniforme révisé, à côté du droit au contrôle de la gestion sociale, l'associé minoritaire a vu renforcer son droit de participer aux assemblées générales.

---

670 Tribunal hors classe de Dakar, jugement n° 327 du 19 février 2003, OHADATA J-03-180.

671 R. KADDOUCH, *Le droit de vote de l'associé*, Thèse, Aix Marseille, 2001, p.263.

672 CA Aix en Provence 25 mars 1993, JCP éd. E. 1994 I n° 331, obs. A. VIANDIER et J.-J. CAUSSAIN.

673 cass.com 19 déc. 1983, Rev. Sociétés 1985 p. 105, note D. SCHMIDT.

674 Cass.com 25 avr. 1989, Bull. Joly 1989 p. 531, note JEANTIN, dans une SARL ; comp. CA Paris 31 mars 1981, Gaz. Pal. 1981, 1, p. 513, note APS.

675 CA Limoges, ch. civ., 28 mars 2012, n°10/00576, SAS Groupe R.

Second titre : Une participation de l'associé minoritaire au pouvoir de décision

203. Face au principe de la plénitude des pouvoirs des dirigeants[676], les associés ne sont pas sans armes. La loi leur a reconnu des pouvoirs adéquats aux risques qu'ils encourent et au fondement selon lequel, ils sont les propriétaires de la société et les dirigeants leur sont redevables de comptes dans l'exercice de leurs fonctions[677]. L'assemblée générale des associés est l'organe supérieur de la société, en ce sens qu'elle prend les décisions dépassant la gestion quotidienne, désigne les autres organes sociaux, met fin à leurs fonctions[678]. Elle est le rassemblement de l'ensemble des associés d'une société afin de prendre des décisions. « Dans la mesure où l'assemblée générale est le lieu où s'exprime la volonté des actionnaires, il ne fait guère de doute que les règles qui s'y rattachent ont, du point de vue du bon gouvernement d'entreprise, une importance primordiale »[679]. La reconnaissance d'un pouvoir de décision à l'assemblée générale n'a de signification réelle qu'à condition, pour ce pouvoir d'être exercé au nom de tous les membres. Il est dès lors normal d'accorder à tout actionnaire, qu'il soit majoritaire ou minoritaire, la faculté de participer à cette assemblée[680]. Elle est l'instance suprême d'expression des associés dans la société.

204. Seulement, il convient de différencier l'assemblée générale ordinaire de l'assemblée générale extraordinaire. La première se réunit au cours de la vie de la société dans un but de se prononcer essentiellement sur les comptes sociaux et l'organisation interne de la société, et autorise les actes de gestion ne pouvant être accomplis sur la seule décision des dirigeants, alors que la compétence essentielle de la seconde consiste à la modification des statuts[681]. A cet effet, l'article 125 de l'AUSCGIE pose le

---

[676] Cf. Art. 121 à 123 de l'AUDCGIE.
[677] J. ISSA-SAYEGH, « L'OHADA et le gouvernement des entreprises », 27 septembre 2007, http://www.ajbef.info/index.php/communications/82-l-ohada-et-le-gouvernement-des-entreprises. Consulté le 11/06/2016.
[678] Y. GUYON, *Droit commercial général et sociétés*, op.cit., n°289.
[679] S. BETTSCHART, « L'assemblée générale et les actionnaires, *La révision du droit de la société anonyme* », Cedidac, 2008, p.66.
[680] M.-D. POISSON, op.cit., p.123.
[681] Art. 551 de l'AUSCGIE, pour la société anonyme, et 357de l'AUSCGIE, pour la SARL et 305 pour la SCS ; ces articles admettent la modification des statuts de la société. Cependant la Cour de cassation a fermement condamné la modification statutaire tacite, résultant du fonctionnement habituel de la société : cass civ 1ère 21 mars 2000, JCP éd. E. 2000 p. 950, note H. HOVASSE ; JCP éd. N. 2000 p. 1204, note B. JADAUD ; Bull. Joly 2000 p. 659, note P. LE CANNU ; D. 2000, cahier droit des affaires, p. 191, obs. A. LIENHARD ; Rev. Sociétés

principe général pour toutes les formes de société commerciale, du droit pour tout associé de participer aux votes des décisions collectives. A partir de ce texte, le droit OHADA renforce le droit d'expression de tout associé. Egalement, la jurisprudence a érigé cette disposition en une prérogative d'ordre public qui ne peut être supprimée par les statuts[682].

205. Cette disposition renforce les droits des associés, en particulier les minoritaires dont l'accès aux assemblées pouvait autrefois être limité. Les statuts de la société pouvaient en effet conditionner la participation de l'associé à la détention d'un nombre minimal d'actions. Or c'est à l'assemblée que les dirigeants viennent rendre compte de leur gestion, et des questions qui peuvent leur être posées, permettant de préciser certains renseignements[683]. C'est-à-dire que la présence des minoritaires à l'assemblée se justifie également comme un moyen d'acquérir des renseignements en supplément de ceux qui leur sont légalement fournis. Dans ces conditions, il est souvent préférable pour les minoritaires que la difficulté dont ils se plaignent soit soumise à l'assemblée, car ils peuvent ainsi obtenir des informations utiles[684]. Malgré leur participation réduite au capital social, les minoritaires peuvent, dans ces circonstances, espérer peser d'un certain poids[685]. C'est pourquoi pour renforcer la participation de l'associé minoritaire au pouvoir de décision, le législateur a pris certaines mesures essentielles. Il y a d'une part, un assouplissement des conditions de participation aux assemblées générales (**Chapitre 1**) et d'autre part, un renforcement du droit de vote des minoritaires (**Chapitre 2**).

2000 p. 509, note Y. GUYON ; Defrénois 2000 p. 849, note B. SAINTOURENS ; RJDA 2000 n° 548.

[682] Cass.com. 9 février 1999: Bull. joly 1999, p.566.

[683] K. BELGHITH, op.cit., p.62.

[684] M.-D. POISSON, op.cit., p.120.

[685] M.-D. POISSON, ibid.

Chapitre 1 : Un assouplissement des conditions de participation aux assemblées générales

206. Diverses dispositions tendent à favoriser l'accès des associés aux assemblées générales par la levée de certains obstacles juridiques ou physiques. Cette orientation participe d'une volonté de restauration du rôle des assemblées par une meilleure association des associés minoritaires aux décisions collectives[686], car les pouvoirs dévolus à l'assemblée générale des associés n'ont de valeur que dans la mesure où tous les associés même minoritaires sont mis en position d'exercer effectivement leurs droits de participation. Cela parce que le droit de participer aux assemblées est un droit fondamental pour l'actionnaire. Il ne saurait en être privé sans être éjecté de la société[687]. Le refus d'accepter la présence d'un actionnaire est, par conséquent, une irrégularité grave quant à la composition de ladite assemblée[688]. La question de savoir si cette irrégularité entraine la nullité de l'assemblée a cependant fait l'objet de discussions. Antérieurement à la loi française de 1966, la Cour de cassation s'était prononcée en faveur de la nullité, du seul fait de l'exclusion d'un actionnaire, quel que soit le nombre de ses titres[689]. Actuellement le débat est ouvert. Pour certains, il ne fait aucun doute que la solution antérieure demeure applicable[690], car l'associé a un droit acquis de ne pas être exclu de la société[691] alors que pour d'autres, cette irrégularité ne suffit pas[692].

207. En effet, le droit de participation de l'actionnaire à l'assemblée générale extraordinaire ne peut être limité. Toute clause contraire sera réputée nulle[693]. De même pour les assemblées ordinaires, car l'Acte uniforme précise que les titres sociaux confèrent à leur titulaire le droit de participer aux votes des décisions collectives des associés, à moins que le présent Acte uniforme en dispose autrement pour certaines catégories de titres sociaux[694]. Ainsi, le principe de la participation aux assemblées générales est fondé sur la qualité d'associé[695] et non sur sa part de

---

[686] L. GODON, « La protection des actionnaires minoritaires dans la loi relatives aux nouvelles régulations économiques », op.cit., p.735.

[687] P.-G. POUGOUE, F. ANOUKAHA, J. NGOUEBOU, *Droit des sociétés commerciales et du groupement d'intérêt économique OHADA*, coll. droit uniforme, Yaoundé, PUA, 1998, p.102.

[688] M.-D. POISSON, op.cit., p.124.

[689] Cass. Com. 31 oct. 1956, JCP 1957-11-9889

[690] Nocquet, cité par M.-D. POISSON, op.cit., p.124.

[691] THALLER, note sous Cass.civ., 30 mai 1892, D. 1893, I, p.105.

[692] J. HEMRD, F. TERRE et P. MABILAT, op.cit., p.145, n°162.

[693] P.-G. POUGOUE, (dir), *Sociétés commerciales et GIE*, op.cit., p.555.

[694] Art. 53 de l'AUSCGIE.

[695] R. KADDOUCH, op.cit., p.248.

participation dans le capital social. C'est pourquoi la qualité d'actionnaire ayant été reconnue à l'intimée, le défaut de convocation de cette dernière aux assemblées générales ordinaires et extraordinaires vicie les décisions prises lors desdites assemblées. Sur le fondement des articles 125, 519, 552 et 892 de l'AUSCGIE, c'est donc à bon droit que le juge a annulé les délibérations de ces assemblées générales ainsi que les actes et décisions subséquentes[696]. Cette décision confirme que tout associé a le droit de participer aux assemblées générales. Cette participation lui permet d'exercer ses prérogatives de contrôle et de gestion[697].

208. Pour renforcer les prérogatives des associés le législateur a donc procédé à l'amélioration de leurs droits d'expression en assemblée en y allégeant les conditions d'accès et de participation. Il s'est également appliqué à atténuer les conditions d'exercice spécifique du droit d'intervention[698] des associés. L'assouplissement des conditions de participation à l'assemblée générale est tout à fait normal et il est concrétisé par la stimulation de la présence des minoritaires aux assemblées générales (**Section 1**), et la participation des associés minoritaires aux assemblées à distance (**Section 2**).

Section 1 : La stimulation de la présence des minoritaires aux assemblées générales

209. Pour la plupart des réunions d'assemblée générale des associés, la loi prévoit des conditions minimum pour que les associés présents puissent valablement délibérer. C'est dans ce cadre que les assemblées générales de société doivent respecter un certain quorum sur le nombre d'associés présents. Mais à ce niveau, les règles applicables au nombre minimal de participants à l'assemblée générale varient en fonction de la nature de cette dernière et du type de société. Pour cette raison, la stimulation de la présence des associés aux assemblées générales est nécessaire, et en particulier les minoritaires. En droit OHADA, la présence des associés minoritaires est stimulée par l'allégement des formalités de

---

696 Cour d'appel de Ouagadougou, chambre commerciale (Burkina Faso), arrêt n°030 du 15 mai 2009, société Atlantique Téecom c/Société Planor Afrique et société Télecel Faso Ohadata J-10-213, cité par J. ISSA-SAYEGH, *Répertoire quinquennal OHADA,* UNIDA, 2010, p.741.
697 Art. 125 de l'AUSCGIE.
698 A. DUCROS, « Renforcement des pouvoirs des actionnaires », *Journal des sociétés*, n°63, Mars 2009, p.45.

convocation des associés (**§1**) et l'attribution aux minoritaires de pouvoirs de convocation de l'assemblée (**§2**).

§1 : L'allégement des formalités d'accès des minoritaires aux assemblées

210. La loi autorise des statuts d'une société à prévoir une forme particulière pour l'exercice d'un droit. Cette liberté ne permet cependant qu'un allégement de la forme des formalités à la charge des associés. Avec la réforme de l'Acte uniforme, différentes mesures ont été prises en vue d'alléger le système de convocation des associés et rendre possible une plus grande participation des associés minoritaires au pouvoir de décision sociale. A cet effet, en plus de la suppression de toute barrière statutaire d'accès aux assemblées générales, le législateur adoucit les formalités d'accès des minoritaires aux assemblées par la consécration de la convocation des associés par courrier électronique (**A**). Mais ce nouveau moyen de convocation passe par l'accord préalable des associés (**B**).

A : La convocation des associés par courrier électronique

211. Le courrier électronique est « tout message, sous forme de texte, de voix, de son ou d'image, envoyé au moyen d'un réseau public de communication, stocké sur tout serveur ou dans l'équipement terminal du destinataire, jusqu'à ce que ce dernier en prenne connaissance »[699]. Le courrier électronique présente une supériorité incontestable par rapport aux autres modes de la communication préexistants[700].

Dans le but à la fois d'adapter les règles relatives à la convocation des associés au développement des nouvelles technologies de l'information et de la communication, et également de simplifier les opérations d'envoi des convocations, le législateur OHADA a apporté une touche de modernité au régime de la convocation. Alors que l'assemblée générale était convoquée notamment par lettre au porteur contre récépissé et lettre recommandée avec accusé de réception, désormais, pour les sociétés à responsabilité limitée, les associés peuvent être convoqués par courrier électronique[701]. Ce qui signifie que tout associé peut être informé de la tenue prochaine d'une réunion de l'assemblée par courrier électronique.

---

[699] Art.2 al.2 de la loi n° 2008-08 du 25 janvier 2008 sur les transactions électroniques au Sénégal.

[700] L. RAPP, *Courrier électronique : E-mail,* Que sais-je? PUF, Paris, 1998, p.15.

[701] Art. 338 de l'AUSCGIE : «les associés sont convoqués quinze jours au moins avant la réunion de l'assemblée par lettre au porteur contre récépissé ou par lettre recommandée avec demande d'avis de réception, télécopie ou courrier électronique…».

Cette faculté sera surtout appréciée des associés étrangers qui se plaignaient de la brièveté du délai légal de quinze jours, car ils recevaient parfois la convocation trop tard pour pouvoir exercer tous leurs droits[702]. Ce mécanisme ne permet pas seulement d'envoyer les messages d'invitation, il rend également possible la communication aux associés des documents accompagnant les invitations. Autrement dit que la documentation peut également être transmise par cette voie. BANDRAC et DOM, justifient la raison d'être de cette convocation électronique par le fait que pour la société comportant un nombre important d'associés, cela peut participer à réaliser d'importantes économies sur les frais de secrétariat et d'envois postaux[703]. Ainsi, cette innovation est doublement bienvenue. D'une part, elle permet la transmission à moindre frais de documents souvent volumineux. D'autre part, elle accélère cette communication, donnant ainsi aux actionnaires non-résidents un temps suffisant pour étudier ces informations avant la tenue de l'assemblée[704].

En effet, si la société le propose, et si l'associé l'accepte, l'envoi par la poste au domicile de l'associé des divers documents peut être remplacé par une transmission électronique. Les données communiquées, qu'il s'agisse de messages ou de documents, sont, dès leur arrivée, stockées et après leur lecture automatiquement archivées en fonctions de critères simples, notamment la date du message[705].

212. Seulement, dans les SA, il y a un principe posé. C'est celui de l'insertion de l'avis de convocation dans un journal d'annonces légales. Mais si toutes les actions sont nominatives, la convocation peut se faire par voie électronique[706]. Si ces dispositions concernent les associés inscrits au nominatif et non les associés au porteur c'est simplement parce que, par définition, la société ne connaît ni le nom ni l'adresse de ceux-ci. Ce mode de convocation est aujourd'hui très largement apprécié en général pour sa simplicité[707], sa rapidité[708], son faible coût et en particulier pour son asynchronisme[709].

---

[702] Y. GUYON, « Les dispositions du décret du 3 mai 2002 relatives aux assemblées générales d'actionnaires », op.cit., p.424.

[703] M. BANDRAC et J.-P. DOM, « Loi NRE et autres réformes, Réflexions et solutions pratiques en droit des sociétés », éd., *JOLY*. 2002, p.271.

[704] Y. GUYON, ibid.

[705] L. RAPP, op.cit., p.15.

[706] Art.518 de l'AUSCGIE.

[707] Il ne nécessite aucune compétence particulière dans le domaine informatique ou des télécommunications, les principales fonctions étant identifiées au moyen d'icônes suggestives sur une barre d'outils immédiatement accessibles (L. RAPP, op.cit., p.13).

[708] Il permet ainsi une communication quasi instantanée.

[709] Il ne nécessite pas la présence immédiate des deux correspondants aux deux bouts du réseau.

213. Cet avantage spécial permet notamment de vaincre l'éloignement des distances. En plus, le courrier électronique permet la communication de groupe. Ainsi le courrier électronique présente, à l'état actuel de sa technique, de nombreux avantages qui expliquent son succès. C'est pourquoi au fur et à mesure de l'usage du courrier électronique, on découvre enfin qu'il transforme les relations de travail au sein des entreprises ou des administrations, en démultipliant les niveaux de communications. Loin d'être un outil complémentaire ou accessoire, il modifie profondément l'organisation du travail, en établissant le principe d'une accessibilité de tout un chacun[710]. Cette réforme est alors un encouragement de plus à l'intention des sociétés. Selon un auteur, elle incite les sociétés à recourir à la voie électronique, en premier lieu celles ayant besoin d'être rassurées par des dispositions sans équivoque[711]. Avant ladite réforme, en date du 11 Avril 2013, le tribunal d'Abidjan avait annulé une assemblée générale convoquée par courrier électronique[712].

214. Par ailleurs, la convocation par courrier électronique s'inscrit dans la réflexion relative au vote des associés non-résidents. Ces derniers se plaignaient en effet de délais trop courts ne leur permettant pas, après la réception tardive de la lettre de convocation, d'exercer leurs droits[713]. Malgré cela, tel qu'il vient d'être présenté, le courrier électronique pose aujourd'hui le problème de sa qualification juridique en droit OHADA. Pour la simple raison que dans certains Etats parties au traité OHADA, il est difficile pour le moment de trouver des textes ou des dispositions spécifiques qui en définissent le régime juridique, sauf dans quelques pays[714] où il y a une loi

---

[710] L. RAPP, op.cit., p.16.

[711] J.-B. LHUILLIER, *Le cyber-actionnaire : adaptation du droit des sociétés à l'évolution des technologies d'information et de communication*, Thèse, Paris Ouest Nanterre, 2015, p.165.

[712] Tribunal de commerce d'Abidjan, Jugement RG N° 151/13 du le 11 Avril 2013, M. SOUDAN Fayez c/ M. EL TAOUIL Mohamed et autres.
En l'espèce, il est constant que Monsieur SOUDAN FAYEZ a été convoqué à l'assemblée générale mixte du 20 septembre 2012 par courrier électronique. Les défendeurs estiment que ce mode de convocation n'est pas contraire à l'article 338 (ancien) de l'Acte uniforme susmentionné. Le tribunal constate cependant à la lecture dudit article que ce mode de convocation n'y est pas prévu, les seuls indiqués étant la lettre au porteur contre récépissé et la lettre recommandée avec demande d'avis de réception. Le tribunal constate également que tel que libellé, cet article n'offre pas la possibilité d'utiliser un autre mode de convocation car alors ledit article aurait contenu une formule du genre « ou tout autre mode laissant trace écrite ou comportant la preuve de la remise au destinataire » ; ce qui n'existe pas en l'espèce. Il en résulte que la convocation du demandeur à l'assemblée générale mixte du 20 septembre 2012 est irrégulière. Par ce motif, le tribunal annule l'assemblée générale mixte du 20 septembre 2012 et les résolutions qui y ont été prises.

[713] Y. GUYON, « Les dispositions du décret du 3 mai 2002 relatives aux assemblées générales d'actionnaires », *Rev. sociétés*, 2002, p.421.

[714] Il s'agit du : Bénin, Burkina Faso, Cameroun, Côte d'ivoire, Sénégal, etc.

sur les transactions électroniques. Toutefois, la convocation des associés par ledit courrier exige l'accord préalable de ces derniers.

B : L'exigence de l'accord préalable des associés

215. L'Acte uniforme précise que les convocations par télécopie et courrier électronique ne sont valables que si l'associé a préalablement donné son accord écrit et communiqué son numéro de télécopie ou son adresse électrique selon le cas[715]. Ce qui signifie que le recours à ce procédé est subordonné à un choix exprès sous forme d'accord préalable écrit donné par l'associé intéressé. Cette exigence vise à assurer le respect des droits des associés en général, et, en particulier, de ceux qui n'ont pas l'expérience des nouvelles technologies ou le désir de les utiliser. Notons d'abord que lorsque le langage juridique exige qu'un accord soit requis sous une forme particulière, c'est en principe tant la demande que la réponse, l'accord en question, qui doivent respecter cette forme[716]. Ce qui signifie que l'écrit est exigé aussi bien de la société que de l'associé.

En pratique, pour protéger l'associé, seul l'accord de ce dernier emporte des effets juridiques. Cela pour la simple raison que l'accord de l'associé donné par écrit ne saurait en aucun cas être annulé sur le fondement que la demande a été formulée par oral dès lors que les sociétés sont en mesure d'informer ses associés par téléphone. L'accord protège l'actionnaire car quoi que l'on en dise, la voie électronique n'est pas la plus opportune pour tout le monde, particulièrement pour les personnes âgées non habituées et préférant une correspondance papier. L'écrit papier reste au demeurant plus facilement opposable en justice. En donnant son accord, l'actionnaire s'engage à accepter sa convocation sous une autre forme. L'écrit est bien, quant à lui, une sécurité offerte à la société[717]. Ce document permettra de prouver que la convocation a été envoyée par la société de manière régulière. Par précaution et pour éviter un conflit entre la société et l'associé intéressé quant à la question d'affirmation de l'accord, le législateur français exige que l'acceptation de l'actionnaire soit donnée par voie postale ou électronique[718]. De plus, la non réponse de l'associé ne vaut pas accord à utiliser la convocation électronique, et si l'associé intéressé ne donne pas son accord au plus tard trente-cinq jours avant la date de la prochaine assemblée générale, la société doit utiliser la convocation simple par lettre pour informer l'associé[719].

---

[715] Articles 286 al. 1, 303 al. 2, 338 al. 1, 518 al. 3 de l'AUSC.
[716] J.-B. LHUILLIER, op.cit., p.166.
[717] J.-B. LHUILLIER, ibid.
[718] Art. R. 225-63 al. 1 du C. com.
[719] Art. R. 225-63 al. 2 du C. com.

216. Néanmoins, le législateur OHADA n'a pas précisé la nature de l'écrit qui peut être sur papier ou électronique. Dans ce cadre, en attendant la précision du législateur ou de la jurisprudence, il convient de considérer qu'un accord écrit sous forme papier est nécessaire. En droit français, le décret du 9 novembre 2011 permet explicitement à l'actionnaire de donner son accord par voie postale ou électronique. La notion « par écrit » inscrite en 2002 (anc. art. 120-1 C. com.) disparaît de l'article R. 225-63 C. com. La portée d'une telle modification est plus importante qu'elle n'y paraît. Elle libère l'accord de toute contrainte de forme[720].

217. Par ailleurs, le législateur OHADA a précisé que si l'envoi d'invitations par la voie électronique ne répond plus aux attentes des associés, ces derniers peuvent à tout moment demander expressément à la société par lettre recommandée avec demande d'avis de réception que le moyen de télécommunication susmentionné soit remplacé à l'avenir par un envoi postal[721]. Ce qui signifie que l'associé pouvant toujours se rétracter et exiger à nouveau un envoie par la procédure habituelle. « Là encore la disposition est raisonnable car la veuve de Carpentras n'est peut-être pas familière de l'internet »[722].

Cette innovation s'avère donc suffisamment protectrice des associés minoritaires, dans la mesure où elle laisse l'option à la seule convenance de l'associé. Cette mesure vise à protéger les associes du risque d'être surpris par l'application d'une règle inconnue d'eux et qui peut être contraire à leurs intérêts. Ce régime de la convocation électronique des associés repose donc sur un accord entre la société et ces associés. Par conséquent, en l'absence d'accord du ou des associés concernés, la société doit recourir à un envoi par moyen habituel. Pour protéger les droits des associés et en particuliers les minoritaires, il est prévu que ces derniers acceptent expressément et par écrit d'être informés par courrier électronique.

218. Les choix opérés dans la formulation du texte transcrivent une politique incitative. Il s'agit de convaincre les sociétés d'adopter l'envoi électronique dans le respect de la volonté des actionnaires[723]. L'intention du législateur OHADA est de stimuler, à l'instar des réformes récentes dans les pays développés, l'utilisation des moyens de communication électronique rapides et moins chers dans les contacts entre la société commerciale et ses associés. Certains auteurs soutiennent que l'on puisse admettre en

---

[720] J.-B. LHUILLIER, op.cit., p.168.
[721] Art. 338 de l'AUSCGIE.
[722] Y. GUYON, « Les dispositions du décret du 3 mai 2002 relatives aux assemblées générales d'actionnaires », op.cit., p.423.
[723] J.-B. LHUILLIER, op.cit., p.164.

fonction de la nature de la société, que les convocations des associés se fassent verbalement, dès lors qu'il est certain qu'ils seront tous présents ou représentés[724].

219. Dans les SAS, les règles relatives aux convocations des assemblées sont fixées par les statuts, les dispositions de la SA sur la question ne s'imposent pas à la SAS[725]. Mais rien n'empêche les statuts de la SAS de prévoir que la convocation des assemblées se fera par des lettres, télécopies ou courriers électroniques[726]. La répartition de la charge de la preuve de la convocation n'est pas évidente. Il est impossible pour l'associé de prouver qu'il n'a pas été convoqué à l'assemblée. Parallèlement, il n'est pas simple pour la société de prouver qu'elle a bien procédé à l'envoi de la convocation[727]. Sauf si la convocation a été faite par lettre recommandée avec accusé de réception. Confrontée à cette question, récemment, la chambre commerciale de la Cour de cassation française a décidé, au visa de l'article 1315 (al.2 *a priori*) du Code civil, qu'il appartient à celui qui se prétend libéré d'une obligation d'en rapporter la preuve[728]. Dès lors, il est nécessaire que les sociétés commerciales sur lesquelles repose la charge de la preuve de la convocation des associés soient en mesure de prouver que les procédures de convocation ont été respectées.

220. De même, l'accord de l'associé relatif à la convocation électronique s'ajoute aux informations que la société doit être en mesure de prouver. Enfin, en plus d'être convoqué à l'assemblée générale, les associés minoritaires ont également le pouvoir de convoquer ladite assemblée.

§ 2 : L'attribution aux minoritaires de pouvoirs de convocation de l'assemblée

221. Dans toute société, la convocation des assemblées relève de la compétence des dirigeants sociaux, mais cette initiative n'est pas totalement laissée aux dirigeants comme seules personnes chargées de la convocation, parce qu'il peut arriver que ces derniers, pour des raisons diverses, n'y parviennent pas. Les dirigeants sociaux ne disposent de ce pouvoir qu'en tant

---

[724] D. GIBIRILA, « Nom collectif (Société en) », *Rep. Sociétés*, 2003, mise à jour 2010, n°216, cité par M. W. TSOPBEING, op.cit., p.240.

[725] Article 853-3 de l'AUSC qui exclut l'application de l'article 518 du même Acte uniforme à la SAS.

[726] M. W. TSOPBEING, op.cit., p.240.

[727] J.-B. LHUILLIER, op.cit., p.165.

[728] Cass.com., 10.11.2009, n° 05-15.809, F-D, Combret c/ Compagnie méditerranéenne cinématographique (COMECI), note M.-L. COQUELET, « Qui de l'associé ou de la société a charge de prouver l'absence de convocation à une assemblée générale ? », *Dr. sociétés*, mars 2010, n° 3, comm. 40.

qu'organe social et non personnellement[729]. Cela parce que la loi accorde également cette initiative de convocation à d'autres organes.

222. Selon le législateur, si l'assemblée des associés n'a pas été réunie dans le délai de six mois de la clôture de l'exercice, ...tout associé peut saisir la juridiction compétente statuant à bref délai afin d'enjoindre, le cas échéant sous astreinte, aux gérants de convoquer cette assemblée ou de désigner un mandataire *ad hoc* pour y procéder[730]. La faculté de convoquer l'assemblée n'est conférée à un autre organe qu'à titre subsidiaire, en cas de défaillance des dirigeants sociaux et à des conditions bien précises. Ce qui signifie qu'en cas de carence des dirigeants sociaux en tant qu'organe social ou en cas d'urgence, des organes de substitution sont autorisées à convoquer l'assemblée générale. C'est dans pareille situation que des associés ou actionnaires peuvent demander en justice, la convocation de l'assemblée par le gérant sous astreinte (**A**). En plus, ils ont également le pouvoir de demander la convocation de l'assemblée par un mandataire (**B**).

A : La convocation de l'assemblée par le gérant sous astreinte

223. L'astreinte est une mesure qui tend à combattre la résistance d'un justiciable qui n'entend pas se conformer à l'exécution d'une décision de justice[731]. C'est une condamnation à payer une somme d'argent par jour, semaine ou mois de retard. Elle vise ainsi à contraindre le justiciable à exécuter la décision judiciaire. C'est dans ce cadre que le législateur vient de renforcer les pouvoirs des associés en disposant que : « Si l'assemblée des associés n'a pas été réunie dans ce délai, ...tout associé peut saisir la juridiction compétente statuant à bref délai afin d'enjoindre, le cas échéant sous astreinte, aux gérants de convoquer cette assemblée...»[732]. Dès lors, si le dirigeant social néglige de convoquer l'assemblée, tout associé peut saisir la justice afin de contraindre ce dernier à convoquer l'assemblée[733].

---

[729] M.-D. POISSON, op.cit., p.130.
[730] Cf. al.2 de l'article 348 de l'AUSCGIE.
[731] Tribunal de commerce d'Abidjan, Ordonnance du juge des référés n° 774/2015, du 23 Mars 2015, M. DE WATRIGANT George marie Joseph et M. MARINIER Sophie Jeanne Marie Anne C/M. CORVEZ André Alphonse Georges.
[732] Cf. al.2 de l'article 348 de l'AUSCGIE précité.
[733] Comme le précise le législateur, l'ordre du jour de l'assemblée est arrêté par l'auteur de la convocation (Art. 520 de l'AUSCGIE). Dans le cas où la tenue de l'assemblée serait demandée par les associés, le gérant la convoque avec l'ordre du jour indiqué par eux (Art. 338 de l'AUSCGIE). Toutefois, lorsque l'assemblée est convoquée par un mandataire de justice, l'ordre du jour est fixé par le président de la juridiction compétente qui l'a désigné (Art. 520 de l'AUSCGIE). L'article 520 de l'AUSCGIE précité précise qu'un ou plusieurs actionnaires ont la faculté de requérir l'inscription, à l'ordre du jour de l'assemblée générale, d'un projet de résolutions lorsqu'ils représentent : 1°) 5 % du capital, si le capital de la société est inférieur à un milliard (1.000.000.000) de francs CFA ; 2°) 3 % du capital, si le capital est

224. Seulement, la juridiction compétente doit s'assurer que la demande de convocation est conforme à l'intérêt social et ne vise pas seulement à satisfaire l'intérêt personnel de l'associé demandeur[734]. En ce sens un arrêt de la Cour d'appel de Colmar précise qu' «il n'appartient pas au juge, saisi d'une telle demande, d'en apprécier l'opportunité mais de contrôler la finalité de l'action en vérifiant que la demande tend bien à des fins légitimes conformes à l'intérêt social et non à la satisfaction des fins propres des demandeurs»[735]. En cas d'inertie des dirigeants sociaux, les associés pourraient s'adresser au juge afin d'obtenir la convocation d'une assemblée.

Cette réforme est d'une grande importance car elle permet à un jugement d'ordonner la convocation d'une assemblée générale. Il s'agit des cas des dirigeants défaillants, qui pour des raisons personnelles refusent de convoquer l'assemblée générale. A cet effet, une question se pose : à quel moment existe-il une obligation de convocation de l'assemblée générale ? L'Acte uniforme prévoit l'obligation pour les dirigeants sociaux de convoquer l'assemblée des associés dans les six (6) mois de la clôture de l'exercice[736].

A ce niveau, il s'agit pour les dirigeants sociaux d'une obligation et non d'une faculté. Il n'est pas permis auxdits dirigeants d'apprécier l'opportunité et la nécessité de la convocation de l'assemblée et de refuser de la convoquer au motif que la tenue d'une assemblée générale ne serait ni opportune ni urgente. Cette mesure est d'ordre public. Par conséquent, même les statuts ne peuvent la supprimer.

---

compris entre un milliard (1.000.000.000) et deux milliards (2.000.000.000) de francs CFA ; 3°) 0,50 % du capital, si celui-ci est supérieur à deux milliards (2.000.000.000) de francs CFA ; 4°) La demande est accompagnée, 5°) du projet de résolution auquel il est joint un bref exposé des motifs ; 6°) de la justification de la possession ou de la représentation de la fraction de capital exigée au présent article ; 7°) lorsque le projet de résolution porte sur la présentation d'un candidat au poste d'administrateur ou d'administrateur général, des renseignements requis à l'article 523 ci-après. Il ressort de cet article qu'un ou plusieurs actionnaires ont la faculté de requérir l'inscription, à l'ordre du jour de l'assemblée générale, d'un projet de résolutions. C'est-à-dire que les minoritaires bénéficient donc là, d'un moyen intéressant de se manifester, même contre l'opposition des dirigeants majoritaires.

[734] C.A. 15 mars 1990 : *Droit des sociétés* 1990 n° 131, *D.* 1992. som.179 obs. BOUSQUET et BUGEJA ; voir également C.A. Colmar 24 septembre 1975 : *D.* 1976 jur. p 348 note Y. GUYON. Voir encore Cass.com. 19 juin 1990 : *Bull. civ.* IV n°186.

[735] CA Colmar 24 septembre 1975, cité par M.-C. MONSALLIER-SAINT MLEUX, note sous T. com. Paris, 3 décembre 2003, « Convocation d'une assemblée générale à la demande d'actionnaires minoritaires », note sous T. com. Paris, 3 décembre 2003, *Revue sociétés* octobre / décembre 2005, n° 4, p.852.

[736] Al.1 de l'article 348 de l'AUSCGIE.

225. Toutefois, le législateur[737] précise que les dirigeants peuvent demander une prorogation du délai de la convocation à la juridiction compétente statuant sur requête. A cet effet, une société qui, par suite de contraintes, n'a pu tenir son assemblée générale ordinaire de fin d'exercice conformément à la loi, peut, si le ministère public ne s'y oppose pas, obtenir aux termes de l'article 548 de l'AUSCGIE une prorogation de délai par décision de justice[738]. En outre, selon le même tribunal, lorsque la société n'a pas pu tenir son assemblée générale dans les délais requis dans la loi, en raison de contraintes liées aux relations avec ses partenaires extérieurs, elle est fondée à demander au tribunal, conformément à l'article 548 de l'AUSCGIE, une prorogation du délai[739].

226. En Belgique, une ancienne décision[740] a condamné les gérants et la société à convoquer une assemblée générale dans un délai déterminé sous peine d'une astreinte par jour de retard. De même, récemment à Abidjan, la justice s'est prononcée en faveur de la convocation de l'assemblée générale demandée par deux associés[741] qui ont fait servir assignation au gérant de la société SAG SARL à comparaître devant le tribunal de commerce d'Abidjan statuant en matière de référés à l'effet d'entendre enjoindre à ce dernier de convoquer une assemblée générale

[737] Al.1 de l'article 348 de l'AUSCGIE précitée.

[738] Tribunal régional de Niamey, audience publique ordinaire, jugement civil n°465 du 15 novembre 2000 affaire SNAR LEYMA c/Ministère public Ohadata J-09-172, cité par J. ISSA-SAYEGH, *Répertoire quinquennal OHADA,* UNIDA, 2010, p.742.

[739] Tribunal régional de Niamey, jugement civil n°465 du 15 novembre 2000, affaire SNAR LEYMA. Ohadata J-09-117.

[740] Comm. Grand (réf.), 14 novembre 1997, T.R.V., 1998, p.54.

[741] Tribunal de commerce d'Abidjan, le 23 Mars 2015, RG N° 774/2015. En l'espèce, les demandeurs sollicitent qu'il soit enjoint au gérant d'avoir à convoquer une assemblée générale ordinaire de la société SAG SARL ; il résulte en outre des dispositions de l'article 348 de l'acte uniforme révisé de l'OHADA relatif au droit des sociétés commerciales et du groupement d'intérêt économique, que dans les sociétés à responsabilité limitée, « L'assemblée générale ordinaire se réunit tous les six mois de la clôture de l'exercice. Les gérants peuvent demander une prolongation de ce délai au président de la juridiction compétent statuant sur requête » ; Par ailleurs l'article 140 de l'Acte uniforme sus visé prévoit que les états financiers et le rapport de gestion sont présentés à l'assemblée générale de la société qui doit se tenir obligatoirement dans les six mois de la clôture de l'exercice ; Il ressort de ces dispositions que la tenue d'une assemblée générale ordinaire dans le cas d'une société à responsabilité limitée doit se faire dans le délai de six mois de la clôture de l'exercice ; Or, il est constant en l'espèce que depuis la fin de l'exercice 2012, aucun compte n'a été ni arrêté ni communiqué et qu'aucune assemblée générale n'a été convoquée par le gérant à qui incombait cette obligation conformément aux articles 337, 140 et 348 de l'acte uniforme précité ; L'article 337 prévoit en effet que les autres associés représentant la moitié des parts sociales peuvent exiger la tenue d'une assemblée ; tel est le cas des demandeurs qui détiennent plus de la moitié des parts sociales. Par ces motifs, le tribunal enjoint à monsieur Corvez André Alphonse Georges en sa qualité de gérant de convoquer une assemblée générale ordinaire de la société SAG SARL.

ordinaire de la société sous astreinte. Néanmoins, dans cette affaire, les juges ont constaté que le gérant ne s'opposait pas à l'exécution de cette décision et ont conclu qu'il ne peut y avoir lieu à astreinte comminatoire. En outre, à la demande de tout associé, les juges peuvent désigner un mandataire chargé de convoquer l'assemblée des associés.

B : La convocation de l'assemblée par un mandataire

227. Le législateur OHADA donne la possibilité à un ou plusieurs associés de demander aux dirigeants sociaux de convoquer l'assemblée générale. Toutefois, les associés qui se heurteraient à l'inertie des dirigeants sociaux pourraient s'adresser au juge afin d'obtenir la convocation d'une assemblée par un mandataire. Comme le précise l'alinéa 2 de l'article 348 précité, si l'assemblée des associés n'a pas été réunie dans le délai prévu, tout associé peut saisir la juridiction compétente statuant à bref délai afin…de désigner un mandataire *ad hoc* pour y procéder[742]. Ce qui signifie que les associés ne peuvent se substituer aux dirigeants sociaux, et qu'ils ont seulement la possibilité de s'adresser au juge pour obtenir la nomination d'un mandataire chargé de convoquer l'assemblée. Il appartient au juge d'apprécier le bien-fondé de la convocation, c'est-à-dire sa conformité avec l'intérêt social. En droit Français, l'origine première de ce droit des associés se trouve dans la jurisprudence[743].

228. En 2001, alors que le législateur OHADA n'avait pas encore consacré ce principe, dans un arrêt, la justice nigérienne[744] a désigné un mandataire chargé de convoquer l'assemblée générale en lieu et place des dirigeants sociaux. Cette réforme permet aux associés minoritaires de contourner l'éventuelle inertie des dirigeants sociaux en sollicitant du juge la nomination d'un mandataire *ad hoc* chargé de convoquer l'assemblée.

229. Récemment, alors que selon les statuts, il revenait au président de la société Giraudet avec le commissaire aux comptes de convoquer l'assemblée, la Cour de cassation française a décidé que : « en cas de carence du président d'une SAS qui, en vertu des statuts, est seul compétent avec le commissaire aux comptes pour convoquer une assemblée générale, un mandataire ad hoc chargé de convoquer cette assemblée peut être désigné, à la demande des associés, par le président du tribunal de commerce, statuant

---

[742] Voir également Y. GUYON, *Droit des affaires, T1, Droit commercial général et sociétés*, 8ème éd. Economica, Paris, 1994, p.285, n°291.

[743] Com. 22 avr. 1966, Bull. civ. III, n° 191, Gaz. Pal. 1966.2.269, Rev. trim. dr. com. 1966.956, n° 9, obs. R. Houin.

[744] La Cour suprême du Niger (n° 01-158/C du 16/8/01, SNAR LEYMA c/Groupe HIMA SOULEY) précise que le juge de référé est compétent pour désigner le mandataire de l'article 516, alinéa 2-2°. *Revue ERSUMA,* n°2, janv. 2013, p.216.

sur ordonnance en référé »[745]. Il ressort de cette décision deux précisions importantes : premièrement, la justice peut désigner un mandataire qui convoque l'assemblée générale même si les statuts ne l'ont pas prévu. Deuxièmement, la procédure de désignation du mandataire *ad hoc* doit être contradictoire et ne peut se faire que par une ordonnance en référé et non par voie de requête. La compétence de la juridiction des référés s'impose dès lors qu'il y a urgence.

Cette urgence doit être démontrée par le demandeur. Il incombera également à ce dernier de prouver que la mesure sollicitée est conforme à l'intérêt social, les éventuels opposants étant libres, quant à eux, d'établir le caractère abusif de la demande. En cas d'urgence, tout intéressé[746] même l'associé minoritaire peut demander en justice la nomination d'un mandataire chargé de convoquer l'assemblée.

230. Mais la question se pose de savoir, quand y a-t-il urgence ? Tel est certainement le cas lorsque s'impose le respect d'un délai impératif légalement prescrit (par exemple, pour décider de la mise en harmonie des statuts avant telle date) ou pour permettre à la société de participer à une opération déterminée dans des conditions fiscalement avantageuses en profitant d'avantages dont la durée d'application est limitée[747]. D'une manière générale, sous réserve de la défaillance des organes compétents, les associés minoritaires disposent donc de moyens leur permettant d'obtenir la convocation d'une assemblée générale pour des raisons graves.

---

[745] Cass.com., 25 mars 2014, n° 13-16.089, F-D, Todesco c/ Reynaud : JurisData n° 2014-005978.
Le 18 septembre 2012, les associés de la SAS Giraudct Boutiques ont mis en demeure Madame Marie-Laure Y, Présidente de la société, de convoquer une assemblée générale, ayant pour ordre du jour la révocation de ses fonctions de présidente de la société. Les statuts de la SAS, par lesquels les modalités de convocation sont fixées, ne prévoyaient que le Président et le commissaire aux comptes comme organes habilités à procéder à celle-ci. Malgré cette mise en demeure, la présidente n'a pas convoqué d'assemblée générale. Les associés de la société ont, en conséquence, saisi le Président du tribunal de commerce par voie de requête, et obtenu la désignation d'un administrateur *ad hoc*, chargé de convoquer une assemblée générale. La présidente a contesté cette décision et s'est pourvu en cassation.
La chambre commerciale de la Cour de cassation, dans son arrêt du 25 mars 2014, a reconnu la faculté de demander la désignation en justice d'un mandataire *ad hoc* chargé de convoquer l'assemblée générale en cas de carence du Président. Elle précise que la procédure de désignation du mandataire *ad hoc* doit être contradictoire et ne peut se faire que par une ordonnance en référé. Elle casse ainsi la décision de la Cour d'appel de Grenoble qui avait admis, dans le cadre de litige, la désignation d'un mandataire *ad hoc* par une ordonnance sur requête.

[746] Par intéressé, il faut entendre toute personne justifiant d'un intérêt légitime dans la convocation.

[747] V. par ex., Com. 9 juin 1969, Bull. civ. IV, n° 216.

231. Par ailleurs, lorsque la société a émis des actions au porteur, la convocation de l'assemblée générale se fait par avis de convocation inséré dans un journal habilité à recevoir les annonces légales. Par contre, lorsque la société n'a émis que des actions nominatives, l'avis de convocation peut être remplacé par une convocation faite aux frais de la société par lettre au porteur contre récépissé ou par lettre recommandée avec demande d'avis de réception. Le législateur a instauré une réglementation très détaillée afin que tous les associés sans exception puissent jouir de la convocation. En plus, pour permettre à tout associé de participer à l'assemblée, le législateur a autorisé la participation à celle-ci à distance.

Section 2 : La participation des associés minoritaires aux assemblées à distance

232. L'époque actuelle est caractérisée par un bouleversement technologique dont l'origine remonte à quelques décennies. Ce bouleversement a entraîné un essor remarquable et fulgurant des technologies de l'information et de la communication (TIC)[748]. « Comme l'ensemble des sociétés, développées ou émergentes, les entreprises sont profondément et rapidement transformées par la pénétration des technologies de l'information et de la communication »[749]. Dans tous les domaines d'activité, ses avantages ont permis de faciliter les échanges. Cette technologie constitue également un facteur de progrès considérable, tant en termes de délais que de coûts. Parmi les nombreux objectifs de cette technologie, « était envisagée notamment la modernisation du droit des sociétés dans le but d'améliorer les règles de gouvernement d'entreprise »[750].

Comme disait Nd. DIOUF « dans les sociétés modernes, nul ne songe à contester l'intérêt que représentent, pour les individus, les entreprises et les

[748] Les TIC peuvent s'entendre, pour reprendre une définition donnée par le conseil des communautés européennes, de « l'ensemble des systèmes, équipements, composants et logiciels qui sont nécessaires pour assurer la recherche, le traitement et le stockage de l'information dans tous les domaines de l'activité humaine et dont la mise en œuvre fait généralement appel à l'électronique et aux technologies similaires » (Décision du 22 déc. 1986 relative à la normalisation dans le domaine des technologies de l'information et des télécommunications JO des Communautés Européennes), cité par DIOUF (Nd.), « Infractions en relation avec les nouvelles technologies de l'information et procédure pénale : l'inadaptation des réponses nationales face à un phénomène de dimension internationale », RSDA, n°2-3-4, 2003-2004, p.50.

[749] J.-C. SCIBERRAS, « L'irrigation de l'entreprise par les nouvelles technologies de l'information et de la communication : le point de vue d'un praticien », *Droit social*, 2002, p.93.

[750] Th. ABALLÉA et S. COHEN-SALMON, « Le vote électronique dans les sociétés commerciales : vers une internationalisation du rôle des organes de décisions (réflexions à partir des lois NRE et signature électronique) », *RDAI* n°3, 2003, p.285.

institutions, les technologies de l'information et de la communication. On ne peut que se réjouir des possibilités qu'offrent les moyens électroniques pour la collecte, le stockage, la conservation et la transmission des informations »[751]. Il s'agit de véritables « autoroutes de l'information »[752]. L'intérêt d'une telle technique réside dans la facilité de l'accès de tout associé à l'information qui est rendue immédiatement disponible, ce qui allège la tâche quant à l'impression et à l'envoi des différents documents aux associés.

233. C'est pourquoi conscient de l'éloignement géographique et l'indisponibilité qui ont parfois constitué des handicaps à la participation de l'associé à la gestion sociale, et pour satisfaire aux besoins des investisseurs, le législateur OHADA a introduit une importante nouveauté dans le nouvel Acte uniforme relatif au droit des sociétés commerciales. Il s'agit de la possibilité offerte à tout associé sans distinction, même minoritaire de participer à distance de manière interactive à l'assemblée générale grâce aux moyens de « télécommunication »[753] électronique.

En effet, l'évolution considérable des moyens de communication et de télécommunications permet des modalités variées de prises de décision à distance et, en ce sens, il est logique que le législateur ait souhaité que les entreprises en bénéficient. Ces nouvelles techniques autorisent, en effet, la possibilité de débattre et voter des résolutions sans la présence physique des participants[754]. De cette manière, des efforts ont cependant été effectués par le législateur OHADA afin de favoriser la participation des associés aux assemblées, en particulier grâce à une information enrichie. Le recours aux moyens électroniques par définition permettra de renforcer de façon significative la participation des associés minoritaires aux assemblées générales. En filigrane, cette évolution s'inscrit également dans la prise en compte d'une réalité économique internationale : intégrer la participation des actionnaires étrangers plus naturellement aux assemblées de sociétés afin d'augmenter, pour les plus importantes d'entre elles, leur rayonnement international[755].

---

[751] Nd. DIOUF, « Infractions en relation avec les nouvelles technologies de l'information et procédure pénale : l'inadaptation des réponses nationales face à un phénomène de dimension internationale », op.cit., p.83.

[752] Nd. DIOUF, op.cit., p.60.

[753] L'article L. 32.1. du code des postes et télécommunications français en donne la définition suivante : «…toute transmission, émission, ou réception de signes, de signaux, d'écrits, d'images, de sons, ou de renseignements de toute nature par fil, optique, radioélectricité ou autres systèmes électromagnétiques». Excepté les réunions physiques, les écrits papier *in situ* et la correspondance par écrit papier, les autres moyens de communiquer dont la télécopie devraient donc être considérés comme des moyens de télécommunications (Th. ABALLÉA et S. COHEN-SALMON, op.cit., p.290).

[754] Th. ABALLÉA et S. COHEN-SALMON, op.cit., p.285.

[755] Th. ABALLÉA et S. COHEN-SALMON, ibid.

234. Dans ce cadre, l'AUSCGIE dispose que : « Si les statuts le prévoient, sont également réputés présents pour le calcul du quorum et de la majorité les associés qui participent à l'assemblée à distance, par visioconférence ou d'autres moyens de télécommunication permettant leur identification. Afin de garantir l'identification et la participation effective à l'assemblée des associés y participant à distance, ces moyens transmettent au moins la voix des participants et satisfont à des caractéristiques techniques permettant la retransmission continue et simultanée des délibérations» [756]. Il ressort de ce texte que les associés pourront participer à l'assemblée par « visioconférence[757] » ou autres moyens de télécommunication.

L'exercice à distance des droits des actionnaires est la possibilité offerte aux associés, notamment ceux qui sont à l'étranger et/ou qui ne peuvent pas se déplacer, de pouvoir prendre part à distance à l'assemblée générale sous une « forme électronique »[758]. L'objectif de cette innovation est clair. « Il s'agit d'améliorer l'information des actionnaires et de faciliter leur participation aux assemblées, même s'ils ne sont pas physiquement présents dans la salle des délibérations »[759].

Ces réformes sont principalement destinées aux associés non-résidents et plus particulièrement des minoritaires, qui ne détiennent pas des participations importantes dans les sociétés, qui se plaignaient de ne pas pouvoir se déplacer pour exercer leur droit d'information et leur droit de vote. Concernant le décret français du 3 mai 2002 relatives aux assemblées générales d'actionnaires, Yves GUYON écrivait qu'en permettant l'utilisation des techniques de télétransmission à l'occasion des assemblées d'actionnaires le décret modernise et améliorer la tenue de celle-ci et par voie de conséquence leur autorité et leur représentativité. Il va ainsi dans le sens préconisé par la doctrine de la « corporate governance » puisqu'il facilite la reconquête de leurs droits par les actionnaires. Il met à la disposition des sociétés de nouveaux moyens de communication ou

---

[756] L'article 133-2 de l'AUSCGIE.

[757] La visioconférence est considérée comme étant une téléconférence permettant, en plus de la transmission de la parole et de documents graphiques, la transmission d'images animées des participants éloignés. La visioconférence se caractérise par une communication audiovisuelle, à distance, virtuelle, synchrone, interactive et collaborative. V. A. BENSETTI et S. ALASSAIRE, « Usage des moyens de visioconférence dans les sociétés anonymes », ALASSAIRE/JuriConseil, Casablanca, 01 avril 2015, p.2. http://www.cfcim.org/wp-content/uploads/2015/04/CFCIM_01042015_%C2%AB-Usage-des-moyens-de-visioconfe%CC%81rence-dans-les-socie%CC%81te%CC%81s-anonymes-%C2%BB.pdf, consulté le 01/10/2017.
Ainsi, la visioconférence désigne la conférence dans laquelle les interlocuteurs sont répartis dans deux ou plusieurs salles spécialement équipées, reliées entre elles par des moyens de télécommunication.

[758] S. BETTSCHART, op.cit., p.80.

[759] Y. GUYON, « Les dispositions du décret du 3 mai 2002 relatives aux assemblées générales d'actionnaires », *Rev. sociétés,* n°3 juillet-septembre 2002, Trimestrielle, p. 421.

d'expression[760]. En effet, la modernisation de l'information des actionnaires, les nouvelles facultés qui leur sont offertes pour voter avant l'assemblée et la possibilité de participer à celle-ci sans avoir besoin de se déplacer devraient diminuer l'absentéisme[761]. Cette innovation mérite une certaine approbation car les assemblées les plus représentatives sont le meilleur gage du fonctionnement démocratique des sociétés anonymes[762].

235. Les dispositions relatives au vote par les moyens de télécommunications prévues par cet article visent la participation des associés aux assemblées et non les seules opérations de vote. Il ne se limite pas à une reconnaissance législative de la possibilité du vote à distance, mais ouvre également l'utilisation des moyens de télécommunication pour chacune des phases des assemblées des associés, et notamment pour les débats. Ce qui signifie que contrairement aux apparences, la disposition n'a pas pour seul objet le vote ou plus précisément le calcul du quorum et de la majorité.

236. Le législateur OHADA procède de même à une distinction lorsqu'elle évoque une « participation effective à l'assemblée des associés y participant à distance», cette participation étant soumise à des conditions plus strictes que le seul vote par visioconférence ou autres moyens de télécommunication à l'assemblée. Il s'agit d'une innovation majeure car cette disposition autorise la possibilité d'assister aux débats et d'y participer activement. Tout associé peut assister à une assemblée générale sans y être physiquement présents[763]. Cette faculté reconnue aux associés de participer aux assemblées générales à distance a pour conséquence de favoriser la foison de capitaux étrangers. Cela parce que quel que soit l'endroit où ils se trouvent, les associés pourront directement être aux prises avec les affaires de la société. Pour toutes ces raisons, ce mode de participation est une réforme favorable aux minoritaires (**§1**) du moment où il permet un choix par les associés des modalités de participation (**§2**).

§1 : Une réforme favorable aux minoritaires

237. La participation d'un associé à l'assemblée générale peut être physique ou virtuelle. La participation virtuelle peut se réaliser de deux manières. D'une part, l'associé peut y participer indirectement grâce à une

---

[760] Y. GUYON, « Les dispositions du décret du 3 mai 2002 relatives aux assemblées générales d'actionnaires », op.cit., p. 422.
[761] Y. GUYON, ibid.
[762] Y. GUYON, *Droit des Affaires, Droit Commercial Général et Sociétés*, Tome 1, 12eme éd., Economica, Paris, 2003, p.427.
[763] L. GODON, « La protection des actionnaires minoritaires dans la loi relatives aux nouvelles régulations économiques », op.cit., p.736.

procuration donnée à un mandataire ou à un représentant. Autrement dit, celui-ci peut se faire représenter[764]. La représentation est le mécanisme juridique par lequel une personne, le représentant, passe des actes au nom et pour le compte d'une autre, le représenté, et l'acte ainsi accompli engendre des droits et des obligations non pour la partie agissante, mais pour le représenté de telle sorte que celui-ci devient créancier ou débiteur du tiers avec lequel le représentant a traité. D'autre part, il peut s'agir de la participation des associés à l'assemblée générale à distance. Cette nouvelle méthode de participation permet un traitement équitable entre tous les associés mêmes ceux qui sont à l'étranger. A cet effet, cette réforme constitue une alternative à la représentation des associés minoritaires (**A**), mais à condition de l'inscription statutaire de la participation à l'assemblée à distance (**B**).

A : Une alternative à la représentation des minoritaires

238. Certainement, conscient de l'éloignement géographique de certains associés qui a parfois constitué un handicap à la participation et même à la représentation de ces derniers aux assemblées générales, le législateur OHADA a consacré la participation des associés aux assemblées à distance. Cette mesure permet à tout associé de participer aux assemblées générales sans se déplacer ou se faire représenter. Pour cela, elle permet de sauvegarder autant que possible le caractère démocratique de la société.

En effet, le corollaire de cette participation est le traitement électronique et automatique de l'information[765]. Dans ce cadre, ce mode de participation répond à l'exigence des principes de la gouvernance des entreprises dans la mesure où sa mise en œuvre permet aux associés de participer à la gestion sociale bien qu'étant éloignés du lieu de la réunion. D'ailleurs, si les associés participent de façon effective à l'assemblée générale des associés, ladite assemblée jouera beaucoup mieux son rôle d'organe de contrôle des affaires sociales vu qu'elle est le lieu par excellence de critique des résultats des dirigeants.

239. Outre cela, la participation à distance est une mesure favorisant une souplesse dans la prise de décision et d'obtention des quorums, or la baisse de quorums dans les assemblées générales est un aveu de la perte de pouvoir des associés minoritaires. Ce mode de participation est un palliatif à la représentation des associés, et un remède à l'absentéisme de ces derniers

---

[764] P.-G. POUGOUE, F. ANOUKAHA, J. NGOUEBOU, op.cit., p.90.
[765] P. Chr. EWANE MOTTO, op.cit., p.282.

aux assemblées[766] générales. De manière certaine, il présente l'avantage d'être simple et pratique, car l'actionnaire n'a pas à chercher un mandataire qui doit le représenter, il remplit simplement un formulaire et le retourne à la société, ce qui lui évite le chantage des professionnels de la représentation des actionnaires. En outre, il facilite également le décompte des voix des associés, puisque pour chaque résolution inscrite à l'ordre du jour, l'associé exprime une opinion favorable ou défavorable ou s'abstient tout simplement[767].

240. Cependant, la possibilité de participer à distance ne dispense pas de l'obligation d'organiser une assemblée des associés physique à l'endroit déterminé par les statuts. Les dirigeants et les commissaires aux comptes doivent encore assister en personne à l'assemblée générale des associés présents sur place. Le législateur n'impose pas un minimum des participants « physiquement présents au siège social de la société » lors de l'assemblée générale pour que les autres associés puissent participer à distance et que les décisions prises ne soient pas frappées par la nullité. Dès lors, il est possible que l'assemblée générale d'une société puisse se tenir sans aucun participant physique (sauf bien sûr les commissaires et les dirigeants sociaux) mais à laquelle tous les associés participeraient à distance.

241. Il est souhaitable que l'inscription sur la liste de présence en raison d'une participation à distance n'empêche pas l'associé s'il est finalement disponible de se présenter en personne ou de se faire représenter pour participer physiquement en assemblée générale. En somme, avant la consécration de la participation à distance par le législateur, participer à l'assemblée générale des associé impliquait d'être présent physiquement ou représenté par une personne physique. Depuis cette réforme, tout associé peut participer sans être présent ou représenté. Seulement, les statuts doivent prévoir expressément cette faculté.

B : L'inscription statutaire de la participation à l'assemblée à distance

242. L'Acte uniforme révisé dans son article 133-2 précité précise que si les statuts le prévoient, sont également réputés présents pour le calcul du quorum et de la majorité les associés qui participent à l'assemblée à distance, par visioconférence ou d'autres moyens de télécommunication permettant leur identification. Selon le législateur, les associés peuvent

---

766 L. GODON, « La protection des actionnaires minoritaires dans la loi relatives aux nouvelles régulations économiques », op.cit., p.736.
767 P. Chr. EWANE MOTTO, op.cit., p.281.

participer à l'assemblée générale par les moyens de télécommunication. Mais il ressort de cet article qu'une telle participation n'est possible que si les statuts de la société le prévoient. Ce qui signifie « que l'utilisation des moyens de télécommunication n'est jamais obligatoire»[768]. Ce caractère facultatif doit être approuvé car l'utilisation des moyens de télécommunication nécessite des installations relativement coûteuses qu'il aurait été déraisonnable d'imposer aux sociétés qui n'en éprouvent pas le besoin[769].

Dès lors, il revient aux statuts de déterminer les conditions d'application de ces modes de participation. D'une part, les sociétés peuvent mettre en place un système de communication permettant aux associés d'exercer tous leurs droits ou seulement certains droits. D'autre part, les sociétés peuvent décider que les droits retenus seront exclusivement ou partiellement exerçables par voie électronique. Cette formulation englobe ainsi toutes les modalités envisageables d'exercice à distance par l'associé de ses droits. Il s'agit d'encourager les sociétés à choisir les modes de participation à distance qui s'accordent le mieux avec leur culture d'assemblée, avec leurs besoins ou avec les moyens techniques mis à leur disposition[770].

243. A cet effet, les sociétés commerciales qui souhaitent permettre à leurs associés de participer aux assemblées générales à distance par des moyens de télécommunication électronique doivent adapter leurs statuts à ces dispositions en précisant également que sont réputés présents pour le calcul du quorum et de la majorité, les associés qui participent à l'assemblée par visioconférence ou par d'autres moyens de télécommunication. Pour cela, faute de disposition statutaire expresse, il sera nécessaire aux dirigeants sociaux de convoquer une assemblée générale extraordinaire afin de modifier les statuts sociaux existants en y introduisant cette réforme et permettre d'avoir recours dans le futur à la visioconférence ou outres moyens de télécommunication lors de la tenue des assemblées générales. Le vote d'une clause statutaire est requis pour la participation à distance, en ce qu'elle constitue un véritable nouveau mode de participation à l'assemblée.

244. En revanche, la participation à distance étant une faculté, une clause statutaire ne garantit pas que la participation à distance soit mise en place dans la société, et n'apporte aucune sécurité juridique particulière. Cette clause statutaire consacrée par l'Acte uniforme a indéniablement un

---

[768] Y. GUYON, « Les dispositions du décret du 3 mai 2002 relatives aux assemblées générales d'actionnaires », op.cit., p.422.
[769] Y. GUYON, « Les dispositions du décret du 3 mai 2002 relatives aux assemblées générales d'actionnaires », op.cit., p.423.
[770] J.-B. LHUILLIER, op.cit., p.372.

effet restrictif. Dès lors, la participation aux assemblées par ces moyens de télécommunication n'est donc pas un droit acquis pour les associés. Il est souhaitable de garder la référence légale, en laissant la formule relative au calcul du quorum en cas de participation à distance, tout en supprimant l'exigence d'autorisation statutaire. L'Acte uniforme aurait précisé que : « Sont réputés présents pour le calcul du quorum et de la majorité, les associés qui participent à l'assemblée à distance ».

245. Selon un auteur, « pourquoi la loi exige-t-elle de passer par les statuts ? En présence d'une autorisation directe de la loi, l'on pourrait s'en tenir à une simple autorisation des dirigeants, seuls à même en tant qu'organisateurs de l'assemblée de juger de l'opportunité de la participation électronique des actionnaires pour chaque assemblée générale »[771]. Il est fort possible que cette réforme de participation à distance ne soit pas du goût de tous les associés, voire qu'elle ne soit pas adoptée par toutes les sociétés. Dans ces conditions, certaines sociétés vont passer par le vote de la clause statutaire autorisant la participation des associés à l'assemblée à distance. De cette manière, certains associés, voire même des sociétés vont être privées de cette faculté.

246. En outre, le fait de ne pas exiger de clause statutaire pour autoriser la participation à distance ne rend pas cette dernière obligatoire. En formulant la disposition de manière à ce que le choix soit laissé à la discrétion de tout associé, l'on n'empêche pas la société de proposer la participation des associés à l'assemblée à distance. Inversement, la formule permet à la société de supprimer, si elle le désire, de la participation à distance. Cela signifie que les associés minoritaires seraient à la merci des majoritaires qui pourront modifier les statuts d'un moment à l'autre pour se débarrasser de cette faculté de participation à distance.

247. C'est pourquoi en cas de modification des statuts par vote, il est souhaitable de présenter le projet devant l'assemblée générale extraordinaire, et exiger l'accord d'une majorité renforcée des associés ou à l'unanimité pour permettre aux minoritaires de contribuer à la prise de cette décision. Dans ces conditions, il sera également moins facilement modifiable ou annulable dans la mesure où il faudra pour ce faire une décision de l'assemblée générale, soumise aux conditions de quorum et de majorité requise pour une modification des statuts.

248. Par ailleurs, en attendant les précisions du législateur ou la position de la jurisprudence, on considère que la visioconférence ou d'autres moyens de télécommunication peuvent s'appliquer à toute sorte d'assemblée

---

[771] J.-B. LHUILLIER, op.cit., p.257.

des associés. Seulement, il est souhaitable que les statuts puissent aussi très bien mentionner un droit d'opposition à la participation à distance pour certains associés ou pour certaines délibérations, voire en limiter le recours à des assemblées ou décisions précises. Comme c'est le cas pour le législateur français qui a bien précisé que les dispositions relatives à la visioconférence et au vote électronique ne s'appliquent ni aux assemblées spéciales des titulaires de certificats d'investissement, ni aux assemblée générales d'obligataires[772]. Néanmoins, il convient de préciser qu'il revient aux associés de choisir la modalité de participation.

§2 : Un choix par les associés des modalités de participation

249. Les associés disposent de plusieurs modalités de participer à l'Assemblée générale. A défaut d'y assister personnellement, ils peuvent choisir d'y être représentés par des mandataires de leur choix ou envoyer une procuration. En outre, grâce à l'Acte uniforme révisé, les associés ont également la possibilité de participer directement à distance (**A**), cependant, le législateur soumet à cette modalité de participation à des exigences prouvant une certitude de sa participation (**B**).

A : Une préférence de participation des associés en direct

250. L'assimilation de la présence virtuelle à la présence réelle a pour conséquence que le cyber-participation doit pouvoir non seulement voter mais intervenir dans les débats et recevoir des procurations, comme s'il était physiquement présent dans la salle des délibérations. Simplement, il ne semble pas pouvoir être membre du bureau, car de telles fonctions supposent une présence réelle. La participation en direct des associés à l'assemblée générale à distance passe par la visioconférence (**1**) ou par les autres moyens de télécommunication (**2**).

1 : La visioconférence

251. L'hypothétique équilibre des pouvoirs posé par la loi suppose la participation de l'ensemble des acteurs[773] à l'assemblée générale. Cette pleine participation ne pourra être atteinte que grâce aux dispositifs techniques et juridiques permettant aux associés d'exercer leurs droits en

---

[772] Cf. art. R. 228-33 et s. (titulaires de certificats d'investissement), art. R. 228-68 C. com. (obligataires), introduits par les arts. 41 à 45 D. n° 2002-803 du 3 mai 2002, JORF 05.05.2002, p. 8718, cité par J.-B. LHUILLIER, op.cit., p.251.
[773] J.-B. LHUILLIER, op.cit., p.249.

assemblée, même à distance. C'est ainsi que la participation à l'assemblée générale des associés par visioconférence a été instituée récemment par le législateur OHADA[774]. Elle suppose une participation en simultané des associés.

Cette nouvelle méthode a pour objectif de faciliter l'exercice des droits de tout associé dans les assemblées générales, notamment sur une base transfrontalière, en prenant en compte les possibilités offertes par les technologies modernes de l'information. Quel que soit l'endroit où ils se trouvent, les associés pourront directement être aux prises avec les affaires de la société. Dès lors, il ne s'agit pas d'une présence physique sur le plateau de l'assemblée générale mais d'une présence technicienne qui garantit les droits de la personne qui en bénéficie[775]. Les associés participant à distance à l'assemblée générale sont réputés présents à l'endroit où se tient celle-ci. Elle présente l'avantage d'être simple et pratique, car l'associé n'a pas à chercher un mandataire.

La visioconférence peut se concevoir de diverses manières : soit chaque associé participant à distance est seul dans une cabine de visioconférence, soit la société prépare un lieu approprié de retransmission où se réunissent les associés qui n'ont pas à se déplacer jusqu'au lieu où se tient l'assemblée générale.

Néanmoins, la visioconférence renvoie tant à la vue qu'à la voix. C'est-à-dire qu'elle suppose que l'associé puisse voir et pas seulement entendre, ce qui exclut la tenue d'assemblées par conférences téléphoniques[776]. Elle implique donc une participation directe. De cette manière, elle apporte un réel changement des pratiques et des habitudes en assemblée générale des associés. Pour autant, la visioconférence n'est pas le seul moyen de télécommunication consacré par le législateur dans le cadre de la participation à l'assemblée générale des associés.

2 : Les autres moyens de télécommunication

252. Selon le législateur OHADA[777], les statuts d'une société peuvent prévoir la possibilité pour les associés de participer à l'assemblée générale à distance grâce aux moyens de télécommunication électronique assurant l'identification du concerné, « cela permettant à un associé éloigné

---

[774] Art. 133-2 de l'AUSCGIE précité.

[775] N. ABDELMOUMEN, *Hiérarchie et séparation des pouvoirs dans les sociétés anonymes de type classique*, Thèse, Panthéon-Sorbonne-Paris I, 2013, p.125.

[776] Y. GUYON, « Les dispositions du décret du 3 mai 2002 relatives aux assemblées générales d'actionnaires », op.cit., p.422.

[777] Art.133-2 de l'AUSCGIE, précité.

d'accéder en temps réel à certaines informations qui sont communiquées aux associés lors de leurs assemblées générales »[778]. Les associés qui participent à l'aide des moyens de télécommunication sont réputés présents à l'endroit où se tient l'assemblée générale pour le respect des conditions de présence et de majorité.

S'agissant de la distinction entre la visioconférence et les autres moyens de télécommunication, il n'y a pas une grande différence. La visioconférence est également un moyen de télécommunication parmi tant d'autres. La distinction opérée en droit OHADA entre les deux modalités de participation à l'assemblée des associés sert à rapprocher la visioconférence des conditions d'utilisation requises pour la participation moins spécifique par d'autres moyens de télécommunication comme la webcam, le skype etc.

253. Le caractère générique de ce terme permettra de prendre en compte, de façon relativement souple, les innovations technologiques à venir[779]. En toute hypothèse, le législateur OHADA est conscient que des textes trop explicites ne sont pas assez souples pour les moyens de télécommunication à venir. C'est-à-dire que l'absence de définitions précises dans l'Acte uniforme permet de ne pas rejeter d'avance les futurs moyens de télécommunication. Il participait à la création d'un cadre juridique simple et souple encourageant la participation des associés à l'assemblée par les moyens de télécommunication.

254. Néanmoins, on peut croire que la territorialité du droit est remise en cause par les moyens de télécommunications. Un nombre croissant d'activités sont pratiquées à l'échelle de la planète et par-dessus les frontières. Ce qui signifie que les législations nationales sont alors dépassées. Dès lors, le contrôle juridique des réseaux de télécommunication suppose probablement la mise en place d'organes internationaux.

Outre cela, les termes visioconférence et autres moyens de télécommunication sont employés alternativement pour la tenue des assemblées générales des associés. Comme écrivaient des auteurs, « espérons que cette différence ne soit pas utilisée dans l'avenir comme une brèche pour le déclenchement d'hostilités entre actionnaires, sauf à considérer que ces deux termes revêtent des situations juridiques ou technologiques distinctes »[780]. En revanche, le moyen de télécommunication choisi par les dirigeants sociaux doit respecter certaines exigences.

---

[778] M. -W. TSOPBEING, «L'information des associés, une exigence fondamentale du droit des sociétés OHADA ? *Revue ERSUMA*, n°6, janv. 2016, p.226

[779] A. VALLINI, « Projet de loi française relatif aux nouvelles régulations économiques », *assemblée nationale*, Commission des lois, Avis n° 2309, déposé le 30.03.2000. p.370.

[780] Th. ABALLÉA et S. COHEN-SALMON, op.cit., p.288.

B : L'exigence d'une certitude de la participation des associés

255. Dans l'hypothèse de la participation en direct des associés à l'assemblée générale, le législateur exige que les moyens choisis par les associés doivent satisfaire à des caractéristiques techniques remplissant certaines exigences. Il s'agit de la garantie de l'identification et de la participation effective (**1**) et la retransmission continue et simultanée (**2**).

1 : La garantie de l'identification et de la participation effective

256. La voie électronique est un moyen pour la société de diffuser l'information. Mais elle peut aussi être un moyen pour tout associé d'exercer ses droits sociaux en participant aux assemblées générales. Dans tous les cas, les dirigeants sociaux doivent s'assurer de l'identité des associés et prendre des mesures pour que les participants puissent prendre part aux débats. C'est-à-dire qu'afin d'accroître l'implication des actionnaires, les sociétés ont besoin avant tout de mieux identifier leurs actionnaires[781]. En droit OHADA, cette identification des associés est une condition légale[782] à l'utilisation des nouvelles technologies de l'information et de la communication pour la participation à l'assemblée générale, car la participation aux débats et au vote d'un non-associé pourrait entraîner la nullité de la délibération.

Selon la législation française, l'actionnaire doit donc se faire identifier au moyen d'un code d'accès confidentiel avant d'accéder à la visioconférence[783]. C'est à l'actionnaire de faire le nécessaire pour garantir cette confidentialité car si le code est utilisé par un tiers, le vote devrait être réputé valable à l'égard de la société, comme s'il y avait eu une usurpation d'identité lors d'une participation physique à l'assemblée[784]. Ainsi, les modalités de contrôle de la qualité d'associé et l'identité de la personne qui vote devant être définies par ou en vertu des statuts.

La simplification des procédures électroniques permet en principe aux associés d'exercer plus rapidement et plus justement leurs droits. Seulement, d'une manière générale, l'identification de l'associé complique la tâche aux organisateurs desdites assemblées. En particulier celle des associés souhaitant participer à l'assemblée générale à distance a longtemps été le dernier frein au développement de la voie électronique en période

---

781 V. DE BEAUFORT, « Gouvernance d'entreprise – De nouvelles orientations à échelle de l'Union européenne », *CEDE*, 2012, p.15.

782 Art. 133-2 de l'AUSCGIE précité.

783 Art. 145-3 du décret du 3 mai 2002 relatives aux assemblées générales d'actionnaires précité.

784 Y. GUYON, « Les dispositions du décret du 3 mai 2002 relatives aux assemblées générales d'actionnaires », op.cit., p.426.

d'assemblée générale. Il s'agit de s'assurer que l'individu participant à distance est bien l'associé qu'il prétend être. Si les procédures de contrôle de l'identité des associés et de la détention des titres sociaux sont trop faibles, la société prend le risque de voir ses assemblées générales contestées et les résolutions votées annulées.

257. A cet effet, l'identification des associés au nominatif ne pose pas de problème. La société connaît *a priori* leurs titulaires, puisque l'inscription est prise chez elle ou un mandataire désigné par elle. Par contre, la procédure est longue lorsqu'il s'agit de l'identification des associés au porteur, dont la preuve de la détention des titres sociaux exige nécessairement le recours à un tiers chez qui lesdits titres sont enregistrés. Son identification se matérialisera par l'envoi d'une attestation d'enregistrement sur un document particulier.

Dans ce cadre, le législateur permet aux sociétés de prendre des mesures permettant de s'assurer de l'identification de l'associé, du bon déroulement des assemblées générales et de leur préparation, ainsi que de la protection de la confidentialité et des intérêts sociaux. Le législateur a donc fixé des conditions d'admission par rapport aux modalités de participation quelle que soit la technologie utilisée. Ces conditions tiennent à l'identification de l'auteur et à l'intégrité du message transmis.

258. Cependant, il est conseillé par ailleurs que l'utilisation des instruments électroniques ne peut être soumise à aucune autre exigence ou contrainte que celles qui sont nécessaires à l'identification des associés et à la sécurité de la communication électronique, et uniquement dans la mesure où elles sont proportionnées à la réalisation de ces objectifs. Afin de garantir l'identification et la participation effective à l'assemblée des associés y participant à distance, le législateur OHADA précise que des moyens de télécommunication à utiliser doivent transmettre au moins la voix des participants[785]. La société doit être en mesure de contrôler, grâce au moyen de télécommunication électronique utilisé, la qualité et l'identité de l'associé. Dès lors, les modalités suivant lesquelles ce contrôle est réalisé sont définies par les statuts ou en vertu de ceux-ci. Cela malgré que la voix n'apporte aucune sorte d'information quant à l'identité de la personne connectée.

259. Toutefois, cette condition pose un problème en cas de représentation de l'associé puisque la voix du mandataire n'est pas évoquée dans l'Acte uniforme. Rien n'empêche à tout associé de se faire représenter lors de l'usage de ces moyens de télécommunication. En outre, l'identification d'un associé par sa voix n'a aucun sens dans les sociétés dont

---

[785] Cf. art. 133-2 de l'AUSCGIE précité.

les actions ne sont pas toutes au nominatif et dont les associés ne se connaissent pas entre eux. Cette condition ne devrait naturellement s'appliquer, qu'à l'hypothèse de la participation à l'assemblée par la visioconférence, dont il est de l'essence même de transmettre la voix des participants.

260. Par ailleurs, en plus de la visioconférence, d'autres moyens de télécommunication qui transmettent non seulement la voix mais aussi l'image comme webcam, skype peuvent être utilisés. Néanmoins, les exigences requises par le législateur ne permettent pas d'avoir recours à la télécopie ou au courrier électronique lors de la tenue des assemblées comme moyens de télécommunication au sens de l'article précité. Ces moyens n'offrent pas les garanties suffisantes pour identifier les participants aux assemblées générales et ils n'assurent pas l'instantanéité de la communication.

261. Outre cela, la participation effective des associés à l'assemblée générale en salle ou à distance, reste la solution la plus juste pour défendre l'intérêt social. A partir de ce moment, la participation effective à distance de l'actionnaire est bien le véritable enjeu de l'introduction de la voie électronique en droit des sociétés. En théorie, elle permet à l'actionnaire d'assister et de prendre part aux débats ainsi que d'exercer l'ensemble de ses droits comme le ferait un actionnaire présent en salle[786]. L'internet est le seul outil permettant une participation à distance à l'assemblée de tous les associés. En plus de la garantie de la participation effective à l'assemblée, la retransmission doit être continue et simultanée.

2 : La retransmission continue et simultanée

262. La participation des associés à l'assemblée générale par visioconférence ou tout autre moyen de télécommunication telle que organisée par l'Acte uniforme est exclusivement subordonnée à ce que ces moyens garantissent une retransmission continue et simultanée[787]. Cela suppose que tout actionnaire, présent au lieu de réunion principal ou relié à celui-ci peut débattre avec tous les autres actionnaires et voter dans les mêmes conditions, qu'il soit présent ou cyber-participant[788]. Ce qui signifie que le moyen de télécommunication choisi par les dirigeants sociaux doit au moins permettre à tout associé de prendre connaissance, de manière directe,

---

[786] J.-B. LHUILLIER, op.cit., p.7.
[787] Art. 133-2 de l'AUSCGIE précité.
[788] Y. GUYON, « Les dispositions du décret du 3 mai 2002 relatives aux assemblées générales d'actionnaires », op.cit., p.426.

simultanée et continue, des discutions de l'assemblée générale et d'exercer son droit de vote sur tous les points inscrits à l'ordre du jour de l'assemblée. Pour la simple raison qu'il n'est pas tolérable de couper une retransmission des interventions orales des associés ou d'autres intervenants, et ce pour deux raisons : d'une part, l'on ne peut exiger des associés non présents qu'ils patientent sans suivre les débats qui se déroulent du côté où se tient l'assemblée, d'autre part, ces derniers seraient privés d'informations susceptibles d'influencer leur vote. Autrement dit que le législateur exige que l'application choisie pour participer à distance permette la communication entre l'associé participant à distance et l'endroit où se tient l'assemblée générale jusqu'à la fin. Si les problèmes techniques surgissent, l'assemblée générale doit être reprise.

263. A cet effet, le moyen de télécommunication électronique utilisé doit au moins permettre à l'associé, de participer aux débats ou discussions au sein de l'assemblée. C'est au cours de ces débats que les associés peuvent amender ou faire savoir leur point de vue sur les résolutions proposées avant de procéder au vote. Les débats restent une condition nécessaire pour stimuler la volonté commune des associés.

264. Dans la réalité, pour que la volonté de l'associé soit suffisamment éclairée, il ne suffit pas que ce dernier soit abreuvé d'informations, même sincères et authentiques. Les renseignements communiqués aux apporteurs de capitaux sont parfois, on l'a vu, ésotériques et peu accessibles à un individu dépourvu de connaissances en gestion. C'est le rôle des débats en assemblée générale d'apporter au titulaire de droits sociaux une information supplémentaire, en explicitant les documents consultés dans le cadre du droit de communication préalable[789]. C'est pourquoi si l'on veut que les associés minoritaires prennent une part utile aux débats de l'assemblée, il est nécessaire de leur donner des informations sur la situation sociale. L'associé qui participe à distance doit être lié en temps réel à l'assemblée.

265. Par contre, à cause de la technologie qui n'est pas suffisamment avancée dans les Etats parties au traité OHADA pour qu'une participation à distance efficace aux délibérations puisse se dérouler à tout moment sans problèmes et avec les garanties nécessaires, l'associé n'est pas obligé de prendre part aux délibérations ou exercer son droit de poser des questions à distance. Cela à cause du faible niveau de développement technologique des Etats africains sur les capacités de réaliser et d'entretenir un système fiable, comme un réseau de connexion internet crédible pouvant permettre de mettre en œuvre les différents moyens de communication.

---

[789] R. KADDOUCH, *Le droit de vote de l'associé*, Thèse, Aix Marseille, 2001, p.274.

266. Par ailleurs, il est souhaitable qu'une retransmission partielle ne présentant pas l'intégralité de la réunion de l'assemblée générale puisse être envisagée, si elle est justifiée par l'intérêt social. Dans ce cadre, l'information relative au nombre total de droits de vote et au nombre d'actions composant la société pourrait ensuite être réservée aux actionnaires. Certaines informations destinées à être présentées à l'assemblée seraient enfin cachées au public. Ces informations ne seraient pas de nature financière, en raison de l'obligation de publicité à laquelle de telles informations sont soumises[790].

267. Cependant, la liberté du bureau de l'assemblée quant au contenu de la retransmission est au final très limitée à l'impératif d'égalité de traitement des associés. Il appartient aux statuts, dans une moindre mesure, de définir ou de donner audit bureau, le pouvoir de définir l'étendue de la publicité. Une exigence d'ordre pratique, voire éthique, consiste à informer explicitement l'ensemble des associés du degré de publicité de l'assemblée générale. Ce genre de publicité a comme objectif la protection des associés minoritaires et le respect de l'égalité entre associés. En somme, sous le régime du texte organisant la participation des associés à distance, l'Acte uniforme révisé satisfait à des caractéristiques techniques garantissant la participation effective à l'assemblée générale, dont les délibérations sont retransmises de façon continue. Outre cela, le droit de participation aux assemblées entraîne celui de prendre part au vote[791].

---

[790] J.-B. LHUILLIER, op.cit., p.97.
[791] P.-G. POUGOUE, F. ANOUKAHA, J. NGOUEBOU, op.cit., p.102.

Chapitre 2 : Un renforcement du droit de vote des minoritaires

268. Investir en société est une opération potentiellement rentable, mais cela suppose que les associés s'approprient pleinement leurs droits politiques et assument leur première responsabilité qui est d'exercer leur droit de vote, notamment au regard de l'information dont ils disposent désormais. Le droit de vote est une prérogative élémentaire et un droit d'ordre public[792] lié à la qualité d'associé dont l'exercice peut être réglementé, mais ne saurait être supprimé[793]. Il est l'essence même de la notion d'associé. Il est l'élément premier de son « droit d'intervention » dans les affaires sociales[794]. Dès lors, tout associé a le droit de participer aux décisions collectives dans une société, notamment par le droit de vote qui lui est légalement attribué[795]. Le droit de vote de l'associé n'est pas défini juridiquement, mais caractérisé par trois éléments : « l'accès à l'information, la délibération et la décision par le suffrage »[796].

Dans un arrêt en date du 23 octobre 2007, la Cour de cassation française a affirmé le caractère d'ordre public du droit de vote en des termes d'une grande clarté : « Attendu qu'il résulte de l'article 1844, alinéa 1er, que tout associé a le droit de participer aux décisions collectives et de voter et que les statuts ne peuvent déroger à ces dispositions que dans les cas prévus par la loi »[797]. Ce rappel du caractère d'ordre public du droit de vote est d'autant plus remarquable qu'il intervient dans le cadre d'une société par actions simplifiée (SAS), forme sociale dont on sait qu'elle bénéficie d'une grande liberté contractuelle dans son fonctionnement[798]. Cette forme de société permet, grâce aux dispositions statutaires, d'aménager la gouvernance des sociétés à un point insoupçonné.

269. Une nouvelle disposition est ajoutée à la rédaction de l'AUSCGIE précisant que les délibérations ou décisions, qui ignorent ou violent les droits de vote attachés aux actions ou parts sociales, sont

---

[792] M. RAKOTOVAHINY, op.cit., p.277.
[793] Civ., 7 avril 1932, DP, 1933-I-153, note Cardonnier ; J. soc. 1934-284, note Lecompte.
[794] J.-Ph. DOM, L'existence du droit de vote de l'associé, principe fondamental du droit des sociétés, note sous Com. 23 oct. 2007 n° 06-16.537, RJDA 2008. 3, cité par M. RAKOTOVAHINY, op.cit., p.277.
[795] M. RAKOTOVAHINY, op.cit., p.277.
[796] M. GERMAIN, « Le droit de vote », *Dr. Sociétés*, n° 7, juill. 2014, dossier 2, n° 3.
[797] Cass com. 23 octobre 2007, *Bull. Joly*, 2008, p. 239, note L. Godon, précité.
[798] C. LEROY, op.cit., p.151.

considérées comme nulles[799]. Aucune disposition statutaire ne peut, en dehors des cas prévus par la loi, supprimer ni même suspendre temporairement le droit de vote d'un associé. Mais certains auteurs admettent, qu'en dehors des statuts, il est en revanche possible pour un actionnaire de renoncer temporairement à l'exercice de son droit de vote[800]. De cette manière, un minoritaire peut détenir tous les pouvoirs de décision dans les assemblées générales ou disposer d'un droit de veto sur toutes les décisions importantes pour la société[801]. Les associés exercent leur droit de vote dans le cadre d'une assemblée générale, conformément à une procédure prévue par la loi, de manière plus ou moins détaillée selon la forme sociale[802].

270. En effet, il convient de préciser que le droit de vote de l'associé a une double nature. Il s'agit premièrement d'une « prérogative » essentielle de l'associé, car, il permet à ce dernier de gérer, de protéger et de faire fructifier une partie de son patrimoine en surveillant et en orientant l'utilisation de ce qu'il a apporté à la société. Et deuxièmement, il est une « fonction », car l'associé participe, par son vote, à la gestion de la société, à la formation collective de sa volonté, à la définition de sa politique et à la préservation et à la promotion de son intérêt[803]. Cela a été confirmé par un auteur en disant que « le droit de vote apparaît tout à la fois comme un moyen de défense du patrimoine de l'actionnaire et comme un procédé de gestion de la société»[804]. Le droit de vote est considéré comme un attribut essentiel de l'action ou part sociale. Malgré le fait qu'une action ou part sociale puisse conserver cette qualification sans comporter le droit de vote, celui-ci demeure la manifestation principale de la volonté des associés. Tout associé quelle que soit sa participation dans le capital social, bénéficie de ce droit.

271. Toutefois, pour qu'un vote reflète la position des associés face à une résolution, il faut que les associés se décident en toute indépendance, en dehors de toute pression, notamment de la part des dirigeants. C'est justement un problème crucial pour les minoritaires dont les voix sont souvent sollicitées par les dirigeants pour conforter leur pouvoir au sein de la société, ou encore par des groupes rivaux d'actionnaires, comme il en existe

[799] Art.129-1 de l'AUSCGIE, cité également par M. SAMB, « La réforme du droit des sociétés de l'OHADA : aspects généraux et droit transitoire », op.cit., p.8.

[800] M. GERMAIN, cité par C. LEROY, op.cit., p.151.

[801] A. SAKHO, « L'exécution forcée des obligations de faire résultant des pactes de référence dans les cessions d'actions», op.cit., p.832.

[802] R. KADDOUCH, op.cit., p.226.

[803] Y. DE CORDT, « Vers une démocratie des actionnaires », op.cit., p.4.

[804] P. COPPENS, cité par P.-A. FORIERS, *Les situations de blocage dans les sociétés anonymes*, Bruxelles, Université Libre de Bruxelles, p.14.

parfois au sein des sociétés, afin de faire pencher la balance[805]. Par conséquent, pour rendre effectif ce droit vis-à-vis des associés minoritaires, le législateur OHADA a procédé d'une part, à l'extension du pouvoir votal des minoritaires (**Section 1**) et d'autre part à la consécration du vote des associés minoritaires par correspondance (**Section 2**).

Section 1 : L'extension du pouvoir votal des minoritaires

272. Pour faire valoir leur point de vue sur l'orientation de la société dans laquelle ils ont investi et ainsi peser sur son développement, les associés disposent en assemblée générale d'un droit de vote qu'ils exercent en conformité avec l'intérêt social. Aussi est-il bon de rappeler l'utilité pour lui de se rendre aux assemblées générales et d'essayer de faire en sorte que le fonctionnement de la société ne soit pas défini d'une manière réduisant le rôle des associés minoritaires à sa portion congrue[806]. Dans ce cadre, le législateur dans l'article 125 de l'AUSCGIE dispose en effet que : « sauf disposition contraire du présent acte, tout associé a le droit de participer aux votes des décisions collectives ». Par conséquent, pour renforcer le droit de participer au vote de l'associé minoritaire, en plus, des privilèges de tout associé lors du vote (**§1**), d'autres sont exclusifs des associés minoritaires (**§2**).

§ 1 : Les privilèges de tout associé

273. Lors de la rédaction des statuts, les associés peuvent prévoir des mécanismes profitables aux minoritaires ou aux majoritaires. Cela passe par l'admission des conventions de vote (**A**) et l'encadrement du droit de vote double (**B**).

A : L'admission des conventions de vote

274. Dans les sociétés par actions, un lien est établi entre le droit de vote et la part de capital détenu par l'actionnaire. Malgré une défiance persistante, il est possible d'aménager dans une certaine mesure ce droit de vote[807]. Ainsi, dans le souci d'assurer la gestion de la société, ou encore la passation de certaines opérations, les associés peuvent recourir à une convention de vote. Cette dernière porte sur l'exercice du droit de vote des associés en assemblée générale. Il s'agit d'un engagement pris par des

---

[805] M.-D. POISSON, op.cit., p.156.
[806] A. M. CARTRON et B. MARTOR, op.cit., p.28.
[807] Y. GUYON, Traité des contrats- Les sociétés-Aménagements statutaires et conventions entre associés, 5e éd., LGDJ, 2002, n° 187.

associés à voter dans un sens déterminé ou à ne pas participer au vote. En principe, en l'absence d'une convention d'associés, les droits de l'associé minoritaire sont relativement limités et ne doivent pas, juridiquement parlant, faire obstacle aux intérêts et désirs de l'associé majoritaire, dans l'orientation qu'il souhaite donner à l'entreprise dans laquelle ils ont tous deux investi. Pour cette raison, dans certaines situations, afin de faciliter la gestion de la société, des conventions de vote pourront être conclues entre certaines catégories d'actionnaires pour s'assurer de la prise de décisions nécessaires à l'intérêt social[808].

275. L'objet des conventions de vote est variable, il dépend du but poursuivi ; à titre d'exemple des associés minoritaires peuvent à travers des conventions de vote se regrouper pour constituer une minorité cohérente ou encore une minorité de blocage. Tout comme les conventions de vote peuvent avoir uniquement pour objet d'orienter les suffrages, en ce sens que les parties se réunissent avant chaque assemblée et déterminent la position à prendre lors de cette assemblée. Dans la pratique, ces conventions permettent aux associés, notamment les minoritaires, de s'unir afin d'influencer la gestion sociale lors du vote en assemblée. Ces conventions constituent ainsi de véritables forces de dissuasion au sein des sociétés commerciales. Seulement, la rédaction de ces clauses devra tenir compte d'un certain nombre de contraintes d'ordre public. En particulier, un associé ne doit pas être privé ou renoncer, de façon définitive, à son droit de vote. La privation totale du droit de vote est sanctionnée, et à cet effet, la jurisprudence rejette ainsi les engagements permanents et généraux[809].

276. Les conventions de vote ou pactes de votations prévoient par exemple, la nécessité d'un accord unanime des signataires pour des décisions importantes limitativement énumérées, ou encore la soumission à la loi de la majorité telle que celle-ci se dégage lors d'une réunion des associés signataires du pacte, préalable à la tenue de l'assemblée générale de la société. Elles peuvent ainsi porter sur toutes les décisions collectives, mais, le plus souvent, elles sont limitées à certaines d'entre elles, notamment : le choix des dirigeants, l'agrément de nouveaux associés, la politique d'investissement ou encore l'affectation des résultats.

277. Cependant, certaines conventions de vote peuvent aller plus loin et organiser une procédure d'autorisation préalable donnée par le

[808] Chr. PICHARD, op.cit., p.25.
[809] CA Paris, 22 février 1933, *DH* 1933, p. 258 annulant la stipulation par laquelle un associé s'engageait pour toute la durée de la société à ne jamais provoquer ou voter une modification de la clause des statuts qui limitait le nombre des voix de chaque associé.

bénéficiaire pour l'adoption de certaines décisions[810]. Dans le cadre de décisions relevant de la compétence de l'assemblée générale, les actionnaires majoritaires s'engageront ainsi à ne voter favorablement une résolution déterminée que si l'actionnaire minoritaire, bénéficiaire de la convention, les y autorise expressément[811]. Ces conventions sont souvent incluses dans un pacte d'associés[812], mais elles peuvent résulter de tout autre document contractuel. Par contre, elles ont plusieurs fois étaient critiquées au motif que le droit de vote de tout associé est un droit absolu, qui doit pouvoir s'exercer librement et sans aucune entrave contractuelle. Mais dans une certaine mesure, c'est parce que le vote contractuel préserve plus qu'il ne porte atteinte aux droits de l'associé que sa validité n'est pas mise en cause.

278. Par ailleurs, il convient de signaler que ces conventions peuvent être pour les minoritaires un moyen de défendre leurs droits, en conférant à ces minoritaires une organisation permanente et une cohérence qui fait généralement défaut au groupe des actionnaires minoritaires. Cependant, elles sont nuisibles à l'intérêt social lorsqu'elles se manifestent par un blocage systématique des décisions de la part des minoritaires, ce qui traduit alors un abus de minorité. C'est pourquoi même si le législateur OHADA n'est pas clair quant au sens dans lequel est orienté le vote, une convention de vote est licite si elle sauvegarde le droit de participation des associés, si elle n'est pas contraire à l'intérêt social, et si tout vice de consentement est absent. Une ancienne jurisprudence avait également considéré qu'une convention de vote, conclue pour une durée illimitée ou considérée comme telle, est nulle. A l'inverse, un engagement de souscrire à une augmentation de capital a été validé car limité à une opération conforme à l'intérêt social et exempt de toute idée de fraude[813].

279. En revanche, les conventions clairement contraires à l'intérêt social sont frappées d'une illicéité de principe. Le fondement est net, les intérêts particuliers des signataires de la convention ne pouvant en aucun cas

---

810 Précisons que ces conventions d'autorisation préalable sont susceptibles de valoir à leur bénéficiaire la qualification de dirigeant de fait et d'engager en conséquence leur responsabilité civile et pénale (voir, F.-D. POITRINAL, *op. cit.*, n°109 et 126 et s.), cité par C. LEROY, op.cit., p.92.

811 Cour d'appel d'Aix-en-Provence 5 décembre 2003, *Bull. Joly*, 2004, p. 1077, note A. CERATI-GAUTIER confirmé par Cass.com. 27 septembre 2005, n°04-12168, n°1138, *RJDA*, 12/05, n°1359, 1ère esp., précités.

812 Art.2-1 de l'AUSCGIE précité : Sous réserve du respect des dispositions du présent acte uniforme auxquelles il ne peut être dérogé et des clauses statutaires, les associés peuvent conclure des conventions extrastatutaires en vue notamment d'organiser, selon les modalités qu'ils ont librement arrêtées.

813 Cour d'Appel de Paris, 5ème chambre c. 30 juin 1995, JCP, 1996, éd. E n°795.

prévaloir sur l'intérêt de la société[814]. Seraient aussi vraisemblablement annulées les conventions appelées « pacte de majorité » ou « syndicat de blocage » dans lesquelles les associés s'engagent indéfiniment à voter, dans les assemblées de leur société, selon les résultats d'un vote majoritaire interne à leur groupe[815]. Ce qui signifie que les conventions de vote permanentes sont sans aucun doute illicites[816]. La Cour de cassation belge s'est prononcée par un arrêt de principe du 13 avril 1989 en faveur de la validité des conventions de vote à condition qu'elles soient limitées à l'opération visée, conformes à l'intérêt social et exempt de toute idée de fraude[817]. Hors ces hypothèses, la discussion sur la validité des conventions de vote demeure ouverte. Certains auteurs rejettent leur validité parce que le droit de vote est un droit-fonction qui ne devrait pouvoir faire l'objet d'aucune convention[818], et d'autres semblent les admettre à regret. Mais la doctrine majoritaire considère qu'il convient de se prononcer en faveur d'une validité de principe des conventions de vote[819], dès lors qu'elles ne sont ni permanentes, ni contraires à l'intérêt social, ni une fraude à une règle d'ordre public[820].

280. De toute façon, les conventions de vote donnent aux associés minoritaires la possibilité d'exercer un contrôle sur la marche des affaires sociales. Elles leur permettent de mettre en place des systèmes de nature à augmenter leur influence lors des assemblées générales. Toutefois, il convient de souligner que ces conventions ne doivent pas faire l'objet d'une contrepartie financière[821] sous quelque forme que ce soit ; parce qu'une telle convention serait assimilée à un trafic de voix pénalement sanctionné.

281. Outre cela, afin d'éviter tout risque de nullité de ce type de clauses, certains pactes prévoient simplement une promesse de porte-fort des

---

[814] G. PARLEANI, article préc., Rev. sociétés 1991. 1, spéc. p. 28-29 ; J.-J. DAIGRE, Transformer les sociétés, JCP E, Cah. dr. entr., 18 mai 1995, suppl. n° 2, p. 16, spéc. no 11, p.17.

[815] T. com. Lyon, 20 oct. 1902, Journ. sociétés 1903. 67 ; T. com. Seine, 9 déc. 1920, Journ. soc. 1924. 517, note Cordonnier.

[816] Cass.com. 16 juin 1974, RTD com. 1977. 84, note D. Randoux.

[817] Cass. 13 avril 1989, TRV 1989, p.321 et note W. WYCKAERT.

[818] D. SCHMIDT, *Les droits de la minorité dans la société anonyme*, préf. J.-M. Bischop, thèse, 1969, Sirey, p.421.

[819] A. VIANDIER, « Observations sur les conventions de vote », JCP E 1987. II. 15405, p. 180 ; B. MERCADAL, « Pour la validité des conventions de vote », RJDA 10/1992.

[820] M. JEANTIN, Les conventions de vote, « La stabilité du pouvoir dans les sociétés », RJ com. nov. 1990, no spéc., p.124.

[821] Sont expressément prohibées les conventions consistant à céder le droit de vote contre un avantage en nature ou en numéraire. Une telle pratique est sanctionnée par l'article L. 242-9, 3o, du Code de commerce français qui prévoit des sanctions pénales à l'encontre de ceux qui y auraient recours.

signataires[822]. Dans le cas où les associés ne voteraient pas dans le sens convenu, les différentes parties au pacte pourraient alors se retourner contre les associés s'étant portés fort de telles ou telles décisions pour un manquement à leurs promesses : ils pourront alors obtenir des dommages et intérêts mais non l'exécution forcée. Toutefois, actuellement, dans le cadre d'une exécution forcée en nature, en droit français, après l'abrogation de l'ancien article 1142 du Code civil[823], « le créancier d'une obligation peut, après mise en demeure, en poursuivre l'exécution en nature sauf si cette exécution est impossible ou s'il existe une disproportion manifeste entre son coût pour le débiteur et son intérêt pour le créancier »[824]. En plus des conventions de vote, l'Acte uniforme révisé renforce le droit de vote double de tout associé même le minoritaire.

B : L'encadrement du droit de vote double

282. L'article 129 de l'AUSCGIE prévoit que : « Les droits de vote de chaque associé sont proportionnels à sa participation au capital de la société, à moins qu'il en soit disposé autrement par le présent Acte uniforme ». Il ressort de cet article que tout associé a en principe droit à un pourcentage de droits de vote équivalent à son pourcentage de capital. Ce qui

[822] Chr. PICHARD, op.cit., p.28.

[823] Ancien art. 1142 du Code civil français : « Toute obligation de faire ou de ne pas faire se résout en dommages et intérêts en cas d'inexécution de la part du débiteur».

[824] Art. 1221 du Code civil.

On distingue traditionnellement trois types d'impossibilités qui peuvent faire obstacles à une exécution forcée en nature.

L'impossibilité peut être matérielle. Par exemple le débiteur s'est engagé à rénover un bien qui a péri : le bien n'existant plus, il est matériellement impossible de forcer l'exécution en nature de l'obligation de faire.

L'impossibilité peut être morale. On donne en général l'exemple d'un artiste qui s'engage à peindre un tableau. On ne peut contraindre le peintre à exécuter son obligation de faire car on considère que cela serait trop attentatoire à ses libertés individuelles, en raison du caractère éminemment personnel de l'obligation.

L'impossibilité peut enfin être juridique. Voici un bailleur qui conclut successivement deux contrats de bail portant sur le même immeuble, mais avec deux preneurs distincts. Une fois le premier preneur installé dans l'immeuble, le second locataire ne peut plus obtenir l'exécution forcée en nature de l'obligation de faire (de mise à disposition) du bailleur, car cela nécessiterait d'expulser le premier preneur qui a tout autant droit à occuper les lieux puisqu'il bénéficie lui aussi d'un contrat de bail (Cl. FRANCOIS, Présentation des articles 1221 à 1222 de la nouvelle sous-section 2 « L'exécution forcée en nature », ATER à l'université Paris 1 Panthéon-Sorbonne. https://iej.univ-paris1.fr/openaccess/reforme-contrats/titre3/stitre1/chap4/sect5/ssect2-execution-forcee/ consulté le 02/10/2017).

Selon le même article, l'exécution forcée en nature est également exclue « s'il existe une disproportion manifeste entre son coût pour le débiteur et son intérêt pour le créancier ». Il s'agit d'une nouveauté, la Cour de cassation ayant réaffirmé en 2015 que le coût « exorbitant » de l'exécution en nature n'était pas un motif permettant aux juges du fond de rejeter la demande d'exécution forcée en nature (Cass. civ. 3e, 11 mai 2005, n° 03-21.136 ; Cass. civ. 3e, 16 juin 2015, n° 14-14.612).

signifie que le législateur consacre le principe une action égale une voix[825]. Il résulte de ce lien obligatoire entre l'action et le droit de vote, qu'il est impossible, de céder le droit de vote indépendamment de l'action. Cette exigence selon laquelle toute action comporte une voix signifie également qu'elle ne peut en offrir plus d'une sauf s'il s'agit de créer des actions à vote double à titre de reconnaissance de la fidélité à la société de certains associés pour éviter que la société cible soit sous le contrôle d'une autre.

En la matière, selon 752 de l'AUSCGIE : « Un droit de vote double de celui conféré aux autres actions, eu égard à la quotité du capital qu'elles représentent, peut être conféré par les statuts ou l'assemblée générale extraordinaire aux actions nominatives entièrement libérées pour lesquelles il est justifié d'une inscription nominative depuis au moins deux (2) ans au nom d'un même actionnaire.

283. De même, en cas d'augmentation de capital par incorporation de réserves, de bénéfices ou de primes d'apports, d'émission ou de fusion, le droit de vote double peut être conféré dès leur émission aux actions nominatives attribuées gratuitement à un actionnaire à raison des actions anciennes pour lesquelles il bénéficie déjà de ce droit ». L'utilisation de l'adverbe « au moins » par l'article 752 permet de considérer que l'Acte uniforme a entendu fixer un délai minimum de deux ans, mais que les statuts peuvent exiger un délai plus long[826].

284. En outre, l'Acte uniforme révisé ajoute qu'un droit de vote double de celui conféré aux autres actions peut être conféré aux actions de préférence[827]. En consacrant le droit de vote double, le législateur donne à tout associé la possibilité d'accroître son influence sur la gestion sociale sans un investissement supplémentaire. Le système du droit de vote double peut permettre la prise de contrôle de la société par les associés minoritaires et empêche les prises de contrôles externes.

285. Pourtant, le droit de vote double a été fustigé par les partisans de la *corporate governance* dans la mesure où il constitue une entrave au déclenchement d'une offre[828]. Ces critiques ne semblent pas fondées. L'objectif assigné à la *corporate governance* est de restaurer l'associé dans la

---

[825] Cf. art. 751 de l'AUSCGIE.

[826] A. KONGATOUA KOSSONZO, « Le droit de vote dans les sociétés commerciales tel que prévu par l'Acte uniforme relatif aux sociétés commerciales et GIE », *Penant*, 2010, n°873, p.48.

[827] L'art.778-1 de l'AUSCGIE.

[828] C. NEUVILLE, *L'émergence d'un actionnariat actif en France*, Petites affiches 27 sept. 1995 p. 39 et *Le gouvernement d'entreprise : pour quoi faire ?*, Petites affiches 7 mai 1997 p.24.

plénitude de ses prérogatives. L'existence du droit de vote double renforce le poids de l'apporteur de capital et n'aboutit donc nullement à l'affaiblir. Ces actions doivent obligatoirement être détenues sous la forme nominative. Cette exigence est une manifestation de la volonté du législateur, qui a vu dans le droit de vote double un moyen de renforcer l'*intuitus personae* dans la société anonyme et en même temps la transparence.

Néanmoins, il convient de préciser que des titres au porteur ne peuvent donc voir leur potentiel de vote augmenté. Pour cela, l'action nominative convertie en action au porteur ou transférée en propriété perd le droit de vote double qui peut lui être attaché[829], ou en cas de conversion d'actions en actions de préférence. C'est-à-dire que les actions à droit de vote double perdent leur second vote et redeviennent des actions ordinaires dès que transférées à un tiers ou converties au porteur[830]. Cela montre que le droit de vote double a un caractère précaire[831]. Nominatives, elles ne peuvent pas non plus être cotées, contrairement aux actions sans droit de vote[832] sauf si elles sont inscrites au nom d'un même titulaire depuis une durée minimum comprise entre deux et quatre ans[833]. Selon le droit français.

286. La question se pose de savoir si des personnes d'ores et déjà actionnaires au moment de la modification statutaire, mais qui détenaient leurs titres depuis moins de deux ans, peuvent néanmoins bénéficier du droit de vote double dans les conditions anciennes. Bien qu'on ait pu soutenir le contraire[834], une réponse négative semble s'imposer. Les statuts modifiés sont opposables *erga omnes*, tous les actionnaires y sont soumis. Une solution contraire risquerait de provoquer une rupture d'égalité entre anciens et nouveaux membres du groupement. Dès lors, ces actions ne peuvent donc être émises qu'en cours de vie sociale, bien que la clause des statuts les autorisant puisse exister dès l'origine[835].

287. Cependant, le transfert par suite de succession, de liquidation de communauté entre époux ou donation entre vifs ne fait pas perdre à l'action

---

[829] Art.545 de l'AUSCGIE.

[830] S. BOUBAKER et F. LABEGORRE, « Le recours aux leviers de contrôle : le cas des sociétés cotées françaises », *Finance Contrôle Stratégie* - volume 11, n° 3, septembre 2008, p.5.

[831] A. KONGATOUA KOSSONZO, « Le droit de vote dans les sociétés commerciales tel que prévu par l'Acte uniforme relatif aux sociétés commerciales et GIE », Penant, 2010, n°873, p.468.

[832] S. BOUBAKER et F. LABEGORRE, op.cit., p.5.

[833] Lexique financier , « Action à droit de vote double » https://www.lesechos.fr/finance-marches/vernimmen/definition_action-a-droit-de-vote-double.html, consulté, le 02/10/2017

[834] B. MERCADAL et Ph. JANIN, *Mémento pratique des sociétés commerciales*, *op.cit.*, n° 10669, cité par D. ESKINAZI, *La qualité d'associé,* Thèse, Cergy-Pontoise, 2005, p.151.

[835] M.-D. POISSON, op.cit., p.379.

le droit de vote double dont les actions bénéficiaient déjà[836]. « Le droit de vote est l'un des attributs essentiels de l'action »[837]. Cette affirmation pourrait sembler dépassée si l'on considère la perte de prestige qu'a subie le droit de vote parmi les droits de l'actionnaire[838]. Par contre, le principe de l'égalité entre actionnaires se manifeste de manière parfaite dans les coopératives où le principe en matière du droit de vote est un homme égal une voix[839]. Le terme « démocratie actionnariale» tient donc de ce principe d'égalité entre les actionnaires : « une action, un droit »[840].

288. Par ailleurs, l'écart entre les pourcentages de droits de vote et de capital de l'actionnaire contrôleur constitue ainsi une source potentielle de conflits d'intérêts entre actionnaires[841]. Plus l'actionnaire contrôleur détient un pourcentage de droits de vote supérieur à sa participation au capital et plus il est susceptible de prendre des décisions préjudiciables aux autres actionnaires[842] minoritaires. Mais en dehors de ces privilèges dont tout associé est susceptible de bénéficier, il y a d'autres qui sont exclusifs des minoritaires.

§ 2 : Les privilèges exclusifs des associés minoritaires

289. Lors du vote dans les assemblées générales, les associés majoritaires peuvent dominer les associés minoritaires en imposant leur volonté sur celle de ces derniers. A cet effet, un associé minoritaire ne pourra effectivement faire obstacle à l'adoption de résolutions soutenues par les associés majoritaires que s'il dispose d'une « minorité de blocage »[843]. Dans

---

[836] Art. 545 de l'AUSCGIE.

[837] Civ., 7avril 1932, DP, 1933-I-153, note Cordonnier ; J.Soc.1934-284, note Lecompte.

[838] M.-D. POISSON, op.cit., p.168.

[839] A. KONGATOUA KOSSONZO, op.cit., p.48.

[840] J. CREANGE, op.cit., p.6.

[841] JENSEN et MECKLING, cité par S. BOUBAKER et F. LABEGORRE, op.cit., p.97.

[842] S. BOUBAKER et F. LABEGORRE, op.cit., p.97.

[843] La minorité de blocage est un mécanisme qui permet lors du vote à un associé ou plusieurs associés qui détiennent un nombre d'actions suffisant de bloquer la prise de certaines décisions en assemblée générale. C'est-à-dire que le calcul des minorités de blocage se fait en fonction des seuils de majorité en assemblée générale d'une société prévus par la loi ou par les statuts. Etant donné en principe qu'une action ou une part sociale donne droit à une voix, la minorité de blocage sera donc établie lorsqu'un quorum nécessaire pour la prise d'une décision n'est pas atteint. Il est à noter que les abstentions ou les bulletins blancs sont pris en compte et assimilés à un vote de rejet dans le calcul de cette majorité.
Par exemple, le législateur prévoit, des majorités qualifiées à l'assemblée pour réaliser certaines opérations, à savoir essentiellement des opérations impliquant une modification des statuts. A cet effet, l'article 358 de l'AUSCGIE dispose que : « Les modifications des statuts sont décidées par les associés représentant au moins les trois quarts du capital social ». Dès lors, il ressort de cet article que plus d'un quart constitue déjà une minorité de blocage dans ce domaine. De même, pour les SARL, la loi a prévu qu'à défaut de clauses statutaires, la

le cas contraire, l'effectivité de son vote en pâtira. Par conséquent, pour renforcer le pouvoir des minoritaires lors du vote des associés à l'assemblée, le législateur a procédé à l'extension de l'unanimité des votants (**A**) et à la précision de l'action en abus de majorité (**B**).

A : L'extension de l'unanimité des votants

290. Les actions ou parts sociales de l'associé minoritaire lui donnent le droit d'assister aux assemblées générales de la société et de voter sur les sujets soumis à l'assemblée. Les décisions lors du vote des associés sont prises selon la règle de la majorité. Seulement, il existe toujours des exceptions aux règles et, dans ce cadre, l'article 359 de l'AUSCGIE[844] énumère des décisions pour lesquelles l'unanimité des votants est effectivement exigée. A partir de cet article, il convient de constater que dans le nouvel Acte uniforme, le législateur a procédé par l'extension des décisions dont l'unanimité des associés est exigée. A cet effet, la décision de transformation[845] en société par actions simplifiée est prise à l'unanimité des associés. Comme le précise l'article 853-6 de l'AUSCGIE, il en est de même en cas de fusion-absorption d'une société par une société par actions simplifiée. Toute délibération prise en violation du présent article est nulle.

Le maintien du principe de prise de décision à l'unanimité permet de renouer avec le principe de l'effet relatif des contrats. Par exemple une

---

transmission des parts sociales à titre onéreux à des tiers étrangers à la société n'est possible qu'avec le consentement de la majorité des associés non cédants représentant les trois quarts des parts sociales déduction faite des parts de l'associé cédant (Art. 319 al.1 de l'AUSCGIE). En outre, les statuts peuvent dans un but de protection des minorités, prévoir des majorités spéciales tant à l'assemblée qu'au conseil (P-A. FORIERS, *Les situations de blocage dans les sociétés anonymes*, op.cit., p.27).

C'est-à-dire que le législateur ou les statuts peuvent renforcer des conditions de majorité à l'assemblée générale et exiger une majorité qualifiée et avec comme corollaire d'imposer une minorité de blocage au moment de la prise de décision.

[844] L'unanimité est requise dans les cas suivants :

1°) augmentation des engagements des associés ;

2°) transformation de la société en société en nom collectif ou en société par actions simplifiée ;

3°) transfert du siège social dans un État autre qu'un État partie.

[845] Cf. Art. 181 de l'AUSCGIE :

La transformation de la société est l'opération par laquelle une société change de forme juridique par décision des associés. La transformation régulière d'une société n'entraîne pas la création d'une personne morale nouvelle. Elle ne constitue qu'une modification des statuts et est soumise aux mêmes conditions de forme et de délai que celle-ci.

Toutefois, la transformation d'une société dans laquelle la responsabilité des associés est limitée à leurs apports en une société dans laquelle la responsabilité des associés est illimitée est décidée à l'unanimité des associés. Les délibérations prises en violation des dispositions du présent alinéa sont nulles.

modification des statuts peut être assimilée à une modification de contrat dès lors qu'elle est approuvée par tous les associés[846]. Si la règle de l'unanimité constitue un idéal, le risque de blocage et l'inefficacité consubstantielle d'un tel mécanisme ont justifié le passage au principe majoritaire[847]. Or, la majorité n'est qu'un palliatif à l'unanimité. Le législateur OHADA exige le consentement unanime des associés pour les décisions les plus graves, « ceci dans le but de protéger les associés minoritaires contre l'oppression de la majorité »[848]. Ainsi, par l'application de la règle de l'unanimité, chaque associé qu'il soit majoritaire ou minoritaire peut, indifféremment du montant de sa participation au capital social, opposer son veto à l'adoption d'une décision.

Même, en groupe de sociétés, lorsque la société mère est une société dans laquelle les associés ou actionnaires sont responsables à concurrence de leurs apports alors que la société à créer est une société de personnes dans laquelle les associés sont indéfiniment et solidairement responsables, la décision de création de la filiale ne peut être prise qu'à l'unanimité des associés ou actionnaires de la société mère[849].

291. En plus, suite à la consécration par le législateur de la liberté contractuelle des associés, lors de la rédaction des statuts, l'associé minoritaire peut notamment se réserver une véritable autorité décisionnelle en exigeant l'unanimité pour certaines décisions en assemblée générale : toute décision soumise à l'unanimité ne pourra être prise sans son accord préalable[850]. La loi n'impose pas de modèle de statuts prédéterminés et réglementés au détail près. Ce sont les associés eux-mêmes qui construisent les statuts de leur société. Certes sont-ils tenus, dans cette œuvre de construction, de respecter des dispositions impératives de plus en plus nombreuses. Mais leur volonté conserve une place importante[851].

Le consentement unanime est requis lorsque les conséquences de la résolution votée à la majorité pèseraient sur l'ensemble des membres du groupement. C'est le cas de toutes les décisions stratégiques, comme l'augmentation de capital, l'ouverture d'une succursale, l'élargissement géographique des activités etc. Ces décisions importantes sont à rapprocher

---

[846] M. KONE, *Le nouveau droit commercial des pays de la zone OHADA : Comparaison avec le droit français*, op.cit., p196.

[847] C. RUELLAN, *La loi de la majorité dans les sociétés commerciales*, Thèse, Paris II, 1994, n°253.

[848] D. BERT, op.cit., p.1853.

[849] M. Nd. MBAYE, « Les groupes de sociétés dans l'organisation pour l'harmonisation du droit des affaires (OHADA)», op.cit.p.284.

[850] A. M. CARTRON et B. MARTOR, op.cit., p.28.

[851] M. KONE, *Le nouveau droit commercial des pays de la zone OHADA : Comparaison avec le droit français*, op.cit., p.201.

des décisions qui, dans une entreprise inégalitaire, requièrent l'accord unanime des associés[852].

Une question a été posée de savoir si l'unanimité s'entend de l'ensemble des associés liés par le pacte social ou de l'ensemble des participants à l'assemblée générale, présents ou représentés. La Cour de Versailles tranche le débat en énonçant que l'unanimité « s'entend (...) nécessairement de la totalité des associés liés par le pacte social et pas seulement de ceux des actionnaires présents ou représentés à l'assemblée »[853]. L'unanimité intéresse ainsi le consentement individuel de l'associé, tandis que la règle majoritaire se réfère aux prérogatives de l'actionnaire en tant que titulaire du droit de vote[854].

En tout état de cause, il est à remarquer que l'unanimité chaque fois qu'elle est exigée est difficilement surmontable[855], et ce même s'il permet de protéger les associés particulièrement les minoritaires. En effet, dans une société malgré l'intérêt social, qui est censé rassembler tous les associés, il est à constater que ces derniers conservent toujours des intérêts divergents. Or, la divergence des intérêts est généralement un frein à l'unanimité. Il en résulte qu'il est très difficile de recouvrer un accord unanime pour une opération ayant trait à la société[856]. Cette difficulté est d'autant plus grande lorsqu'il y a plusieurs associés ou actionnaires comme c'est souvent le cas dans les grandes SA.

292. En principe, l'unanimité est la règle lorsque la décision envisagée augmente les engagements initiaux des associés, ou dans certaines formes sociales. C'est-à-dire que comme le dispose l'article 223-30 du Code de commerce français, « en aucun cas, la majorité ne peut obliger un associé à augmenter son engagement social». L'AUSCGIE abonde dans le même sens en disposant que : « en aucun cas, les engagements d'un associé ne peuvent être augmentés sans le consentement de celui-ci »[857]. De même, la Cour de cassation française a rejeté le pourvoi formulé contre une décision de la Cour d'appel qui après avoir rappelé que les engagements d'un associé ne peuvent être augmentés sans le consentement de celui-ci, retient que les

---

[852] D. PHILIPPE, « Les clauses et les procédures de résolution de conflits », *Annales du droit luxembourgeois*, Bruxelles, Bruylant, 2010, p.113.
[853] CA Versailles, 12ème ch., 24 février 2005, Recueil Dalloz 2005 p.1853.
[854] D. BERT, op.cit., p.1853.
[855] En ce sens, M. N. MBAYE, « Le transfert intracommunautaire de siège social dans l'espace OHADA », op. cit., n° 6, cité par C. M. SANE, *La mobilité des sociétés de l'espace OHADA : étude à la lumière du droit européen et international des sociétés*, Thèse, PAU ET DES PAYS DE L'ADOUR, 2017, p.63.
[856] C. M. SANE, Ibid.
[857] L'art.72 al.2 de l'AUSCGIE.

minoritaires n'ont pas donné un tel consentement et que l'actionnaire majoritaire a pris seul l'initiative de faire des apports en compte courant destinés à apurer le passif[858]. Cette décision confirme que toute décision des associés de participer au passif social au-delà du montant de leurs apports initiaux se traduit par une charge financière nouvelle devant être adoptée à l'unanimité.

En effet, la Cour de cassation réaffirme une solution traditionnelle selon laquelle les actionnaires d'une société anonyme ayant réalisé des pertes substantielles ne peuvent être amenés à effectuer des versements supplémentaires qu'à la condition d'y avoir individuellement et expressément consentis[859]. Les résolutions augmentant les engagements des associés sont des modifications statutaires. Or, les statuts concernent l'ensemble des associés[860], ils ne peuvent s'appliquer à certains d'entre eux seulement. Le droit des contrats demande l'égalité des contractants, ce qui interdit la rédaction de statuts dont certaines clauses seraient applicables à certains associés seulement.

Par conséquent, une décision augmentant les engagements des associés, quelle que soit la forme sociale, ne peut résulter que d'un accord unanime de ces derniers, obtenu en assemblée générale. En cas de refus de l'un d'eux, la décision ne saurait s'appliquer seulement aux majoritaires, favorables à son adoption. Ce qui signifie que toute décision attentatoire au principe de l'intangibilité des engagements de l'associé doit être adoptée à l'unanimité[861]. Cette dernière est celle de tous les associés et pas seulement

---

[858] Cass.com., 19 octobre 1999, RTD.com. 2000.105, obs. C. Champaud et D. Danet. En l'espèce, une société Gémasud SA ayant fait des pertes importantes convoqua ses actionnaires en assemblée générale extraordinaire aux fins de décider la dissolution anticipée de la société en application de l'article 241 de la loi du 24 juillet 1966. L'actionnaire majoritaire de Gémasud, la Compagnie générale de chauffe, effectua par la suite, de sa propre initiative, des avances de fonds nécessaires à l'apurement du passif. Afin de ne pas avoir à supporter seule cette charge pécuniaire supplémentaire, la Cie générale de chauffe assigna les actionnaires minoritaires de Gémasud afin de les voir contribuer, pour leur part, au passif social, en prétextant qu'ils auraient donnés leur consentement implicite à de tels versements lors de la décision de dissolution anticipée. Ces prétentions furent écartées tant par la Cour de Toulouse que par la Cour de cassation au motif que « les actionnaires minoritaires n'ont pas donné un tel consentement et que l'actionnaire majoritaire a pris seul l'initiative de faire des apports en compte courant destinés à apurer le passif, sans avoir obtenu leur accord préalable ». V. L. GODON, « L'augmentation des engagements des actionnaires suppose un consentement préalable et non équivoque de chaque associé », Revue des sociétés 2000, p.294.

[859] Cass. civ., 9 fév. 1937, DP 1937, 1, p. 73, note A. Besson ; 3 juill. 1979, RTD com. 1980, p. 94, note Alfandari et Jeantin ; Cass. com., 7 mars 1989, Rev. Sociétés 1989, p. 473, note Y. Chartier ; CA Paris, 13 janv. 1998, Bull. Joly 1998, p. 321, note J.-J. Daigre.

[860] Cass.civ 1ère 13 juin 1995, Rev. Sociétés 1996 p. 75, par lequel la Cour de cassation accorde la primauté aux statuts, applicables à l'ensemble des associés, sur un acte extrastatutaire, régissant les relations entre certains d'entre eux seulement.

[861] R. KADDOUCH, op.cit., p.282.

de ceux qui participent à l'assemblée générale. Dès lors, ce consentement peut être donné soit en assemblée, soit individuellement. Néanmoins, dans ce dernier cas, il faut être certain que cette consultation écrite permet aux associés de se prononcer en toute connaissance de cause et de manière aussi éclairée que si une assemblée générale avait été réunie.

293. Cependant, il n'existe aucune précision légale de la notion d'augmentation des engagements des associés. C'est donc aux juges qu'il revient de définir ce concept. En effet, la Cour de cassation est actuellement encline à assimiler une diminution des droits à une augmentation des engagements, accordant ainsi la primauté à l'associé sur la société. Selon la Cour : « si une clause interdisant à l'ancien actionnaire d'une société anonyme toute forme de concurrence envers celle-ci peut être comprise dans les statuts adoptés lors de la création, l'introduction ultérieure d'une telle clause qui, par l'atteinte qu'elle porte à la liberté du travail et du commerce, augmente les engagements de l'actionnaire, ne peut être décidée qu'à l'unanimité »[862]. Par cet arrêt, la Cour de cassation entend éviter que la liberté des membres du groupement ne soit entravée sans leur consentement, même si c'est au profit de la société[863]. En dehors des situations où l'unanimité est exigée, il convient de noter que « la majorité ne peut supprimer les droits individuels des associés, ni abuser de son droit pour sacrifier la minorité et servir les intérêts particuliers du gérant ou de certains associés »[864].

---

[862] Bull. IV n° 94 ; Rev. Sociétés 1996 p. 793, note L. GODON ; Bull. Joly 1996 p. 604, note P. LE CANNU – dans le même sens, CA Lyon 20 nov. 1998, RTD com. 2000 p. 663, obs. Cl. CHAMPAUD et D. DANET. Un arrêt rendu par la Cour suprême le 26 mars 1996 est particulièrement révélateur de cette nouvelle orientation. Il s'agissait en l'occurrence d'une société d'expertise comptable. A la suite d'un désaccord portant sur l'introduction d'une clause de non concurrence dans les statuts, un actionnaire exerça son droit de retrait et décida de travailler à titre indépendant. La société demanda alors le paiement d'une indemnité, en se fondant sur les stipulations statutaires. Néanmoins, selon l'expert-comptable, la clause lui était inopposable. Elle augmentait d'après lui les engagements des actionnaires, elle avait donc être adoptée à l'unanimité. Puisqu'il avait émis un vote défavorable à son adoption, la société ne pouvait pas l'invoquer à son encontre. Ce raisonnement n'ayant pas trouvé grâce auprès des juges du fond, l'affaire est portée devant la Cour de cassation. Les termes du débat étaient clairs : soit celle-ci faisait prévaloir une analyse contractuelle de la société, en refusant toute modification unilatérale des prévisions originaires des associés en cours de vie sociale; soit elle adoptait une vision plus institutionnelle, permettant au groupement de se défendre contre tout détournement de clientèle. La Haute juridiction, fait prévaloir la première thèse et censure par conséquent les juges du fond, sous le visa de l'article L. 153 (actuellement 225-96 C. Com.). Pour les hauts magistrats, la clause litigieuse, en mettant à la charge de l'associé une obligation de non concurrence, diminuait corrélativement son droit d'exercer l'activité de son choix, conséquence de la liberté du commerce et de l'industrie.

[863] J. MESTRE, cité par R. KADDOUCH, op.cit., p.283.

[864] G. RIPERT et R. ROBLOT, *Traité élémentaire de droit commercial*, Tome 1, 12ème éd., LGDJ, 1986, p.702.

294. Par ailleurs, une autre décision est révélatrice de ce courant jurisprudentiel tendant à interpréter plus largement la notion d'engagements des associés. Dans un arrêt portant sur un litige relatif aux comptes courants d'associés[865], la Chambre commerciale a décidé que « les comptes d'associés ont pour caractéristique essentielle, en l'absence de convention particulière ou statutaire les régissant, d'être remboursables à tout moment ». En conséquence, la décision de l'assemblée générale exigeant le blocage des sommes augmente les engagements des associés et doit donc être prise à l'unanimité. En effet, la délibération litigieuse émanait d'une assemblée générale ordinaire. Dès lors, la nécessité d'un consentement unanime des associés est requise même en l'absence de modifications statutaires, du moment que les droits de l'associé sont affectés.

295. En somme, la loi soumet à l'unanimité la prise de certaines décisions d'assemblée générale sans que les statuts ne puissent y déroger. C'est notamment le cas pour les décisions portant sur l'augmentation des engagements des associés, ou encore sur la transformation ou le changement de nationalité de la société. Dans ces conditions, un seul associé minoritaire pourra alors bloquer ces décisions et ce quel que soit le montant de sa participation.

296. De même, en dehors du législateur, les pactes extra statutaires et statutaires constituent un véritable bouclier contre d'éventuels abus de la part des associés majoritaires. Un associé minoritaire ou un groupe d'associés minoritaires est libre de tempérer la règle de la majorité pour se réserver une position de force dans la prise des décisions sociales, voire même d'imposer dans certaines limites, une minorité de « blocage » vis-à-vis des majoritaires. En outre, le nouvel Acte uniforme renforce le droit de tout associé même minoritaire d'engager les poursuites contre ses coassociés majoritaires en cas d'actes constitutifs d'abus de majorité.

B : La précision de l'action en abus de majorité

297. Les régimes démocratiques protègent les minoritaires contre les abus de pouvoir car il ne suffit pas d'être politiquement minoritaire pour avoir juridiquement tort[866]. A l'instar des régimes politiques, le droit des

[865] Les comptes courants d'associés peuvent se définir comme la convention par laquelle associés et dirigeants laissent à la disposition de la société des sommes correspondant à leurs rémunérations, d'origine diverses. Elle s'analyse comme un prêt productif d'intérêts, dont l'associé, assimilé à un créancier, peut obtenir à tout moment le remboursement : cass.com 15 juill. 1982, Rev. Sociétés 1983 p. 75, note J.-P. SORTAIS ; CA Paris 12 nov. 1991, RTD civ. 1993 p. 129, obs. J. MESTRE ; CA Paris 15 janv. 1999, RTD com. 1999 p. 422, obs. Cl. CHAMPAUD et D. DANET.
[866] Y. GUYON, « La société anonyme, une démocratie parfaite ! », op.cit., p.142.

sociétés est confronté au redoutable problème de la protection des minorités. Les décisions majoritaires sont censées représenter l'intérêt social et bénéficier à ce titre d'une sorte de présomption de conformité à l'intérêt social, laquelle ne peut être combattue par un contestataire que s'il rapporte la preuve d'un abus du droit de vote[867]. C'est pour protéger ces simples « bailleurs de fonds »[868] des sociétés commerciales que sont apparues des limitations légales et jurisprudentielles du pouvoir majoritaire. Ces limitations se font aussi bien au profit de la société dominé que des associés minoritaires[869]. En effet, lorsque l'investisseur n'acquiert pas la totalité des titres et cohabite avec d'autres actionnaires, il convient de protéger les intérêts de chacun. La loi de la majorité doit s'appliquer dans toute sa plénitude afin de permettre au majoritaire d'exercer ses droits légitimes et de conduire efficacement la société.

Néanmoins, pour équilibrer les relations, il faut qu'un outil juridique efficace sanctionne les comportements abusifs d'un majoritaire qui ne respecterait pas la société, pillerait son savoir-faire ou détournerait à son profit ses opportunités[870]. Il convient de préciser que l'« abus de majorité»[871] est l'un des mauvais usages de la loi de la majorité. L'actionnaire majoritaire doit bien sûr conserver les attributs de pouvoir inhérents à sa participation ou à son influence, mais également être dissuadé de faire totalement abstraction des intérêts minoritaires[872]. En droit français, le cadre du groupe de sociétés constitue, depuis longtemps, un terrain favorable à la condamnation de ces abus[873].

---

867 D. NZOUABETH, op.cit., p.28, n°63.

868 Le vocabulaire juridique publié sous l'égide de l'association Henri Capitant, sous la direction de G. Cornu, définissant le « bailleur de fonds » comme « la personne qui consent un prêt dont le montant a une destination déterminée » (M. BERTREL, La société, « contrat d'investissement » ?, RTD Com. 2013 p.403.

869 A. SAKHO, *Les groupes de sociétés en Afrique*, op.cit., p.146, n°286).

870 S. SCHILLER et F. PATRIZIO, « Un rééquilibrage nécessaire des relations entre majoritaires et minoritaires dans les sociétés non cotées », op.cit., p.1284.

871 Selon l'Acte uniforme dans son article 130, al.2, « Il y a abus de majorité lorsque les associés majoritaires ont voté une décision dans leur seul intérêt, contrairement aux intérêts des associés minoritaires, sans que cette décision ne puisse être justifiée par l'intérêt de la société ». L'abus n'est caractérisé qu'en cas de détournement de fonction (M. A. MOUTHIEU NJANDEU, *L'intérêt social en droit des sociétés*, L'Harmattan, Paris, 2009, n° 356, p.226). L'abus de majorité traduit la violation délibérée par les majoritaires de l'un de leurs devoirs fondamentaux : respecter l'égalité des associés (D. SCHMIDT, La loi de la majorité, Rev. Juris. Com., n° spéc. nov, 1991, p.73).

872 S. SCHILLER et F. PATRIZIO, « Un rééquilibrage nécessaire des relations entre majoritaires et minoritaires dans les sociétés non cotées », op.cit., p.1284.

873 D'après la jurisprudence, deux cas de figure sont concevables : d'une part, celui dénoncé par les minoritaires d'une filiale, en raison d'une décision abusive emportée par une société mère majoritaire ; d'autre part, l'abus de majorité dénoncé par les minoritaires au sein même de la société-mère, à l'occasion notamment d'une décision d'organisation globale déterminée

298. De même, le législateur OHADA a prévu l'engagement de la responsabilité des associés majoritaires en cas d'abus de majorité comme un des moyens de protection des minoritaires. A cet effet, l'AUSCGIE a ajouté un alinéa à son article 130 qui dispose que : « La responsabilité des associés ayant voté la décision constitutive de l'abus peut être engagée par les associés minoritaires pour la réparation du préjudice en résultant à leur égard ». Il ressort de cet article que la loi a prévu une ligne de défense empêchant les associés majoritaires d'imposer systématiquement leur volonté aux associés minoritaires, et spécialement lorsque la décision en cause est contraire à l'intérêt social pour la simple raison que le droit d'expression des associés minoritaires devant déboucher sur le vote majoritaire n'est pas respecté. En refusant ou en empêchant toute discussion préalable au vote, les associés majoritaires pervertissent le mode de prise de décision qui devient une affirmation brutale de la force[874].

Pourtant, la décision majoritaire doit être l'aboutissement d'une discussion réellement contradictoire entre associés et pour cela, tout associé même minoritaire doit être mis en mesure de participer activement à la délibération en émettant des opinions pertinentes. L'impossibilité pour les minoritaires d'intervenir dans le processus décisionnel constitue en quelque

---

par l'intérêt des majoritaires de la tête de groupe (J.-Chr. PAGNUCCO, « Les pouvoirs des minoritaires dans les groupes de sociétés », op.cit., p.2).
Quant à l'abus de majorité commis au sein d'une filiale, la jurisprudence a eu l'occasion de remettre en cause la validité des assemblées générales, dès lors que la société mère majoritaire y a fait prévaloir son intérêt propre, voire même l'intérêt du groupe, sur l'intérêt de la filiale à proprement parler (V. notamment le célèbre arrêt Fruehauf, où l'on est revenu sur le diktat imposé par une société mère américaine sur ses filiales françaises : CA Paris, 22 mai 1965 : JCP 1965, II, 14274 bis, note Neveu).
Concernant l'abus de majorité commis au sein de la société mère, les exemples jurisprudentiels sont nombreux, notamment dans les cas où il a été décidé, à l'occasion d'une assemblée générale, que cette dernière prendrait en charge les dettes de sa filiale. Les minoritaires de la mère ont alors pu obtenir l'annulation de la délibération, les juges ayant repoussé l'invocation par les majoritaires d'une justification par l'intérêt du groupe (Cass. com., 29 mai 1972, SA Ets Pernot c/ Krucker : JurisData n° 1972-097164 ; JCP G 1973, II, 17337, note Y. Guyon ; RTD com. 1972, p. 930, obs. R. Houin ; Bull. Joly Sociétés 1972, p.668).
Toutefois, en raison du principe, sans cesse réaffirmé, de l'autonomie juridique des sociétés mères et des filiales. Même appartenant au même ensemble économique que constitue le groupe, même liées entre elles par des comptes consolidés ou par un régime fiscal de faveur, sociétés-mères et filiales demeurent des personnes juridiques distinctes. À ce titre, les minoritaires ne peuvent dénoncer que les abus de majorité commis dans la structure dont ils sont les associés : les minoritaires de la société mère seraient irrecevables à contester la décision collective prise par une filiale, tout comme les minoritaires d'une filiale ne pourraient dénoncer l'abus de majorité à l'origine d'une délibération de la société mère (J.-Chr. PAGNUCCO, « Les pouvoirs des minoritaires dans les groupes de sociétés », op.cit., p.2).
[874] D. NZOUABETH, op.cit., p.39, n°95.

sorte une négation à la participation de la prise de décision sociale en tant que l'un de leurs droits fondamentaux conférés par leur qualité d'associé[875]. Selon la CCJA, la charge de la preuve de l'abus de majorité pèse sur l'actionnaire minoritaire qui doit établir l'existence des éléments constitutifs de l'abus au sens de l'article 130 de l'AUSCGIE[876]. Le recours à l'abus de majorité permet de sanctionner les majoritaires lorsqu'ils ont imposé leur volonté par la seule force du nombre du capital détenu.

299. Dans ce cadre, l'abus de majorité peut donner lieu à la mise en œuvre, par les associés minoritaires victimes de l'abus des majoritaires, de la responsabilité civile des associés qui ont voté la décision en cause. La jurisprudence apprécie le caractère abusif d'une décision de la majorité en examinant les circonstances de la décision et les conséquences qu'elle emporte à l'égard des minoritaires[877]. Cet abus est réprimé parce qu'il donne lieu à la rupture d'égalité entre associés. C'est dans ce sens que la Cour de cassation française a déclaré que le droit de vote est conféré à l'associé pour qu'il l'utilise dans l'intérêt commun et non pas à des fins égoïstes (..) et qu'ainsi, aucune délibération d'un organe sociétaire n'est à l'abri de la qualification d'abus de majorité[878].

300. Toutefois, il est difficile d'établir l'existence d'un abus au sein de l'assemblée générale, car, c'est la loi de la majorité qui régit le fonctionnement de celle-ci au sein des sociétés. Pour cette raison, l'associé est normalement libre de voter dans le sens qu'il souhaite et il est même en droit de rechercher son intérêt personnel, cela étant donné que son droit de vote est à la fois un droit égoïste et un droit de fonction. Seul l'abus du droit de vote est sanctionné. Dans ces conditions, pour que l'exercice du droit de vote soit abusif, il faut que la majorité ait agit dans son intérêt propre, de manière intentionnelle, et que l'avantage résultant de l'attitude prise soit manifestement disproportionné par rapport à l'inconvénient ou au préjudice qu'il cause.

Une opération de restructuration du capital pourrait ne pas être considérée comme étant un abus de majorité. En effet, un arrêt de la Cour de cassation française[879] avait décidé de ne pas considérer cette action comme constitutif d'un abus de majorité même si elle a pour conséquence d'écarter les minoritaires du pacte social. Cependant, un autre arrêt plus récent de la même Cour de cassation a retenu qu'une telle opération doit être annulée,

---

[875] A. VIANDIER, Recherche sur la notion d'associé en droit français, Thèse, Paris II, 1976, cité par D. NZOUABETH, ibid.

[876] CCJA, 2e Ch. Arrêt n° 134/2015 DU 12 Novembre 2015.

[877] M. SAMB, « Gouvernance et transparence en droit des sociétés de l'espace OHADA : perspectives de droit dur (*hard law*) et de droit souple (*soft law)* », op.cit., p.10.

[878] Cass. Com. arrêt N° 322 du 24/09/1999 Revue Juridique Tchadienne, 2002 p.3.

[879] Cass.com., 18 juin 2002, n° 99-11999 : BJS nov. 2002, n° 259, p. 1221.

dans le cas où, malgré l'apurement des dettes de la société, elle a pour unique objectif d'évincer des minoritaires[880]. L'abus de majorité, s'il est constaté, entraîne la nullité de la décision prise, et expose l'associé fautif à des dommages et intérêts. S'agissant de la sanction, une question se pose de savoir si les associés majoritaires ou minoritaires peuvent avoir une responsabilité qui dépasse leurs parts sociales dans des sociétés à risque limité. La réponse est bien positive dans certains cas[881].

301. En somme, l'abus de majorité est défini depuis un arrêt célèbre de 1961 à partir de deux éléments : la décision doit contrarier l'intérêt général de la société, et elle doit viser à favoriser les associés majoritaires au détriment des associés minoritaires[882]. Dans le même esprit, on peut citer un arrêt du 6 juin 1990 dans lequel les hauts magistrats de l'ordre judiciaire français avaient confirmé une décision d'une Cour d'appel qui avait retenu un abus de majorité, au motif que[883] l'affectation systématique des bénéfices aux réserves[884] (n'avait) répondu ni à l'objet ni aux intérêts de la société Huber et que ces décisions ont favorisé les associés majoritaires au détriment des associés minoritaires[885].

En outre, dans un ancien arrêt de la Cour d'appel de Paris, les juges avaient précisé que les décisions des assemblées générales des sociétés peuvent être annulées pour abus de droit, lorsqu'elles ont été prises sans égard pour l'intérêt de la société, mais uniquement en vue de favoriser l'intérêt d'un associé ou d'un groupe d'associés majoritaires au détriment des membres de la minorité[886]. Le juge ne pourra toutefois pas réformer la

---

[880] Cass.Com - 11/01/17 - 14-27052 : J.C.P. E. 2017, *n*°15, p.28 - note de MORTIER Renaud.

[881] En effet, si la responsabilité financière des associés de ces sociétés est en principe limitée au montant de leurs apports, il existe un certain nombre d'exceptions à ce principe. Ainsi parmi ces exceptions, on peut notamment citer :
-La surévaluation des apports en nature par les associés qui doivent alors garantir sur leurs biens propres les tiers à hauteur de cette surévaluation ;
-La mise à contribution d'un associé en qualité de caution personnelle de la société, en cas de défaillance de la société relative au remboursement de l'emprunt qu'elle a souscrit.
-Si l'associé a la qualité de gérant de droit ou de fait, il doit réparer le préjudice causé par sa faute dans l'exercice de la gérance ;
-En qualité de fondateur de la société, l'associé doit réparer le préjudice causé aux tiers du fait d'irrégularités commises lors de la constitution de la société.

[882] Cass.com., 18 avril 1961, Bull. III n°175, D.1961, 661.

[883] M. NDIAYE, op.cit., p.62.

[884] Sur l'ensemble de la question, E. MASSIN, L'absence abusive de distribution de bénéfices, *RJ com.* 1978, p. 197 ; E. LEPOUTRE, « Autofinancement des entreprises et abus de majorité », *Bull. Joly*, 1996, p. 189.

[885] Cass.com. 6 juin 1990, *SARL Huber et Cie. c. Lamps, Bull. Joly,* 1990, p. 782, note P. Le Cannu ; *Rev. sociétés,* 1990, p. 606, note Y. Chartier.

[886] CA Paris, 7 novembre 1972, *Assael c/ Société Union Hôtelière parisienne*, *JCP*, 1973, II, 17448, note Y. Guyon.

décision des associés entachée d'abus. Le cas échéant, il pourra désigner un mandataire pour représenter l'associé fautif et voter à sa place dans l'intérêt de la société. Pour la mise en œuvre de l'action en abus de majorité, il faut que le plaignant ait un intérêt à agir, et que la décision soit entachée d'excès de pouvoir.

En revanche, un associé qui a voté en faveur de la décision attaquée ne peut introduire une action en annulation, sauf si son consentement a été vicié. De même, selon le tribunal de première instance d'Abidjan, un intéressé ne peut plus introduire l'action, s'il a expressément ou tacitement renoncé à se prévaloir de cette nullité[887]. Enfin, les dispositions que le législateur prend pour faciliter la participation des associés minoritaires au vote prennent en compte les associés absents au lieu où se tient l'assemblée générale, en permettant à ces derniers de voter à distance.

Section 2 : Le vote des associés minoritaires à distance

302. La démocratie actionnariale dans les assemblées générales est de plus en plus perfectionnée. Actuellement, tout associé peut donner son avis sur un point figurant sur l'ordre du jour de l'assemblée générale sans avoir à se déplacer physiquement pour aller assister à l'assemblée. Le vote à distance commence à se développer dans la gouvernance des entreprises. Son essor permet aux associés minoritaires de mettre en œuvre plus efficacement leur droit de participation de la prise de décision sociale. Des solutions techniques qui permettraient de réduire les coûts associés à l'exercice du droit d'information et des droits de vote[888]. Selon un auteur, d'aucuns voient dans chaque nouveau droit accordé aux actionnaires minoritaires, et tout particulièrement dans chaque nouveau droit de participation par voie électronique, une avancée qualifiée de démocratique[889]. L'expression des associés, résidents et étrangers, serait nécessairement renforcée alors que le bulletin papier qui demeure la règle est une cause majeur de non-participation.

La question du vote à distance, ou vote in *abstentia* est une question cruciale dans un contexte d'internationalisation des places financières et de volonté constante d'impliquer les investisseurs en leur qualité d'actionnaires

[887] Trib. 1ère Instance, Abidjan n°1245 du 21 juin 2001, Michel Jacob et autres c/ Société Scierie Bandema-Etablissements Jacob et autres, Ecodroit n° juillet 2001, p.49.
[888] V. DE BEAUFORT, « Gouvernance d'entreprise – De nouvelles orientations à échelle de l'Union européenne », op.cit., p.15.
[889] J.-B. LHUILLIER, op.cit., p.399.

des sociétés dans lesquelles ils souscrivent une part du capital social[890]. Le vote par correspondance offre un moyen intéressant pour l'actionnaire qui n'entend pas se déplacer physiquement à l'assemblée générale et, en particulier, pour l'actionnaire non résident, de s'exprimer sur la gestion de la société, de prendre part à l'expression de la volonté collective. Le rôle des prestataires de services d'investissement et, en particulier, des départements des banques dédiés aux services aux émetteurs est ici essentiel pour non seulement informer l'actionnaire, où qu'il se trouve dans le monde et qu'il soit (institutionnel ou particulier), de la tenue d'une prochaine assemblée mais aussi de lui faire parvenir l'ensemble de l'information afférente à celle-ci ainsi que le matériel de vote nécessaire à son expression à distance et, enfin, de rapatrier ce vote jusqu'à l'assemblée générale[891].

303. En outre, cela représenterait des économies substantielles pour les sociétés[892]. Cette réforme favorise une souplesse dans la prise de décision et l'obtention du quorum. Or la hausse du quorum représente un signal positif pour l'actionnariat individuel et, de manière générale, pour les minoritaires. De surcroit, autoriser les associés non-résidents à voter aux assemblées générales par le biais de moyens électroniques, est une façon de promouvoir la participation des associés au processus de prise de décision. C'est-à-dire que la volonté de faciliter la participation des actionnaires étrangers s'inscrit aussi dans le courant visant à améliorer le gouvernement d'entreprise en encourageant l'exercice du droit de vote par les actionnaires minoritaires[893]. La mise en œuvre de ce vote passe par la visioconférence et autres moyens de télécommunication (**§1**), mais il y a également le vote par correspondance (**§2**).

§1 : Le vote en direct par visioconférence et autres moyens de télécommunication

304. Le droit de vote constitue l'arme politique la plus importante dont possède tout associé. Pour cela, l'effectivité du droit de vote des minoritaires exige la participation de ces derniers par tous les moyens légaux. « Réduire les coûts de participation des actionnaires et éliminer les

---

[890] J.-M. MOULIN, « Votaccess : le vote pré-assemblée générale par des moyens électroniques », *Bulletin Joly Sociétés*, Juillet-Août 2012, p.534.
[891] J.-M. MOULIN, « Votaccess : le vote pré-assemblée générale par des moyens électroniques », ibid.
[892] Le vote à distance par correspondance sous format papier représentait un coût (imprimerie, acheminement, dépouillement manuel par des petites mains recrutées pour l'occasion, acheminement physique par camionnette à l'assemblée).
[893] C. COUPET, *L'attribution du droit de vote dans les sociétés*, Thèse, Panthéon-Assas, 2012, p.318.

barrières légales à une participation active est une priorité »[894]. Ainsi, l'utilisation des moyens de télécommunication dans les assemblées générales des associés est désormais une réalité dans les sociétés commerciales en droit OHADA. Elle devrait permettre un gain de temps et une économie de déplacement[895]. Dans ce cadre, le nouvel Acte uniforme relatif au droit des sociétés consacre la possibilité pour tout associé de voter à distance à l'aide des moyens de télécommunication[896]. Ce vote se présente, d'une part, comme un système devant permettre à la fois de mieux diffuser l'information inhérente à la tenue d'une assemblée générale auprès du plus grand nombre des actionnaires de la société et, d'autre part, comme un nouveau moyen pour ces derniers d'exprimer aisément leur opinion sur les projet de résolution qui seront débattus ainsi que d'acheminer de manière sécurisée et aisée le vote des actionnaires qui font le choix de ne pas être présents physiquement à l'assemblée le jour où elle se tient[897]. Antérieurement à cette réforme, la jurisprudence française invalidait les assemblées générales au cours desquelles un associé avait voté de cette manière[898].

Le vote par visioconférence ou autres moyens de communication, à la différence du vote par correspondance, met l'associé en contact direct avec ses collègues. Les statuts peuvent donc librement définir quels moyens techniques sont mis en place pour permettre aux associés de voter à distance. Lesdits moyens permettent aux associés d'entendre et de voir ce qui se passe à l'endroit où se tient physiquement l'assemblée générale d'autres associés, ce qui exclut la tenue d'assemblées par conférences téléphoniques ou par télécopie parce que ces moyens n'offrent pas des garanties suffisantes de sécurité et de fiabilité. A cet effet, les associés participant par ces moyens de télécommunication votent oralement (**A**) Et cela permet un vote des minoritaires sans influence des coassociés (**B**).

A : Un vote oral.

305. Le secret du vote de tout associé est sans doute l'un des principes fondamentaux du droit de suffrage car c'est ce qui en garantit une expression démocratique. Lors du vote à l'assemblée générale, après la délibération des résolutions prévues à l'ordre du jour, l'assemblée procède au vote. Chaque résolution fait l'objet d'un vote séparé. En principe, le législateur ne fixe pas le mode de scrutin à l'assemblée générale des

---

[894] V. DE BEAUFORT, « Gouvernance d'entreprise – De nouvelles orientations à échelle de l'Union européenne », op.cit., p.15.
[895] P. Chr. EWANE MOTTO, op.cit., p.282.
[896] L'art. 133-2 de l'AUSCGIE précité.
[897] J.-M. MOULIN, « Votaccess : le vote pré-assemblée générale par des moyens électroniques », op.cit., p.534.
[898] TGI Sarreguemines 29 nov. 1975, Rev. Sociétés 1975 p. 263, note B. BOULOC.

associés. Sauf disposition contraire des statuts, le bureau de l'assemblée, en accord avec celle-ci fixe ce mode. Il peut être un vote à main levée, vote par appel nominal, bulletin de vote, etc.

306. Cependant, dans l'Acte uniforme[899], le législateur précise que les associés qui participent à l'assemblée à distance votent oralement. Mais à condition que chaque votant se fasse connaître, c'est-à-dire que chaque associé exprime son accord, ou son désaccord oralement. Ce mécanisme permet de gagner du temps, parce que le vote est instantané. En même temps, ceux qui sont dans la salle où se tient physiquement l'assemblée générale assistent au vote de celui qui vote oralement à distance. Les moyens de télécommunication permettent donc le dialogue à distance le plus proche de celui ayant lieu en salle. À la communication orale, la visioconférence ajoute les subtilités du langage corporel, et relaie des informations relatives aux caractéristiques physiques de l'interlocuteur, à son âge comme à ses origines socio-culturelles. Ces informations sont une richesse susceptible d'influencer, plus ou moins consciemment, le sentiment d'approbation ou de rejet envers le contenu des propos tenus : que ce soit du côté du bureau de l'assemblée ou du côté des actionnaires[900].

307. Dans la pratique, les résolutions doivent être soumises au vote des associés suivant l'ordre qu'elles occupent dans leur présentation dans l'ordre du jour accompagnant la lettre de convocation envoyée aux associés. Une abstention peut advenir dans le cadre d'un vote oral, le votant manifestant *expressis verbis* sa volonté de s'abstenir. En pareil cas, la solution la plus raisonnable semble bien être de considérer les abstentions de même que les votes blancs et les votes nuls comme n'influençant pas le résultat de la délibération, et, partant, de ne pas en tenir compte. Mais la liberté du vote des associés requiert aussi l'absence de pressions sur les votants. Ainsi, le vote des associés à distance évite l'influence de ces derniers par des tiers.

B : Un vote sans influence des coassociés

308. Le vote de tout associé reste confidentiel, qu'il soit effectué par l'associé physiquement présent à l'assemblée générale ou à distance. Il confère un réel pouvoir politique et économique aux associés et est un enjeu crucial pour quiconque souhaiterait obtenir le contrôle de la société. Il est d'autres situations où le sens du vote d'un associé ou son mandataire peut être influencé par un tiers sans que ce dernier n'exerce le vote. Pourtant, le vote est à la fois l'expression d'un avis sur une question ou un projet de

---

[899] L'art. 133-2 de l'AUSCGIE.
[900] J.-B. LHUILLIER, op.cit., p.370.

société et le consentement donné à la décision qui en résulte. Comme exemple, les associés détenant le contrôle de la société et les dirigeants sociaux sont en mesure de faire passer les décisions qu'ils proposent en influençant les associés présents à l'assemblée générale.

La question ici se pose non en termes de droit de vote, mais de la liberté de vote. Grâce au vote par moyens de télécommunication, l'associé peut émettre un vote ou s'abstenir tout simplement sans subir l'influence de son entourage. Autrement dit que ce vote permet à tout associé de voter contre les résolutions proposées par les dirigeants sociaux sans aucune influence. Cela est possible dès lors que par ce mode de vote, l'associé peut participer à l'assemblée à partir de sa propre maison à condition d'avoir des instruments appropriés pour pouvoir suivre et participer à ce qui se passe de l'autre côté où se tient physiquement l'assemblée générale. Une retransmission continue et en direct est donc imposée en droit OHADA[901] dans l'hypothèse du vote en assemblée en direct par des moyens de visioconférence ou de télécommunication. Toutefois, avant de participer au vote par les moyens de télécommunication, l'associé doit informer les dirigeants sociaux.

309. En somme, quelle que soit sa part de participation dans le capital social, tout associé doit être le seul témoin de son vote. Ainsi, le vote à distance des associés a également pour effet de protéger le minoritaire des pressions des majoritaires à l'assemblée générale. En plus du vote à distance par des moyens de télécommunication qui permet aux associés de participer aux débats tenus à l'assemblée générale, le législateur a prévu le vote par correspondance malgré que ce vote n'offre pas la possibilité de participer aux débats.

§2 : Le vote par correspondance

310. Dans le cadre de permettre aux associés d'une société qui ne peuvent pas se rendre à l'assemblée générale d'exercer leur droit de vote, l'Acte uniforme[902] révisé leur donne la possibilité de voter par

[901] « …Afin de garantir l'identification et la participation effective à l'assemblée des associés y participant à distance, ces moyens transmettent au moins la voix des participants et satisfont à des caractéristiques techniques permettant la retransmission continue et simultanée des délibérations». Art. 133-2 de l'AUSCGIE précité.

[902] Art. 133-1 de l'AUSCGIE précité :
Si les statuts le prévoient, sont réputés présents pour le calcul du quorum et de la majorité les associés qui ont voté par correspondance. Dans ce cas, sont autorisés à voter par lettre au porteur contre récépissé, par lettre recommandée avec demande d'avis de réception ou par courrier électronique, les associés qui ont informé le dirigeant social désigné à cet effet par les statuts de leur absence au moins trois (3) jours avant la tenue de l'assemblée. Les votes par

correspondance. Ce mécanisme constitue une notable démocratisation des assemblées générales, puisqu'il permet aux associés actuellement de s'exprimer sur les points figurant sur l'ordre du jour, sans avoir à se déplacer ou désigner un mandataire spécial. Cela grâce à une correspondance écrite. Ce mode de scrutin vise à faciliter la participation des associés à la vie de la société et de mieux lutter contre l'absentéisme. Sur ce point, les associés sont seulement libres de choisir entre une consultation écrite et une assemblée générale. Un auteur a vu juste en soutenant que la tenue de l'assemblée n'est plus la seule voie d'adoption d'une décision collective[903].

Le vote par correspondance permet alors aux associés de s'exprimer à distance. En effet, les associés disposaient de la possibilité de se faire représenter à l'assemblée générale ; mais faute de connaître, le plus souvent, un autre associé, le formulaire de procuration était le plus souvent renvoyé sans indication du nom de son mandataire. Or, « la collecte de ces pouvoirs en blanc transférait alors au président de l'assemblée générale le vote attaché aux procurations »[904]. Ces pouvoirs en blanc sont alors présumés être donnés aux fins d'approbation des projets de résolutions présentés ou agréés par le conseil d'administration ou le directoire.

En un mot, les procurations en blanc renforcent les pouvoirs des associés qui contrôlent déjà le conseil d'administration ; c'est une sorte de vote de confiance présumé en faveurs des organes en place[905]. De cette manière, une meilleure représentation des minoritaires au sein des organes des sociétés et la mise en place d'un administrateur indépendant représentant les minoritaires au sein du conseil d'administration peut être mise en avant[906].

En revanche, les modalités du vote par correspondance sont pour le moins complexes[907]. Pour tout associé même minoritaire, il s'agit d'un vote par une lettre ou un courrier électronique (**A**), exigeant des mesures garantissant une prise en comptes des voix des associés (**B**).

---

correspondance sont réceptionnés par la société au moins vingt-quatre (24) heures avant la tenue de l'assemblée. Par ce délai fixé de manière impérative, il ne sera pas possible aux statuts de choisir un délai trop proche de la date de la tenue de l'assemblée.

[903] G. CHIRON, « Le droit des sociétés à l'ère des nouvelles technologies ? », Droit des sociétés, n°2, février 2013, étude 5, cité par P. S. A. BADJI, *Réforme du droit des sociétés commerciales OHADA*, op.cit., p.101, n°85.

[904] D. BUREAU, Commentaires : « la loi relative aux nouvelles régulations économiques. Aspects de droit des sociétés », Bulletin Joly Sociétés - 01/06/2001 – p.26, n°73.

[905] M. DE JUGLART et B. IPPOLITO, *Les sociétés commerciales*, 2ème éd., Montchrestien, Paris, 1999, p.551, n°578.

[906] V. DE BEAUFORT, « Gouvernance d'entreprise – De nouvelles orientations à échelle de l'Union européenne », op.cit., p.17.

[907] Pour un exposé sommaire (J. MESTRE, *Lamy Sociétés commerciales*, *op.cit.*, n° 3544 et s. ; Fr. MANSUY, J.-Cl. Sociétés Traité, fasc. 136, *op.cit.*, n° 141 et s).

A : Un vote des minoritaires par une lettre ou un courrier électronique

311. L'AUSCGIE dans son article 133-1 dispose que : « Si les statuts le prévoient, sont réputés présents pour le calcul du quorum et de la majorité les associés qui ont voté par correspondance. Dans ce cas, sont autorisés à voter par lettre au porteur contre récépissé, par lettre recommandée avec demande d'avis de réception ou par courrier électronique,..»[908]. Cet article, s'applique au seul vote et ne consacre pas la participation en ligne à l'assemblée générale des associés.

Le législateur confirme que les décisions collectives des associés peuvent être prises par voie de consultation écrite lorsque les statuts l'autorisent. De cette manière, il donne à l'écrit électronique la même valeur juridique que l'écrit papier. Les choix opérés dans la formulation du texte par le législateur transcrivent une politique incitative. Il s'agit de convaincre les sociétés à adopter l'envoi électronique dans le respect de la volonté de tout associé.

L'utilisation du courrier électronique ne permet pas seulement de gagner du temps lors de la transmission à l'actionnaire de ces matériels de vote. Elle présente aussi l'avantage de pouvoir parvenir à la société seulement la veille de la réunion de l'assemblée générale[909] (dans 24 heures). La procédure de vote par voie électronique éventuellement prévue par les statuts et mise en place par les dirigeants sociaux doit être accessible à tous les associés bénéficiant d'un droit de vote, y compris les minoritaires.

312. L'associé est ainsi libre de choisir de communiquer par voie électronique en lieu et place d'un envoi postal avec la société. Même si le législateur OHADA n'a pas ajouté cette précision, il est souhaitable que soit utilisée cette nouvelle manière de communication tant pour toute question, que pour les questions écrites posées au président du conseil d'administration ou du directoire avant la tenue d'une assemblée générale, comme pour les demandes d'adjonction à l'ordre du jour, pour la désignation et la révocation d'un mandataire, etc.

Dans le même sens, le Code civil français dans son article 1366 dispose que « l'écrit sous forme électronique est admis en preuve au même titre que l'écrit sur support papier, sous réserve que puisse être dûment identifiée la personne dont il émane et qu'il soit établi et conservé dans des conditions de nature à en garantir l'intégrité». L'avantage d'un tel système réside dans la facilité de l'accès à l'information qui est rendue

---

[908] Art.133-1 de l'AUSCGIE, précité.

[909] Y. GUYON, « Les dispositions du décret du 3 mai 2002 relatives aux assemblées générales d'actionnaires », op.cit., p.425.

immédiatement disponible, ce qui allège la tâche quant à l'impression et à l'envoi des différents documents par la poste.

313. Ce mode de votation est d'ordre public et peut être utilisé quelle que soit l'assemblée si les statuts le permettent. Dans l'avis de convocation, est mentionnée la possibilité pour l'actionnaire de voter par correspondance[910]. D'habitude, les statuts de la société organisent les conditions de mise en œuvre du vote des associés par écrit en prévoyant qu'un bulletin de vote où sont consignées les résolutions soumises au vote soit envoyé aux associés accompagné d'un rapport exposant les motifs de ces résolutions. L'associé consulté répond par oui ou non ces résolutions et renvoie le bulletin de vote dûment rempli aux dirigeants sociaux.

314. Toutefois, le vote par correspondance, s'il permet indéniablement d'accroître la participation des actionnaires aux délibérations et lui évite en outre la recherche parfois difficile d'un mandataire[911], n'est pas une solution souhaitable du point de vue strictement théorique. En effet, la volonté de l'associé ainsi émise risque de ne pas être suffisamment éclairée. Si l'apporteur de capitaux qui vote par correspondance bénéficie de la même information préalable qu'un associé qui assiste physiquement à l'assemblée, il ne peut par définition obtenir les renseignements fournis au cours du scrutin. L'information qui permet l'émission d'un suffrage réellement libre s'acquiert autant préalablement[912] aux débats qu'à l'occasion de ceux-ci. Le vote de l'associé risque donc d'être faussé. Selon un auteur, ce qui paraît pernicieux dans le suffrage par correspondance n'est pas tant l'atteinte au caractère délibérant de l'assemblée que le risque d'émission d'un suffrage insuffisamment éclairé[913].

315. Dans la réalité, concernant le vote par correspondance des associés, la doctrine demeure divisée sur l'opportunité juridique de cette participation virtuelle aux assemblées générales. Pour les uns[914], elle permet une démocratisation de l'organe, en ce qu'elle accroît nécessairement le nombre de votants. Pour les autres, elle porte atteinte au caractère délibérant

[910] R. KADDOUCH, op.cit., p.254.

[911] F. MASQUELIER, *Le vote en droit privé*, cité par R. KADDOUCH, op.cit., p.254.

[912] L'information préalable ne vise pas à supprimer les abus et autres risques de lésions des intérêts minoritaires (A. SAKHO, *Les groupes de sociétés et le droit*, op.cit., p.195). Elle leur permet de participer à l'assemblée générale en toute connaissance de cause ou bien d'éviter d'y participer.

[913] P. VIGREUX, *Les droits des actionnaires dans la société anonyme. Théorie et réalité*, 1953, p.170.

[914] J. MESTRE, Lamy Sociétés commerciales, op.cit., n°3544 ; Y. GUYON, *Traité des contrats. Les sociétés. Aménagements statutaires et conventions entre associés*, op.cit., n°86 ; B. MERCADAL et Ph. JANIN, Mémento pratique des sociétés commerciales, op.cit., n° 1858, cité par R. KADDOUCH, op.cit., p.254.

de celui-ci : la confrontation des opinions étant nécessaire à la formation de la volonté sociale, l'associé qui émet un suffrage antérieurement à l'assemblée générale ne risque d'obéir qu'à son intérêt égoïste, en ignorant l'intérêt social[915].

316. Pourtant, l'assemblée générale des associés a été conçue pour que les associés puissent discuter de la marche de la société, et non pas simplement exprimer une approbation ou une improbation face à une question donnée. C'est-à-dire que l'assemblée générale des associés est une réunion d'échanges de points de vue devant précéder le vote afin de l'éclairer. L'objectif est de permettre aux associés suffisamment qualifiés et informés d'exercer une influence sur les décisions sociales.

Mais la réforme risque aussi d'avoir des conséquences moins favorables. Les facilités en matière de vote à distance et la cyber-participation aux assemblées pourraient se traduire par des assemblées se limitant à la présence physique des membres du bureau, le pouvoir de police du président se transformant en une surveillance de la légalité de la transmission des débats et des votes. Comme la participation virtuelle ne remplace pas totalement la présence réelle, le quorum sera plus élevé mais les débats de moins de bonne qualité[916]. En outre, la multiplication des modes de votation fera qu'il sera plus difficile pour le bureau de s'assurer que les mêmes actions ne votent qu'une fois[917]. Cependant, pour ce mode de vote, le législateur a prévu certaines mesures pour sécuriser le vote des associés.

B : Les mesures garantissant une prise en compte des voix des associés

317. Pour la prise en compte des voix lors du calcul du quorum et de la majorité des associés, ceux qui ont voté par correspondance, doivent obligatoirement respecter certaines mesures. Il s'agit de l'information préalable des dirigeants sociaux par les votants **(1)** et le vote par anticipation **(2)**.

1 : Une information préalable des dirigeants par les votants

318. Le législateur OHADA précise que : « ...sont autorisés à voter par lettre au porteur contre récépissé, par lettre recommandée avec demande

---

[915] D. SCHMIDT, *Les droits de la minorité dans la société anonyme*, op.cit., n°117 et s.
[916] Y. GUYON, « Les dispositions du décret du 3 mai 2002 relatives aux assemblées générales d'actionnaires », op.cit., p.427.
[917] Y. GUYON, ibid.

d'avis de réception ou par courrier électronique, les associés qui ont informé le dirigeant social désigné à cet effet par les statuts de leur absence au moins trois (3) jours avant la tenue de l'assemblée...»[918]. Il ressort de ce texte que les dirigeants sociaux doivent être mis au courant que certains associés vont participer à l'assemblée générale par correspondance.

Cela signifie que si l'autorisation des statuts est nécessaire à la participation par correspondance des associés aux assemblées générales, l'appréciation de l'opportunité de l'utilisation de ce mécanisme revient presque toujours aux dirigeants sociaux. Il est de la responsabilité des dirigeants sociaux de prendre les dispositions pour que les associés puissent participer à l'assemblée par correspondance, de vérifier ou de faire vérifier que le système mis en place en application de la disposition légale est bien conçu et viable. On peut penser que le législateur autorise indirectement à ce que la décision finale revienne aux dirigeants sociaux. Si la loi n'autorise pas explicitement les dirigeants à refuser l'application d'une clause statutaire autorisant une participation électronique des associés à l'assemblée, elle ne l'interdit pas non plus.

319. Toutefois, il semble que suite au principe de la liberté contractuelle des associés, consacré par l'Acte uniforme révisé, une clause statutaire peut directement autoriser le vote par correspondance sans passer par l'information préalable des dirigeants. Autrement dit, les associés sont aujourd'hui en mesure d'affirmer clairement leur confiance dans le vote par correspondance par une clause statutaire ne reléguant pas la décision finale aux dirigeants. Dans ces conditions, les dirigeants doivent prendre des dispositions nécessaires bien avant pour que les voies exprimées par des associés à distance soient comptabilisées dans les résultats des votes. Dès lors, ce vote par correspondance est effectué par anticipation.

2 : Un vote par anticipation

320. Le législateur a précisé les conditions de mise en œuvre du vote par correspondance. Il s'agit d'un vote pré-assemblée à cause du temps nécessaire à la transmission des résultats de vote et au traitement des formulaires papiers et les courriers électroniques. La date limite de réception des votes par correspondance ne pourra pas être le jour de l'assemblée générale. Dès lors qu'on ne peut pas faire attendre les associés présents en salle pour le comptage des voix des associés votant à distance, alors que cette opération peut être accomplie sereinement avant l'assemblée.

A cet effet, le législateur OHADA indique que les votes sont réceptionnés par la société 24 heures au moins avant la tenue de

[918] Art.133-1 de l'AUSCGIE précité.

l'assemblée[919]. Le décompte des voix reçues par cette voie s'opère parallèlement au vote en assemblée.

De fait, le fort développement du vote électronique pré-assemblée générale fait approuver (moins souvent rejeter) certains projets de résolution avant même qu'ils ne soient discutés et votés en séance. Le fait que le vote soit tranché avant le commencement de l'assemblée générale peut inciter les actionnaires à faire passer des amendements en séance qui rendraient les votes pré-assemblée inopérants, les projets de résolution soumis au vote étant différents de ceux inscrits à l'ordre du jour[920]. Etant donné qu'il s'agit d'un vote pré-assemblée, les associés votant par correspondance ne sont pas considérés comme participants à l'assemblée générale. Le législateur semble interdire aux sociétés de prendre en considération les votes des associés lui parvenant après ce délai.

321. Dans une telle hypothèse, pour le calcul du quorum, il n'est tenu compte que des formulaires reçus par la société dans les délais fixés. La société est donc autorisée à refuser les formulaires de vote arrivés après ce délai. Mais bien sûr à la condition d'appliquer les mêmes règles aux associés votant par correspondance sans la moindre discrimination de traitement aux votes reçus jusqu'à un moment précis déterminé par la société en interne[921].

Par conséquent, elle peut, malgré cette règle et en l'absence de clause statutaire, prendre en considération les votes reçus après. La réduction du délai peut se faire en faveur des associés en leur laissant plus de temps pour envoyer leurs votes. En fixant les délais de 24 heures pour le vote par correspondance, l'idée du législateur OHADA était bien entendu de disposer du temps nécessaire pour pouvoir traiter ces votes avant la réunion.

322. Selon un auteur, il ne s'agissait pas réellement d'être en mesure de collecter des informations précieuses quant aux intentions de vote, puisque le volume attendu de voix exprimées en ligne était insignifiant. Il s'agissait surtout de ne pas avoir à le faire durant l'assemblée, pour s'épargner les risques et désagréments que présente toute technologie non éprouvée[922]. Ce qui est vrai vu les problèmes que rencontre la communication électronique en Afrique. En posant un temps limite de réception, la société est toutefois libérée du risque de retards lors de la transmission des votes électroniques, résultant d'éventuels incidents de communication. Dans ces conditions, l'associé qui ne pourra pas voter dans cet intervalle sera obligé de participer à l'assemblée générale ou voter en direct par les moyens de télécommunication.

---

[919] Art.133-1 de l'AUSCGIE précité.
[920] J.-B. LHUILLIER, op.cit., p.337.
[921] J.-B. LHUILLIER, op.cit., p.238.
[922] J.-B. LHUILLIER, op.cit., p.241.

323. Par ailleurs, il semble que même si le législateur OHADA n'a rien dit à propos, l'associé ayant voté par correspondance peut se présenter en salle le jour de l'assemblée générale et procéder par un nouveau vote qui annule celui émis préalablement suite aux informations reçues en assemblée générale. Sauf bien sûr si la société a introduit une clause dans les statuts ou dans la convocation, informant l'associé que son vote ou le mandat sera annulé en cas de présence à l'assemblée.

Par contre, sur cette question, le code des sociétés belge précise que le droit de vote ainsi exprimé à distance, que ce soit par correspondance ou par voie électronique, sera définitif, en ce sens que l'actionnaire ne pourra plus choisir un autre mode de participation à l'assemblée pour le nombre de voix ainsi exprimée[923]. Ainsi, sur la base du nouveau texte, toutes les formalités liées à la tenue d'une assemblée, depuis sa convocation jusqu'à l'expression formelle des actionnaires à travers leur vote, peuvent se réaliser de façon totalement dématérialisée, sans pour autant avoir l'assurance de le faire dans la plus grande sécurité juridique (notamment s'agissant de la preuve en matière électronique), avec pour conséquence les risques de nullités et de dysfonctionnement que pourraient induire la tenue d'assemblée virtuelle[924].

[923] Code des sociétés belge art. 550, §3, al. 5.

[924] Th. ABALLÉA et S. COHEN-SALMON, op.cit., p.289.

Conclusion de la première partie

324. L'Acte uniforme révisé relatif au droit des sociétés commerciales et du groupement d'intérêt économique renforce la place des associés minoritaires dans la gouvernance des entreprises. Le législateur a d'abord pris des mesures permettant aux associés de contrôler facilement la gestion sociale des dirigeants sociaux. Dans ce cadre, il a d'une part, procédé au renforcement des règles de la bonne gouvernance, par la reconnaissance des codes de gouvernance d'entreprise et l'enrichissement de l'exercice de l'action en responsabilité civile des dirigeants sociaux. D'autre part, il a consacré la liberté contractuelle des associés en passant par la possibilité de dissociation du pouvoir et du capital et la validité des pactes d'associés.

325. Ensuite, il a généralement eu à cœur de simplifier les mécanismes de contrôle de la gestion sociale. Les associés minoritaires ont vu certaines de leurs prérogatives propres renforcées comme le droit à l'information, l'alerte des dirigeants sociaux par tout associé, la réduction du seuil exigé pour solliciter la désignation d'un expert de gestion et une consécration d'un administrateur provisoire.

326. Enfin, un autre aspect important est le renforcement par le législateur de la participation de tout associé même minoritaire à l'assemblée générale. Pour la mise en œuvre de cette participation, le législateur a procédé par un assouplissement des conditions de participation par la convocation des associés par courrier électronique. En plus, grâce au nouvel Acte uniforme, tout associé peut procéder par une participation à l'assemblée générale à distance à l'aide des moyens de télécommunication. Ces derniers offrent aux associés minoritaires une capacité d'expression dont ils n'avaient jamais joui auparavant. De cette manière, l'associé minoritaire a désormais des outils juridiques lui permettant d'exercer son droit d'expression efficacement dans l'assemblée générale, et ce droit est concrétisé par celui de vote, que l'associé peut effectuer même par correspondance.

327. Par toutes ces mesures, le législateur OHADA renforce la protection de l'associé minoritaire par le réajustement des pouvoirs dans l'entreprise et le rééquilibre des rapports de force entre associés. Toutefois, l'associé minoritaire doit rester vigilant lors de la rédaction des statuts pour exiger la prise en compte effective de toutes ces mesures. En définitive, l'analyse dudit Acte uniforme permet de se rendre compte qu'il y a eu certainement un renforcement bien engagé de la place des associés minoritaire dans la gouvernance des entreprises, mais on constate toujours une permanence de la précarité du statut des associés minoritaires.

Seconde partie : Une permanence de la précarité du statut des associés minoritaires

328. L'AUSCGIE constitue une réforme majeure en droit OHADA[925]. Il a pris en compte la majeure partie des dispositions nécessaires promouvant la bonne gouvernance des entreprises, tout en consacrant une plus grande souplesse dans son application. Ainsi, cela constitue une garantie pour des investisseurs nationaux ou étrangers. Spécialement, grâce à cet Acte uniforme, le législateur a pu également réduire le pouvoir excessif des dirigeants sociaux qui constitue une barrière importante à la participation des associés à la vie sociale, et en particulier les minoritaires.

329. Certes, le législateur pas plus que le pouvoir réglementaire, ne saurait, par une norme abstraite et générale, prétendre appréhender des situations diverses et régler dans le détail la gouvernance d'entreprises qui présentent des caractéristiques parfois spécifiques[926]. Malgré une appréciation plutôt positive des réformes engagées par le législateur, la traduction concrète de sa volonté en la matière se révèle un peu faible. On note la persistance d'une excessive complexité dans la gestion sociale et d'une grande opacité dans la répartition des pouvoirs entre les différentes « parties prenantes »[927]. Egalement la réticence encore manifeste des dirigeants sociaux à donner certaines informations aux associés minoritaires en est une illustration. C'est pourquoi malgré ses effets positifs incontestables, la réforme du droit des sociétés commerciales demeure manifestement incomplète, dans la mesure où on constate encore une permanence de la précarité du statut des associés minoritaires qui se manifeste par l'efficacité limitée du pouvoir des minoritaires vis-à-vis des dirigeants sociaux (**Premier titre**), et par la fragilité de la position des associés minoritaires vis-à-vis des majoritaires (**Second titre 2**).

---

[925] Ph. MERLE, « Le nouveau droit des sociétés de l'OHADA », Dalloz, 2014, p.768.

[926] J.-M. CLÉMENT et Ph. HOUILLON, « Rapport d'information sur la transparence de la gouvernance des grandes entreprises », *Assemblée nationale française*, n°737, 2013, p.19. http://www.assemblee-nationale.fr/14/rap-info/i0737.asp, consulté le 26/5/2017.

[927] Individus ou groupes (en dehors des associés) qui ont un intérêt important et/ou exercent une influence importante dans les activités d'une société et la réalisation de ses objectifs ; il s'agit notamment des créanciers, des salariés, des fournisseurs, des clients et de la collectivité.

Premier titre : L'efficacité limitée du pouvoir des minoritaires vis-à-vis des dirigeants sociaux

330. Le chemin des associés minoritaires dans leur entreprise de défense de leurs intérêts sociaux et ceux de la société est jonché de nombreuses difficultés. L'inégalité face au traitement des associés est au cœur de la gestion des sociétés commerciales. Cela fait qu'en principe les associés minoritaires qui ne participent pas à l'administration et à la gestion sont dépourvus de la maîtrise de leur investissement. Les dirigeants sociaux et les majoritaires sont tentés d'abuser de ce rapport de force fortement déséquilibré en leur faveur. Dans ces conditions, les droits des associés minoritaires sont toujours lésés, que ce soit au niveau de l'information ou lors de l'exercice des actions en justice contre les dirigeants sociaux, c'est-à-dire que cette inégalité de traitement entre les différentes parties prenantes se caractérise par des obstacles au contrôle de la gestion des dirigeants sociaux (**Chapitre 1**) et une inefficacité de l'action en responsabilité civile des dirigeants sociaux (**Chapitre 2**)

Chapitre 1 : Des obstacles au contrôle de la gestion des dirigeants sociaux

331. Protéger les associés, c'est protéger l'investissement. Ce souci est largement partagé, investir des capitaux dans les sociétés supposant nécessairement la mise en place de mécanismes efficaces de contrôle[928]. Raison pour laquelle, le contrôle d'une société est une prérogative des associés[929]. La vraie gouvernance des sociétés exige l'existence d'une possibilité concrète de mise en œuvre des voies d'action permettant aussi aux minoritaires de contrôler effectivement le respect de la finalité du gouvernement des sociétés. Mais aujourd'hui cette possibilité n'existe que dans la loi ; dans les faits, il n'y a pas de vrai contre-pouvoir[930], pour la simple raison que l'associé peut être confronté à un manque d'information sociale. Cela occasionne une mise en œuvre épineuse du contrôle des minoritaires (**Sectio1**), sans oublier les autres entraves au contrôle du pouvoir des dirigeants (**Section 2**).

Section 1 : Une mise en œuvre épineuse du contrôle des minoritaires

332. Les décisions sociales illégitimes eu égard à la rupture d'égalité qu'elles réalisent, sont au bénéfice de la majorité. Dès lors, l'efficacité de la protection des intérêts minoritaires est liée à la possibilité effective de contrôler le déroulement du processus décisionnel, compte tenu du fait que son dysfonctionnement est à l'origine du préjudice subi par ces minoritaires. De cette manière, le dispositif de protection de l'actionnaire minoritaire s'est progressivement articulé autour du renforcement du droit à l'information, qualitativement et quantitativement dans le but de permettre à celui-ci une investigation toujours plus grande des affaires sociales[931]. L'actionnaire minoritaire dispose d'outils censés assurer sa bonne information sur la gestion de l'entreprise : communication préalable à la tenue de chaque assemblée, droit de consultation permanent de certains documents[932] spéciaux, le droit de demander une expertise[933] sur les actes de gestion, etc. Mais si chacune de ces prérogatives est primordiale, force est de constater

---

[928] P.-G. POUGOUE, (dir.), *Sociétés commerciales et GIE*, op.cit., p.28.
[929] P.-G. POUGOUE, (dir.), *Sociétés commerciales et GIE*, op.cit., p.161.
[930] D. SCHMIIDT, « Les associés minoritaires, un combat légitime? » op.cit., p.59.
[931] A. KITSOU, op.cit., p.241.
[932] Art. 526 de l'AUSCGIE.
[933] Art.159 de l'AUSCGIE précité.

qu'elles sont très imparfaites[934]. Malgré des réformes engagées par le législateur dans le cadre du contrôle individuel des associés de la gestion sociale, on constate l'insuffisance d'informations du côté des associés minoritaires (**§1**) laquelle est renforcée par la pérennité de la faiblesse des mécanismes de contrôle désignés à l'initiative des minoritaires (**§2**)

§1 : L'insuffisance d'informations du côté des minoritaires

333. Malgré la tendance générale au renforcement de l'information des associés, grâce à l'évolution du droit des sociétés, il n'en demeure pas moins que les droits des minoritaires sont régulièrement bafoués dans certains domaines. Cela se manifeste par une dissimulation volontaire d'informations par les dirigeants sociaux (**A**), sans oublier aussi le problème d'incompétence des associés minoritaires (**B**).

A : La dissimulation volontaire d'informations par les dirigeants sociaux

334. Dans le cas d'un actionnariat dispersé, la société connaît des conflits d'intérêt qui surviennent lorsque les dirigeants sont tentés de poursuivre leur propre intérêt aux dépens de celui de la société. Les actionnaires visent le profit le plus élevé compatible avec un degré raisonnable de risque. Les dirigeants eux cherchent le prestige, le pouvoir et la rémunération de leurs compétences et de leurs efforts. A cet effet, l'exercice du contrôle est rendu complexe par l'asymétrie d'information existant entre dirigeants et actionnaires. Le système d'information supposé éclairer les actionnaires est fortement influencé par les dirigeants[935].

335. D'abord, l'analyse des stratégies des dirigeants en matière de publication des « états financiers »[936] s'appuie sur l'hypothèse centrale d'asymétrie informationnelle. Celle-ci permet aux dirigeants, dans une attitude opportuniste, de tenter de se soustraire à un contrôle efficace des informations fournies[937]. L'information comptable et financière constitue pour le dirigeant un levier de pouvoir qu'il peut utiliser au détriment des partenaires dans le cadre de la relation contractuelle.

A travers la politique comptable, le dirigeant peut mettre en œuvre des stratégies d'instrumentalisation de l'information comptable donnant une

---

[934] S. SCHILLER et F. PATRIZIO, « Les minorités sacrifiés dans les entreprises de tailles intermédiaires », *Recueil Dalloz* du 12 décembre 2013, N° 43/7580, p.2863.
[935] E. GINGLINGER, « L'actionnaire comme contrôleur », *Revue française de gestion,* 2002/5, n° 141, p.38.
[936] Selon l'article 8 de l'AUDCIF, les états financiers annuels comprennent le bilan, le compte de résultat, le tableau des flux de trésorerie ainsi que les notes annexes.
[937] C. DJAMA, op.cit., p.4.

« fausse » réalité de l'entreprise[938]. Ce qui signifie que l'information est volontairement omise, dissimilée, tronquée, manipulée[939]. Or, dans un contexte d'asymétrie informationnelle entre dirigeants et associés, le contrôle de la gestion sociale des dirigeants sociaux est difficile et ceux-ci peuvent en profiter pour œuvrer dans leur intérêt au détriment de celui des actionnaires. C'est le cas pour les actionnaires qui n'entretiennent pas de liens privilégiés avec les dirigeants[940].

En France, depuis la loi du 2 août 1989, la Commission des opérations de bourse dispose du pouvoir d'édicter des règlements, d'en surveiller le respect et même de prononcer des sanctions pécuniaires[941] contre un dirigeant social, car, l'obligation d'abstention qui pèse sur lui, en tant que détenteur d'informations privilégiées, lui commande de faire en sorte qu'aucune opération ne soit effectuée pour son compte[942].

336. En outre, en tant que fait juridique, la faute du dirigeant peut, selon le droit commun, être démontrée par tous moyens. Le demandeur pourrait à cette fin utiliser les divers documents écrits rédigés à l'occasion des actes les plus importants, par exemple un procès-verbal de délibération du conseil d'administration. Encore faut-il qu'il puisse effectivement les obtenir ; ce qui n'est pas toujours aisé, notamment lorsque dans une volonté de protection du dirigeant concerné, ces documents sont sciemment mis hors de portée d'un associé ou d'un tiers[943].

337. Ensuite, en droit OHADA, pour certaines informations relatives à la gestion sociale, en dehors de certains cas de portabilité occasionnelle déjà vus, le législateur maintient la règle de la quérabilité, or cette dernière peut offrir aux dirigeants sociaux la possibilité de soustraire la gestion au vrai contrôle de l'assemblée générale ou des minoritaires. Les associés étrangers ne résidant pas systématiquement dans l'Etat du siège social de la

---

[938] C. DJAMA, ibid.

[939] V. MAGNIER, (dir), *La gouvernance des sociétés cotées face à la crise*, op.cit., p.233.

[940] A. DUCROS, « Renforcement des pouvoirs des actionnaires », *Journal des sociétés*, n°63, 2009, p.42.

[941] V. art. 9-1 et 9-2 de l'ord. du 28 sept. 1967, cité par B. BOULOC, « L'obligation d'abstention et l'utilisation d'une information privilégiée », Commentaires de l'arrêt de la CA de Paris du 13 mai 1997, Pariente, Revue des sociétés 1997 p.849.

[942] Tel était le cas dans une affaire où un administrateur, également directeur général d'une société cotée sur le second marché, était suspecté d'avoir cédé une partie de ses actions à un moment où il disposait d'informations qui ont été révélées ultérieurement au public. De fait, peu de temps après la vente par l'intéressé de près de 90 000 actions, étaient publiés des comptes consolidés faisant apparaître des résultats en recul de 46 % pour le résultat net après impôt, ce qui emportait une chute de 32 % du cours du titre. Des sanctions contre ce dirigeant ont été prononcées par la commission des opérations de bourse et confirmées par les juges de la Cour d'appel de Paris (V. B. BOULOC, « *L'obligation d'abstention et l'utilisation d'une information privilégiée* », op.cit., p.849).

[943] D. GIBIRILA et W. FEUGERE, op.cit., p.14.

société en sont d'autant plus pénalisés. En effet, les nombreuses contraintes que la règle de la quérabilité de l'information entraine, notamment celles relatives au coût des déplacements[944], aux horaires et au temps de consultations des documents, aux efforts et aux frais à engager en vue de prendre copie peuvent engendrer dans le chef des associés un désintérêt pour la vie sociale et donc une absence de contrôle quant à la régularité de la gestion confiée aux dirigeants sociaux.

338. Ce choix de la quérabilité est regrettable puisqu'il conditionne largement l'efficacité, la rapidité et la qualité de transmission de l'information[945]. Pourtant, en dehors des informations dont la portabilité est imposée par le législateur, pour le reste, il s'agit d'une portabilité dépendant du bon vouloir des dirigeants, puisque le législateur consacre une faculté et n'impose aucune obligation ou contrainte aux dirigeants. De telles hypothèses génèrent ou aggravent le risque d'une mauvaise gouvernance due au totalitarisme qui a souvent animé la direction sociale[946]. Selon un auteur, l'une des critiques de la quérabilité d'information est que les investisseurs étrangers, actionnaires potentiels, sont le plus souvent des personnes physiques ou morales originaires des pays de l'O.C.D.E. ou d'autres pays industrialisés ou émergents dans lesquels les principes de la gouvernance d'entreprise sont d'actualité et semblent s'inscrire en mouvement de fond. S'ils peuvent être désireux d'investir leurs capitaux sous forme d'investissements directs, ils ne seront pas pour autant disposés à avoir obligatoirement à pérégriner une ou plusieurs fois l'an pour glaner quelques informations la veille d'une assemblée générale et ensuite participer physiquement à celle-ci[947].

339. Dès lors, en instituant le principe de la quérabilité de l'information sociale, l'on peut s'interroger sur l'efficacité des modalités d'exercice de ce droit à l'information par l'associé minoritaire[948]. Il est possible que les rédacteurs de l'AUSCGIE ont sans doute considéré préférable d'opter pour la quérabilité au profit de la portabilité pour éviter d'imposer trop de charges aux sociétés ou par défiance à l'égard des moyens de communications qui ne sont pas toujours performants dans les Etats concernés. Si ces raisons étaient compréhensibles au jour de la rédaction de l'AUSCGIE, il semble quelque peu anachronique de maintenir un tel

[944] M. BALIMA, *Les sociétés commerciales en Afrique de l'ouest (Bénin, côte d'Ivoire, Guinée, Haute volta, Mali, Niger, Sénégal, Togo)*, thèse, Dijon, 1979 ; p.297, n°315, cité par C.B. LASSEHIN, *L'information des actionnaires, instrument de contre-pouvoir dans les sociétés anonymes de l'espace OHADA*, Thèse, Abomey-Calavi, 2014, p.54.
[945] A.-M. CARTRON et B. MARTOR, op.cit., p.23.
[946] C.-B. LASSEHIN, op.cit., p.54.
[947] L.-D. MUKA TSHIBENDE, op.cit., p.77.
[948] P. Chr. EWANE MOTTO, op.cit., p.202.

principe qui, en pratique, nuit à l'effectivité du droit d'information de l'associé minoritaire[949]. C'est pourquoi il est souhaitable que le législateur aille vers la règle de la portabilité de l'information sociale, plus favorable aux associés minoritaires et plus protectrice comme moyen permettant une amélioration de l'information des associés. Comme le révèle un auteur, « l'actionnaire, qui ne va pas à l'assemblée générale, se dérange encore bien moins pour aller au siège social »[950]. Cela est encore plus vrai en Afrique, compte tenu de certaines lenteurs et difficultés de transport qui subsistent entre les Etats membres de l'OHADA et au sein même des Etats, ainsi que des éventuelles difficultés de localisation du siège social.

340. Dans le contexte africain, cette règle offre aux dirigeants ou aux actionnaires majoritaires la possibilité de soustraire la gestion sociale à quelque velléité de contrôle de l'assemblée ou des minoritaires. Sur ces différents points, le législateur de l'OHADA a été conservateur, à contre-courant de la réalité économique des affaires[951]. Ce qui signifie que les textes récents, sous couvert de modernisation et de simplification du droit, conduisent à réduire l'accès à l'information pour les actionnaires[952]. Dans ces conditions, non seulement l'associé minoritaire a un droit à l'information restreint, mais il lui sera difficile de contraindre les dirigeants sociaux à lui délivrer cette information. Les mécanismes de gouvernance ont donc pour l'objet de réduire les asymétries d'information.

341. Toutefois, en droit OHADA, encourent une sanction pénale, les dirigeants sociaux qui ont sciemment, même en l'absence de toute distribution de dividendes, publié ou présenté aux actionnaires ou associés, en vue de dissimuler la véritable situation de la société, des états financiers de synthèse ne donnant pas, pour chaque exercice, une image fidèle des opérations de l'exercice, de la situation financière et de celle du patrimoine de la société, à l'expiration de cette période[953]. En plus, la dissimulation de prélèvements injustifiés sous forme d'inscription de créances de la société sur des tiers réalise l'élément matériel du délit, dès lors que les écritures inexactes ont affecté la fidélité et la sincérité du bilan[954].

342. Enfin, les dirigeants sont parfois hostiles à l'exercice du droit à l'information par les associés. Cette hostilité peut se justifier par le fait qu'ils craignent certaines indiscrétions émanant des concurrents qui achèteraient

---

[949] A. M. CARTRON et B. MARTOR, op.cit., p.23.
[950] A. TUNC, « L'effacement des organes légaux de la société anonyme », *D.* 1952, n° 4, p.74.
[951] A. M. CARTRON et B. MARTOR, op.cit., p.23.
[952] S. SCHILLER et F. PATRIZIO, op.cit., p.2864.
[953] Art. 890 de l'AUSCGIE.
[954] Cass.crim., 1er juillet 2009, Rev. Soc. 2009.859, B. Bouloc.

simplement quelques actions pour se renseigner à bon compte. Cela met ainsi en conflit, l'intérêt de l'associé censé disposer d'informations précises pour mieux apprécier la gestion de la société et celui de la société qui tend à éviter que les concurrents ne s'emparent d'informations pouvant nuire à celle-ci. En plus de la dissimulation de l'information par les dirigeants sociaux, les associés minoritaires sont confrontés aux soucis d'incompétence.

B : L'incompétence des associés minoritaires

343. L'approbation des comptes relève exclusivement de la compétence de l'assemblée générale des associés[955]. Le contrôle de la gestion des dirigeants sociaux tel que prévu par le législateur, porte en grande partie sur la régularité des comptes sociaux[956]. Pourtant, des associés manquent de connaissances en matière juridique et comptable. Ce qui fait qu'ils interviennent rarement lors des débats aux assemblées puisqu'ils ne comprennent pas, dans la plupart des cas, leur portée. Ainsi, la question pertinente n'est pas celle de l'étendue des pouvoirs des actionnaires mais plutôt celle de l'utilisation correcte des pouvoirs existants[957]. « La complexité de la gestion s'oppose à ce que les gens qui ne sont pas des professionnels des affaires puissent prendre quelques décisions que ce soit »[958].

En effet, gérer une affaire est une activité difficile et exige de solides connaissances, surtout aux niveaux élevés. Personne, à moins d'en avoir la compétence, n'aurait l'idée de vouloir participer activement à une opération chirurgicale[959]. Il doit en être de même pour la gestion des entreprises. Seule l'équipe qui gouverne est à même de prendre des décisions relatives à la gestion de l'entreprise. Dès lors, lesdites décisions sont nécessairement hors de la portée des assemblées d'actionnaires. Comme le révèle un auteur, en tant qu'organe de contrôle, l'actionnaire n'a ni le temps, ni la capacité de vérifier quoi que ce soit, il ne participe que très rarement aux assemblées, et quand bien même il y irait, il approuverait aveuglément toutes les résolutions préparées par le conseil d'administration[960]. Cela est le résultat de l'incompétence juridique (**1**), comptable et financière (**2**) des associés.

---

[955] P. - G. POUGOUE, (dir), *Sociétés commerciales et GIE*, op.cit., p.108.

[956] Art. 289 de l'AUSCGIE dispose que : « les associés non gérants ont le droit de consulter, au siège social, deux (2) fois par an, tous les documents et pièces comptables ainsi que les procès-verbaux des délibérations et des décisions collectives. … ».

[957] V. DE BEAUFORT, « Gouvernance d'entreprise – De nouvelles orientations à échelle de l'Union européenne », op.cit., p.13.

[958] J. PAILLUSSEAU, op.cit., p.239.

[959] J. PAILLUSSEAU, ibid.

[960] P. Chr. EWANE M, op.cit., p.121.

1 : L'incompétence juridique

344. L'une des difficultés principales que rencontrent certains associés voulant intervenir dans les assemblées générales est leur manque de connaissances juridiques et techniques nécessaires. Si l'associé, possède quelques connaissances juridiques, cela lui permettra de se prononcer en connaissance de cause sur les sujets figurant à l'ordre du jour de l'assemblée et de porter un jugement éclairé sur la gestion de la société. Pourtant, le recours aux tiers compétents par les associés apparaît également comme un pis-aller pour des dirigeants sociaux qui sont hostiles à l'accès des professionnels et des experts aux assemblées. Cela malgré que l'AUSCGIE dans son article 538 al.1 dispose que : « Tout actionnaire peut se faire représenter par un mandataire de son choix». Ce qui signifie que l'associé est libre dans le choix de son mandataire qui peut même être un spécialiste.

345. De cette manière, il est important d'éviter toute restriction quant aux personnes pouvant être mandatées par un associé, à l'exception de l'exigence de capacité juridique. Si le mandataire est un spécialiste du domaine, l'assemblée sera le lieu de débats fructueux après la présentation des rapports ; et celui-ci aurait certainement recueilli une multitude d'informations car l'assemblée constitue le moment privilégié pour les associés de s'informer sur la situation de la société et de s'exprimer sur sa gestion. Une telle faculté est tout à fait dans l'intérêt des actionnaires minoritaires, particulièrement lors de débats plus techniques que les autres où la présence d'un spécialiste peut leur être d'un grand secours[961].

De même, la jurisprudence a admis la possibilité pour un associé ou un actionnaire de demander en justice l'autorisation de se faire assister à l'assemblée par un huissier de justice, aux fins de consigner les déclarations qui y seront faites.

Toutefois, les motifs de cette demande doivent être graves et intéresser directement le fonctionnement de la société[962]. Mais plus tard, la Cour de cassation française a déclaré que l'assemblée générale n'étant pas un organisme juridictionnel ou disciplinaire, mais un organisme de gestion interne, l'accès d'un avocat à l'assemblée peut être refusé[963].

346. En outre, l'incompétence juridique ne permet pas aux associés et en particulier aux minoritaires de bien contrôler la gestion et les comptes sociaux du fait que ceux-ci sont dans l'incapacité ou dans l'impossibilité de cerner la portée des informations qui leur sont livrées par les dirigeants

---

961 M.-D. POISSON, op.cit., p.165.

962 Dans le sens du rejet de demande : Colmar, 30 juil1975, Rév. Sociétés 1976,493, note J. G., D.1974.47, note BURST.

963 Cass.com., 10 mai 2006, Bull. Joly 2006, §239, p.1154, note J.-J. DAIGRE.

sociaux ou qu'ils vont chercher au siège social selon le principe de la quérabilité des informations. La mise en œuvre du contrôle interne d'un associé est faussée d'avance.

Dans ce cadre, en France, un associé minoritaire a demandé à bénéficier des dispositions légales relatives à la communication des documents aux associés comme prévues par l'article L. 225-115[964] du Code de commerce. Pour sa mise en œuvre, l'article 144 du décret du 23 mars 1967 prévoit par ailleurs que l'actionnaire qui exerce ce droit de consultation peut se faire assister « d'un expert inscrit sur une des listes établies par les Cours et tribunaux ». Voulant bénéficier de ce droit à l'information, l'associé convient d'un rendez-vous au siège de la société, il s'y présente assisté de son avocat. La société met les documents demandés à la disposition de l'associé mais refuse que son avocat soit présent lors de la consultation au motif qu'il n'est pas inscrit sur la liste mentionnée à l'article 144 du décret du 23 mars 1967. De son côté, l'associé renonce alors à consulter lesdits documents. Par contre, il décide d'engager une action en référé devant le tribunal de commerce de Paris qui accueille sa demande et désigne un mandataire *ad hoc*.

Malheureusement, la Cour d'appel[965] infirme l'ordonnance dans toutes ses dispositions soulignant qu'il n'existe aucun dommage imminent et que le trouble caractérisant une telle mesure n'est pas démontrée. Si cet associé minoritaire avait des connaissances juridiques nécessaires, il n'allait en aucun cas se présenter au siège social avec un avocat non inscrit sur des listes établies par les Cours et tribunaux. Dans le cadre de la protection des minoritaires, il est souhaitable que l'associé soit autorisé à être assisté par son avocat.

Outre cela, bien que le droit de vote soit considéré par certains auteurs comme étant la « prérogative la plus importante de l'actionnaire »[966], les agences aidant les associés à exercer leur droit de vote n'ont que peu fait parler d'elles, même si leur activité demeure dans l'ombre et méconnue du grand public. Dès lors, il est important pour le législateur OHADA de consacrer l'institution du statut des agences de vote, qui jouent un rôle incontournable dans la gouvernance d'entreprises. Ces agences sont des entreprises privées chargées d'évaluer les propositions soumises aux assemblées d'actionnaires et de recommander aux clients qui l'engagent de

---

[964] L. 225-115 du Code de commerce français prévoit que « tout actionnaire a le droit, à toute époque, d'obtenir communication des documents visés à l'article L.225-115 et concernant les trois derniers exercices, ainsi que les procès-verbaux et feuilles de présence des assemblées tenues au cours de ces trois derniers exercices ».

[965] Cl. CHAMPAUD et D. DANET, note sous Paris, 14e chambre, 13 octobre 2006, RTD.com 2007, n° 4, p.375.

[966] M. COZIAN, A. VIANDIER, Fl. DEBOISSY, *Manuel de Droit des sociétés*, LexisNexis Litec, 22ème édition, 2009, p.317.

quelle manière exercer leurs droits de vote[967]. C'est pourquoi les agences de conseil en vote sont devenues des acteurs puissants en influençant une proportion importante des votes des actionnaires et leurs rôles vont sûrement continuer à croître dans les années à venir, notamment grâce à la libéralisation des mandats de vote[968].

Afin de faire une recommandation à son client, l'agence de conseil en vote va étudier différents documents mis à la disposition des associés. En effet, un tel conseiller permet de voter en meilleure connaissance de cause et donc d'encourager le vote plutôt que l'abstention. Ainsi, l'absence de cadre juridique encadrant leurs activités et leur statut[969] est une source d'inquiétudes. En conséquence, une meilleure réglementation de leurs activités constitue actuellement un sujet majeur. Les clients ne sont pas contraints de suivre les avis des agences, mais ils les suivent systématiquement[970]. Certains associés n'hésitent pas à leur déléguer l'exercice de leur droit de vote. Acteurs nouveaux, les agences de conseil en vote ne sont pas encore traitées en tant que tel par le législateur OHADA. A cet effet, il est important de prendre conscience du rôle majeur de ces agences, mais il est également nécessaire de comprendre la procédure leur permettant de conseiller leurs clients afin de mettre par la suite en avant les différents problèmes que ces recommandations peuvent soulever et de voir comment le législateur pourrait atténuer ces différents problèmes.

En France, ces agences ont été instituées par la recommandation AMF n° 2011- 06 du 18 mars 2011 sur les agences de conseil en vote[971]. Néanmoins, le reproche qu'on peut faire auxdites agences consisterait à dire d'une part que la transparence de ces acteurs est insuffisante[972] et d'autre part

---

[967] I. TCHOTOURIAN, « Ces agences qui aident les actionnaires à voter », http://www.contact.ulaval.ca/article_blogue/agences-aident-actionnaires-a-voter/, consulté le 06/01/2018.

[968] V. DE BEAUFORT, « Gouvernance d'entreprise – De nouvelles orientations à échelle de l'Union européenne », op.cit., p.21.

[969] L. VARLET, « La recommandation de l'AMF n°2011-06 sur les agences de conseil en vote : apports et insuffisances », http://www.univ-paris1.fr/fileadmin/diplome_M2OFIS/Articles/Les_apports_de_la_recommandation_AMF_sur_les_agences_de_conseil_en_vote_1___2_3.pdf, consulté le 08/01/2018.

[970] L. VARLET, « La recommandation de l'AMF n°2011-06 sur les agences de conseil en vote : apports et insuffisances », ibid.

[971] Les recommandations de l'AMF ont une portée générale, mais n'ont pas de caractère réglementaire. Si elles semblent constituer uniquement une invitation, « à adopter un comportement ou à se conformer à une disposition » sans force obligatoire (V. AMF, Principes d'organisation et de publication de la doctrine de l'AMF, 7 déc. 2010), elles sont néanmoins ressenties par les opérateurs comme étant obligatoires (V. L. VARLET, « La recommandation de l'AMF n°2011-06 sur les agences de conseil en vote : apports et insuffisances », op.cit.).

[972] Il est important d'encourager les agences de conseil en vote à adopter un code de conduite garantissant une meilleure transparence et une meilleure indépendance, ce qui inclut de ne pas

qu''elles font la politique des sociétés commerciales comme si elles étaient actionnaires[973]. Car, elles sont capables d'utiliser l'information à leur disposition pour conseiller selon leurs critères. En plus de l'incompétence juridique, les associés n'arrivent pas à apprécier les informations relatives à la gestion sociale à cause de leur incompétence en matière de comptabilité.

2 : L'incompétence financière et comptable

347. Le droit OHADA a pour souci d'améliorer la qualité de l'information et particulièrement de l'information comptable des entreprises en général et des sociétés en particulier[974]. C'est certainement la raison de la récente révision de l'Acte uniforme relatif au droit comptable qui est devenu, Acte uniforme relatif au droit comptable et à l'information financière[975]. Le droit comptable, dont il est peu souvent fait état, mais qui est pourtant désormais intégrante du droit des affaires, contribue notablement à l'amélioration de la qualité de l'information sur les affaires sociales[976].

348. Cependant, les sources de l'information comptable et financière sont abondantes et variées : en termes d'accessibilité, de contenu, de qualité : des bases de données très techniques, d'accès limité, voire réservées à un usage interne, etc. Pourtant, les renseignements communiqués sont techniques et complexes, donc difficiles à utiliser pour celui qui n'a pas des connaissances comptables[977]. Ce marché spécifique de l'information donne quelques signes de déséquilibres. Les demandeurs,...éprouvent des difficultés à se repérer, à évaluer les informations, à les traiter, et se plaignent souvent de leur qualité insuffisante[978].

Au-delà de la question de sa fiabilité, il convient également de garder à l'esprit que l'information comptable obéit à des conventions ou à des

---

posséder "d'autres intérêts" dans les sociétés analysées par les agences en question (V. DE BEAUFORT, « Gouvernance d'entreprise – De nouvelles orientations à échelle de l'Union européenne », op.cit., p.21).

[973] Les agences de conseil en vote ont donc pris un poids considérable dans les Assemblées Générales des sociétés cotées, alors même qu'elles ne sont pas actionnaires et ainsi non exposées à un risque économique et sociétaire (L. VARLET, « La recommandation de l'AMF n°2011-06 sur les agences de conseil en vote : apports et insuffisances », ibid).

[974] P.-G. POUGOUE, *Introduction critique à l'OHADA*, PUA, Yaoundé, 2008, p.180.

[975] Acte uniforme relatif au droit comptable et à l'information financière, Acte adopté le 26 janvier 2017 à Brazzaville, au Congo et paru au J.O. OHADA numéro spécial du 15 février 2017.

[976] P.-G. POUGOUE, *Introduction critique à l'OHADA*, op.cit., p.181.

[977] Y. GUYON, *Droit des affaires, T1, Droit commercial général et sociétés*, op.cit., p.289, n°294.

[978] F. SAUVAGE, « L'information comptable et financière et le risque de crédit aux entreprises », *Revue d'économie financière*, n°41, 1997, p.69.

principes qui se réfèrent à un certain cadre conceptuel[979]. L'incompétence financière et comptable des associés s'entend du manque des connaissances nécessaires dans ces domaines pour pouvoir analyser les informations données par les dirigeants sociaux. Or, cette incompétence empêche les associés minoritaires d'apprécier la bonne marche des affaires sociales et en même temps fragilise le contrôle de la gestion sociale.

349. Pourtant, à la date de clôture de chaque exercice, les dirigeants sociaux doivent établir et arrêter les états financiers de synthèse prévus par le droit comptable. Les associés ont l'obligation de contrôler les informations d'ordre comptable et financière données par les dirigeants sociaux. Ce contrôle de régularité dans la gestion comptable implique la conformité des actes des dirigeants sociaux à la réglementation comptable, c'est à dire le respect des règles applicables à la comptabilité des entreprises en droit OHADA. Cela tel que l'exigent les dispositions de l'article 3 du nouvel Acte uniforme relatif au droit comptable et l'information financière qui dispose que « La compatibilité doit satisfaire, dans le respect de la convention de prudence, aux obligations de régularité, de sincérité et de transparence inhérente à la tenue, au contrôle, à la présentation et à la communication des informations qu'elle a traitées ».

350. En somme, la régularité de la comptabilité suppose sa conformité aux règles et procédures en vigueur[980]. Dès lors, les associés doivent s'assurer que les comptes ont été dressés conformément aux dispositions de l'AUSCGIE et de celles relatif au droit comptable et à l'information financière, « complété et modifié le cas échéant, par les directives des plans comptables professionnels et les dispositions fiscales en rigueur»[981]. Car le droit fiscal exerce une influence sur la compatibilité.

Dans ces conditions, l'article 10 de l'Acte uniforme relatif au droit comptable et l'information financière dispose que «toute entité qui applique correctement le système comptable OHADA est réputée donner dans ses états financiers l'image fidèle de sa situation et de ses opérations...». Dès lors, le respect des principes comptables constitue une présomption d'image fidèle[982]. Ce concept d'image fidèle de l'entreprise évoque l'objectif général à atteindre à travers les différentes écritures comptables.

351. Pour cela, l'information fidèle est celle qui ne dénature pas la situation comptable de l'entreprise, qui donne une représentation cohérente et permet aux associés de bien mesurer les risques financiers encourus par la

---

[979] F. SAUVAGE, op.cit., p.70.
[980] P.-G. POUGOUE, (dir.), *Sociétés commerciales et GIE*, op.cit., p.521.
[981] Y. GUYON, *Droit des affaires*, Tome I, 11eme Ed., Economica, Paris, 2001, p.401.
[982] P.-G. POUGOUE, (dir), *Sociétés commerciales et GIE*, op.cit., p.521.

société. Par conséquent, les difficultés des associés minoritaires dans ce domaine sont dues à la complexité de la comptabilité, une matière difficile à appréhender pour un associé profane. Car les associés ne sont pas capables de découvrir dans la gestion les irrégularités susceptibles de compromettre la survie de leur société. Cela pour la simple raison que l'exploitation de ces informations nécessite cependant une capacité de traitement en termes humains et matériels[983].

352. De cette manière, l'associé minoritaire n'est pas en mesure de juger par lui-même des résultats obtenus par la société à travers la lecture des documents sociaux mis à sa disposition, car il lui faudrait savoir interpréter les chiffres, connaître les règles de la gestion commerciale, s'assurer de la réalité des opérations relatées[984]. C'est-à-dire que les états financiers des sociétés commerciales sont élaborés sur la base de référentiels propres au droit OHADA et répondent aux exigences de bonne gouvernance des entreprises[985]. Pourtant, les exigences des normes rendent difficile la compréhension de ces informations par les associés minoritaires, car ces derniers ne disposent pas tout simplement du temps ou de la formation nécessaires pour exploiter et analyser les données[986]. Selon Yves GUYON, « les renseignements communiqués sont techniques et complexes, donc difficiles à utiliser pour celui qui n'a pas des connaissances comptables »[987]. A côté de cette insuffisance d'informations du côté des associés minoritaires s'ajoute encore la faiblesse des mécanismes de contrôle.

§2 : La pérennité de la faiblesse des mécanismes spécifiques de contrôle désignés à l'initiative des minoritaires

353. Dans le cadre du contrôle qu'effectuent les associés sur la gestion sociale des dirigeants sociaux, quelquefois les associés sont obligés de recourir aux mécanismes spéciaux reconnus par le législateur. Ces mesures de prévention et de détection consistent à repérer tout indice de crise susceptible de faire échouer le fonctionnement de l'entreprise et de le

---

[983] F. SAUVAGE, op.cit., p.72.

[984] H. CHASSERY, « Les attributions du conseil de surveillance », RTD.com., 1976, n°1, p.452.

[985] Al.1 de l'article 7 de l'AUDCIF: « Les états financiers de synthèse regroupent les informations financières au moins une fois par an sur une période de douze mois, appelée exercice ; ils sont dénommés états financiers annuels». Art.8-4 de l'AUDCIF : « Les entités dont les titres sont inscrits à une bourse de valeurs et celles qui sollicitent un financement dans le cadre d'un appel public à l'épargne, doivent établir et présenter les états financiers annuels selon les normes internationales d'informations financières, appelées normes IFRS, en sus des états financiers visés aux alinéas précédents ».

[986] F. SAUVAGE, op.cit., p.72.

[987] Y. GUYON, *Droit des Affaires*, Tome 1, *Droit Commercial Général et Sociétés*, 12ème éd., Economica, Paris, 2003, p.298.

résoudre le plus tôt possible. Dans ce cadre, selon les articles 150 et suivants de l'AUSCGIE, le législateur a retenu deux mécanismes que sont l'expertise de gestion et l'alerte. Les sociétés commerciales évoluant dans l'espace OHADA avaient également besoin de bénéficier de ces moyens de contrôle car le contrôle, s'il n'assure pas une sécurité absolue, évite certains abus et dans sa facture moderne prévient certains risques ou anticipe sur les difficultés de l'entreprise[988]. Pourtant, dans la pratique les deux procédures présentent des faiblesses. A ce niveau, il convient de citer la fragilité de l'expertise de gestion (**A**) et la précarité de l'alerte des associés minoritaires (**B**).

A : La fragilité de l'expertise de gestion

354. La désignation d'un expert de gestion vise à protéger l'intérêt social. De cette manière, en utilisant l'expression «expertise de gestion», on aurait pu s'attendre à ce que le législateur de l'OHADA donne la possibilité à l'ensemble des protagonistes sociaux (ministère public, représentant des salariés, bourses des valeurs sous régionale) de s'informer sur la gestion sociale de telle sorte que par exemple les salariés qui constituent la dimension sociale et humaine de l'entreprise puissent avoir un véritable pouvoir de contrôle sur la gestion de la société[989].

355. En outre, il se pose la question de la détermination des opérations de gestion à expertiser. Selon le législateur[990], l'expertise peut porter sur une ou plusieurs « opérations de la gestion »[991], et pas seulement sur les aspects financiers ou comptables. Mais le législateur l'OHADA n'a donné aucune définition de la notion d'opération de gestion. Sauf que cette dernière ne peut concerner par contre, d'une manière générale, ni l'ensemble de la gestion, ni la régularité des comptes sociaux[992]. Même une juridiction sénégalaise a confirmé que l'expertise de gestion, au sens de l'article 159 de l'Acte uniforme sur le droit des sociétés commerciales et GIE, ne peut porter

---

988 P.-G. POUGOUE, *Introduction critique à l'OHADA*, op.cit., p.183.

989 R. D. GNAHOUI, « Intérêt de l'entreprise et droit des salariés », RSDA, 1, Janvier- Juin 2003, in B. Y. MEUKE, « L'information des actionnaires minoritaires dans l'OHADA : réflexion sur l'expertise de gestion », http://www.ohada.com/doctrine/ohadata/D-05-56.html, p.6, consulté le 14/02/2017.

990 Art. 159 de l'AUSCGIE précité.

991 Une opération de gestion étant définie comme une décision prise par un organe de gestion, c'est-à-dire par les dirigeants sociaux, qu'il s'agisse de décisions qu'il soit habilité à prendre seul ou d'actes sur les conséquences desquelles les associés peuvent avoir été appelés à se prononcer (A. FENEON, « Les droits des actionnaires minoritaires dans les sociétés commerciales de l'espace OHADA », op.cit., p.16).

992 L.HOMMAN-LUDIYE, P. DJEDJE, cité par P. S. A. BADJI, *Réforme du droit des sociétés commerciales OHADA*, op.cit., p.153.

que sur des opérations précises de gestion et non sur la gestion générale de la société[993].

Par conséquent, il n'est pas possible de donner une suite favorable à une demande d'expertise de gestion si les questions posées tendaient à une critique systématique de l'ensemble de la gestion, ou encore avaient un caractère général, concernant l'ensemble de la société[994]. A la différence de l'expertise de gestion qui porte sur un ou plusieurs opérations de gestion et qui ne peut être demandée que par un ou des associés, l'expertise sur la situation comptable de la société, de portée plus générale, peut être sollicité par toute personne y ayant intérêt[995]. Les contours de cette notion d'opération de gestion demeurent imprécis et il semble qu'en la matière le législateur de l'OHADA n'a pas pris en considération les critiques de la doctrine écrivait Patrice S. A. BADJI[996].

356. L'assiette de la notion d'acte de gestion n'a pratiquement pas de borne. Elle semble se présenter comme un véritable fourre-tout où on verse des points d'ombres relevés dans le fonctionnement de la société[997]. De cette manière, il apparaît clairement que des abus sont susceptibles d'être perpétrés si aucune action dans l'optique d'une bonne précision des concepts n'est envisagée[998]. Selon la jurisprudence, la règle est qu'il s'agit des actes accomplis par les dirigeants sociaux et non des actes et décisions émanant des assemblées générales, lesquelles ne sont pas des organes de gestion[999]. Le législateur aurait au moins dû fixer les critères sur lesquels devront se fonder les associés dans la mise en œuvre de ce droit qui leur est reconnu de s'adresser à la justice. En conciliant la nécessité de prendre des risques et le

---

993 CA Dakar Arrêt n°162 du 14 mars 2013, Bulletin des arrêts rendus en matière civile et commerciale, 2014, p.248.

994 A. FENEON, « Les droits des actionnaires minoritaires dans les sociétés commerciales de l'espace OHADA », op.cit., p.161.

995 CA Dakar Arrêt n°436 du 9 juillet 2013, Bulletin des arrêts rendus en matière civile et commerciale, 2014, p.257.

996 P. S. A. BADJI, *Réforme du droit des sociétés commerciales OHADA*, op.cit., p.153. n°149. V. par exemple A. FOKO, p.173 et s ; Y. BERENGER MEUKE, « La notion d'opérations de gestion au sens de l'article 159 de l'AUSCGIE de l'OHADA : Réflexion à la lumière du droit français », OHADATA D-05-57.

997 Voir Tribunal régional hors classe de Dakar, jugement n° 871 du 21 mai 2002, Hassen YACINE c/ société Natte industrie, www.ohadalegis.com, où la demande d'expertise fut introduite aux fins : d'ordonner un audit de la société, de déterminer la valeur des investissements réels faits pour le compte de la société dans l'intérêt social depuis la création de la structure ; déterminer la valeur réelle des actions ; déterminer l'actif réel de la société ; déterminer la valeur réelle des actions et déterminer, au vu du rapport d'expertise le montant réel des bénéfices qui auraient dû être distribués à la clôture de chaque exercice comptable.

998 A. FOKO, op.cit., p.194.

999 CA Paris, 8 nov. 1991, Bull. Joly, 1992, §50 p.177 ; RDJA, 1992, p.123 ; CA Paris, 27 nov. 1991, inf. rap., p.71, CA Versailles, 27 févr. 1997, Bull. Joly, 1997, § 220 p.543, note, P. Le Cannu et M. Menjucq.

souci de circonscrire les actes de gestion, le législateur pourrait réaliser des précisions *a contrario*. Ne lui est-il pas possible d'indiquer plutôt les échantillons d'actes dont l'accomplissement ou le non accomplissement est constitutif de faute de gestion[1000] et, en conséquence, susceptible de justifier la mise en route de la procédure d'expertise de gestion[1001]?

357. D'ailleurs, contrairement à son homologue français qui a tourné le dos à la jurisprudence antérieure en admettant que l'expertise de gestion puisse désormais porter sur des opérations des sociétés filiales conformément à l'article L.233-3 du Code de commerce français, le législateur OHADA est resté muet sur cette question. Cela alors qu'afin de donner une plus grande efficacité économique à son droit, le législateur OHADA gagnerait à édicter des normes en ce sens dans son espace. On peut reprocher à ces normes de porter atteinte au fameux principe de l'autonomie des personnes morales[1002]. Mais il faut bien souligner que « cette atteinte est tolérable dans la mesure où elle ne constitue ni une violation grave des droits des associés ou des tiers, ni un empiètement sur les compétences des organes sociaux »[1003].

De même, le législateur a réduit le seuil exigé en matière de demande d'expertise de gestion. Mais pour ladite expertise, l'exigence d'un seuil aux associés ne se justifie pas. Le fondement social de l'expertise de gestion commande que l'action soit ouverte à tout associé même s'il détient une seule action ou part sociale. Pour s'en convaincre, il suffit de citer l'action sociale en responsabilité contre les dirigeants sociaux et l'action fondée sur l'abus de majorité qui peuvent être exercées par tout associé, quel que soit le nombre d'actions ou de parts sociales qu'il détient. On objectera certainement que la demande d'expertise de gestion n'est pas une action sociale. C'est cependant oublier que la mesure a aussi une finalité sociale[1004].

358. Dès lors, l'exigence d'un seuil en matière d'expertise de gestion est juridiquement arbitraire. C'est pourquoi on a tenté de justifier la mesure par des considérations pratiques. On craignait notamment que la société ne puisse être paralysée par des demandes intempestives d'expertise de

---

[1000] A. AKAM AKAM, *Les mutations juridiques dans le système OHADA*, op.cit., p.212 et suivants.

[1001] Les articles 889, 890 et 891 de l'AUSCGIE traitent « infractions relatives à la gérance, à l'administration et à la direction des sociétés ». Mais nous avons des doutes qu'ils permettent d'avoir des idées exactes sur tous les contours des actes de gestion.

[1002] A. FOKO, op.cit., p.196.

[1003] M. KONE, Le nouveau droit des pays de la zone OHADA comparaison avec le droit français, cité par A. FOKO, op.cit., p.196.

[1004] Br. KAMENA, « La désignation d'un expert de gestion : réflexion à la lumière du droit français », op.cit., p.247.

gestion[1005] et dans ces conditions, les risques d'encombrement des tribunaux sont bien réels ou bien qu'une mauvaise réputation de la société ne naisse. Ce qui signifie que cette situation s'avère dangereuse car l'expertise de gestion, peut être préjudiciable à l'entreprise qu'elle est censée protéger dès l'instant où elle est introduite dans des conditions inopportunes. On peut même dire que le risque semble plus élevé ici parce que les associés minoritaires seront tentés de demander l'expertise de gestion toutes les fois qu'ils considéreront qu'une opération de gestion leur est critiquable.

359. Ces différents motifs ne sont pas valables pour deux raisons : Premièrement, la notion d'« abus de minorité positif»[1006] permet de faire face aux demandes intempestives par la condamnation des minoritaires indélicats au paiement des dommages-intérêts[1007]. La Cour d'appel de Paris l'a montré dans un arrêt du 17 septembre 1993 en condamnant au paiement d'une importante indemnité les minorités qui avaient recouru à des assignations répétées en désignant l'administrateur judiciaire[1008].

360. Deuxièmement, en ce qui concerne la réputation de la société, l'arrêt du 10 février 1998[1009] a censuré l'arrêt de la Cour d'appel de Paris du 16 novembre 1995 qui avait retenu que la mesure risquait de nuire aux intérêts de la société en portant atteinte à la confiance de ses interlocuteurs, cocontractants et bailleurs de fonds[1010]. Au contraire, les interlocuteurs de la société ont tout intérêt à ce que le patrimoine de la société soit défendu contre les opérations inconsidérées[1011]. De même, le président du tribunal de commerce de Paris avait décidé, dans une ordonnance du 26 novembre 1973, que « ce n'est pas la demande d'expertise qui peut avoir une influence quelconque sur la valeur des actions en hausse ou en baisse, mais seulement le rapport de l'expert, et ses constatations éventuelles favorables ou non »[1012].

[1005] Br. KAMENA, « La désignation d'un expert de gestion : réflexion à la lumière du droit français », ibid.

[1006] On parle d' «abus de minorité positif» lorsqu'une décision sociale a été obtenue par surprise, la décision ayant alors été adoptée de manière abusive. Par exemple, l'abus de minorité positif peut résulter de la demande de désignation d'un expert de gestion, alors que le minoritaire, auteur de la demande, ne remplit manifestement pas les conditions pour ce faire.

[1007] Br. KAMENA, « La désignation d'un expert de gestion : réflexion à la lumière du droit français », op.cit., p.247.

[1008] Paris, 15 septembre 1993, Jurisdata, n°024007.

[1009] Cass.com, du 10 février 1998, 96-11.988, Bull. 1998, IV, n° 69, p. 53.

[1010] Paris, 16 novembre 1995, Bull. Joly, 1996, p.129, note P. Le Cannu ; Rev.soc., 1996, p.120. Y. Guyon.

[1011] P. Le Cannu, note sous Paris, 16 novembre 1995, Bull. Joly, 1996, p.131.

[1012] Trib. Com. Paris 26 novembre 1973, Rev.soc., 1975, p.106, note J.-P. Sortais.

361. Le risque de réputation doit être considéré comme un « métarisque », en ceci qu'il accompagne chaque risque qu'encourt une entreprise. Que ce soient les risques naturels, les risques opérationnels, les risques juridiques, les risques stratégiques et, bien sûr, les risques financiers, ils ont tous pour corollaire, une fois survenus, un risque de réputation…[1013] De cette manière, ce n'est pas tant la demande d'expertise de gestion qui porte atteinte à la réputation de la société que les résultats de celle-ci s'ils sont négatifs.

Au contraire, comme l'a remarqué la Cour d'appel de Paris dans un arrêt du 12 janvier 1977, l'expertise peut « redonner confiance aux actionnaires et rétablir le crédit de la société, si les investigations de l'expert ne révèlent aucune irrégularité dans la gestion »[1014]. De sorte que l'exigence de la détention d'une fraction du capital ne se justifie pas non plus sur le plan pratique[1015]. Aussi faut-il vivement recommander au législateur OHADA de réécrire les dispositions relatives à l'expertise de gestion pour en permettre l'exercice par tout associé. Outre cela, l'analyse de l'Acte uniforme permet également de se rendre compte que la mesure d'expertise de gestion présente encore quelques faiblesses dont notamment le cas de l'intrusion d'une tierce personne dans la gestion de la société **(1)** d'une part, et la lenteur de la procédure **(2)** d'autre part.

1 : L'intrusion d'une tierce personne dans la gestion de la société

362. Si l'intention première de l'expertise de gestion est d'éclairer, d'informer et par voie de conséquence de protéger les associés et l'entreprise, il n'en demeure pas moins que cette recherche de la vérité et de l'information est susceptible de produire plutôt des effets pervers. Il ressort de l'expertise de gestion prévue par l'article 159 de l'AUSCGIE précité que le législateur donne au juge le droit d'apprécier la situation de l'entreprise afin de désigner un expert. C'est-à-dire que le juge dispose en la matière d'une faculté totale d'appréciation[1016]. C'est à lui qu'il revient de déterminer la mission exacte de l'expert[1017].

Sans prendre parti sur le phénomène de « judiciarisation » de la vie des affaires[1018], les auteurs sont nombreux à souligner que l'intervention des

[1013] P. CAILLEBA, « L'entreprise face au risque de réputation », *Responsabilité et environnement*, n° 55, Juillet 2009, p.9.
[1014] Paris, 12 janvier 1977, JCP, 1978, II, 18823, note Y. Chatier.
[1015] Br. KAMENA, « La désignation d'un expert de gestion : réflexion à la lumière du droit français », op.cit., p.247.
[1016] P.-G. POUGOUE, F. ANOUKAHA et J. NGUEBOU, op. cit., p.86 et 87.
[1017] M. COZIAN, A. VIANDIER et F. DEBOISSY, op.cit., p.246.
[1018] S. ROUSSEAU et I. TCHOTOURIAN, « L'intérêt social en droit des sociétés : Regards transatlantiques », *C.D.A.C.I.*, Université de Montréal, p.10.

juges est grandissante dans la vie des sociétés[1019] au point que certains fassent aujourd'hui des magistrats un authentique organe de contrôle des sociétés[1020]. Cette intervention judiciaire est très souvent critiquée du fait « du principe de la non-ingérence de la justice »[1021]. Selon le même auteur, ce principe découle du fait que la société est l'affaire des associés qui prennent toutes les décisions importantes[1022]. Le droit des sociétés commerciales est hostile à l'immixtion du juge dans les affaires sociales. L'immixtion du juge est d'autant plus surprenante qu'elle porte atteinte à la souveraineté des associés, dont l'une des attributions essentielles consiste à nommer les dirigeants[1023]. Selon un auteur, la souveraineté des actionnaires semble immense en droit et dans l'imaginaire de nos sociétés, mais, dans les faits, on voit qu'elle reste très limitée[1024].

363. On peut même penser que la société n'est plus la propriété des associés. Et l'on s'interroge alors sur la capacité et l'opportunité des décisions prises par le juge dans la nomination de l'expert de gestion ; mieux, en application de quels critères le juge décidera-t-il que l'opération de gestion paraît suffisamment contestable et suspecte pour qu'un complément d'information soit nécessaire ? Il faut dire que ce n'est pas l'intervention du juge dans son principe qui est contestée mais sa fréquence, car les affaires s'accommodent mal de la publicité. Selon un auteur, le harcèlement judiciaire déstabilise le management, nuit à l'image de marque des sociétés et peut provoquer des séismes boursiers, ainsi que de fâcheuses conséquences en termes de politique économique générale et d'emploi[1025]. En France, certaines décisions du juge ont été taxées d'audacieuses par la doctrine. Ce fut notamment le cas quand la Cour de cassation a admis que la mission de l'expert s'étende à plusieurs sociétés d'un même groupe[1026].

364. En somme, concernant l'intrusion excessive du juge dans le fonctionnement de la société, FOKO propose lors de l'expertise de gestion,

---

[1019] J. MESTRE, « Réflexions sur les pouvoirs du juge dans la vie des sociétés », *R.J.Com.*, 1985, p.81.

[1020] D. VIDAL, « Droit des sociétés », 5ème éd., L.G.D.J., 2006, p.363, n°745.

[1021] MODI KOKO, « Le juge ne doit entrer dans la vie de la société qu'à travers la fenêtre d'une crise grave a », cité par M. DIOUF, op.cit., p.229.

[1022] M. DIOUF, ibid.

[1023] Y. GUYON, Les missions des administrateurs provisoires de sociétés, Mélanges BASTIAN, t. 1, 1974, 103 et s.

[1024] P.-Y. GOMEZ, op.cit., p.140.

[1025] A. DEKEUWER, « Les intérêts protégés en cas d'abus de biens sociaux », *La Semaine Juridique Entreprise et Affaires,* n° 43, 26 Octobre 1995, p.500.

[1026] Cass. Com., 10 mai 1988, Bull.civ., IV, N° 160, p. 111, cité par CHARTIER (Y), op.cit., p.337.

la graduation[1027] de la procédure aboutissant à la décision du juge. Mais pour permettre d'avancer assez rapidement[1028], il est préférable de laisser cette compétence uniquement au juge comme l'a préféré le législateur OHADA, contrairement à son homologue français, dès lors que la procédure d'expertise de gestion se caractérise par une lenteur.

2 : La lenteur de la procédure

365. D'après le législateur OHADA[1029], la demande d'expertise est adressée à la juridiction compétente du siège social, statuant à bref délai. Ce qui signifie qu'il s'agit d'une compétence du tribunal et ce dernier est normalement saisi par voie d'assignation. Mais la préoccupation majeure porte sur la nature de la procédure d'expertise de gestion[1030]. S'agit-il d'une procédure d'urgence ou d'une procédure ordinaire ? Pour Patrice S. A. BADJI, la procédure n'est pas une procédure d'urgence[1031].

366. Quant au législateur OHADA, il ne précise pas le régime procédural de l'institution. Ce qui a fait qu'un auteur a relevé des ambigüités de l'expertise de gestion[1032] prévue dans l'AUSCGIE version ancienne. La dénonciation est loin de connaître un épilogue étant entendu que les modes de saisine du juge devant autoriser la mesure ne sont pas précisés. Ce dernier doit-il être saisi par requête aux fins de désignation d'un expert de gestion ou une assignation ? En l'absence de précision de la part du législateur OHADA, doit-on conclure qu'il s'agit d'une assignation en référé en vue d'obtenir « une expertise de minorité »[1033] comme en droit français vu

---

[1027] La question écrite et l'expertise de gestion ne sont plus des procédures indépendantes l'une de l'autre, mais sont deux étapes d'une même procédure, la première étant principale et la seconde subsidiaire. V. A. FOKO, « L'essor de l'expertise de gestion dans l'espace OHADA », op.cit., p.200.

[1028] A. FOKO, op.cit., p.198.

[1029] Art.159 de l'AUSCGIE précité.

[1030] A. FOKO, op.cit., p.202.

[1031] P. S. A. BADJI, *Réforme du droit des sociétés commerciales OHADA*, op.cit., p.153, n°148.

[1032] S. SOREL TAMEGHE, Quelques ambiguïtés de l'expertise de gestion dans l'Acte uniforme OHADA relatif au droit des sociétés commerciales et du groupement d'intérêt économique », Recueil d'études sur l'OHADA et l'UEMOA, Vol. 1, dir. Jacques Mestre, Presses universitaires d'Aix-Marseille, coll. HJA, Aix-en- Provence, 2010, pp. 147-178, cité par P. S. A. BADJI, « Les orientations du législateur OHADA dans l'AUSCGIE révisé », op.cit., p.16.

[1033] L'expertise de gestion est concrètement une expertise de minorité V. D. BOSQUET, L'expertise de minorité, thèse Paris II 1992 ; Y. GUYON, L'expertise de gestion, Juriscl. Soc. Fasc. 134 D, cité par P.-G. POUGOUE, F. ANOUKAHA et J. NGUEBOU, *Le droit des sociétés commerciales et du groupement d'intérêt économique OHADA*, op.cit., p.86.

l'identité des conditions de mises en œuvre de l'expertise de gestion entre les deux droits ? Ce faisant, le recours au juge des référés n'est envisageable que lorsqu'on est en présence d'une urgence[1034]. Or, selon le législateur OHADA, le tribunal doit statuer en bref délai[1035]. Autrement dit, au lieu de saisir le juge des référés, la demande est adressée au tribunal qui doit statuer en la forme des référés.

367. Pourtant, il était souhaitable, vu l'urgence de ce genre d'affaire que la demande soit adressée au juge des référés. Dès lors qu'une institutionnalisation expresse de la procédure de référé en la matière aurait permis d'écarter tout doute dans l'esprit des associés minoritaires, car ces derniers sont les demandeurs naturels de l'expertise de gestion. Cela malgré que l'expérience a montré que lorsque même le juge de référé est saisi, les décisions n'interviennent pas toujours dans un délai raisonnable. Comme exemple, dans une espèce soumise à la Cour d'appel d'Abidjan, l'exploit avait été formé le 12 janvier 2000 en contestation d'une décision qui en premier ressort rejetait l'expertise de gestion, la décision du juge d'appel n'intervint finalement que le 02 janvier 2001. L'arrêt ayant infirmé la décision du premier juge, on est en droit de se demander quel est l'intérêt de la mesure prise un an après la demande. Dans les autres cas, la décision intervient plus d'un mois après l'introduction de la demande[1036]. L'expertise de gestion est donc en réalité une procédure assez longue alors que toutes les procédures de détection des difficultés doivent être rapides[1037].

368. En plus, il ne sert à rien de consacrer la mesure d'expertise de gestion si elle n'est pas suivie par de sanctions pénales[1038] à l'encontre des personnes qui entraveraient son aboutissement. Autrement dit, il est regrettable que les concepteurs des textes OHADA aient omis d'instituer d'infractions pénales susceptibles d'être commises par obstruction à l'expertise de gestion[1039]. Pourtant, le législateur français dont ils ont reproduit le modèle l'a fait[1040]. A cet effet, il est recommandé, dans le cadre

[1034] Cour d'appel de Cotonou, arrêt n°256/2000 du 17/8/2000 RG n°314/2000, affaire Société continentale des Pétroles et d'Investissements et autres c/ Etat béninois, in OHADA, Jurisprudences nationales, n°1- Décembre 2004, p.81.

[1035] Art.159 de l'AUSCGIE.

[1036] Tribunal régional de Niamey où la décision a été rendue le 22 octobre 2002 en faveur d'une demande introduite le 09 septembre 2002 ; CA d'Abidjan, arrêt n°376 du 02 mars 2004, affaire Matalock Procces-ci SARL c/ Tourreguitart Clussela, ohadata j-04-489, http://www.ohada.com.

[1037] Y. GUYON, *Droit des affaires* T2 préc., p.62.

[1038] A. FOKO, op.cit., p.199.

[1039] A. FOKO, op.cit., p.198.

[1040] Aux termes de l'art. 458 de la loi française du 24 juillet 1966 sur les sociétés commerciales, lorsqu'il est fait sciemment obstacle aux vérifications ou contrôles des commissaires aux comptes ou des experts nommés en exécution de l'article L64-2 (possibilité

des réformes à venir, de s'inspirer de ces textes français pour instituer en droit OHADA des infractions similaires, les mêmes causes étant susceptibles de produire les mêmes effets dans l'un ou l'autre contexte[1041]. En dépit de la faiblesse des résultats qu'elle produit, l'expertise de gestion reste le procédé le plus souvent utilisé par les minoritaires car il réalise ainsi un équilibre satisfaisant entre les nécessités de leur information et celles de la protection de la société[1042]. Cette expertise qui peut être demandée par tout associé même minoritaire n'est pas la seule procédure en matière de contrôle de la gestion sociale à avoir des faiblesses, car il y en a également lors de l'alerte.

B : La précarité de l'alerte des associés minoritaires

369. Dans le cadre du contrôle de la gestion sociale des dirigeants sociaux, les associés et en grande partie les minoritaires ont la possibilité de recourir à la procédure d'alerte[1043] qui leur permettra d'attirer l'attention des dirigeants sociaux sur une gestion anormale. Mais la mise en œuvre de ladite procédure est confrontée à certaines faiblesses. D'abord, il convient de signaler que l'alerte par des personnes autres que des commissaires aux comptes ne constitue pas un devoir. Elle est simplement facultative[1044]. Ainsi, la première faiblesse de la procédure d'alerte déclenchée par les associés minoritaires est le fait d'être une procédure facultative. Du fait de ce caractère facultatif, il perd de son efficacité. C'est-à-dire que le législateur ne fait aucune obligation à l'associé dans ce domaine, même en cas de constatation des indices susceptibles d'une gestion anormale. Pour cette raison, les associés minoritaires ne se préoccuperont véritablement de l'alerte que lorsqu'ils sentiront leurs intérêts véritablement menacés. La conséquence de cette faculté accordée aux associés est que ces derniers ne pourront en aucun cas voir leur responsabilité engagée pour leur abstention face à un cas qui demande le déclenchement d'une procédure d'alerte. On peut penser que c'est pour éviter des actions fantaisistes que le législateur a limité les possibilités de la procédure d'alerte déclenchée par les associés, mais cela n'est pas de nature à favoriser son efficacité.

370. Ensuite, la deuxième faiblesse de la procédure d'alerte déclenchée par les associés est la limitation du nombre de demandes. En effet, contrairement aux commissaires aux comptes qui doivent déclencher l'alerte toutes les fois qu'ils constatent des situations de gestion anormale,

---

d'intervention d'un ou plusieurs experts chargés de présenter un rapport sur une ou plusieurs opérations de gestion), s'appliquant aux dirigeants sociaux des sanctions pénales.

[1041] A. FOKO, op.cit., p.198.

[1042] M.-A. NJANDEU, « La protection de la société commerciale en droit OHADA », op.cit., p.240.

[1043] Art.157, 158 et 526 de l'AUSCGIE.

[1044] P.-G. POUGOUE, (dir.), *Sociétés commerciales et GIE*, op.cit., p.163.

selon le législateur OHADA dans son article 157 de l'AUSCGIE, dans les sociétés autres que les sociétés par actions, les associés ne peuvent exercer leur pouvoir d'alerte que deux fois par exercice. Au-delà, l'associé n'est plus recevable à poser par écrit des questions aux dirigeants, sauf à l'occasion des assemblées générales. Cela alors que les difficultés peuvent apparaître dans l'entreprise à tout moment de sa vie. Toutefois, cette restriction ne réduit pas pour autant à néant la prévention dans la mesure où le calcul du nombre d'alerte se fait par associé et non globalement[1045].

371. Et enfin, à la différence du régime de la procédure d'alerte mise en œuvre par le commissaire aux comptes, la loi ne permet-elle pas aux actionnaires dans les SA de saisir le conseil d'administration ou l'assemblée générale si les réponses à leurs questions ne leur donnent pas satisfaction[1046]. Cette limitation par le législateur des pouvoirs de contrôle de la gestion sociale par les associés est assez curieuse d'autant plus que dans plusieurs sociétés, il n'existe pas de commissaires aux comptes chargés d'assurer un contrôle suivi des opérations des comptes.

372. En outre, d'après l'article 155 de l'AUSCGIE, les associés n'ont donc pas « les mains libres» comme le commissaire aux comptes en matière d'alerte. Lorsque ce dernier n'est pas satisfaisant, il a la possibilité d'inviter, selon le cas, le président du conseil d'administration ou le président-directeur général à faire délibérer le conseil d'administration, l'administrateur général ou le président à se prononcer sur les faits relevés. Normalement, toute la procédure d'alerte telle qu'elle est reconnue aux commissaires aux comptes devrait être étendue aux associés dans le but d'une meilleure gestion des difficultés de l'entreprise. En plus des faiblesses de l'alerte des associés minoritaires, il existe d'autres entraves au contrôle du pouvoir des dirigeants.

Section 2 : Les autres entraves au contrôle du pouvoir des dirigeants

373. Les sociétés commerciales sont gérées par les dirigeants sociaux. A cet effet, il est nécessaire d'effectuer un contrôle des comptes sociaux pour éviter qu'il y ait des cas de mauvaise gestion. Néanmoins, ce contrôle est confronté à certaines limites. Parmi celles-ci figurent le prétexte de la plasticité des concepts juridiques (**§1**) et le défaut de systématisation des mécanismes de contrôle (**§2**).

1045 A. S. ALGADI, « Procédure d'alerte », *Encyclopédie du droit OHADA*, Lamy, 2011, p.1434, n°34.
1046 A. S. ALGADI, « Procédure d'alerte », op.cit., p.1434, n°33.

§1 : Le prétexte de la plasticité des concepts juridiques

374. La plasticité des concepts juridiques est propice à l'absorption des présupposés théoriques et idéologiques, sans lesquels il est impossible de saisir la réalité, c'est pourquoi la plupart sont politiquement chargés de sens[1047]. En effet, le contrôle de la gestion sociale des dirigeants sociaux doit être réalisé en respectant l'intérêt social. Néanmoins, le concept d'intérêt social n'a pas un contenu consensuel. Par conséquent, la « plasticité »[1048] de ce concept permet à certains auteurs de considérer ledit intérêt comme celui de l'entreprise. Dès lors, l'intérêt de l'entreprise peut être un motif de la limitation du contrôle (**A**), malgré l'absence de détermination de l'intérêt social (**B**)

A : L'intérêt de l'entreprise comme motif de la limitation du contrôle

375. Pour pouvoir exercer un contrôle effectif, les associés doivent être correctement informés de ce qui se passe dans la société. Mais cet argument s'est longtemps vu opposer celui selon lequel la conduite des affaires requiert une certaine confidentialité, le fameux secret des affaires[1049], car une gestion totalement transparente livrerait la société aux attaques de ses adversaires et concurrents. C'est-à-dire qu'il faut informer les associés tout en se gardant de révéler certaines informations qui doivent rester dans le secret pour protéger la société contre la concurrence[1050].

[1047] J.-P. CHAZAL, « Propriété et entreprise : le Conseil constitutionnel, le droit et la démocratie », *Recueil Dalloz*, 2014, p.1101.

[1048] On pourrait encore mettre au crédit de la définition terminologique une plus grande plasticité qui permet plus facilement d'apporter une retouche, une modification dans le sens de l'extension ou de la restriction. Une notion juridique directement définie est moins malléable (G. CORNU, « Les définitions dans la loi » in *Mélanges* dédiés au doyen J. VINCENT, Dalloz, 1981, p.92).

[1049] Si d'aventure, un petit actionnaire se rend à une assemblée et qu'il désire poser quelques questions portant sur l'activité sociale ou la personnalité de tel administrateur, on lui oppose bien vite le secret des affaires (Cl. CHAMPAUD, *Le pouvoir de concentration de la société anonyme*, op.cit., p.37, n°37).

[1050] G.-J. VIRASSAMY, « Les limites à l'information sur les affaires d'une entreprises », *RTD Com.*, n° 2, avr.- juin 1988, p. 179 à 217, spéc. p. 183, n° 4, l'auteur indiquant que pour nécessaire qu'il soit pour la protection de l'intérêt privé (celui des associés, des salariés et des divers interlocuteurs de l'entreprise) ou de l'intérêt général, le droit à l'information « ne peut être absolu et sans limite. Il doit tenir compte d'un intérêt tout aussi respectable voire vital : celui qu'à l'entreprise de mener ses activités dans la discrétion, c'est-à-dire dans le respect du secret de ses affaires. Ce secret peut avoir un objet multiple. Il peut aussi bien s'agir de ses procédés de fabrication, que de ses simples secrets de commerce (techniques de distribution, fichier de clientèle, relations avec ses fournisseurs, projets et thème publicitaires, projets d'implantation…). Une transparence totale constituerait un grand danger » ; BERLIOZ P., «

376. En plus, la mise en œuvre du contrôle par les associés minoritaires peut affecter la réputation ou le crédit de la société. A ce niveau, il faut entendre par crédit la « renommée commerciale de la société qui résulte de la bonne marche de l'entreprise, de l'importance de ses capitaux et de son chiffre d'affaires »[1051]. C'est le cas lors de la mise en œuvre de certains mécanismes de contrôle de gestion et des comptes sociaux comme l'alerte, administration provisoire et l'expertise de gestion. Le déclenchement de ces mécanismes de contrôle est de nature à engendrer des rumeurs de faillite de la société, ce qui nuire à sa réputation.

378. Par conséquent, cela peut éveiller la conscience de certains partenaires du fait d'une indiscrétion coupable. Selon VIDAL, « la procédure d'alerte a pour effet de provoquer la perte de confiance dans l'entreprise de la part de ses partenaires commerciaux et financiers »[1052]. De même, il convient de souligner que l'expertise de gestion comporte également des dangers pour les associés. Cela parce que la réussite de la demande est donc hasardeuse, et les minoritaires impulsifs doivent se méfier, car certains ont été condamnés pour abus d'action en justice[1053]. Ce qui conduit la doctrine à admettre parfois la phase préalable pour éviter ce risque[1054]. Ainsi, il existe des limites d'ordre réglementaire dans la mesure où l'obligation de donner le plus tôt possible aux acteurs du marché une information exhaustive connaît des exceptions ainsi que des limites pratiques à une telle transparence.

Dès lors, les dirigeants sociaux peuvent ne pas communiquer une information nécessaire qui devrait être portée à la connaissance des associés, en particulier minoritaires qui ne sont pas toujours comme les majoritaires en bonne relation avec les dirigeants sociaux, mais cela uniquement pour protéger la société. C'est pourquoi l'information sur la gestion a été pendant longtemps considérée comme l'un des secrets des affaires qui doit être l'apanage des seuls dirigeants, ceux-ci se contentaient de publier des informations vagues destinées aux actionnaires minoritaires. Dès ce moment, pour poser une limite au droit d'informer la Cour européenne[1055] et la Cour

---

Quelle protection pour les informations économiques secrètes de l'entreprise ? », *RTD Com.*, n° 2, 2012, p. 263 et s. ; NGOMO A-Fl., « Le commissaire aux comptes entre les obligations de faire et de ne pas faire pénalement sanctionnées dans l'espace OHADA », *Revue Africaine des Sciences Juridiques* n°2/2014, p. 59 et s., spéc. p. 86 et s. ; NGO NDJIGUI Y.-.R., *Le secret des affaires dans le droit des pays de l'espace OHADA et en droit français*, thèse, Evry-Val-d'Essonne, 2005, cité par M. W. TSOPBEING, op.cit., p.233.

1051 J. MESTRE et C. SEBASTIEN-BLANCHARD, *Lamy Sociétés Commerciales*, éd. Lamy SA, Paris, 2001, p. 306.

1052 D. VIDAL, *Manuel droit des sociétés*, op.cit., p.359.

1053 P. LE CANNU, *Droit des sociétés*, Domat, Droit privé, Montchrestien, Paris, 2002, p.531.

1054 P. LE CANNU, ibid.

1055 Arrêt Von Hannover, 24 juin 2004, Req. n° 59320/00, D. 2005. Jur. 340, note. J.-L. Halpérin, et 2004. Somm. 2538, obs.

de cassation ont recours au critère du « caractère légitime » ou non de l'information[1056]. Ainsi, la loi autorise cette limitation de la transparence à condition que cela soit justifié par un intérêt légitime de la société et que l'information reste confidentielle.

379. En droit OHADA, une telle exception a été aussi prévue[1057] par le législateur pour protéger les sociétés. Selon le législateur, la société peut, sous sa propre responsabilité différer la publication d'une information privilégiée afin de ne pas porter atteinte à ses intérêts légitimes, sous réserve que cette limitation ne risque pas d'induire le public en erreur et que la société soit en mesure d'assurer la confidentialité de ladite information en contrôlant l'accès à cette dernière.

De même, la justice française a affirmé que le concours financier apporté par les dirigeants d'une société à une autre entreprise d'un même groupe dans laquelle ils sont intéressés, directement ou indirectement, ne constitue pas un abus de biens sociaux s'il est dicté par un intérêt économique, social ou financier commun, apprécié au regard d'une politique élaborée pour l'ensemble de ce groupe, s'il est pourvu de contrepartie et ne rompt pas l'équilibre entre les engagements respectifs des diverses sociétés concernées, enfin s'il n'excède pas les possibilités financières de celle qui en supporte la charge[1058]. L'intérêt de groupe peut neutraliser l'abus de biens sociaux. A ce niveau, l'intérêt de groupe ne justifie l'usage des biens sociaux qu'à la condition qu'existe un intérêt économique, social ou financier commun, apprécié au regard d'une politique élaborée pour l'ensemble du groupe et que le concours financier ne soit pas démuni de contrepartie et ne

---

[1056] M. DUPUIS, « Le droit à l'image face au droit d'informer, un effort de simplification », RLDC 2004/11, n°459.

[1057] Art. 88 de l'AUSCGIE :« L'autorité compétente de l'État partie du siège social de l'émetteur peut dispenser d'inclure dans le document d'information certaines informations prévues dans le présent Acte uniforme si elle estime que : 1°) ces informations n'ont qu'une importance mineure et ne sont pas de nature à influencer l'appréciation portée sur le patrimoine, la situation financière, les résultats ou les perspectives de l'émetteur ; 2°) la divulgation de ces informations est contraire à l'intérêt public ; 3°) la divulgation de ces informations peut entraîner un préjudice grave pour l'émetteur pour autant que cette omission ne risque pas d'induire le public en erreur sur des faits et des circonstances dont la connaissance est indispensable à une évaluation en connaissance de cause de l'émetteur, de l'offreur ou du garant éventuel, ainsi que des droits attachés aux valeurs mobilières sur lesquels porte le document d'information ; 4°) la personne qui fait l'offre n'est pas l'émetteur et ne peut avoir accès à ces informations ; 5°) ces informations sont d'une importance mineure uniquement pour une offre spécifique ou une admission à la négociation spécifique sur une bourse des valeurs d'un État partie et ne sont pas de nature à influencer l'évaluation de la situation financière et des perspectives de l'émetteur, de l'offreur ou du garant éventuel ».

[1058] Cass.crim. 4-2-1985 n° 84-91.581 : Bull. crim. N° 54 ; Cass.crim.20-3-2007 n° 05-85.253 : RJDA 10/07 n° 978.

rompe pas l'équilibre entre les engagements respectifs des diverses sociétés du groupe[1059].

Pourtant, la transparence se distingue de l'information en ce qu'il n'est pas besoin de demander pour savoir. Elle peut consister dans l'obligation des mandataires d'informer spontanément ou, plus radicalement et suivant le modèle de la maison de verre, laisser à voir en permanence les richesses, les décisions, les processus de décision, les raisons des décisions, etc[1060]. A cet effet, l'organisation d'ateliers à destination des associés, assurés par les dirigeants sociaux ou les administrateurs de la société sur des sujets spécifiques (stratégie, gestion des risques, rémunérations, politiques de rémunérations) est une pratique[1061] souhaitable en droit OHADA. Malgré cela, l'intérêt social n'est pas déterminé.

B : L'absence de détermination de l'intérêt social

380. La notion d'intérêt social occupe une place essentielle en droit des sociétés commerciales. Selon VIANDIER, « l'intérêt social est le concept majeur du droit moderne des sociétés »[1062], à partir du moment où l'intérêt social est considéré comme un standard ou un guide qui oblige les associés et les dirigeants à agir dans le respect des éléments fondamentaux de la société[1063]. Autrement dit, l'intérêt social indique le sens dans lequel doit se déployer l'activité sociale[1064]. Mais elle est une notion complexe et irritante ; c'est une des notions les plus complexes comme en attestent les célèbres controverses[1065] qui ont divisé et divisent encore les auteurs sur cette question[1066]. Elle est irritante, car bien qu'on la trouve dans de nombreux domaines du droit des sociétés, elle n'a jamais été définie et échappe à l'analyse chaque fois qu'on croit la cerner[1067]. Malgré qu'elle

---

[1059] Cass.crim., 10 févr. 2010, n° 09-83.691, F-D : JurisData n° 2010-001541.

[1060] M.-A. FRISON-ROCHE, « Régulation et droit des sociétés. De l'article 1832 du Code civil à la protection du marché de l'investissement », Mélanges D. SCHMIDT, Joly éd., 2005, p.265, n°26.

[1061] V. DE BEAUFORT, « Gouvernance d'entreprise – De nouvelles orientations à échelle de l'Union européenne », op.cit., p.17.

[1062] A. VIANDIER, *La notion d'associé*, op.cit., p.72.

[1063] M. COZIAN et alter, cité par F. HMODA, op.cit., p.95.

[1064] G. RIPERT et R. ROBLOT, Traité de droit commercial. Les sociétés commerciales, sous la dir. De M. GERMAIN avec le concours de V. MAGNIER, t1, vol.2, 2002, p.46, n° 1056-60.

[1065] J.-P. BERTEL, « L'intérêt social », Dossier in Droit et patrimoine, avril 1997, p.42 er s.

[1066] M. DEGUENON, *Le règlement judiciaire des litiges entre actionnaires dans le droit OHADA*, Thèse, Abomey-Calavi, 2015, p.31.

[1067] D. NZOUABETH, op.cit., p.93.

accompagne de manière indissociable des questions très actuelles et fortes débattues du gouvernement des sociétés[1068] et de l'abus de biens sociaux[1069].

381. On retrouve la notion d'intérêt social dans diverses dispositions de l'Acte uniforme[1070]. De cette manière, on peut se demander comment le législateur peut se référer à une notion aussi sensible qu'importante sans la définir[1071]. On a pu se demander à juste titre où commence et où finit l'intérêt social[1072]. Mais cela ne traduit pas son manque de pertinence[1073]. L'intérêt social est l'objectif qu'on assigne aujourd'hui au gouvernement de la société et qui sert de « boussole »[1074]. Seulement, il est dommage que le législateur OHADA ne se saisisse pas de l'incertitude actuelle pour proposer une solution à cette discussion sur la définition de la notion d'intérêt social.

De même, la jurisprudence ne s'est jamais attachée à définir la notion d'intérêt social, ce qui laisse une certaine marge d'appréciation aux juges, source de souplesse mais également d'incertitude[1075]. On peut estimer que la jurisprudence ne prend pas la peine de définir précisément l'intérêt social qu'elle utilise, afin de ne pas se réduire à une conception trop strict qui limiterait sa liberté d'action[1076]. Cela lui permet de déterminer les contours de l'intérêt social au cas par cas.

382. Quant à la doctrine, l'intérêt social serait ainsi devenu l'instrument d'une police des sociétés et constituerait la finalité tant de l'exercice de pouvoirs juridiques au sein de l'entreprise que de certaines prérogatives sociales mises à la disposition des associés[1077]. Cependant, les

---

[1068] Ph. BISARA, Les véritables enjeux du débat sur le « gouvernement de l'entreprise», Rev. Soc.n°1, janv.-mars 1998 ; J. DELGA, Ethique d'entreprise, éthique du gouvernement d'entreprise, D.1999, chron, 397 ; MAGNIER, principes relatifs au gouvernement d'entreprise, premier éléments d'analyse, J.C.P.1999, 1165 ; Q. URBAN, La « communauté d'intérêt », un outil de régulation du fonctionnement du groupe de sociétés, RTD.Com., janv.-mars 2000.

[1069] B. BOULOC, « Le dévoiement de l'abus de biens sociaux », *Rev. Juris. Com.*, 1995, p.301 et s ; K. BOUGARTCHEV, L'abus de biens derniers excès, Bull. Joly, 1995, p.372.

[1070] Arts. 130, 131, 277, 328,… de l'AUSCGIE.

[1071] M. DEGUENON, op.cit., p.33.

[1072] J. RICHARD, La comparution du représentant d'une société commerciale de personnes, J.C.P. éd. C.I.I, 1980, II, 13203, n°44.

[1073] P. S. A. BADJI, « La protection des tiers par l'Acte uniforme relatif au droit des sociétés commerciales et du groupement d'intérêt économique », *Nouvelles annales africaines*, Université Cheikh Anta Diop, 2013, p.343.

[1074] B. Y. MEUKE, « De l'intérêt social dans l'Acte uniforme relatif au droit des sociétés commerciales et du groupement d'intérêt économique de l'OHADA », op.cit., p.47.

[1075] C. LEROY, op.cit., p.320.

[1076] M. DEGUENON, op.cit., p.39.

[1077] En ce sens : A. CONSTATIN, *art. préc.*, p.320, n°9 ; J. Schapira, « L'intérêt social et le fonctionnement de la société anonyme », *R.T.D.Com.*, 1971, p.957, *spéc.* p.970. Sur l'importance de l'intérêt social dans la fonction du juge, voir la doctrine citée par Constantin à

pouvoirs des dirigeants et des associés, et les restrictions qui leur sont imposées, varient en fonction de l'acception de l'intérêt social[1078]. En plus, la conformité à l'intérêt social est érigée par le législateur en critère de validité des décisions prises en assemblée générale. Cet impératif permet ainsi d'appréhender, non plus seulement les agissements personnels des dirigeants[1079] mais également des comportements collectifs ayant pour théâtre l'assemblée des associés ou le conseil d'administration[1080]. Sauf que l'appréhension de la notion d'intérêt social n'est cependant pas toujours aisée et recèle parfois une part d'incertitude du fait de son élasticité[1081]. De surcroît, la controverse au sujet de la notion d'intérêt social s'est trouvée relancée par le développement du gouvernement d'entreprise qui accorde une place spécifique aux actionnaires de la société[1082]. Dans ce contexte d'instabilité, la question de la détermination de l'intérêt social se pose avec acuité dans la mesure où la jurisprudence ne cesse d'élargir son domaine d'application. Néanmoins, deux perspectives essentielles alimentent les débats. Parmi elles on doit faire un choix.

383. Le choix est important parce que chacune des conceptions conduit à un mode de gouvernement différent. Si les dirigeants sociaux ont le choix des moyens, l'exercice de leur pouvoir doit s'inscrire dans le cadre de l'objectif qui leur a été fixé, ils doivent de ce fait, maîtriser le contenu de l'intérêt social, ce qui les met à l'abri d'éventuels contrôles interne ou externe[1083]. Selon le même auteur, le choix est nécessaire parce que le très jeune marché financier africain doit savoir si la société cherche à optimiser la valeur de ses options ou poursuit des objectifs différents de ceux des

---

la note 16 de son étude, cité par S. ROUSSEAU et I. TCHOTOURIAN, « L'intérêt social en droit des sociétés : Regards transatlantiques », op.cit., p.6.

[1078] J.-P. BERTREL, « Liberté contractuelle et sociétés », RTD Com. 1996 p. 595. « Les dirigeants ne sont pas les seuls à être soumis au respect de l'intérêt social. Les associés eux-mêmes, lorsqu'ils exercent leurs droits politiques, doivent s'y conformer puisque la notion d'abus de majorité et de minorité suppose une violation de l'intérêt général de la société».

[1079] Art.891 de l'AUSCGIE : Encourent une sanction pénale le gérant de la société à responsabilité limitée, les administrateurs, le président-directeur général, le directeur général, le directeur général adjoint, le président de la société par actions simplifiée, l'administrateur général ou l'administrateur général adjoint qui, de mauvaise foi, font des biens ou du crédit de la société, un usage qu'ils savent contraire à l'intérêt de celle-ci, à des fins personnelles, matérielles ou morales, ou pour favoriser une autre personne morale dans laquelle ils sont intéressés, directement ou indirectement.

[1080] D. NZOUABETH, op.cit., p.108, n°261.

[1081] E. KENGUEP et E. FOKOU, « L'infraction d'atteinte au patrimoine des entreprises publiques et parapubliques dans l'espace OHADA », *Revue ERSUMA*, n°6, Janvier 2016, p.165.

[1082] S. ROUSSEAU et I. TCHTOURIAN, « L'intérêt social en droit des sociétés : Regards transatlantiques », *C.D.A.C.I.*, p.5.

[1083] B.-Y. MEUKE, « De l'intérêt social dans l'Acte uniforme relatif au droit des sociétés commerciales et du groupement d'intérêt économique de l'OHADA », *Revue trimestrielle de droit et jurisprudence des affaires (RTDJA)*, n°2, 2009, p.50.

actionnaires[1084]. Dès lors, il y a d'une part, les tenants d'un intérêt social identifié à l'intérêt des associés (**1**) et d'autre part, ceux qui considèrent que l'intérêt social n'est rien d'autre que l'intérêt de la société (**2**).

1 : La conception de l'intérêt social comme intérêt des associés

384. Selon cette conception, l'intérêt social doit se fondre dans celui des associés. Elle se fonde sur l'analyse contractuelle de la société, car, la société naît d'un contrat dont la cause est le partage des bénéfices entre les parties contractantes. Même aux termes des dispositions de l'article 4 al.2 de l'AUSC-GIE, le législateur OHADA affirme que la société commerciale est créée dans l'intérêt commun des associés. C'est donc à eux qu'il appartient, non pas de gérer les actifs sociaux, mais de définir l'intérêt ou les intérêts que cette gestion doit satisfaire et s'il leur plaît de privilégier un intérêt distinct du leur, nul ne peut leur faire grief. Il peut être déduit de ces dispositions que la société est constituée dans l'intérêt des associés, eux-mêmes étant constitués par une communauté d'intérêts.

385. Par contre, les dirigeants sociaux prônent volontiers l'assimilation intérêt social et intérêt de l'entreprise car, elle conduit à un sensible accroissement de leurs pouvoirs. Il faut entendre ici qu'il s'agit des dirigeants non-actionnaires, ou détenteurs d'une faible fraction du capital social[1085]. Plus l'intérêt social s'éloigne du seul intérêt des associés, plus les dirigeants sociaux bénéficient d'une liberté accrue et se distancient du contrôle des associés. L'édiction d'un intérêt social distinct de celui des associés a pour objet de limiter le pouvoir de décision des associés réunis en assemblée.

Si l'on pose en règle que toute société doit être gouvernée dans l'intérêt social et que celui-ci est distinct de l'intérêt des associés, alors il faut en tirer la conséquence subséquente : seules seraient conformes à l'intérêt social, les décisions qui servent cet intérêt distinct de celui des associés[1086]. De cette manière, les décisions qui tendent à satisfaire les associés ne seraient pas sauf coïncidence fortuite, conformes à l'intérêt social. Dans ces conditions, les assemblées générales d'associés ne seraient plus en droit d'exprimer une volonté sociale conforme aux intérêts des associés, lesquels seraient contraints de voter pour la satisfaction d'un intérêt distinct du leur.

[1084] B.-Y. MEUKE, « De l'intérêt social dans l'Acte uniforme relatif au droit des sociétés commerciales et du groupement d'intérêt économique de l'OHADA », ibid.

[1085] M. DEGUENON, op.cit., p.47.

[1086] M. DEGUENON, ibid.

386. D. SCHMIDT en tant qu'un, des premiers défenseurs de cette conception, considère que la société ne serait pas constituée en vue de satisfaire un autre intérêt que celui des associés, qui ont seuls, vocation à partager les bénéfices sociaux. Il a écrit en ce sens que « la société a pour objet la réalisation du plus important bénéfice social dans le seul intérêt des associés[1087]». L'auteur se fonde sur l'article 1832 du Code civil français qui dispose que « toute société doit avoir un objet licite et être constituée dans l'intérêt des associés, (…) qui ont seuls vocation à partager le bénéfice social ». L'intérêt commun des associés conduit à conférer une plus grande protection aux associés minoritaires. Dans cette perspective, l'intérêt social rejoint l'intérêt commun des associés, visé à l'article 1833 du Code civil, lequel est réputé convergent en ce sens que chaque actionnaire retire un enrichissement individuel de l'enrichissement collectif de la société[1088].

387. En plus, lorsque tous les associés sont d'accord, ils sont libres de décider du sort de leur société. Ainsi, bien qu'ils n'en assurent pas l'appréciation permanente et quotidienne, la définition de l'intérêt de la structure relève, en dernier lieu, de l'appréciation des associés[1089]. Selon une ancienne jurisprudence, « lorsqu'il existe une divergence entre associés sur la définition de l'intérêt social, le juge ne peut que s'incliner devant ce qui est arrêté par le jeu normal par la loi de la majorité, en dehors de toute fraude »[1090].

Quant à J. Pierre BERTREL, il considère que l'intérêt social est d'abord et avant tout l'intérêt des associés mais n'est pas que l'intérêt de ceux-ci[1091]. Ce qui signifie que s'il est indéniable que la société doit être créée et gouvernée dans l'intérêt de tous les associés et pas seulement dans celui de certains, ce qui tend à faire respecter l'intérêt commun, rien ne s'oppose à ce que d'autres intérêts soient pris en compte et donc protégés, l'intérêt social assurant cette fonction[1092]. Dans cette perspective, l'intérêt social doit contribuer non seulement à protéger les droits des associés et faciliter leur exercice, mais également la société.

[1087] D. SCHMIDT, *De l'intérêt social*, RD banc. Fin. 1995, n°50, p.130 ; voir aussi pour ce même auteur, Les conflits d'intérêts dans les sociétés anonymes, op.cit., p.13, « du point de vue de l'actionnaire, l'intérêt social se confond avec l'intérêt des actionnaires ».

[1088] D. SCHMIDT, « De l'intérêt commun des associés», *JCP*, 1994.I.3793 et *Les conflits d'intérêts dans la société anonyme*, éd. Joly, 2004, n°4.

[1089] C. MASQUEFA, op.cit., p.300.

[1090] Cass.com., 29 mai 1972, n° 71-11.739, Bull. civ. IV, n° 164, p. 160, JCP éd. G 1972, II, 17337, note GUYON (Y.).

[1091] J.- P BERTREL, *La position de la doctrine sur l'intérêt social*, Droit et Patrimoine, Avril 1997, cité par P. NGUIHE KANTE, « A propos de l'effectivité des codes éthiques : contribution à un changement de perspectives des sources créatrices du droit privé », *Revue ERSUMA*, n°2, Mars 2013, p.26.

[1092] C. MASQUEFA, op.cit., p.280, n°337.

2 : La conception de l'intérêt social comme l'intérêt de la société

388. Les partisans de cette conception se fondent sur la notion d'entreprise pour appréhender celle d'intérêt social. Ils envisagent la société comme une technique d'organisation de l'entreprise, laquelle doit être gouvernée non seulement pour la réalisation des bénéfices à partager entre les associés mais encore pour des intérêts particuliers, tels que ceux des salariés, des clients, des fournisseurs, des banques, du fisc[1093]. L'intérêt social est un impératif de conduite, une règle de déontologie et même morale qui impose de respecter un intérêt supérieur à son intérêt personnel[1094].

Dans ce même sens M. DESPAX affirme[1095] : « l'intérêt social n'est que l'intérêt de l'entreprise qui transcende celui des actionnaires et qui constitue la limite des sacrifices des actionnaires ou des salariés, ou qui donne le fondement et l'étendue de l'intervention du juge dans l'appréciation des décisions financières ». La société, qu'elle soit civile ou commerciale, suppose à la base une renonciation à ses intérêts personnels aux bénéfices de l'intérêt de la personne morale[1096].

De même, Jean PAILLUSSEAU[1097], favorable à cette idée, précise que l'intérêt social « ne serait rien d'autre que l'intérêt de l'entreprise qui tendrait à assurer la prospérité et la continuité de celle-ci. Selon le même auteur, l'intérêt social doit être « le commun dénominateur du respect et de la protection de l'ensemble des intérêts »[1098] des actionnaires, du personnel, des créanciers et des parties prenantes à l'entreprise[1099].

389. Par ailleurs, la jurisprudence n'apporte que peu de lumière au brouillard entourant l'intérêt social[1100]. Dès lors que la jurisprudence est caractérisée par une absence de délimitation des contours de ce concept[1101] ce qui n'est pas sans soulever de difficultés puisqu'il appartient précisément au juge de la définir. A cet effet, la Cour de cassation française a eu maintes

---

1093 D. SCHMIDT, *Les conflits d'intérêts dans la société anonyme*, op.cit., p.12.

1094 B.-Y. MEUKE, « De l'intérêt social dans l'Acte uniforme relatif au droit des sociétés commerciales et du groupement d'intérêt économique de l'OHADA », op.cit., p.48.

1095 M. DESPAX, « L'entreprise et le droit », Paris, *LGDJ*, 1957. p.203 et s.

1096 M. DIOUF, op.cit., p.227.

1097 J. PAILLUSSEAU, « Les fondements du droit moderne des sociétés », JCP E 1993, p.159.

1098 J. PAILLUSSEAU, « L'efficacité des entreprises... », op.cit., p. 28 ; le même auteur voyait dans l'intérêt social « tout simplement la poursuite de la créativité économique », Cass.com., 22 octobre 1969 : JCP, éd. G, 1970, II, n°16197.

1099 G. H. TCHDOYI-DOUMBE, op.cit., p.141.

1100 S. ROUSSEAU et I. TCHOTOURIAN, op.cit., p.10.

1101 *Contra.* : V. MAGNIER, « Droit des sociétés », 3ème éd., Dalloz, 2007, *spéc.* p.162, n°291. Pour cette auteure, la jurisprudence entend l'intérêt social comme « (…) l'intérêt propre de la société en tant qu'institution hiérarchisée dans laquelle dirigeants et associés ne sauraient agir en négligeant l'intérêt commun et supérieur qui les domine ».

occasions de manifester sa conception en la matière. Selon un arrêt rendu le 18 mars 2003, elle a reproché à la Cour d'appel de Paris d'avoir déduit l'absence d'atteinte à l'intérêt social de la conclusion d'une caution par l'accord unanime des associés[1102]. La Cour précise que cette unanimité n'est pas suffisante si elle ne permet pas de satisfaire l'intérêt de la société. Cet arrêt laisse entendre que la Cour de cassation distingue l'intérêt de la société de celui commun aux associés ; elle invoque ainsi la notion d'entreprise qui ne se cantonne pas aux seuls propriétaires, mais comprend aussi d'autres catégories telles que les salariés, les dirigeants, les fournisseurs, etc. Cela rappelle le débat sur la question de savoir si la société est un contrat ou une institution.

390. Pour la Cour d'appel de Paris : « la société constitue bien plus qu'un contrat, une institution dont la constitution et le fonctionnement sont réglés dans tous les systèmes juridiques par des dispositions légales impératives »[1103]. Cette conception est partagée par la Cour d'appel de Reims selon laquelle l'exclusion d'un associé est conforme « à la notion institutionnelle de la société qui veut qu'une société n'est pas un contrat abandonné en tant que tel à la volonté de ceux qui lui ont donné naissance mais plutôt une institution, c'est-à-dire un corps social dépassant les volontés individuelles[1104] ».

Plus récemment, une jurisprudence[1105] française a affirmé, à propos d'un cautionnement hypothécaire donné par une société civile immobilière à une caisse régionale du Crédit Agricole, que cette garantie, même consentie à l'unanimité des associés, n'est valable que si elle est conforme à l'intérêt social. Dans le même sens, le Doyen CARBONNIER a ainsi affirmé que « ce qui compte dans la grande entreprise moderne (..), c'est le pouvoir, non la propriété. Même réunis en assemblée générale, les actionnaires, qui ont la propriété des actions, sont des êtres économiquement insignifiants (…) »[1106].

391. Par ailleurs, à la question de savoir si l'AUSCGIE opte pour un intérêt social traduisant un intérêt commun des associés, une réponse affirmative ne s'impose point car l'une des vocations de l'AUSCGIE est d'assurer la pérennité des entreprises en Afrique. On sait que les actionnaires investisseurs préfèrent généralement maximiser leurs profits à court terme plutôt que d'assurer la pérennité de l'entreprise dans laquelle ils investissent.

[1102] Cass.com., 18 mars 2003, arrêt *n*° 517 FS-P : Juris-Data *n*° 2003-018281.
[1103] CA Paris 26 mars 1966, RTD com. 1966 p. 349, obs. R. HOUIN.
[1104] Cour d'appel de Reims, 24 avril 1989 : BRDA 18/89, p.20.
[1105] Cass.com., 8 nov. 2011, n° 10-24.438 ; Dr. sociétés 2012, comm. n° 6, obs. H. Hovasse : L'Essentiel du droit des contrats, janv. 2012, comm. n° 1, obs. D. Gallois-Cochet.
[1106] J. CARBONNIER, « Flexible droit », 6ème éd. LGDJ, p. 249 ; R. HOUIN, « rapport général sur les problèmes juridiques récents du droit des sociétés », Travaux de l'association H. CAPITANT 1963, t. XV, p.319.

L'intérêt social pour eux relève exclusivement de la seule recherche de profit. A *contrario*, pour les actionnaires entrepreneurs, l'intérêt social repose aussi et surtout sur la croissance de la société à long terme[1107]. Patrice A. S. BADJI adhère à ce point de vue en ce sens que le législateur OHADA ne protège pas un seul intérêt dans l'AUSCGIE[1108].

392. En outre, l'AUSCGIE à son article 131 alinéa 3 dispose que : « La juridiction compétente peut désigner un mandataire *ad hoc* aux fins de représenter à une prochaine assemblée les associés minoritaires ou égalitaires dont le comportement est jugé abusif et de voter en leur nom dans le sens des décisions conformes à l'intérêt social y compris celui des différents associés ». A la lecture de ce texte, il semblerait qu'il faille concevoir dans le cadre de l'AUSCGIE, l'intérêt social comme l'intérêt de la société.

NGUIHE KANTE[1109] confirme cette idée lorsqu'il déclare que : « Au travers de l'infraction d'abus de biens sociaux par exemple, le législateur OHADA des sociétés commerciales et du Groupement d'intérêt économique prévoit la sanction pénale des dirigeants qui font un usage des biens de la société contraire à l'intérêt social, c'est-à-dire l'intérêt de la personne morale distincte de ses associés ». Il semblerait alors qu'il faille concevoir dans le cadre de l'AUSCGIE, l'intérêt social comme l'intérêt de l'entreprise.

Cette approche offre plus de flexibilité puisqu'elle permet une réelle protection de la société et des associés en assurant également son fonctionnement et sa pérennité, et non pas uniquement l'intérêt capitaliste à court terme des associés. La chambre criminelle de la Cour de cassation française a rappelé que « l'assentiment du conseil d'administration ou de l'assemblée générale des actionnaires ne peut faire disparaître le caractère délictueux de prélèvements abusifs de fonds sociaux »[1110].

393. Toutefois, la société est justement créée, financée et dirigée pour atteindre les objectifs que les associés se sont fixés. En ce sens, l'intérêt de la société loin de s'opposer à celui de l'associé, a justement pour vocation de le servir. Par conséquent, l'intérêt social et l'intérêt de l'associé sont indissociables. Finalement, l'intérêt social, considéré par certains auteurs comme l'intérêt de l'entreprise et par d'autres comme l'intérêt commun des

---

[1107] B.-Y. MEUKE, « De l'intérêt social dans l'Acte uniforme relatif au droit des sociétés commerciales et du groupement d'intérêt économique de l'OHADA », op.cit., p.54.
[1108] P. S. A. BADJI, « La protection des tiers par l'Acte uniforme relatif au droit des sociétés commerciales et du groupement d'intérêt économique », op.cit., p.343.
[1109] P. NGUIHE KANTE, op.cit., p.20.
[1110] Cass.crim., 12 déc. 1994 : Bull. Joly 1995, p.427.

associés, est un concept central du gouvernement d'entreprise[1111]. Seulement, le contrôle de la gestion sociale n'est pas systématique dans toutes les sociétés.

§2 : Le défaut de systématisation des mécanismes de contrôle.

394. Le contrôle de la gestion sociale des dirigeants sociaux qu'effectuent les associés peut s'avérer quelquefois limité par manque de compétences de la part de ces derniers. A cet effet, le législateur a procédé par l'institution obligatoire des organes de contrôle (**A**). Néanmoins, cette mesure est facultative pour certaines sociétés commerciales, et cette faculté est favorable aux dirigeants sociaux des sociétés non concernées (B).

A : L'institution obligatoire des organes de contrôle

395. Les comptes des entreprises présentent une grande importance aussi bien pour elles-mêmes que pour les tiers. De ce fait, ils doivent être fiables. D'où la nécessité qu'ils soient contrôlés[1112]. Le contrôle des comptes sociaux est une obligation légale d'ordre public[1113]. En dépit de l'importance du contrôle interne, la crédibilité du contrôle impose que celui-ci soit aussi effectué par une personne extérieure. C'est la raison pour laquelle, à côté du contrôle interne librement déterminé par les parties, le législateur impose aussi un contrôle externe qu'il réglemente de manière assez détaillée[1114]. Car, le contrôle est le gage de la fiabilité de l'information financière donnée aux différentes parties prenantes et peut être exercé soit par les associés, soit en principe par les commissaires aux comptes[1115].

[1111] J. PAILLUSEAU, « Les fondement du droit moderne des sociétés », JCPE 1984, I, 3148 ; « Qu'est-ce que l'entreprise ? » dans l'ouvrage collectif : L'entreprise : nouveaux apports, Travaux et Recherches de la faculté de droit de Rennes, Economica, 1987 ; « Le droit des activités économiques à l'aube du XXIe siècle », D.2003, Chr. p.260 et p.322.

[1112] A. KENMOGNE SIMO, « Le mandat du contrôleur légal des comptes en zone OHADA », *Revue de Droit bancaire et financier,* n°1, Janvier 2017, étude 3.

[1113] A.-M. EBELE DIKOR, « La responsabilité pénale des dirigeants sociaux du fait d'infractions non intentionnelles », *Revue ERSUMA*, n°6, Janvier 2016, p.495.

[1114] A. KENMOGNE SIMO, op.cit.

[1115] Art.715 de l'AUSCGIE : « Le commissaire aux comptes dresse un rapport dans lequel il porte à la connaissance du conseil d'administration, de l'administrateur général ainsi que, le cas échéant du comité d'audit :

1°) les contrôles et vérifications auxquels il a procédé et les différents sondages auxquels il s'est livré ainsi que leurs résultats ;

2°) les postes du bilan et des autres documents comptables auxquels des modifications lui paraissent devoir être apportées, en faisant toutes les observations utiles sur les méthodes d'évaluation utilisées pour l'établissement de ces documents ;

3°) les irrégularités et les inexactitudes qu'il a découvertes ;

4°) les conclusions auxquelles conduisent les observations et rectifications ci-dessus sur les résultats de l'exercice comparés à ceux du dernier exercice.

En plus du commissaire aux comptes, la mission de contrôle des comptes des sociétés peut être confiée à d'autres organes. Ainsi, dans les sociétés qui font appel public à l'épargne, la mission de contrôle peut être est exercée par un comité d'audit[1116]. Ce dernier veille à la clarté et à la sincérité des comptes, il assure la fonction de recrutement essentielle, choisit les auditeurs et apprécie avec eux le résultat des opérations de contrôle[1117].

396. En ce qui concerne sa composition, il réunit, à l'exclusion des dirigeants, des administrateurs indépendants dotés d'une compétence financière et comptable, dûment informés des spécificités comptables, financières et opérationnelles de l'entreprise, cela parce que « le contrôle de la gestion de la société est indissociable du contrôle de la comptabilité qui n'en est que la traduction chiffrée »[1118]. Ainsi, ledit comité peut permettre aux membres du conseil, voire directement aux associés, de mieux comprendre les aspects comptables et financiers de la gestion. Il a alors les pouvoirs nécessaires pour interroger la direction sur la façon dont elle assure le suivi des recommandations. Il est le délégué du conseil d'administration dans son pouvoir de surveillance.

De même, selon l'AUSCGIE, le conseil d'administration peut confier à un ou à plusieurs de ses membres cette mission de contrôle[1119].

Ce rapport est mis à la disposition du président du conseil d'administration ou de l'administrateur général avant la réunion du conseil d'administration ou de la décision de l'administrateur général qui arrête les comptes de l'exercice.

[1116] Art. 829-1 de l'ASCGIE : « Le conseil d'administration des sociétés visées aux articles 828 à 853 du présent Acte uniforme est obligatoirement doté d'un comité d'audit. Le comité d'audit est exclusivement composé d'administrateurs non-salariés de la société ou n'exerçant aucun mandat de président-directeur général, directeur général ou directeur général adjoint au sein de la société. Le conseil d'administration s'assure de la compétence des administrateurs qu'il nomme membres du comité d'audit. Le comité d'audit a pour missions essentielles de :
- procéder à l'examen des comptes et s'assurer de la pertinence et de la permanence des méthodes comptables adoptées pour l'établissement des comptes consolidés et sociaux de l'entreprise ;
- assurer le suivi du processus d'élaboration de l'information financière ;
- assurer le suivi de l'efficacité des systèmes de contrôle interne et de gestion des risques ;
- émettre un avis sur les commissaires aux comptes proposés à la désignation par l'assemblée générale.
Il rend compte régulièrement au conseil d'administration de l'exercice de ses missions et l'informe sans délai de toute difficulté rencontrée ». V. également l'Art.715 de l'AUSCGIE.

[1117] P. S. A. BADJI, « OHADA et bonne gouvernance d'entreprise », op.cit., p.219.

[1118] H. CHASSERY, « Les attributions du conseil de surveillance », préc., spéc. n° 10 p. 463, cité par E. GROSBOIS, op.cit., p.104.

[1119] Art. 437 de l'AUSCGIE : « Le conseil d'administration peut confier à un ou à plusieurs de ses membres tous mandats spéciaux pour un ou plusieurs objets déterminés. Il peut décider la création de comités composés d'administrateurs chargés d'étudier les questions que lui-même ou son président soumet, pour avis, à leur examen. Il fixe la composition et les attributions des comités qui exercent leur activité sous sa responsabilité. Lors de la création d'un comité, le conseil d'administration peut décider que le comité peut recueillir l'avis d'experts non administrateurs ».

Suite à cette disposition, le législateur vient de confirmer la mission de contrôle du conseil d'administration.

397. Par ailleurs, la désignation du commissaire aux comptes peut se faire par voie judiciaire. C'est le cas lorsque l'assemblée générale omet d'en élire un[1120]. De manière plus ponctuelle, il est appelé à exercer deux types de contrôle. Il s'agit, d'une part, de certifier que les états financiers de synthèse de la société sont réguliers et donnent une image fidèle de la situation financière et patrimoniale de la société[1121] et, d'autre part, de s'assurer du respect de l'égalité entre actionnaires[1122]. A côté de ce devoir de contrôle, le commissaire aux comptes est tenu, sous peine de sanction pénale, de dénoncer au ministère public tout fait délictueux dont il a eu connaissance dans l'exercice de sa mission, sans toutefois que cette dénonciation engage sa responsabilité[1123]. Il peut être amené, lorsque la situation de la société lui semble périlleuse sur le plan financier, à déclencher la procédure d'alerte[1124]. L'ajout de cette nouvelle tâche au rôle du commissaire aux comptes n'en est que plus remarquable. Pour en arriver là, le législateur OHADA s'est inspiré de cette bonne technique du droit français, en vue de permettre aux sociétés commerciales de lutter efficacement et précocement contre les difficultés dans deux directions, à savoir l'avertissement d'une part, et l'empêchement d'autre part. Son inspiration n'a malheureusement pas été au bout de la logique du législateur français puisqu'il a limité non seulement les initiateurs de la procédure mais aussi les sociétés concernées[1125].

Concernant cette procédure, il a été jugé que la procédure d'alerte n'est pas la condition *sine qua non* à la prise de toute mesure d'urgente. Lorsque le commissaire aux comptes vient à relever les faits de nature à compromettre la continuité de l'exploitation, il y a urgence et le juge de référés est compétent même si n'a pas été mise en œuvre la procédure d'alerte[1126]. Le commissaire aux comptes, par ce devoir d'information, protège non seulement les intérêts privés des actionnaires, mais également l'intérêt général représenté par l'Etat[1127]. Celui-ci doit être indépendant des dirigeants de la société et des associés, n'avoir aucun lien de subordination,

---

1120 F. ANOUHAKA, « Les sociétés de personnes », *in Sociétés commerciales et G.I.E.*, Bruxelles, Bruylant, 2002, p. 452.

1121 Cf. 710 de l'AUSCGIE.

1122 Cf. 714 de l'AUSCGIE.

1123 Art. 716 de l'AUSCGIE.

1124 Art. 150 et s. de l'AUSCGIE.

1125 TAITA, « Le commissaire aux comptes et le ministère public en droit OHADA des sociétés commerciales ». http://publication.lecames.org/index.php/jur/article/view/371, consulté le 10/11/2017.

1126 Cotonou, arrêt n°178/99 du 30 septembre 1999 affaire dame Karamatou IBIKUNLE c/Ste CODA-Bénin et quatre autres, Ohadata J-06-93.

1127 B. LE BARS, *Droit des sociétés et de l'arbitrage international. Pratique en droit de l'Ohada*, Joly, Paris, 2011, p. 183.

de parenté ou de proximité avec ces derniers qui pourrait faire douter de son impartialité[1128]. C'est ainsi que le législateur OHADA précise que les fonctions de commissaire aux comptes sont incompatibles avec toute activité ou tout acte de nature à porter atteinte à son indépendance, avec tout emploi salarié[1129].

398. Malheureusement, à l'instar des autres organes de contrôle déjà cités, toutes les sociétés commerciales n'ont pas l'obligation d'avoir un commissaire aux comptes. Le législateur OHADA ne l'impose qu'à certaines catégories de sociétés. Il s'agit notamment des sociétés anonymes[1130], de sociétés de personnes remplissant certaines conditions[1131], des groupements d'intérêt économique[1132], et des sociétés à responsabilité limitée remplissant également certains critères[1133]. Dès lors, ne sont donc pas concernées, les sociétés en formation, les sociétés en participation, les sociétés créées de fait, les sociétés de personnes autres que celles citées ci-dessus et les sociétés à responsabilité limitée de petite taille[1134]. Pour les deux dernières catégories citées, la raison avancée en est qu'à défaut d'organisation de la gérance par les statuts, « tous les associés sont réputés être gérants »[1135] et que les risques de fraudes et de malversations y sont quasi inexistants. Toutefois, elles peuvent en désigner, lorsqu'elles le désirent, même si elles ne remplissent pas les conditions exigées par le législateur. Ce qui signifie que pour ces sociétés, la nomination d'un

---

[1128] Y. GUYON, « L'indépendance du commissaire aux comptes », *JCP*, 1977, I, 2831.
[1129] Art. 697 AUSCGIE.
[1130] Art. 702 de l'AUSCGIE.
[1131] Art. 289-1 de l'AUSCGIE : « Les sociétés en nom collectif qui remplissent, à la clôture de l'exercice social, deux (2) des conditions suivantes :
1°) total du bilan supérieur à deux cent cinquante millions (250.000.000) de francs CFA ;
2°) chiffre d'affaires annuel supérieur à cinq cents millions (500.000.000) de francs CFA ;
3°) effectif permanent supérieur à 50 personnes ; sont tenues de désigner au moins un (1) commissaire aux comptes. La société n'est plus tenue de désigner un commissaire aux comptes dès lors qu'elle n'a pas rempli deux (2) des conditions fixées ci-dessus pendant les deux (2) exercices précédant l'expiration du mandat du commissaire aux comptes. Pour les autres sociétés en nom collectif ne remplissant pas ces critères, la nomination d'un commissaire aux comptes est facultative. Elle peut toutefois être demandée en justice par un ou plusieurs associés détenant, au moins, le dixième du capital social. Les dispositions des articles 377 et suivants ci-après sont applicables à tout commissaire aux comptes désigné conformément aux dispositions du présent article ».
[1132] Art. 880 de l'AUSCGIE.
[1133] Il s'agit de celles dont le capital est supérieur à 10.000.000 de FCFA ou dont la chiffre d'affaire annuel est supérieur à 250.000.000 de FCFA, ou encore dont l'effectif permanent est de plus de 50 personnes. Cf. Art. 376 de l'AUSCGIE.
[1134] TAITA, « Le commissaire aux comptes et le ministère public en droit OHADA des sociétés commerciales ». http://publication.lecames.org/index.php/jur/article/view/371, consulté le 10/11/2017
[1135] Art. 276 de l'AUSCGIE.

commissaire aux comptes est facultative[1136]. Or, l'absence de ces organes de contrôle des comptes sociaux renforce le pouvoir des dirigeants.

B : Une faculté favorable aux dirigeants sociaux des sociétés non concernées

399. Les décisions des dirigeants, et plus largement l'ensemble du fonctionnement social, doivent faire l'objet d'un contrôle[1137]. En effet, de sa constitution à sa liquidation, en passant par son fonctionnement, la société « mène » une vie qui peut être ponctuée tantôt de périodes normales ou fastes, tantôt de moments de difficultés ou de crise. Ces différentes situations sont, pour beaucoup, tributaires des qualités et des actes de gestion des dirigeants qui se trouvent à la tête de la société. Le rôle des organes sociaux est donc particulièrement déterminant dans le cours « heureux » ou « malheureux » de la société et, par conséquent, leur propre sort en dépend évidemment[1138]. Des organes ont été prévus par la loi pour procéder au contrôle de la gestion opérée par les dirigeants sociaux. Mais on remarque que dans certaines sociétés, certains organes de contrôle prévus ou non par le législateur sont facultatifs[1139]. C'est le cas du commissaire aux comptes pourtant considéré comme le garant de la viabilité de l'entreprise et de la sécurité financière. Or, par son absence, la société court le risque de surestimation du résultat comptable par les dirigeants sociaux, dès lors qu'un résultat élevé permet notamment à un dirigeant de justifier sa place et sa rémunération auprès des associés. Partant, en confiant aux commissaires aux comptes, le contrôle des comptes, la majorité des systèmes voulaient éviter la survenance des scandales financiers[1140].

400. En outre, dans le cadre de la procédure d'alerte, le commissaire aux comptes, s'il existe, a le devoir de demander au gérant, à l'administrateur ou au président-directeur général, des explications par écrit s'il constate une situation de nature à compromettre la continuité de l'exploitation. Et cela à tout moment, car compte tenu de son expertise au sein de l'entreprise, il est le mieux habilité à prévenir les difficultés en attirant l'attention des dirigeants inconscients ou malveillants. L'efficacité du contrôle ne peut être assurée que si les contrôleurs dénoncent les irrégularités dont ils ont connaissance, de manière à provoquer l'engagement de la responsabilité des

---

[1136] P.-G. POUGOUE, (dir.), *Sociétés commerciales et GIE*, op.cit., p.72.

[1137] E. GROSBOIS, op.cit., p.14.

[1138] A. AKAM AKAM, «La responsabilité civile des dirigeants sociaux en droit OHADA», op.cit., p.212.

[1139] Cf. Art.376 de l'AUSCGIE précité.

[1140] D. TAKAFO-KENFACK, « Libres propos sur l'indépendance de l'auditeur légal des sociétés anonymes OHADA », *Revue ERSUMA*, n°6, Janvier 2016, p.579.

auteurs[1141]. Ainsi, ils ont pour mission principale de surveiller la gestion des dirigeants. Ce pouvoir, ou ce devoir, n'est pas un simple droit à l'information. Il est beaucoup plus efficace que cela car il est sanctionné : il confère au contrôleur des droits et des obligations en fonction de son résultat[1142]. Les organes de contrôle peuvent notamment révoquer[1143] le dirigeant indélicat.

Pour toutes ces raisons, les dirigeants des sociétés non concernées par l'institution obligatoire des organes de contrôle, sont favorables à cette faculté laissée à leurs sociétés de prévoir ou pas des organes de contrôle, de peur qu'à l'issue des différentes formes de contrôle, leur responsabilité ne soit engagée. Malheureusement dans une certaine mesure, l'exercice de l'action en responsabilité civile des dirigeants sociaux par les minoritaires est inefficace.

[1141] P.-G. POUGOUE, « L'impact de l'Acte uniforme de l'OHADA relatif au droit des sociétés commerciales et du GIE sur le contrôle et le développement des entreprises locales », *Juridis périodique,* n°6, Avril-mai-juin 2006, p.112.

[1142] E. GROSBOIS, op.cit., p.14.

[1143] Par exemple, dans les sociétés anonymes, le conseil d'administration peut révoquer à tout moment le directeur général adjoint (art.475 de l'AUSCGIE).

Chapitre 2 : Une inefficacité de l'action en responsabilité civile des dirigeants sociaux

401. En théorie, l'associé minoritaire dispose de multiples recours judiciaires contre le dirigeant social à l'origine de décisions qui lui sont préjudiciables. Le dirigeant est responsable envers les associés de toute infraction aux dispositions législatives ou réglementaires applicables aux sociétés, violations des statuts ou faute commise dans leur gestion[1144]. Une meilleure responsabilisation des dirigeants sociaux passe par la mise en place d'un dispositif qui devrait à la fois faciliter les moyens procéduraux permettant de mettre en cause leur responsabilité civile pour faute de gestion et contribuer à leur faire supporter plus personnellement les sanctions pécuniaires susceptibles d'être prononcées si leur responsabilité est établie[1145].

402. A cet effet, la justice, en raison de sa mission de garantie du respect de la loi et des droits des associés, est considérée comme un élément essentiel assurant la protection des associés minoritaires. Néanmoins, l'expérience du contentieux met en évidence de nombreuses limites à ces actions[1146]. En outre, sous peine d'irrecevabilité, le recours de l'associé minoritaire au juge est subordonné à certaines conditions dont la mise en œuvre est confrontée à plusieurs difficultés. Même, le parcours procédural à franchir avant même de commencer à évoquer la faute et le préjudice est tellement complexe que l'actionnaire minoritaire s'y perd et s'y ruine[1147].

Par conséquent, les effets des récentes réformes de l'Acte uniforme destinées à rendre efficaces les actions en responsabilité civile des dirigeants sociaux par des minoritaires tardent à se faire sentir car l'engagement de la responsabilité civile des dirigeants est confronté aux difficultés **(Section 1)**. Toutefois, des pistes de solutions aux difficultés d'engagement de la responsabilité civile des dirigeants sociaux existent (**Section 2**).

[1144] S. SCHILLER et F. PATRIZIO, op.cit., p.2865.

[1145] J.- M. CLÉMENT et Ph. PHILIPPE HOUILLON, op.cit., p.89.

[1146] S. SCHILLER et F. PATRIZIO, op.cit., p.2864.

[1147] D. SCHMIDT, « Les actionnaires minoritaires, un combat légitime ? », Colloque « La gouvernance d'entreprise : entre réalités et faux-semblants », Cahiers de droit de l'entreprise, n° 5, septembre-octobre 2005, p.60.

Section 1 : Un engagement de la responsabilité civile des dirigeants confronté aux difficultés

403. Le dirigeant social peut ne pas personnellement s'engager à garantir les dettes de la société. Il est en principe à l'abri des conséquences pécuniaires touchant cette société, dans la mesure où il ne répond pas des dettes de ladite société sur son propre patrimoine. Toutefois, afin ... de moraliser la vie des affaires, le législateur a instauré un régime de responsabilité du dirigeant fautif[1148]. Le minoritaire comme tout associé dispose d'une action en justice contre les dirigeants sociaux en cas de mauvaise gestion. Mais cette action n'est exerçable que contre un dirigeant de droit[1149]. Il ne pourra l'exercer qu'en respectant un régime particulièrement contraignant. Outre l'aléa propre à tout recours judiciaire, cette action se heurte à de nombreux obstacles. Les difficultés de la mise en œuvre de cette action se caractérise en grande partie par des insuffisances matérielles (**§1**) et la complexité de la procédure judiciaire engagée par les minoritaires (**§2**).

§1 : Les insuffisances matérielles

404. Toute action en justice est soumise à certaines obligations dont le non-respect peut être un motif de rejet de la demande ou de la perte du procès. C'est pourquoi les associés minoritaires sont peu nombreux à engager des actions contre les dirigeants. Ceci est lié d'une part, aux freins à l'exercice de l'action en justice (**A**), et d'autre part, à l'indisponibilité de preuves (**B**).

A : Les freins à l'exercice de l'action en justice

405 Face au préjudice individuel ou social, l'associé minoritaire a la possibilité de saisir la justice pour demander la réparation, mais il hésitera parce que cette action en justice est souvent confrontée à certains freins, parmi lesquels on peut citer le coût (**1**) et l'écran de la personnalité morale (**2**).

[1148] F. FRANCOIS, « Responsabilité du dirigeant pour insuffisance d'actif », Conseil constitutionnel français, le commentaire: Décision n° 2014-415 QPC du 26 septembre 2014, p.1, http://www.conseil-constitutionnel.fr/conseil-constitutionnel/root/bank/download/2014415QPC2014415qpc_ccc.pdf, consulté le 05/01/2018.

[1149] Com. 19 mars 2013, n°12-14.213, D.2013.833 ; selon lequel seuls les administrateurs et le directeur général peuvent être visés par une action sociale exercée ut singuli par les actionnaires d'une société anonyme, mais qui la refusent à des tiers qui n'étaient pas investis de ces qualités, Voir M. ROUSSILLE, champ d'application de l'action ut singuli : interprétation stricte de la loi, JCP E 2013. 1397.

1 : Le coût d'une action

406. Bien que les dépens de justice à proprement parler ne soient pas toujours élevés, « les voies d'action ont un coût ; le minoritaire, qui a perdu une partie de son investissement, peine à débourser les sommes nécessaires pour exercer ces actions. L'effort financier qu'il doit accomplir se mesure aux moyens infiniment plus puissants de la société, laquelle est toujours partie au procès en annulation, en responsabilité ou en expertise »[1150]. En dehors du risque d'interprétation restrictive et de corruption, des associés minoritaires se heurtent à un obstacle encore plus grand lorsqu'ils tentent d'obtenir réparation de leurs préjudices devant les tribunaux : le coût du procès. Il faut en effet craindre qu'ils n'hésitent à mettre en œuvre une action qui ne doit rien leur rapporter directement, puisque les dommages-intérêts obtenus iront à la société, mais qui, néanmoins, les oblige à engager des frais importants[1151].

407. De surcroît, certaines actions en responsabilité civile contre les dirigeants sociaux visent à réparer le préjudice subi par la société elle-même. Pourtant, la réparation de ce préjudice social passe par l'exercice de l'action sociale *ut universi* et à titre subsidiaire de l'action sociale *ut singuli*. Si un associé minoritaire exerce l'action en responsabilité civile appartenant à la société, son action va s'opposer aux services juridiques de la société et aux avocats qu'elle aura mandatés. S'il perd, tous les frais seront à sa charge. S'il gagne, la situation ne sera guère différente dans la mesure où il supportera également une grande partie des frais de justice et les dommages et intérêts dus par le dirigeant seront versés dans la caisse sociale[1152]. Quel est l'intérêt d'exercer une action en responsabilité civile dans cette perspective ?[1153] Si l'on ajoute à cela le fait que les actionnaires minoritaires disposant d'une participation faible seront peu motivés, en raison d'un intérêt personnel trop dilué par rapport à celui des autres membres de la société, il y a peu de chances qu'ils n'exercent jamais l'action sociale *ut singuli*. La société ayant tout à gagner de leur intervention, ne serait-il pas logique qu'elle assume le coût des dépenses engagées pour son compte[1154] ?

408. En dehors de la SARL dans laquelle, il faut les associés représentant le quart des associés et le quart des parts sociales[1155] et un vingtième du capital social pour les SA[1156], l'action *ut singuli* est ouverte aux

[1150] D. SCHMIDT, « Les associés minoritaires, un combat légitime? », op.cit., p.60.
[1151] M.-D. POISSON, op.cit., p.284.
[1152] Fr. DIENG, op.cit., p.442.
[1153] D. SCHMIDT, « Excessive pénalisation », *Le Monde,* novembre 2003.
[1154] M.-D. POISSON, op.cit., p.284.
[1155] Art.331 de l'AUSCGIE.
[1156] Art.741 de l'AUSCGIE.

associés de tous les types de société, quel que soit le nombre d'actions ou de parts détenu. Elle est néanmoins rarement mise en pratique du fait du coût de la procédure[1157] qui reste à la charge de l'associé alors que les dommages et intérêts reviennent à la société. Ce qui signifie que cette action pose un problème manifeste de « passager clandestin » : certains associés en font les frais, mais tous les associés en recueillent les fruits. C'est l'action exercée dans le but de recueillir des dommages et intérêts qui vont être rapatriés dans le patrimoine social.

Si telle est donc la finalité de cette action, il est logique que la charge de son coût soit supportée par la société. Les associés doivent pouvoir exercer cette action sans que la charge de son coût n'en constitue un obstacle[1158]. C'est pourquoi ces actions sont exercées rarement par l'associé minoritaire. L'associé qui n'a subi aucun préjudice personnel mais qui souffre d'une baisse des cours liée à une mauvaise gestion des dirigeants ne peut espérer, à ses frais et risques, que l'indemnisation du patrimoine social, à l'issue d'une procédure dans laquelle il aura pour adversaires non seulement les dirigeants mis en cause, mais encore la société elle-même qui, par la voix de ses dirigeants, plaidera qu'il n'y a ni faute ni préjudice[1159]. Le contrepoids que pourrait jouer l'actionnaire serait par exemple renforcé si les bénéfices des actions en responsabilité qu'il intente lui revenaient personnellement[1160]. Ceci passerait également par la simplification des règles procédurales, qui décourage l'actionnaire à agir.

409. Toutefois, pour pallier cet inconvénient, l'AUSCGIE dans son article 171 dispose que : « Les frais et honoraires occasionnés par l'action sociale, lorsqu'elle est intentée par un ou plusieurs associés, sont avancés par la société ». Dans cet article, le fait que le législateur a utilisé le verbe avancer, on en déduit que si les associés minoritaires succombent, ils supportent ces frais. La mesure en soi est bonne, sauf que sa mise en œuvre sera difficile. Il n'est pas facile pour la société représentée par ses dirigeants sociaux, de se précipiter pour avancer ces frais, alors que le procès est engagé contre ces mêmes dirigeants. C'est-à-dire que conscient de ceci, le législateur OHADA a entendu régler ce problème de la charge du coût de l'action sociale *ut singuli*. Mais ses solutions semblent incohérentes et

[1157] C'est-à-dire que le coût élevé de la procédure peut constituer un empêchement sérieux pour les actionnaires minoritaires : (Voir M. CAPPELLETTI, « La protection d'intérêts collectifs et de groupe dans le procès civil (métamorphoses de la procédure civile ». R.I.D.C. 1975 - PP.572 et 576, cité par Fr. DIENG, op.cit., p.442).

[1158] B. NJOYA NKAMGA, « Dirigeants sociaux », op.cit., p.705, n°433.

[1159] D. SCHMIDT, « Les associés minoritaires, un combat légitime? », op.cit., p.60.

[1160] S. M. BAINBRIDGE, *The New Corporate Governance in Theory and Practice,* Oxford University Press, 2008, Chapter 5 The Future of Corporate Governance: Director or Shareholder Primacy, p.202 : "*The shareholders are rationally apathetic*".

inadaptées[1161]. Il est souhaitable que le législateur exige une prise en charge du coût de l'action par la société lorsque celle-ci repose sur un fondement sérieux.

410. Par contre, plus loin, le législateur adopte une position étonnamment contradictoire à la première, car l'article 741 al.2[1162] prévoit également que les actionnaires peuvent intenter l'action sociale « à leur frais » ce qui nous paraît beaucoup plus réaliste, car il est évident que lorsque cette action met en cause la responsabilité des administrateurs majoritaires, ceux-ci seront peu enclins à fournir aux minoritaires les fonds nécessaires à cette initiative même si la combinaison des articles 741 et 171 devrait conduire à considérer qu'il s'agit simplement des frais « avancés »[1163].

411. En revanche, les associés minoritaires ne sont pas incités à exercer une activité de contrôle ou de surveillance coûteuse sachant qu'une fois le procès gagné, les bénéfices attendus sont proportionnels à leur taux de participation dans le capital de la société. Pourtant, en Angleterre, en 1975, les juges de la *court of Appeal* ont estimé qu'il leur était loisible d'ordonner que le coût de la procédure soit supporté par la société, quelle que soit la décision finale, dès lors que l'actionnaire avait agi de bonne foi et que son initiative semblait raisonnablement dans l'intérêt de la société[1164]. Cette solution a été saluée par la doctrine[1165], et il est souhaitable qu'elle serve d'exemple en droit OHADA.

[1161] B. NJOYA NKAMGA, « Dirigeants sociaux », op.cit., p.705, n°433.

[1162] « S'ils représentent au moins le vingtième du capital social, les actionnaires peuvent, dans un intérêt commun, charger à leurs frais un ou plusieurs d'entre eux de les représenter pour soutenir, tant en demande qu'en défense, l'action sociale ».

[1163] A. FENEON, « Les droits des actionnaires minoritaires dans les sociétés commerciales de l'espace OHADA », op.cit., p.8.

Article 741 de l'AUSCGIE : Outre l'action en réparation du préjudice subi personnellement, les actionnaires peuvent, soit individuellement, soit en se groupant, intenter l'action sociale en responsabilité contre les administrateurs.

S'ils représentent au moins le vingtième du capital social, les actionnaires peuvent, dans un intérêt commun, charger à leurs frais un ou plusieurs d'entre eux de les représenter pour soutenir, tant en demande qu'en défense, l'action sociale.

Le retrait en cours d'un ou de plusieurs desdits actionnaires, soit qu'ils se soient volontairement désistés, soit qu'ils aient perdu la qualité d'actionnaires, est sans effet sur la poursuite de ladite action en responsabilité.

Les demandeurs sont habilités à poursuivre la réparation de l'entier préjudice subi par la société à laquelle, le cas échéant, les dommages et intérêts sont alloués.

[1164] Wallersteiner v Moir [1975] 1 ALI ER 849 - obs KWW, 39 MLR (1976) 327, et Sugarman D, 91 LQR (1975) 482 -Voir également Boyle, rndemnifying the minority shareholder, (1976) JBL 18, cité par M.-D. POISSON, op.cit., p.285.

[1165] Voir notamment Gower, op cit, p 652, cité par M.-D. POISSON, op.cit., p.285.

En effet, mettre les frais du procès en responsabilité contre les dirigeants à la charge exclusive des associés lorsque ceux-ci choisissent de mandater un ou plusieurs d'entre eux pour l'exercice de l'action sociale, c'est simplement, non seulement défavoriser cette modalité d'exercice de l'action ut singuli… Il est indéniable en effet que cet aspect financier est un obstacle à l'exercice de l'action sociale[1166].

412. Toutefois, l'action du minoritaire est souvent qualifiée de téméraire, voire d'abusive ; il est toujours suspecté de ne vouloir rechercher que son intérêt égoïste et lorsque son action révèle des chances de succès, l'adversaire brandit la menace d'une plainte pour tentative d'extorsion de fonds[1167]. En outre, cette action fait face à l'écran de la personnalité morale.

2 : L'écran de la personnalité morale

413. L'étude de la limitation de la responsabilité civile des dirigeants sociaux vis-à-vis des associés minoritaires par l'écran de la personnalité morale de la société commerciale passe par l'analyse du fondement dudit écran (a), avant d'analyser les fautes couvertes (b).

a : Le fondement de l'écran de la personnalité morale

414. La société étant dotée de la personnalité morale, elle est personnellement engagée par les actes accomplis en son nom par ses représentants[1168]. On admet que la personne morale est une entité autonome sur laquelle pèse une responsabilité personnelle, de son propre fait, même si sa volonté est exprimée par autrui[1169]. La jurisprudence a eu l'occasion d'énoncer plusieurs fois que « la personne morale répond des fautes dont elles s'est rendue coupable par ses organes et en doit la réparation à la victime sans que celle-ci soit obligée de mettre en cause, sur le fondement de l'article 1384, alinéa 5, lesdits organes pris comme préposés »[1170].

[1166] B. NJOYA NKAMGA, « Dirigeants sociaux », op.cit., p.705, n°434.

[1167] D. SCHMIDT, « Les associés minoritaires, un combat légitime? », op.cit., p.60.

[1168] L. MICHOUD, *La théorie de la personnalité morale, Son application au droit français*, 2ème éd. 1924, t.2 LGDJ p. 222, n° 271, cité par E. GROSBOIS, op.cit., p.445.

[1169] G. VINEY et P. JOURDAIN, Les conditions de la responsabilité, cité par E. GROSBOIS, *Responsabilité civile et contrôle de la société*, op.cit., p.597.

[1170] Cass. 2e civ., 27 avril 1977, n° 75-14761 : *Bull. civ.* 1977, n° 108 ; *D.* 1977, inf. rap. p. 442, note LARROUMET.

MICHOUD l'écrivait déjà il y a près d'un siècle : « la personne morale est donc responsable des actes de ses organes, non pas indirectement, comme le commettant est responsable de ses préposés, mais directement, parce qu'aux yeux de la loi ce sont ses propres actes »[1171]. La société est responsable des fautes de gestion commises par ses représentants ; elle répond alors de leurs délits et quasi-délits civils dans les termes du droit commun[1172]. Elle doit par exemple réparer le dommage causé par un de ses préposés[1173].

415. Par conséquent, la société étant personnellement responsable des agissements de ses organes, ces derniers se trouvent par principe protégés de toute action en responsabilité engagée par des tiers[1174]. La difficulté réside dans la qualité de tiers ou non des associés[1175]. En vertu de la personnalité morale, les patrimoines de l'associé et de la société sont distincts. Les associés sont donc nécessairement des tiers dans les actes juridiques passés par la société[1176]. C'est pourquoi au lieu que l'associé minoritaire qui a subi un dommage du fait des dirigeants sociaux intente une action en responsabilité civile contre ces derniers, il poursuit la société pour la réparation du dommage subi.

416. Cependant, cette dernière a également la possibilité d'exercer une action récursoire contre ses dirigeants sociaux. Dans la mesure où si la société est condamnée à indemniser le tiers, elle peut se retourner contre le dirigeant dès lors qu'elle peut lui reprocher une faute de gestion et ce, sans avoir à établir l'existence d'une faute détachable[1177]. L'hypothèse est toutefois largement théorique. Imagine-t-on le dirigeant exerçant contre lui-même l'action récursoire au nom de la société ? Concrètement, l'initiative ne peut venir que de minoritaires agissant *ut singuli* ou encore de la nouvelle équipe dirigeante lorsque l'ancien dirigeant a été remercié[1178]. Mais il convient de préciser que certaines fautes ne sont pas couvertes par l'écran de la personnalité morale.

[1171] L. MICHOUD, op.cit ., n° 275 p. 234.

[1172] P.-G. POUGOUE, (dir.), *Sociétés commerciales et GIE,* op.cit., p.156.

[1173] Cass. 2e civ., 12 mai 2011, n° 10-20590 : *Bull. civ.* 2011, II ; *D.* 2011, p. 1938, note O. GOUT ; *Resp. civ. et assur.* 2011, comm. 243, note C. RADE : condamne « *la société, en sa qualité de commettant des auteurs des violences* ».

[1174] L. MICHOUD, op.cit., p. 234.

[1175] E. GROSBOIS, op.cit., p.445.

[1176] D. CHOLET, « La distinction des parties et des tiers appliquée aux associés », *D.* 2004, p. 1141, spéc. n° 9, p. 1143, cité E. GROSBOIS, ibid.

[1177] La responsabilité du dirigeant à l'égard de la société qu'il dirige n'est pas subordonnée à la preuve d'une faute détachable de ses fonctions : Cass. 1ère civ., 15 mai 2007, n°06-12317 : Dr. Société 2007, n°151, obs. R. Mortier.

[1178] M. COZIAN, A. VIANDIER et F. DEBOISSY, op.cit., n°304, p.179.

b : Les fautes couvertes

417. Les fautes commises par le dirigeant social et dont un actionnaire peut considérer être victime s'inscrivent soit dans le cadre des rapports internes à la société, auquel cas la société ne fait pas écran entre l'actionnaire et le dirigeant fautif, soit dans le cadre des rapports externes, la société faisant alors écran entre l'actionnaire et le dirigeant[1179]. Dans le cadre des rapports internes, l'associé minoritaire peut, sous certaines conditions, agir en responsabilité directement contre le dirigeant social en exerçant l'action individuelle.

418. En revanche, dans le cadre des rapports externes (l'associé étant assimilé à un tiers et le dirigeant social agissant au nom et pour le compte de la société), le régime de l'action individuelle diffère et conduit de fait à une immunité des dirigeants[1180] sociaux vis-à-vis des tiers dont l'associé minoritaire. La jurisprudence française a confirmé cette immunité des dirigeants sociaux vis-à-vis des tiers en déclarant que : « la responsabilité personnelle d'un dirigeant à l'égard des tiers ne peut être retenue que s'il a commis une faute séparable de ses fonctions ; qu'il en est ainsi lorsque le dirigeant commet intentionnellement une faute d'une particulière gravité incompatible avec l'exercice normal des fonctions sociales »[1181].

Dans le cas contraire, s'il s'agit d'une « faute de gestion »[1182], il revient à la société de réparer le préjudice subi par tout associé par le fait des dirigeants sociaux. Mais cela n'est pas le cas en droit OHADA[1183]. Et cette

---

[1179] F. DANOS, « La réparation du préjudice individuel de l'actionnaire », RJDA 2008 p.471 et suivants : « Ainsi, les rapports juridiques d'une société, à l'instar de tout groupement, vont-ils se caractériser par l'existence de rapport internes qui concernent les rapports des membres entre eux, en ce compris les organes sociaux, et des rapports externes qui correspondent aux rapports du groupement ou de la personne morale avec les tiers », cité par A. BOUGRINE et N. TORRIBIO, « Les sanctions de de la corporate governance », *Journal des sociétés,* n°63 Mars 2009, p.48.

[1180] A. BOUGRINE et N. TORRIBIO, ibid.

[1181] Cass.com., 20 mai 2003 : D. 2003, p.2623, note B. Dondero.

[1182] La faute de gestion est celle qui est commise dans le cadre de la gestion normale de la société. Cette notion recouvre un ensemble très varié de comportements : mauvaise tenue de la comptabilité, sureffectifs, investissements excessifs ou inadaptés, poursuite d'une activité déficitaire sans avoir pris des mesures concrètes de restructuration en temps utile, absence de déclaration de la cessation des paiements dans les délais, etc. V. SAINT-ALARY-HOUIN, *Droit des entreprises en difficultés*, LGDJ, 8ème éd., 2013, n° 1371 ; T. Favario, « La faute de gestion au sens de l'article L. 651-2 du Code de commerce », *RPC n° 3, mai* 2011, étude 15, cité par François F., le commentaire: Décision n° 2014-415 QPC du 26 septembre 2014: Responsabilité du dirigeant pour insuffisance d'actif, p.3.

[1183] Selon les articles 330 et 740 de l'AUSCGIE, les dirigeants sociaux sont responsables, individuellement ou solidairement, selon le cas, envers la société ou envers les tiers, soit des infractions aux dispositions législatives ou réglementaires applicables aux sociétés à responsabilité limitée, soit des violations des statuts, soit des fautes commises dans leur gestion.

solution conduirait à une irresponsabilité des dirigeants sociaux vis-à-vis des tiers sauf pour les fautes incontestablement détachables comme les fautes pénales attestées par une condamnation. Si la faute détachable ou séparable des fonctions du dirigeant social n'est pas démontrée seule la responsabilité de la société, personne morale, est engagée. S'il est un domaine où il n'est pas aisé d'obtenir gain de cause, c'est bien celui de la responsabilité civile des dirigeants sociaux dans la mesure où il faut prouver qu'ils ont commis une faute détachable de leurs fonctions[1184].

419. Toutefois, ces dernières années, la Cour de cassation française s'est demandé dans quelle mesure cette exigence supplémentaire était également applicable aux associés souhaitant engager la responsabilité de leurs dirigeants sociaux. Elle a considéré que « la mise en œuvre de la responsabilité des administrateurs et du directeur général à l'égard des actionnaires agissant en réparation du préjudice qu'ils ont personnellement subi n'est pas soumise à la condition que les fautes imputées à ces dirigeants soient intentionnelles, d'une particulière gravité et incompatibles avec l'exercice normal des fonctions sociales »[1185]. C'est-à-dire que pour l'engagement de la responsabilité des dirigeants sociaux par les associés, la Cour a exclu la preuve de l'existence d'une faute dite « détachable ». Une faute simple des dirigeants suffit à justifier l'intérêt à agir des associés. Cela est normal car il est inéquitable d'assimiler les associés de la société, directement concernés par le fonctionnement interne de l'entreprise, à de simples tiers relevant de l'ordre externe à la société. Pour renforcer la gouvernance des entreprises en droit OHADA, le législateur n'a pas exigé la faute détachable ou séparable des fonctions du dirigeant social.

420. En somme, la première difficulté relative à la réparation du préjudice des associés minoritaires du fait du dirigeant social repose sur l'écran de la personne morale. Abrité derrière l'écran de la personnalité morale qu'il représente, le dirigeant ne peut pas voir sa responsabilité personnelle engagée envers les tiers sauf lorsqu'il a commis une faute détachable de ses fonctions. Or les fonctions du dirigeant consistent à gérer, donc ses fautes ne sont sanctionnables que si elles ne concernent pas la gestion[1186]. Cela crée une insécurité juridique vis-à-vis des associés et autres partenaires de la société. En plus de ces freins à l'exercice de l'action en justice, il y a un souci de disponibilité de preuves.

[1184] G. AUZERO, L'application de la notion de faute personnelle détachable des fonctions en droit privé, D. 1998, p.502 ; V. Wester-Ouisse, Critique d'une notion imprécise : la faute du dirigeant de société détachable des fonctions, D 1999, p.782, cité par M. A. NJANDEU MOUTHIEU, « Commentaires : CCJA, arrêt n°015/2005, 24 février 2005, Agoua Maurice c/la société Win SARL », op.cit., p.160.

[1185] Cass.com., 9 mars 2010, n° 08-21.547 et 08-21.793 : JurisData n° 2010-001500.

[1186] D. SCHMIDT, « Excessive pénalisation », *Le Monde,* novembre 2003.

B : L'indisponibilité de preuves

421. Outre le fait que les associés minoritaires déplorent la lenteur de procédures judiciaires souvent coûteuses, sont confrontés également aux difficultés de preuves contre les dirigeants sociaux (**1**), et à la délicate preuve du lien de causalité entre la faute du dirigeant et le dommage causé (**2**).

1 : La difficulté de preuves contre les dirigeants sociaux

422. Contrairement aux associés majoritaires qui peuvent user de leur influence à l'égard des dirigeants sociaux pour obtenir des informations ou dénoncer certaines pratiques contraires à l'intérêt social, les minoritaires parce qu'ils n'ont pas la même influence sont obligés de passer par la justice avant d'obtenir certaines informations dont ils ont besoin ou dénoncer certaines pratiques incommodes. Il en va de même en cas de demande en réparation du préjudice subi du fait de la mauvaise gestion sociale. Pourtant, la mise en cause de la responsabilité civile du dirigeant social par l'associé ou la société présuppose donc que soit d'abord établie l'existence d'une faute. Seulement, la caractérisation de la faute est impossible pour un associé minoritaire qui n'a pas la « preuve[1187]» d'existence de cette faute. Comme en droit commun de la responsabilité civile, la responsabilité des dirigeants sociaux envers la société ou les associés, telle que prévue par l'AUSCGIE, est subordonnée à la preuve d'une faute commise par ceux-ci.

423. Par conséquent, afin de pouvoir juger et réparer le préjudice causé par les dirigeants sociaux à la société ou aux associés, le demandeur doit tout d'abord prouver ses allégations. De cette manière, l'indemnisation peut être obtenue grâce à une action sociale ou à une action individuelle, à condition que l'associé minoritaire apporte la preuve d'un préjudice personnel subi[1188]. Cette preuve sera plus ou moins difficile à rapporter selon que l'obligation qui pèse sur le dirigeant social est une obligation de moyens ou de résultat. Dans le premier cas, l'inexécution de l'obligation fait

[1187] La preuve est la démonstration de la réalité d'un fait affirmé dans une instance par l'une des parties et qui est nié par l'autre. Elle permet soit de chercher la vérité, soit d'exprimer le besoin pour le juge de légitimer sa décision, comme l'a démontré avec beaucoup de pertinence Lagarde (Réflexion critique sur le droit de la preuve, LGDJ, 1994, préface Jacques Ghestin. Dans le même sens, Guinchard S., Ferrand F., procédure civile, 28e éd. Dalloz, 2006, n°1158 et s., p.909 et s.), cité par A.-M. MDONTSA-FONE, « Commentaires : CCJA, arrêt n°024/2006, 16 novembre 2006 Samaïla Dan Moussa, Ali Maré c/Hamidou Abdou dit Crise», *Les grandes décisions de la Cour commune de justice et d'arbitrage de l'OHADA*, L'Harmattan, Paris, 2010, p.154 et s.
[1188] Art.162 de l'AUSCGIE.

présumer la faute, dans le second, il faudra prouver le manque de prudence ou de diligence de l'auteur du dommage[1189].

En effet, fréquemment les minoritaires soupçonnent des négligences, voire des malversations dans la gestion sociale mais sans parvenir à obtenir des preuves palpables, et cela les empêche de demander réparation. Si la situation des minoritaires semble pourtant s'être améliorée avec l'actuel Acte uniforme révisé relatif au droit des sociétés commerciales, ces difficultés demeurent. La réparation des dommages subis par les associés minoritaires du fait des dirigeants sociaux exige que l'action réponde au moins à deux conditions obligatoires. Il faut d'une part, que la décision des dirigeants sociaux soit contraire à l'intérêt social, et d'autre part, qu'elle soit émise dans le seul dessein de favoriser leurs intérêts. Il en découle donc que l'union de ces deux conditions est impérative pour que l'on puisse qualifier un acte d'illégal.

424. Toutefois, il existe des situations où l'atteinte à une société a des conséquences graves sur sa pérennité et continuité sans que cela soit dans le but de servir un intérêt autre que social. Cela ne facilite pas la tâche à l'associé minoritaire qui a intenté l'action contre les dirigeants sociaux. De même, tout associé qui saisit la justice doit également prouver le lien de causalité entre la faute et le dommage causé.

2 : La délicate preuve du lien de causalité entre la faute du dirigeant et le dommage

425. Lors d'une action en justice, lorsque l'associé minoritaire ou majoritaire demandeur allègue qu'il a détecté des insuffisances dans la gouvernance d'entreprise, il peut être désarmé. S'il souhaite agir en responsabilité civile, il devra établir un préjudice causé à la société ou aux associés. Pourtant, le non-respect des règles de la bonne gouvernance des entreprises n'est pas en tant que tel générateur d'un préjudice. Il pourra certes faciliter l'apparition d'un préjudice, mais ultérieurement alors, et cela donc distinct du préjudice qu'il aura pu faciliter[1190].

Par contre, conformément au droit commun, la responsabilité des dirigeants sociaux ne se conçoit que si est démontré l'existence d'une relation de cause à effet entre la faute et le préjudice[1191]. Il ne suffit pas donc de démontrer une faute et un dommage pour obtenir réparation, puisque « la

---

[1189] F. TERRE, Ph. SIMLER et Y. LEQUETTE, *Droit civil. Les obligations*, préc. spéc. n° 579 p. 583, cité par E. GROSBOIS, op.cit., p.614.
[1190] V. MAGNIER, (dir.), *La gouvernance des sociétés cotées face à la crise*, op.cit., p.53.
[1191] D. GIBIRILA et W. FEUGERE, op.cit., p.23, n°25.

responsabilité du dirigeant est subordonnée à la preuve par le demandeur de l'existence d'un rapport de causalité entre le dommage subi par la société ou l'associé et la faute reprochée au dirigeant »[1192]. C'est-à-dire que la faute du dirigeant doit être la cause du dommage et celle-ci sa conséquence.

426. Le plus souvent, le lien de causalité est établi par la double preuve de la faute et du dommage[1193]. Dans la pratique, pour plusieurs raisons, il arrive que cette relation soit difficile à mettre en lumière. D'une part, la faute du dirigeant peut ne pas être la seule cause déterminante de l'acte préjudiciable et se combiner avec de nombreux autres facteurs parfois plus décisifs. La difficulté est accrue lorsque les faits reprochés sont assez anciens, à tel point qu'il est quasiment impossible d'identifier l'élément prépondérant dans la production du résultat incriminé. Il est alors permis de s'interroger sur la nature réellement fautive de la décision qui a pu, tout en étant justifiée, engendrer des conséquences fâcheuses par son mode d'exécution[1194]. D'autre part, la faute du dirigeant a pu être à l'origine du dommage, mais celui-ci a été aggravé par la négligence des commissaires aux comptes qui ne l'ont pas découvert à temps. Il faut par conséquent s'abstenir d'assimiler la faute au lien de causalité. Si en général la preuve de la faute et du dommage crée une présomption selon laquelle le préjudice a été causé par la faute, un lieu de causalité direct doit être expressément constaté. Le rapport de causalité doit être certain, car une faute doit être rattachée au dommage sans pour autant être la causale[1195]. Ainsi la faute du gérant caractérisée par l'absence de convocation des associés en assemblée générale est dépourvue de lieu de causalité avec le préjudice allégué par l'associé, constituant dans son impossible d'apprécier la situation financière de la société[1196].

427. Néanmoins, la jurisprudence est relativement clémente à l'égard de la victime. Elle déduit souvent le lien de causalité du simple constat d'un préjudice et d'une faute du dirigeant[1197], faisant naître ainsi une présomption de causalité pesant sur le dirigeant fautif[1198]. De même, lorsqu'il y a une pluralité de dirigeants responsables, ils peuvent être condamnés solidairement sans qu'il soit nécessaire de démontrer la

---

[1192] A. AKAM AKAM, «La responsabilité civile des dirigeants sociaux en droit OHADA», op.cit., p.226.
[1193] D. GIBIRILA et W. FEUGERE, op.cit., p.23, n°25.
[1194] D. GIBIRILA et W. FEUGERE, ibid.
[1195] D. GIBIRILA et W. FEUGERE, ibid.
[1196] Cass.com. 27 septembre 2005, n°1316 F-D, Sté AS Design c/Dick : Bull. Joly 2006, p.512, note P. Scholer.
[1197] S. MESSAI-BAHRI, *La responsabilité des dirigeants sociaux*, préc., spéc. n° 48 p. 28, cité par E. GROSBOIS, op.cit., p.443.
[1198] D. GIBIRILA, *Le dirigeant de société*, préc., spéc. n° 528 p.435.

contribution exacte de chacun dans le dommage[1199]. Il est souhaitable que cette décision serve d'exemple dans la zone OHADA. Cela parce qu'il s'agit d'une garantie pour la réparation du préjudice subi par les minoritaires parfois confrontés aux difficultés d'établir la faute du dirigeant.

428. En outre, il est évident que l'établissement de ce lien de causalité est difficile car il est rare que la faute du dirigeant poursuivi soit la cause unique ou principale du dommage[1200]. Selon un auteur, « Une telle preuve, en pratique, se révèle difficile à rapporter. La défaillance d'une entreprise est due, en effet, à une multitude de causes enchevêtrées dont certaines ne sont pas véritablement constitutives d'une faute de gestion »[1201]. Ce qui a poussée Robert BADINTER à dire que : « les fautes de gestion successives s'enchevêtrent éventuellement au cours de la vie de l'entreprise et il est quasiment impossible, la plupart du temps, d'établir le rapport direct qui aurait pu exister, ou qui a pu exister, entre tel acte et telle conséquence »[1202].

429. Pour cela, la causalité concrète entre la faute du dirigeant social et le préjudice subi par tout associé même minoritaire ne doit plus être qualifiée pour pouvoir mettre en cause la responsabilité civile du dirigeant social. Le préjudice par ricochet subi par l'actionnaire d'une société cotée résultant de la différence entre la perte sociale et la chute du cours de l'action, dès lors que la reconstitution du patrimoine social ne suffit pas à rétablir la valeur de l'action, est dépourvu d'un lien de causalité suffisant avec les fautes du dirigeant[1203]. Tout cela n'est pas raisonnable et encourage l'irresponsabilité. Dès lors que ces exigences en matière de preuve peuvent conduire de fait à une certaine impunité des dirigeants sociaux. En outre, il convient de préciser que la procédure de l'action engagée par les associés minoritaires est complexe.

[1199] Cass. req., 11 déc. 1929 : *Gaz. Pal.* 1930, 1, p. 300 : « Attendu, d'une part, que l'art. 44 de la loi du 24 juillet 1867 dispose que les administrateurs d'une société anonyme peuvent être condamné individuellement ou solidairement, conformément au droit commun ; Attendu d'autre part, que, lorsqu'il y a une participation de plusieurs personnes à une faute dommageable, la réparation peut être ordonnée pour le tout contre chacune d'elles, s'il est impossible de déterminer la proportion dans laquelle chaque faute a concouru au dommage… »

[1200] F. POLLAUD-DULIAN, cité par A. AKAM AKAM, «*La responsabilité civile des dirigeants sociaux en droit OHADA*», op.cit., p.226.

[1201] S. ALARY-HOUIN, cité dans le commentaire de la décision : Décision n° 2014-415 QPC du 26 septembre 2014.

[1202] Assemblée nationale française, compte-rendu des débats, 2ème séance du 5 avril 1984.

[1203] A. BOUGRINE et N. TORRIBIO, « Les sanctions de de la corporate governance », *Journal des sociétés,* n°63 Mars 2009, p.51.

§ 2 : La complexité de la procédure judiciaire engagée par les minoritaires

430. Lors des actions en justice contre les dirigeants sociaux, les associés minoritaires sont confrontés aux procédures judiciaires interminables, en ce sens que le jugement peut être rendu au bout de plusieurs années. La pratique nous apprend que « le parcours procédural à franchir avant même de commencer à évoquer la faute et le préjudice est tellement complexe que le minoritaire s'y perd et s'y ruine. Ce parcours oblige à distinguer l'action de l'associé et celle du tiers ; la faute détachable et celle liée à la fonction ; le préjudice individuel et le préjudice collectif ; l'action exercée individuellement et l'action exercée *ut singuli* »[1204]. En plus de cela, les minoritaires se heurtent à plusieurs problèmes, et parmi les plus importants, il convient de citer l'absence de juridiction spécialisée (**A**) et la courte prescription de l'action en justice (**B**).

A : L'absence de juridiction spécialisée dans tout l'espace OHADA

431. L'amélioration du climat de l'investissement est largement tributaire de la bonne marche de la justice c'est-à-dire d'une justice crédible, équitable, capable de dire le droit avec compétence et de sécuriser les justiciables[1205]. Une juridiction spécialisée est celle compétente pour les seules affaires qui lui sont attribuées par un texte de loi spécifique, contrairement à une juridiction de droit commun. L'action individuelle et l'action sociale intentée par tout associé contre les dirigeants sociaux en cas de mauvaise gestion des sociétés commerciales, « toutes les deux doivent être portées devant la juridiction chargée des affaires commerciales dans le ressort de laquelle est situé le siège de la société »[1206].

432. Toutefois, en matière territoriale, rien n'interdit que les statuts prévoient une clause attribuant la compétence à une autre juridiction car les règles de compétence territoriale ne sont pas d'ordre public. Mais selon la jurisprudence, lorsque l'action en responsabilité contre le dirigeant porte sur une faute commise par ce dernier dans l'exercice de ses fonctions, le tribunal compétent est celui du lieu de l'activité de la société[1207]. De même, lorsque la responsabilité du dirigeant social est engagée dans le cadre d'une

---

1204 D. SCHMIDT, « Les associés minoritaires, un combat légitime? », op.cit., p.60.
1205 R. MASAMBA, « L'OHADA et le climat de l'investissement en Afrique », Penant, n°855, 2006, p. 140.
1206 A. AKAM AKAM, «La responsabilité civile des dirigeants sociaux en droit OHADA», op.cit., p.223.
1207 Cass.com., 18 juin 1973, n° de pourvoi: 72-12160, Bulletin des arrêts N° 213, p. 192.

procédure collective la compétence revient au tribunal de commerce qui a prononcé le redressement ou la liquidation des biens de la personne morale. L'action engagée par l'associé minoritaire contre le dirigeant social qui a commis une faute dans le cadre de ses fonctions de dirigeant relève donc de la juridiction commerciale. Contrairement au législateur OHADA, son homologue français en a fait une obligation, car il a bien précisé que le tribunal de commerce est compétent pour les contestations relatives aux sociétés commerciales[1208].

433. En ce qui concerne les litiges relevant des Actes uniformes OHADA, on constate qu'il y a des divergences au niveau de l'ordre judiciaire. Comme on le sait, le contentieux relatif à l'application des Actes uniformes est réglé en première instance et en appel par les Etats-parties[1209]. La mise en conformité du droit national, du fait même de la suprématie des normes OHADA[1210], confirme le concept d'espace juridique commun, mais en attenue en même temps la portée, car chacun reste maître du rythme et de l'ampleur de la mise en conformité du droit interne[1211]. Les juges nationaux sont donc les juges de droit commun du droit OHADA. Ce qui signifie que le juge national est lui, en effet, qui avant tout autre juge, garantit la primauté de la norme OHADA sur la règle nationale[1212] ; c'est encore à lui qu'est impartie la tâche de sauvegarder des droits tirés par les particuliers et les entreprises des normes OHADA[1213].

434. Toutefois, ni l'organisation de l'ordre judiciaire, ni des procédures suivies[1214] devant celui-ci ne sont régies par le droit uniforme[1215].

1208 Cf. l'article 721-3 du Code de commerce français.

1209 Article 13 du Traité OHADA, cité par V. C. NGONO, « Réflexion sur l'espace judiciaire OHADA », op.cit., p.216 ; Il faut cependant souligner qu'au premier et au second degré, les litiges du droit OHADA relève de la compétence des juridictions nationales. V. R. MASSAMBA, op.cit., p.140.

1210 P.-G. POUGOUE, « Les quatre piliers cardinaux de la sagesse du droit OHADA », op.cit., p.395.

1211 R. MASSAMBA, ibid.

1212 Si donc le juge national se trouve devant un cas de contrariété entre une norme OHADA et une norme interne, il a le devoir de faire prévaloir la première sur la seconde (P.-G. POUGOUE, « Les quatre piliers cardinaux de la sagesse du droit OHADA », op.cit., p.392) ; CA Port-Gentil, 9 décembre 1999, www.ohada.com, ohadata j-02-51 ; CA Niamey, 8 décembre 2000, www.ohadata.com J-02-33.

1213 B. BOUMAKANI, « Le juge interne et le Droit OHADA », *Penant,* n°839, 2002, p.133.

1214 Néanmoins, il convient de préciser que la procédure commerciale appliquée par les Etats OHADA doit être harmonisée. Car, en absence de détermination par les normes OHADA des règles de procédure applicables, la conduite du procès sera également sous l'emprise des règles élaborées au plan interne. A ce niveau, des différences peuvent apparaître selon les Etats aussi bien dans la conduite de l'instance que dans la délimitation de la matière litigieuse (Nd. DIOUF, « Le droit du procès dans les litiges mettant en cause l'application des règles uniformes de l'OHADA : quelle place pour les lois nationales», *Les horizons du droit OHADA, Mélanges en l'honneur de F. M. SAWADOGO*, CREDIJ, 2018, p.809).

Chaque Etats a donc organisé l'ordre judiciaire à sa guise[1216]. Dès lors, d'un pays à l'autre, d'un tribunal à l'autre, les juges peuvent appliquer différemment le droit uniforme[1217]. Comme exemple, on constate qu'il y a trois différentes organisations des tribunaux chargés de régler les litiges commerciaux dans l'espace OHADA. D'abord, certains Etats ont créé des juridictions commerciales[1218], ensuite, d'autres Etats n'ont pas créé des juridictions commerciales, mais plutôt des chambres commerciales au sein des tribunaux de première instance[1219].

435. Enfin, certains Etats n'ont ni créé des juridictions commerciales, encore moins instauré des chambres commerciales au sein des tribunaux. Les tribunaux de premier degré sont compétents pour connaître de toutes les matières civiles, sociales et commerciales. Ce qui signifie que les mêmes juges tranchent les litiges civils, sociaux et commerciaux[1220]. Il semble que cela peut être la preuve de l'absence des

---

1215 L'article 13 du Traité dispose que « le contentieux relatif à l'application des Actes uniformes est réglé en première instance et en appel par les juridictions des Etats parties ». Mais la procédure commerciale/civile n'est pas régie par le droit uniforme. Il y a, par conséquent, autant de formes de juridictions commerciales et de procédures commerciales que d'Etats parties ; Selon Nd. DIOUF, outre le silence de l'article 2 du Traité relatif à l'harmonisation du droit des affaires en Afrique en ce qui concerne les règles de procédure, il y a l'absence d'Acte uniforme dédié au droit du procès et renfermant des règles de procédures élaborées uniquement pour être mises au service du droit OHADA (Nd. DIOUF, « Le droit du procès dans les litiges mettant en cause l'application des règles uniformes de l'OHADA : quelle place pour les lois nationales», op.cit., p.805).

1216 V. C. NGONO, op.cit., p.216.

1217 R. MASSAMBA, op.cit., p.140.

1218 V. C. NGONO, op.cit., p.216. C'est le cas du Tchad (J. MADJENOUN, « organisation judiciaire du Tchad »), de la République Centrafricaine (A. SENDE, « organisation judiciaire de la RCA »), du Mali (SECK FATOU, « organisation judiciaire du Mal »), de la République Démocratique du Congo (R. MASAMBA, « organisation judiciaire de la RDC », op.cit., p.140.), les Comores (M. ABDOULBASTOI, cité par C. NGONO, op.cit., p.216). Ainsi que dernièrement, le Sénégal par la loi n° 2017-27 du 28 juin 2017 portant création, organisation et fonctionnement des tribunaux de commerce et des chambres commerciales d'appel. Toutefois, il faut préciser que ces tribunaux ne sont pas encore fonctionnels. Dans la majeure partie des cas, la compétence de ces juridictions recouvre l'ensemble des litiges pouvant naître de l'application des Actes uniformes, mais dans certains cas, l'énumération législative est limitée, comme dans la République Islamique des Comores.

1219 C'est le cas du Niger (B. TALFI, cité par C. NGONO, op.cit., p.216). Ces chambres commerciales connaissent des litiges rattachés aux actes uniformes OHADA. Au Togo (A. M. AKOUETE AKUE, cité par C. NGONO, ibid, le tribunal est divisé en deux chambres, la chambre civile et commerciale et la chambre correctionnelle.), il existe une chambre commerciale, mais elle est rattachée à la chambre civile de sorte qu'il existe une confusion entre elles.

1220 Voir le même auteur (C. NGONO, ibid) pour le cas du Cameroun (R. Y. KALIEU ELONGO, « organisation judiciaire du Cameroun »), du Bénin (C. KOUPAKI AYOWLA), du Gabon (A. NKOROUNA,), de la Guinée Equatoriale (S. ESSONO ABESOTONO), et de la Côte d'Ivoire (F. KOMOIN). Dans ces Etats, il n'y a pas de spécialisation des juges en matière de litiges commerciaux englobant l'application des Actes uniformes. Ces divergences

juridictions spécialisées. Il serait, en effet, illogique et néfaste pour la cohésion juridique de l'OHADA qu'à partir d'une même disposition du droit OHADA, les justiciables soient jugés différemment à Abidjan, Dakar ou Brazzaville[1221]. La multiplicité des juges internes qui sont appelés à appliquer dans les Etats membres le droit OHADA dans les litiges où celui-ci est invoqué au même titre que le droit national est, sans doute un gage d'efficacité dans son application tout comme elle peut conduire à des interprétations multiples et divergentes[1222].

436. De cette manière, il serait souhaitable qu'on puisse avoir une lisibilité dans tous les Etats-parties au traité OHADA des tribunaux chargés de connaître les affaires commerciales au premier degré. A défaut d'avoir des tribunaux de commerce dans l'immédiat, la solution la plus avantageuse serait d'amener les Etats appliquant le droit OHADA qui n'ont pas de chambre commerciale au sein de leurs juridictions du premier degré à en créer. Cela conduira également à la spécialisation du personnel et permettrait d'avoir une lisibilité des juridictions de fond chargées de trancher les litiges commerciaux.

437. En plus d'instituer des chambres commerciales, il faudra également harmoniser les procédures commerciales. Jean MONNET avait affirmé que « rien n'est possible sans les hommes, rien n'est durable sans les institutions »[1223]. Cette prédiction s'illustre bien dans l'OHADA sous l'angle substantiel, mais fait encore défaut sur le plan processuel. Il ne suffit pas que la loi soit claire et accessible pour que ses impératifs soient suivis volontiers par ses destinataires, il faudrait que des procédures appropriées soient mises sur pied pour rendre possible l'effectivité de ce droit[1224].

438. En plus, d'autres raisons juridiques sont avancées pour expliquer les faiblesses structurelles du droit OHADA, faiblesses qui conduisent à son ineffectivité : la structure juridictionnelle et notamment la résistance de certains juges nationaux des juridictions suprêmes, l'articulation difficile avec les droits nationaux, la cohabitation avec d'autres droits supranationaux sous régionaux, la circulation et l'exécution des

---

au sein des organisations judiciaires ne sont pas attractives pour les investisseurs et ne garantissent pas la sécurité judiciaire.

[1221] B. BOUMAKANI, « Le juge interne et le Droit OHADA », op.cit., p.134.

[1222] B. BOUMAKANI, op.cit., p.141.

[1223] J. MONNET, *mémoires*, Fayard, Paris, 1976, p.412.

[1224] Dans le même sens, B. DIALLO, « Le principe de l'autonomie institutionnelle et procédurale des Etats parties face à l'application des Actes uniformes du droit OHADA », *Juris Info*, éd. spéciale, n°12 octobre 2012, p. 16 et s. Cité par V. C. NGONO, op.cit., p.217.

jugements[1225]. De même, il n'est pas rare de constater l'invocation, par les justiciables, du droit interne abrogé, devant les juges du fond[1226], sans savoir peut-être qu'ils s'exposaient aux risques de se faire désavouer devant la Cour commune[1227]. Du fait de cette abrogation, les justiciables auraient été bien avisés de ne plus invoquer ce droit dans les cas de saisines des juges du fond[1228], d'autant plus que les juges nationaux sont compétents et ont l'obligation d'appliquer le droit OHADA[1229].

Cependant, si les juges n'ont pas une qualification dans les domaines notamment de gestion, de finance, d'économie, il leur serait difficile de se prononcer ou rendre des décisions appropriées aux litiges opposant les dirigeants sociaux et les associés minoritaires. Raison pour laquelle, même si les juges n'ont pas à s'immiscer dans la gestion sociale, une formation approfondie en droit des affaires est nécessaire, car elle leur permettrait d'être davantage impliqués dans le contrôle de la gestion sociale et contribue à la bonne gouvernance des entreprises. Outre cela, après l'absence de juridiction spécialisée en matière commerciale dans certains pays de la zone OHADA, il convient également de préciser d'une manière générale que les minoritaires sont confrontés à une courte prescription des actions en justice.

B : La courte prescription de l'action en justice

439. La prescription est le délai au terme duquel on acquiert ou on perd un droit. C'est un délai au terme de laquelle on ne peut plus agir. L'associé minoritaire qui intente une action en responsabilité civile des dirigeants sociaux peut se heurter à l'obstacle de la prescription. Il n'est pas en mesure de savoir exactement quand la faute a été commise, ni ne peut déterminer aisément le point de départ de la prescription.

Néanmoins, pour limiter dans le temps la responsabilité civile qui pèse sur les dirigeants sociaux, lors de l'action individuelle ou de l'action sociale dirigée contre eux, les textes[1230] ont prévu que le délai de

---

[1225] Voir D. HIEZ et S. MENETREY, « Pour une nouvelle orientation des recherches sur le droit OHADA », in *L'effectivité du droit économique dans l'espace OHADA*, L'Harmattan, 2016.

[1226] L. SIDIME, « OHADA, un droit fiable et sécurisant: plaidoyer auprès des usages et professionnels du droit en République de Guinée », *Nouvelles annales africaines*, n°5, 2016, p.251.

[1227] CCJA arrêt n°012/2010 du 18 février 2010, aff. Société Honn et compagnie et Mamadou et frères SARL contre la société Guinéenne du pétrole (SGP) Juridata JO 12/02/10.

[1228] L. SIDIME, op.cit., p.251.

[1229] Art.13 du traité OHADA.

[1230] Art. 164, 170, et 727 de l'AUSCGIE.

Art.170 de l'AUSCGIE : L'action sociale se prescrit par trois (3) ans à compter du fait dommageable ou, s'il a été dissimulé, de sa révélation. L'action sociale se prescrit par dix (10) ans pour les crimes.

prescription, en règle générale, est de trois ans, à compter du fait dommageable, ou s'il a été dissimulé, de sa révélation ou découverte, et ce, « même si la dissimulation n'est pas imputable au dirigeant responsable »[1231]. Les dirigeants échappent donc, en principe, à toute responsabilité pour des faits remontant à plus de trois ans. Lors que la responsabilité est fondée sur un ensemble de faits indivisibles qui, tous, ont concouru à la réalisation d'un dommage, la prescription ne commence à courir qu'à partir du dernier de ces faits[1232].

440. Par contre, selon le législateur français, le délai de prescription de l'action contre les dirigeants de droit varie selon la forme sociale et l'objet de l'action en responsabilité[1233]. Selon la jurisprudence française, la révélation n'intervient qu'au jour où les demandeurs ont connaissance de la totalité des opérations ayant causé le dommage[1234]. Elle doit pourtant être interprétée restrictivement[1235]. Il ne s'agit pas du moment où la victime a réellement pris conscience du dommage mais de celui où elle aurait dû en avoir connaissance[1236]. Par cette décision, la jurisprudence a certainement voulu éviter les inconvénients du régime antérieur qui, en fixant le point de départ du délai de prescription à la date de la production des faits dommageables, favorisait l'impunité des dirigeants sociaux qui dissimulaient leurs fautes pour se mettre à l'abri des actions en responsabilité.

441. Egalement ce laps de prescription court a l'avantage, pour les dirigeants, de les soustraire à une longue période d'incertitude dans laquelle ils pourraient être exposés à une action de responsabilité introduite par la

---

[1231] Cf. Cass., 26 janvier 1922, Pas., I, p.143 ; Bruxelles, 28 septembre 1966, J.T., 1967, p.97, note STRIJCKMANS.

[1232] Cass., 14 février 1935, Pas., I, p.159 ; Bruxelles, 19 mars 1968, Pas., 1968, II, p.180 ; Comm. Charleroi, 12 octobre 1976, R.P.S. 1976, p.143. V. J. VAN RYN et P.Van OMMELAGHE, « Examen de jurisprudence (1972 à 1978). Les sociétés commerciales », R. C. J. B., 1981, p.392, n°67, cité par J.-F. GOFFIN, op.cit., p.171.

[1233] E. GROSBOIS, op.cit., p.617.

[1234] Cass.com., 21 oct. 1974, n° 73-12937 : Bull. civ. 1974, n° 257 ; Rev. sociétés 1975, p. 113, note B. BOULOC : «...et que le point de départ de la prescription de l'action en responsabilité engagée par X... ne pourra être fixé avec certitude que connaissance prise de la totalité des opérations du groupe Frydman qui se commandent, et qui, dans la thèse de X..., ont été conçues et menées dans un but unique ».

[1235] E. GROSBOIS, op.cit., p.617.

[1236] CA Lyon, 11 févr. 1966 : *RTD com.* 1966, p. 85, note R. HOUIN : « Attendu qu'en matière de faux bilan, et bien qu'il s'agisse d'un délit instantané, commis dès la présentation, le point de départ de la prescription, comme en matière d'abus de confiance, doit être reporté, lorsque l'infraction a été dissimulée, jusqu'au jour où elle a pu être constatée ; attendu que le délais de trois ans commence donc à courir du jour où la victime, normalement diligente, a eu la possibilité de découvrir l'infraction ; que décider, au contraire, que ce délai partirait du jour où le délit a été effectivement découvert, serait en faire varier la durée avec la perspicacité de la victime ou avec la diligence qu'elle a apportée à la recherche de son préjudice » - CA Paris, 9 déc. 1994 : *JCP E* 1995, pan. 108 ; *Rev. sociétés* 1995, p.369.

société, les associés ou les tiers[1237]. C'est-à-dire que le droit prend des mesures qui cherchent à protéger en quelque sorte les dirigeants sociaux en favorisant plutôt la responsabilité de la société et en fixant un délai de prescription court pour les actions en responsabilité. Cela en défaveur des associés minoritaires demandeurs en justice.

442. Toutefois, cette réticence que montre le législateur quand il s'agit de déclarer la responsabilité des dirigeants sociaux d' « une société in bonis »[1238] disparaît lorsque la société traverse des difficultés financières qui la conduisent à l'ouverture d'une procédure collective de sauvegarde ou de liquidation judiciaire[1239]. Mais spécialement pour certaines fautes, le point de départ du délai de prescription varie selon la cause de la responsabilité. Par exemple, l'action en responsabilité des dirigeants sociaux pour nullité de la société ou d'une délibération court à compter du jour où la décision d'annulation est passée en force de chose jugée. S'agissant d'une omission d'une mention obligatoire dans les statuts ou d'une formalité prescrite pour la constitution de la société, elle se prescrit à compter du jour de l'immatriculation de la société ou de la publication de l'acte modificatif. Pour ce qui est des causes d'interruptions, l'action engagée dans le délai légal contre le dirigeant social interrompt la prescription.

443. En plus, par dérogation au délai de trois ans, d'autres délais de prescription peuvent cependant prolonger le droit d'agir en responsabilité. Selon les articles 164, 170 et 727 de l'AUSCGIE, lorsqu'il s'agit d'un crime, la prescription n'est acquise qu'au bout de dix années. Il en va de même, selon le législateur français, quand le préjudice résulte soit du défaut d'une mention obligatoire dans les statuts, soit de l'omission ou de l'accomplissement irrégulier d'une formalité prescrite pour la constitution de la société[1240]. C'est-à-dire en définitive que le régime de la prescription suit celui applicable aux fautes commises par les dirigeants.

444. Cependant, il peut être dégagé de sa responsabilité civile pour la mauvaise gestion sociale, le dirigeant social qui prouve qu'il a apporté à la gestion de la société toute l'activité et toute la diligence d'un entrepreneur avisé et d'un mandataire loyal. La diligence et la loyauté sont deux devoirs issus de la théorie de la gouvernance des entreprises. Cependant, la protection d'une société et de ses actionnaires contre le comportement non pas d'un dirigeant, mais d'un actionnaire dominant, ne peut être sanctionné

[1237] A. CELY, *Les fondements de la responsabilité civile des dirigeants. Etude franco-colombienne*, Thèse, Panthéon-Assas, 2010, n°535, p.250.

[1238] C'est une société dont la situation financière est équilibrée.

[1239] A. CELY, op.cit., n°536, p.250.

[1240] L'article 1840 du Code civil et l'article L210-8 du Code de commerce.

sur le fondement du devoir de loyauté, sauf stipulation contraire ou cas extrême, comme par exemple un acte de concurrence déloyale[1241]. On comprend toute la gêne que peut éprouver un associé minoritaire qui entend défendre ses droits en cas de faute de la part des dirigeants sociaux. En matière de prescription des actions en responsabilité civile, l'associé minoritaire qui entend assigner les dirigeants sociaux doit agir une fois de plus avec diligence. De cette manière, la responsabilité civile des dirigeants sociaux vis-à-vis des minoritaires n'est pas facile à mettre en cause, mais il existe des pistes de solutions.

Section 2 : Des pistes de solutions aux difficultés d'engagement de la responsabilité civile des dirigeants sociaux

445. L'exercice de l'action sociale contre les dirigeants sociaux rencontre certaines difficultés, mais avec l'avènement de la bonne gouvernance des entreprises, des solutions peuvent être proposées. Il y a notamment des exigences face aux actions individuelles des minoritaires (**§1**), ainsi que des précautions à prendre en faveur des minoritaires (**§2**).

§1 : Des exigences face aux actions individuelles des minoritaires

446. Sur le fond, les poursuites individuelles par des associés sont problématiques. En effet, les sociétés commerciales, à l'exception de la société en participation, jouissent de la personnalité morale, et celle-ci absorbe et monopolise les actions individuelles. En plus, l'associé minoritaire ou majoritaire agissant individuellement demande réparation d'abus commis au préjudice de la société dans son ensemble, et non pas directement à son préjudice personnel. Les dirigeants sociaux sont les mandataires de la société, c'est-à-dire de l'ensemble des associés et non de chaque associé pris individuellement. Dès lors, chaque associé ne doit pas pouvoir se plaindre de la mauvaise exécution d'un mandat qu'il n'a pas donné.

447. Par contre, seule la société, par l'intermédiaire de ses organes légaux, est habilitée à défendre l'intérêt collectif des associés, et par suite, à intenter l'action en responsabilité. Néanmoins, l'interprétation restrictive de la notion de préjudice réparable de l'actionnaire, conduisant à une relative

[1241] 27 Cass.com., 15 nov. 2011, n° 10-15.049 : JurisData n° 2011-025126 ; JCP E 2011, 1893, note A. Couret et B. Dondero ; Bull. civ. 2011, IV, n° 188 ; RTD com. 2012, p. 134, note A. Constantin ; D. 2012, p. 134, note T. Favario.

impunité du dirigeant fautif, a été critiquée par la doctrine[1242]. C'est pourquoi il y a un besoin d'accentuation du préjudice propre de l'associé (**A**), et celui de renversement de la charge de preuve (**B**)

A : Le besoin d'accentuation du préjudice propre de l'associé

448. Depuis longtemps, le législateur et la jurisprudence exigent de l'associé minoritaire qui intente une action individuelle contre les dirigeants sociaux de prouver son préjudice propre. D'où la pénible preuve du préjudice propre pour un associé minoritaire (**1**), néanmoins ces derniers temps, on constate que la jurisprudence tend vers la reconnaissance du préjudice propre de ce dernier (**2**).

1 : La pénible preuve du préjudice propre

449. Lorsque l'actionnaire estime que la rémunération des dirigeants est trop élevée par rapport à leurs performances, par exemple en raison du fait que les administrateurs n'exercent pas un contrôle suffisant, il ne peut invoquer un préjudice[1243]. L'actionnaire souhaitant engager la responsabilité de ses dirigeants reste confronté à une difficulté majeure, sur laquelle bute la majorité des actions en réparation. Il doit rapporter la preuve de l'existence d'un préjudice propre, distinct de celui de la société[1244]. Rappelons à ce sujet que la perte de valeur des titres, préjudice le plus courant, n'est pas considérée comme un préjudice personnel, même si elle résulte d'une ruine organisée volontairement par le gérant[1245].

450. Par conséquent, lorsqu'il s'agit des fautes qui appauvrissent la société et provoquent une chute des cours pour l'ensemble des associés ou un groupe d'associés, mais non strictement personnel à un parmi eux ; la responsabilité civile du dirigeant sera exclue. On ne peut pas réparer deux fois un même et unique préjudice. Dès lors, le préjudice individuel réparable peut être défini comme celui affectant directement le patrimoine de l'actionnaire sans que celui de la société ne soit atteint ou appauvri[1246]. Il ne doit pas constituer une simple répercussion du préjudice social. La notion de préjudice personnel réparable se cantonne en pratique à l'hypothèse où le

---

[1242] A. BOUGRINE et N. TORRIBIO, op.cit., p.49).

[1243] V. MAGNIER, (dir.), *La gouvernance des sociétés cotées face à la crise*, op.cit., p.53.

[1244] A. CHATAIN, « La responsabilité des dirigeants : le point sur les décisions de 2010 », *Décideurs* n°124, février 2011, p.3.

[1245] Cass.com., 19 avril 2005, n°641, RJDA 7/05 n°813.

[1246] A. BOUGRINE et N. TORRIBIO, op.cit., p.49.

dirigeant méconnaît les droits propres de l'actionnaire tel que le droit de vote[1247], le droit à l'information et le droit aux dividendes.

451. Toutefois, le préjudice pourra être qualifié de personnel même s'il a été subi par tous les associés. Lorsqu'un préjudice social a été indemnisé, la jurisprudence admet la réparation d'un préjudice personnel si l'associé qui agit individuellement rapporte la preuve d'un préjudice personnel et spécial, distinct de celui ayant atteint le patrimoine social[1248].

Par ailleurs, les juridictions pénales ont été plus souples en matière d'admission du préjudice personnel de l'associé. Elles admettaient ainsi facilement que ce dernier puisse se porter partie civile en cas de présentation ou de publication de comptes infidèles[1249] ou d'abus de bien sociaux. Dans ce cadre, le droit OHADA sanctionne les dirigeants sociaux qui ont sciemment publié ou présenté aux associés des états financiers de synthèse ne donnant pas une image fidèle de la situation financière de la société[1250].

452. En effet, dans un tel cas, la dévalorisation des titres résultant de la présentation de faux bilan ne porte pas atteinte au patrimoine social mais uniquement à celui de l'actionnaire[1251]. Seulement que la chambre criminelle a pourtant fini par se ranger du côté des juridictions civiles et admettre à son tour que la perte de valeur des titres ne pouvait constituer en soi un préjudice personnel de l'associé[1252]. Dès lors, l'associé ne sera donc considéré comme tiers que s'il démontre qu'il a subi « un préjudice personnel, distinct de celui subi par la société»[1253]. Ce qui fait qu'il ne pourra donc s'agir que de l'atteinte à un droit propre de l'associé. Toutefois, actuellement, on constate un allégement des conditions du préjudice propre de tout associé même minoritaire.

[1247] Un tel préjudice a été retenu dans le cas où un actionnaire avait été systématiquement tenu à l'écart des assemblées générales (CA Montpellier 17 décembre 1930) ou dans le cas de non convocation d'une assemblée générale (CA Paris 15 décembre 1995 : *RTD Com.* 1997 p 286 obs. B. Petit et Y. Reinhard).

[1248] Cass.civ 28 juin 2005, Juris Data n° 2005-029182.

[1249] Cass.crim 30 janv.2002, n°01-84256 : Bull.crim. 2000, n°14.

[1250] Art. 890 de l'AUSCGIE, précité.

[1251] A. BOUGRINE et N. TORRIBIO, op.cit., p.49.

[1252] Cass.crim., 5 mai. 2004, n°03-82801 : Dr. sociétés 2004, comm. 159, note Salomon.

[1253] Cass.com., 9 mars 2010, n°08-21547 : préc. Note 2636-D. Chalet, la distinction des parties et des tiers appliquée aux associés, préc., spéc. n°25 p.1148-J. Hemard, F. Terre et P. Mabilat, sociétés commerciales, t.II, préc., spéc. n°1194, p.951.

2 : Vers la reconnaissance du préjudice propre de l'associé minoritaire

453. Ces dernières années, les juges français semblent aller dans le sens de la protection du préjudice propre de tout associé même minoritaire. Dans une affaire en justice, les dirigeants d'une société spécialisée dans la fabrication de machines d'emballages alimentaires avaient fourni aux associés des bilans mensongers et gonflé le carnet de commandes de la société. Poursuivis et convaincus de présentation de comptes infidèles et diffusion d'information trompeuse, ils firent appel de la décision du tribunal correctionnel de leur condamnation à réparer le préjudice personnel subi par la société[1254].

En date du 17 octobre, la Cour d'appel a confirmé le jugement de première instance aux motifs que ces informations avaient « concouru à fausser la perception par les investisseurs de la situation réelle de l'entreprise et ses perspectives ». Ils ont dès lors « été empêchés de prendre des décisions sur la base d'informations sincères [...] n'ont pas pu prendre en connaissance de cause leur décision d'investissement et ont été privé de la chance d'effectuer des arbitrages éclairés, de mieux investir leur argent ». La Cour d'appel relève que leur préjudice consiste en « une perte de chance » et que « le préjudice direct et personnel ainsi subi par les actionnaires, en achetant ou conservant une action aux perspectives prometteuses surévaluées, et distinct de celui subi par la société elle-même »[1255].

454. Ce qui est donc réparé, en l'espèce, n'est pas la perte de valeur des titres due aux fautes des dirigeants mais l'impossibilité pour les associés d'abandonner cette qualité pour mieux investir ailleurs[1256]. Cette séparation de ces deux préjudices donne un espoir aux associés minoritaires parce qu'elle leur permet d'intenter des actions en justice contre les dirigeants sociaux en cas de publications de fausses informations pouvant influencer leurs décisions d'investir ou pas dans la société.

455. Plus tard dans une autre affaire, la gérante d'une société avait vendu l'immeuble de la société sans l'autorisation des associés. Ces derniers ont saisi la justice aux fins de voir réparer leur préjudice personnel, moral et financier. La Cour d'appel a jugé leur demande irrecevable car « l'action individuelle ne peut être exercée que par un associé ayant subi un préjudice personnel distinct de celui causé à la société, tel n'étant pas le cas du préjudice financier résultant pour l'associé de la perte qu'il subit

---

[1254] E. GROSBOIS, op.cit., p.453.
[1255] CA Paris, 17 oct. 2008: Bull. Joly sociétés 2009, p.143, note J.-F. Barbieri.
[1256] E. GROSBOIS, op.cit., p.453.

proportionnellement aux parts sociales par lui détenues dans la société ». La Cour de cassation a cassé cette décision au motif qu'« en statuant ainsi, sans examiner la recevabilité de la demande tendant à la réparation d'un préjudice moral, la Cour d'appel n'a pas donné de base à sa décision »[1257]. Une telle décision favorise la mise en jeu de la responsabilité personnelle du gérant à l'égard des associés[1258]. Par contre, « la violation des droits d'associé par le dirigeant place l'associé dans une situation où ses prérogatives d'associé sont niées par celui qui, le plus souvent, doit matériellement en assurer la plénitude »[1259].

456. Cependant, parfois la législation applicable contient fréquemment des dispositions qui limitent spécifiquement les possibilités d'action en justice des associés minoritaires contre les dirigeants sociaux. La loi exige généralement la preuve non seulement d'un conflit d'intérêts ou d'une négligence, mais également d'un gain substantiel obtenu par l'administrateur, d'une faute ou d'une malhonnêteté intentionnelle, etc. En général, la charge de la preuve peut être très lourde pour les associés. Raison pour laquelle, il est souhaitable de faire peser la charge de la preuve sur le dirigeant lors de l'action judiciaire pour mauvaise gestion sociale.

B : Un besoin de renversement du fardeau de la preuve

457. En principe, lors d'une action en responsabilité civile des dirigeants sociaux, comme les autres actions en justice, il appartient aux demandeurs d'apporter la preuve de leurs allégations[1260]. Les associés minoritaires en tant que demandeurs n'accèdent pas facilement aux informations leur permettant d'apporter les preuves. Dans ces conditions, pour certains manquements relatifs à la gestion sociale, il est nécessaire d'adopter le principe de la présomption de faute des dirigeants sociaux (**1**), et à partir de ce moment, ces derniers seront obligés d'apporter la preuve de leur innocence (**2**).

[1257] Cass. 3è civ., 22 sept. 2009, n°08-18785 : Bull. July Sociétés 2010, p.50. note D. Paracchia ; Dr. Sociétés 2010, comm.1, note M.-L.Coquelet.

[1258] E. GROSBOIS, op.cit., p.454.

[1259] PARACCHIA, note sous Cass. 3è civ., 22 sep.2009.

[1260] C'est à celui qui réclame quelque chose d'apporter la preuve du bien-fondé de sa demande. V. G. FARJAT, *Droit privé de l'économie : théorie des obligations* op.cit., p.178. V. également l'art. 9 du COCC et suivants: « Celui qui réclame l'exécution d'une obligation doit en prouver l'existence ».

1 : La nécessité de la présomption de faute du dirigeant social

458. La présomption est définie comme des conséquences que la loi ou le magistrat tire d'un fait connu à un fait inconnu[1261]. Comme disait un auteur, le dirigeant, en tant que professionnel avisé, ne peut mal gérer parce qu'il est présumé connaître les mécanismes de fonctionnement d'une société. Le gérant est en fait tenu d'une obligation de résultat[1262]. C'est pourquoi lorsqu'il manque à sa mission, il devrait être présumé responsable. Le législateur[1263] devrait donc poser une présomption de faute et de causalité. A partir de ce moment, il revient au dirigeant social de prouver qu'il n'a pas commis une faute de gestion. Malheureusement, pour le moment, une telle conception n'est pas retenue par le droit OHADA.

En effet, la responsabilité civile des dirigeants sociaux est, en principe, individuelle et même les fautes sont personnelles et celui qui n'en a pas commis ne doit pas répondre pour les autres. Cependant, en raison du caractère collégial des organes de gestion, les fautes commises par les administrateurs ou les membres du directoire de société anonyme sont le plus souvent collectives[1264]. C'est pourquoi la Cour de cassation française met désormais une présomption de faute individuelle à la charge des administrateurs en décidant que : « Commet une faute individuelle chacun des membres du conseil d'administration ou du directoire d'une société anonyme qui, par son action ou son abstention, participe à la prise d'une décision fautive de cet organe, sauf à démontrer qu'il s'est comporté en administrateur prudent et diligent, notamment en s'opposant à cette décision »[1265].

459. Néanmoins, il s'agit d'une présomption simple et chacun des dirigeants peut s'exonérer de sa responsabilité en rapportant la preuve qu'il s'est comporté en administrateur prudent et diligent. A défaut d'apporter cette preuve, il est souhaitable que l'existence d'un préjudice subi par tout associé même minoritaire suffise à engager la responsabilité civile d'un dirigeant dès lors que la gestion de la société lui est confiée. C'est une responsabilité sans faute qui est souhaitée, très protectrice des associés minoritaires, mais qui expose grandement les dirigeants sociaux, que ni la

[1261] Le Code civil français dans son article 1354.

[1262] P. DIDIER, « Les fonctions de la responsabilité civile des dirigeants sociaux », Rev. Sociétés, 2003, p.238.

[1263] L'article 1352 du Code civil précise que « la présomption légale dispense de toute preuve celui au profit duquel elle existe».

[1264] A. CHATAIN, « La responsabilité des dirigeants : le point sur les décisions de 2010 », op.cit., p.3.

[1265] Cass.com., 30 mars 2010, n° 08-17.841 : JurisData n° 2010-002958.

bonne foi, ni les bonnes pratiques n'exonéreraient de leur responsabilité civile.

460. Toutefois, la mise en œuvre de cette responsabilité sans faute est difficile car selon le droit commun de la responsabilité civile, il ne semble ni opportun, ni juste, de contraindre un dirigeant social à réparer civilement un préjudice subi par un associé alors même qu'il n'aurait commis ni faute, ni négligence, ni violation de ses obligations à l'égard de la société. De toute façon, il est important que le dirigeant démontre qu'il a pris des mesures nécessaires pour éviter le préjudice.

2 : La preuve de l'innocence du dirigeant social

461. La responsabilité civile des dirigeants sociaux est une responsabilité classique pour faute prouvée. Il appartient au demandeur de démontrer, outre le préjudice subi et le lien de causalité, la faute commise par le dirigeant. Par conséquent, en matière de gestion sociale, il appartient à tout associé même minoritaire qui a intenté l'action contre le dirigeant social de prouver ses allégations.

462. L'Acte uniforme est muet à ce sujet. Il est souhaitable que la charge de la preuve puisse s'inverser. De cette manière, il faut qu'en cas de faute de gestion, les dirigeants sociaux soient en mesure de prouver qu'ils avaient bien mis en œuvre les diligences raisonnables destinées à empêcher la survenance de cette faute, et que si aucune preuve en ce sens n'ait apportée, que la responsabilité civile des dirigeants sociaux soit engagée. Le dirigeant social en tant que gestionnaire du patrimoine social, et ayant accès à toutes les informations dont il a besoin, devrait prouver son innocence en cas de survenance du dommage à la société ou à tout associé et en particulier minoritaire. Certes, moins radical que la preuve de la faute du dirigeant social, ce mécanisme donnait un grand avantage à l'associé minoritaire demandeur en justice car sa requête ne devait démontrer que l'existence d'un dommage et le lien de causalité entre celui-ci et la société.

463. De même, pour inciter les dirigeants sociaux à être plus responsable, il est nécessaire qu'en cas de suspections ou soupçons, que ces derniers soient obligés de démontrer le contraire au lieu de demander aux associés demandeurs de prouver leurs allégations. Ce changement de fardeau de preuve accorde à l'associé minoritaire, victime d'une mauvaise gestion, une certitude dans la recherche de la vérité dont l'objectif est la réparation du dommage subi. L'idée est d'assurer à l'associé minoritaire, victime des fautes de gestion sociale une réparation effective et intégrale, c'est-à-dire, replacer la victime autant que possible dans l'état où elle se trouvait avant la survenance du dommage.

Certainement, en faisant porter la charge de la preuve par les dirigeants sociaux, ceci viendrait à coup sûr, renforcer l'efficacité à nouveau de la responsabilité civile, et la bonne gestion sociale. De même, il est nécessaire de procéder à une augmentation des dommages et intérêts à octroyer aux victimes de la mauvaise gestion sociale, car celle-ci serait de nature à inciter les dirigeants sociaux à une bonne gouvernance des entreprises.

464. Par ailleurs, pour suppléer la responsabilité civile des dirigeants sociaux, le législateur OHADA a prévu des sanctions pénales. Selon l'Acte uniforme OHADA[1266], « Encourent une sanction pénale, les dirigeants sociaux qui, en l'absence d'inventaire ou au moyen d'inventaire frauduleux, ont, sciemment, opéré entre les actionnaires ou les associés la répartition de dividendes fictifs ». Il ressort de ce texte deux préjudices distincts. D'une part, le préjudice de la société, étant donné que c'est le capital social qui serait réduit en cas de distribution de dividendes fictifs, puisqu'il n'y a pas de bénéfice à partager entre les associés. D'autre part, le préjudice direct causé aux associés. Cet acte caractérise la mauvaise foi des dirigeants. Cette infraction est le résultat de la connaissance par l'auteur du caractère fictif des dividendes que de l'inexactitude de l'inventaire, ou du bilan et conditions dans lesquelles la distribution des dividendes a été décidée[1267].

En outre, la loi[1268] sanctionne les dirigeants sociaux qui auront sciemment même en l'absence de toute distribution de dividendes, publiés ou présentés aux associés en vue de dissimuler la véritable situation financière par des états financiers inexacts. Ces dispositions sont protectrices des associés minoritaires parce qu'elles incitent les dirigeants sociaux à la bonne gestion sociale.

465. Toutefois, ce dispositif, bien que séduisant, n'était pas sans défaut. La qualification pénale de l'absence d'inventaire ou d'inventaire frauduleux qu'a prévue l'Acte uniforme apparaît particulièrement imprécise alors même que le droit pénal, d'application stricte, exige une grande précision dans ses incriminations.

1266 L'article 889 de l'AUSCGIE.

1267 P.-G. POUGOUE, F. ANOUKAHA, J. NGUEBOU-TOUKAM, commentaires de l'art.889 de l'AUSCGIE, éd.2002, p.537.

1268 L'art.890 de l'AUSCGIE : « Encourent une sanction pénale, les dirigeants sociaux qui ont sciemment, même en l'absence de toute distribution de dividendes, publié ou présenté aux actionnaires ou associés, en vue de dissimuler la véritable situation de la société, des états financiers de synthèse ne donnant pas, pour chaque exercice, une image fidèle des opérations de l'exercice, de la situation financière et de celle du patrimoine de la société, à l'expiration de cette période ».

En définitive, la mise en cause de la responsabilité civile d'un dirigeant social s'apparente, pour l'actionnaire, à un parcours du combattant[1269]. Un équilibre doit être trouvé entre la facilitation des poursuites par les actionnaires contre les dirigeants sociaux et le risque de procédures abusives entravant l'action de ces derniers[1270]. Autrement dit, la gouvernance des sociétés souffre encore d'une trop grande irresponsabilité des dirigeants sociaux. Il est aujourd'hui étonnamment complexe et laborieux pour un actionnaire d'être indemnisé du fait d'un préjudice direct et individuel qu'il a subi. C'est un domaine qu'il convient de réformer en profondeur afin d'améliorer l'attractivité de la zone OHADA. Mais, il est nécessaire de proposer certaines précautions à prendre en faveur des minoritaires.

§2 : Des précautions à prendre en faveur des minoritaires

466. La responsabilité des dirigeants sociaux est strictement encadrée, mais le patrimoine de ces dirigeants sociaux ne suffit pas à répondre de leurs fautes vis-à-vis des tiers et en particulier des associés minoritaires qui ne sont pas en relation directe avec les dirigeants sociaux comme les associés majoritaires qui les choisissent, conformément au principe de la majorité. Raison pour laquelle, le recours à d'autres solutions, telle l'assurance[1271] tend à préfigurer, voire à confirmer le déclin de la responsabilité[1272] civile des dirigeants sociaux vis-à-vis des tiers et en particulier les associés minoritaires. C'est ce que un auteur a appelé « Une suppression de fait de la responsabilité civile des dirigeants sociaux »[1273]. Pour faciliter l'exercice de l'action en responsabilité civile des dirigeants sociaux, la consécration de l'action de groupe est souhaitée (**A**), et à cela s'ajoute l'assurance responsabilité civile des dirigeants sociaux (**B**).

[1269] L'observation de l'Institut Montaigne dans son rapport de mars 2003 *Mieux gouverner l'entreprise* (page 54) reste toujours d'actualité : « En France, il est aujourd'hui difficile, en pratique, pour un actionnaire, de mettre en cause la responsabilité des organes dirigeants : la demande d'enquête de la COB est peu utilisée en raison de l'absence d'information sur les suites éventuelles données par la COB, la preuve du préjudice subi reste difficile à apporter devant le Tribunal de commerce, enfin, le coût et la durée des procédures ainsi que la faiblesse des réparations généralement consenties limitent l'utilisation des procédures civiles et alimentent l'inflation des procédures pénales ».

[1270] A. BOUGRINE et N. TORRIBIO, op.cit., p.51.

[1271] Le recours à l'assurance de responsabilité qui se développe montre bien que d'autres voies existent (F. DESCORPS DECLERE, *op.cit.*, p.33 et s. ; L. Reiner, « Les protections des dirigeants d'entreprise », *Dr. et patrim.*, 1995, janv., p.23 et s. ; Ch. FRYRIA, *L'assurance de responsabilité civile du « management »*, Dalloz, 1995,121).

[1272] A. AKAM AKAM, *Les mutations juridiques dans le système OHADA*, op.cit., p.16.

[1273] V. D. SCHMIDT, « Excessive pénalisation », *Le Monde,* novembre 2003.

A : La consécration souhaitée de l'action de groupe

467. La notion d'action de groupe correspond à un concept anglo-saxon appelé « class action ». Il s'agit d'« une action par laquelle une ou plusieurs personnes se prétendant représentatives d'une catégorie de justiciables engagent une action en justice généralement en responsabilité pour le compte de cet ensemble de personnes [1274]». Par définition, elle permet à une seule personne d'agir pour le plus grand nombre (qui se trouve être souvent les plus faibles) et de faire ainsi respecter les droits individuels qui ne le seraient pas autrement, soit par manque de moyens, soit encore par simple ignorance que ces droits sont lésés[1275]. Un certain nombre des conditions sont exigées pour qu'une action de groupe soit acceptée. D'abord, les personnes rattachables à la catégorie sont suffisamment nombreuses pour qu'une jonction d'instances individuelles ne soit pas envisageable. Ensuite, cette action exige l'existence des questions de droit ou de fait communes à toutes les personnes rattachables à la catégorie. A ce niveau, il suffit que les questions soient suffisamment similaires pour justifier qu'elles soient traitées ensemble[1276]. Enfin, les prétentions ou les moyens des parties représentatives correspondent typiquement à celles et ceux des autres personnes rattachables à la catégorie. Dans ces conditions, les parties à l'instance protègeront correctement et équitablement les intérêts de la catégorie.

468. D'une manière générale, cette personne ou cette association demande au juge de sanctionner le professionnel et de fixer le montant de la réparation que ce dernier devra verser à chaque membre du groupe[1277]. Il ne fait aucun doute que l'action de groupe renforcerait incontestablement les chances d'indemnisation des associés. Dès lors, la finalité de l'action de groupe est de permettre l'exercice groupé d'actions en défense de droits individuels. Par une telle action, les petits porteurs peuvent s'adjoindre les services de conseils compétents mais souvent onéreux. Cet objectif trouverait son utilité en droit des sociétés ou en droit boursier[1278].

Le champ d'application de l'action de groupe est très large, puisque cette procédure s'est généralisée et touche, désormais, de nombreux domaines. En droit des sociétés, cette action peut être considérée comme une procédure par laquelle toute personne notamment un avocat ou une

---

[1274] La *class action*, telle qu'aujourd'hui codifiée à l'article 23 des Règles fédérales de procédure civile (V. MAGNIER, « La class action, un remède efficace ? », *Cahier de droit de l'entreprise*, n°5, 2005, p.54).

[1275] V. MAGNIER, « La class action, un remède efficace ? », op.cit., p.53.

[1276] J.-M. PEREZ, « Introduction à la class action en droit américain », *L'opportunité d'une action de groupe en droit des sociétés*, Collection CEPRISCA, 2004, p.23.

[1277] M. TORRE-SCHAUB, « L'action de groupe », *SERDEAUT*, Université Paris Sorbonne, 2014, p.1.

[1278] V. MAGNIER, « La class action, un remède efficace ? », op.cit., p.53.

association a la possibilité d'intenter une action en justice au nom de tous les associés ou un groupe ayant subi un même préjudice causé par un dirigeant social, comme le cas des associés minoritaires, du moment où le préjudice individuel est minime ; cela sans mandat et dans une seule instance.

469. Toutefois, les associés qui agissent au moyen d'une action de groupe n'agissent pas, comme ils le font dans le cadre d'une action *ut singuli*, dans l'intérêt social mais, au contraire, dans leurs intérêts personnels respectifs ainsi que dans l'intérêt personnel de chaque personne rattachable à la catégorie[1279]. En consacrant cette action, il s'agirait seulement de permettre à une personne d'agir pour le compte d'un groupe, dont elle ferait elle-même partie, composé de plusieurs actionnaires, aux fins d'obtenir réparation du préjudice personnel souffert par chacun des membres de la classe du fait des dirigeants sociaux[1280]. Partant, toutes les personnes qui entrent dans la définition du groupe font automatiquement partie de celui-ci, à charge pour elles de s'en exclure si elles le souhaitent, par exemple en menant une action individuelle[1281]. C'est-à-dire qu'un nombre limité de plaideurs est présumés représenter tous ceux qui se trouvent dans la même situation, sauf manifestation de volonté contraire de leur part[1282]. Dès lors, tous les membres du groupe sont représentés, même ceux qui gardent le silence.

La particularité de ce type d'action tient donc au fait que les parties à l'instance ne sont pas des représentants, au sens juridique du terme, de l'ensemble des personnes pour le compte desquelles elles prétendent néanmoins agir. La légitimité qui leur est reconnue découle plutôt du caractère représentatif de leur situation juridique par rapport à celle de l'ensemble des personnes rattachées à la catégorie[1283].

470. Par conséquent, pour les tribunaux, l'avantage majeur est de regrouper les litiges qui ont une même cause et d'éviter en même temps les risques de divergences de solutions[1284]. En d'autres termes, cette procédure favorise une bonne gestion des dossiers en justice. En outre, le mécanisme de l'action de groupe permet d'économiser les ressources des tribunaux et des parties en permettant qu'une affaire susceptible d'avoir un impact sur chaque membre de la catégorie puisse être plaidée d'une manière

---

1279 J.-M. PEREZ, op.cit., p.25.
1280 H. LECUYER, « Classe action et sociétés, la mise en œuvre de l'action - l'indemnisation », *L'opportunité d'une action de groupe en droit des sociétés*, Collection CEPRISCA, 2004, p.85.
1281 M. TORRE-SCHAUB, op.cit., p.1.
1282 M. COZIAN, A. VIANDIER et F. DEBOISSY, Droit des sociétés, 25ème éd., Litec, Paris, 2012, p.832.
1283 V. MAGNIER, « La class action, un remède efficace ? », op.cit., p.54.
1284 V. MAGNIER, « La class action, un remède efficace ? », op.cit., p.53.

économique. Ce qui signifie que ce type d'action répond aux objectifs de la gouvernance des entreprises.

471. En droit OHADA, l'action de groupe n'existe pas encore. Mais elle a été consacrée dans certains Etats tels que le Cameroun. Or cette procédure offre des facilités procédurales, dans la mesure où elle permettrait aux associés minoritaires victimes d'une faute d'un dirigeant social de bénéficier justice alors qu'intenter une action leur coûterait cher compte tenu du faible montant de leur dommage. Dans cette procédure d'une manière générale, les coûts procéduraux sont limités puisque les plaideurs ne courent aucun risque d'être condamnés aux dépens en cas d'échec, tandis que les avocats sont rémunérés par un pourcentage des gains obtenus[1285]. Ce qui signifie que cette procédure permettrait aux victimes qui peuvent être un groupe d'associés d'obtenir une meilleure réparation pour un dommage à faible montant pour lequel ils n'auraient entrepris aucune démarche compte tenu du coût de la procédure, tout en offrant à ces victimes d'un préjudice de masse, la possibilité d'établir plus efficacement la vérité.

472. L'adoption de la class action ne modifierait ainsi en rien les termes substantiels de la question de la réparation des préjudices nés de l'action des dirigeants sociaux. Elle bouleverserait, en revanche, les conditions procédurales de l'action et faciliterait, dans l'absolu, l'indemnisation du préjudice personnel des membres de la classe[1286]. Elle s'insérerait entre l'action individuelle et l'action des associations de défense des associés minoritaires et ne se confondrait pas avec cette dernière. Les associations agissent sur mandat tandis que, par la class action, l'initiateur agit sans mandat.

473. Cependant, la législation OHADA pourrait justifier la non-consécration de cette procédure par le fait qu'il existe d'autres outils juridiques permettant d'intenter une action en responsabilité civile des dirigeants sociaux, notamment l'« action individuelle[1287] ou l'action sociale *ut singuli*[1288]» en responsabilité civile des dirigeants sociaux que peut

---

[1285] M. COZIAN, A. VIANDIER et F. DEBOISSY, Droit des sociétés, 25ème éd., Litec, Paris, 2012, p.832.

[1286] H. LECUYER, op.cit., p.85.

[1287] L'action individuelle est celle appartenant en propre à tout associé ou à un tiers et par laquelle l'associé demande la réparation d'un dommage qu'il a personnellement subi. Elle peut être exercée par toute personne même l'associé minoritaire pouvant justifier d'un préjudice individuel. Cf.art.162 de l'AUSCGIE.

[1288] Une action sociale exercée contre un ou plusieurs dirigeants sociaux par un ou plusieurs associés en cas de défaillance des organes compétents. Elle se justifie donc par l'inaction des représentants sociaux. Cf.art.167 de l'AUSCGIE. Néanmoins, les commercialistes considèrent l'action sociale ut singuli comme « un ferment d'anarchie » qui conduit des minoritaires à faire définir l'intérêt social par le juge (A. DEKEUWER, « Les intérêts

intenter tout associé. Mais ces actions ont un coût. Raison pour laquelle, ces recours ne donnent réellement pas satisfaction aux associés. On adhère, en effet, facilement à l'idée qu'une personne agisse pour le compte d'un groupe de petits porteurs, aux fins d'obtenir réparation du préjudice personnel subi par chacun des membres de la classe du fait des dirigeants sociaux. C'est l'idée, tout simplement, de donner complète et entière efficacité aux règles de la responsabilité civile des dirigeants, règles qui sont trop souvent malmenées[1289]. Il semble de plus en plus évident aujourd'hui qu'un mécanisme de recours collectif constituerait un instrument utile au service de la justice.

474. Toutefois, la maxime « *nul ne plaide par procureur* » constitue bien sûr l'obstacle le plus sérieux à l'introduction de l'action de groupe en droit OHADA. Sans oublier encore comme obstacle, la rupture d'égalité des armes, garantie du procès équitable pour la simple raison que le défendeur ne connaîtra pas tous ses adversaires. Outre cela, dans le cadre de cette procédure, si c'est un associé qui représente le groupe, il ne doit pas bénéficier d'une réparation de son préjudice de manière différente de celle des autres membres du groupe. Il est seulement remboursé des frais engagés qui sont liés à la procédure. Néanmoins, ladite action présente certains inconvénients comme l'enrichissement des avocats qui l'initient. D'où la nécessité, pour une protection optimale des associés minoritaires, d'envisager des solutions alternatives, comme par exemple, l'assurance responsabilité civile des dirigeants sociaux.

B : L'assurance responsabilité civile des dirigeants sociaux

475. La gestion d'une société commerciale est une prise de risque de la part des dirigeants sociaux. En cas de faute, ces derniers doivent réparer le préjudice subi par les associés ou la société. Néanmoins, étant donné que certains dirigeants sociaux sont dans l'impossibilité de réparer les préjudices que leurs fautes peuvent occasionnés, il est recommandé de souscrire une assurance responsabilité civile des dirigeants sociaux **(1)** mais cette assurance est soumise à certaines limites **(2)**.

---

protégés en cas d'abus de biens sociaux », *La Semaine Juridique Entreprise et Affaires,* n° 43, 26 Octobre 1995, 500). Cette action est également recevable au pénal. De cette manière, la décision de condamnation de dirigeants sociaux ayant commis des actes qui peuvent s'apparenter au vol d'actif n'est pas en soi choquante, notamment dans les cas où les coupables sont encore les représentants légaux de la société qui n'exerceront pas contre eux-mêmes l'action sociale.

[1289] V. MAGNIER, « La class action, un remède efficace ? », op.cit., p.54.

1 : Une assurance nécessaire

476. Le métier de dirigeant est un métier à risque et le risque appelle l'assurance[1290]. C'est la raison pour laquelle, il est recommandé aux dirigeants de souscrire à titre personnel une police d'assurance responsabilité civile pour faute personnelle en plus de la police responsabilité civile de l'entreprise[1291]. Bien que la légalité d'une telle assurance ne souffre d'aucune contestation, elle reste peu répandue en Afrique. Ce phénomène peut s'expliquer par l'étroitesse du marché, la difficulté d'évaluation du risque et le fait que les dirigeants sont souvent peu conscients des risques auxquels ils sont exposés[1292].

477. En effet, la responsabilité encourue par les dirigeants sociaux dans le cadre de leurs fonctions est distincte de celle incombant à la société dans l'exercice de ses activités de production de biens ou de prestation de services. Mais d'après certains, la société pourrait le faire au profit de ses dirigeants[1293]. C'est-à-dire qu'en général, c'est la société elle-même qui négocie le contrat d'assurance destiné à couvrir la responsabilité personnelle de ses dirigeants et qui paie les primes correspondantes[1294]. Pour faire face aux risques auxquels il est exposé et pour s'en prémunir, le dirigeant social dispose de garanties d'assurances qui ont été spécialement conçues à son intention. Ce contrat couvre tous les dirigeants de droit personnes physiques, les représentants des personnes morales, les dirigeants des filiales et sous filiales mais les personnes morales dirigeantes sont toujours exclues de la protection[1295]. S'agissant des dirigeants de fait personnes physiques, pour que l'assurance joue, cette qualité doit être reconnu en justice[1296]. L'étendue

---

1290 M. COZIAN, A. VIANDIER et F. DEBOISSY, op.cit., n°306, p.181.

1291 P.-G. POUGOUE, (dir), *Sociétés commerciales et GIE*, op.cit., p.156.

1292 J.-F. GOFFIN, op.cit., p.327.

1293 P.-G. POUGOUE, (dir), *Sociétés commerciales et GIE*, op.cit., p.156 ; Une particularité de l'assurance de responsabilité des dirigeants est que, sauf exception, elle est souscrite non pas par les dirigeants qui entendent couvrir leur responsabilité, mais par la société au profit de ses mandataires sociaux (J.-F. GOFFIN, op.cit., p.328).

1294 M. COZIAN, A. VIANDIER et F. DEBOISSY, op.cit., n°306, p.181 ; J.-F. GOFFIN, op.cit., p.328.

1295 D. GIBIRILA et W. FEUGERE, op.cit., p.72, n°115 et s.

1296 A ce niveau, certains contrats peuvent prévoir de manière expresse que l'assurance jouera sans même qu'un tribunal ait à se prononcer sur la qualité de dirigeant de fait. En plus, certains contrats définissent le dirigeant de fait de façon plus large, englobant notamment une fonction de supervision ou de consultation, permettant de couvrir des personnes exerçant des fonctions importantes, mais non considérées comme des dirigeants de droit ni de fait (car elles ne s'immiscent pas dans la gestion ou la direction de la société (D. GIBIRILA et W. FEUGERE, op.cit., p.72, n°119 et 120). Sont également garantis les conjoints, héritiers, ayants cause et représentants légaux d'un dirigeant pour le cas où ils seraient poursuivis au titre de la responsabilité de celui-ci à la suite de son décès ou son incapacité.

de la protection offerte par ces assurances présente des avantages incontestables pour ces dirigeants sociaux, la société et les associés.

478. Ces contrats couvrent les actions en responsabilité civile engagées par les associés pour obtenir réparation d'un dommage qu'ils ont subi personnellement. La cotisation varie en fonction du montant de la garantie et des résultats de la société au cours de trois deniers exercices. Il est bien évident que moins le risque d'action en responsabilité pour faute de gestion est fort, plus la caution est faible[1297]. Lors de la rédaction, le contrat d'assurance responsabilité civile liste expressément les activités qui sont exclues de la protection assurantielle. Par conséquent, cela peut présenter l'avantage pour le dirigeant social de pouvoir faire entrer dans le cadre de la protection de ses activités les plus occasionnelles, à partir du moment où elles ne sont pas exclues, quand bien même elles n'auraient pas été expressément prévues dans le contrat. Seulement, il est à noter que très peu de compagnies proposent ce type de contrat à ce jour[1298].

479. Par ailleurs, si dans la zone OHADA certains dirigeants ont le réflexe d'assurer leur entreprise en vue de la protéger contre les risques inhérents à son activité quotidienne, en souscrivant un contrat d'assurance responsabilité civile générale, les dirigeants sociaux n'ont pas l'habitude de se protéger en cas d'engagement de leur responsabilité personnelle, qui met pourtant en danger leur patrimoine propre vis-à-vis des associés et /ou de la société. Actuellement, même si l'assurance responsabilité civile des dirigeants sociaux, n'est pas prévue par l'AUSCGIE, elle n'est pas pour autant interdite.

En effet, ces contrats d'assurance garantissent les dirigeants sociaux contre les conséquences pécuniaires de leur responsabilité civile qu'ils encourent du fait de « fautes, erreurs, oublis, omissions, inexactitudes, fausses interprétations de textes légaux ou règlementaires commises dans l'exercice de leurs fonctions à l'égard des tiers »[1299]. C'est-à-dire que cette assurance des dirigeants sociaux est donc un instrument très utile dans le cadre d'une gestion sociale, car elle permet de protéger plusieurs personnes à la fois, et surtout de prévenir plusieurs risques en n'utilisant qu'un seul contrat.

480. En cas de groupe de sociétés, l'assurance responsabilité civile est souscrite par la société mère. Dans ces conditions, elle couvre, outre ses

---

[1297] D. GIBIRILA et W. FEUGERE, op.cit., p.80, n°142.

[1298] A. CONSTANTIN, « De quelques aspects de l'assurance de responsabilité civile des dirigeants sociaux », *RJDA* 2003, Etudes et Doctrine, Chronique, p.595.

[1299] A ce niveau sont considérés comme des tiers : les associés, les créanciers divers, les fournisseurs et clients, las administrations sociales et fiscales, etc.

propres dirigeants, ceux de ses filiales. Toutefois, la garantie ne joue que pour les seuls mandats qu'ils y exercent. Dès lors, face à l'impécuniosité involontaire ou non des dirigeants sociaux, mettant en péril l'intégrale indemnisation des associés, l'assurance apparaît comme le moyen le plus approprié devant permettre aux associés minoritaires d'obtenir réparation du préjudice subi.

En pratique, elle est plus souvent souscrite non pas au profit d'une personne nommément désignée mais d'une fonction. Autrement dit, le bénéfice de l'assurance n'est donc octroyé au dirigeant social qu'en raison de sa qualité et de la responsabilité qu'il encourt particulièrement de ce chef. En outre, la garantie subsiste pour le dirigeant social au-delà même du moment de la cessation de ses fonctions. C'est dire qu'il reste protégé par le contrat pour les actes qu'il a accomplis au cours de l'exercice de son mandat social, et il en va de même pour ses héritiers en cas de décès.

481. Ainsi, lorsque le sinistre qui demande l'intervention de l'assureur de responsabilité civile des dirigeants sociaux se réalise, tout associé concerné saisit directement l'assureur sans être obligé de passer par l'auteur principal de la faute. On estime qu'une telle assurance souscrite par la société elle-même ne heurte pas l'exigence d'éthique qui doit gouverner le monde des affaires[1300] ; il n'y a pas violation de l'intérêt social. A la différence des clauses limitatives de responsabilité, la société ne supporte pas le risque de perte du fait du dirigeant lorsqu'il est assuré.

En effet, la garantie est souvent plafonnée et le dirigeant social reste associé à sa propre défense puisqu'il garde à sa charge une franchise. En outre, les sociétés qui souscrivent l'assurance responsabilité civile de leurs dirigeants sociaux ont la possibilité d'exercer des actions récursoires en garantie contre les mêmes dirigeants. Selon la jurisprudence, le délai de prescription de l'action récursoire commence à courir à partir de l'assignation de la société par les prétendues victimes des actes de dirigeants sociaux[1301]. Si les sommes mises à la charge du dirigeant social par une condamnation dépassent le montant de la protection accordée par l'assurance, la part excédentaire sera à la charge de celui-ci. Il devra personnellement en assumer le paiement. Pourtant, force est de constater que les dirigeants sociaux semblent mal ou peu renseignés sur l'étendue des risques qu'ils encourent et sur l'utilité même de cette assurance. Dès lors, il est souhaitable que le législateur OHADA impose aux sociétés commerciales

[1300] Voir J. MESTRE, « Éthique et droit des sociétés », in *Mélanges en l'honneur de A. Honorat* (Paris, éditions Frison-Roche, 2000), pp.291-300.

[1301] Cass.com. 6 mai 2014, n°13-17632 13-18473: *Bull.* 2014, IV, n° 81.

La prescription triennale applicable à l'action récursoire en garantie formée par une société (…) à l'encontre de ses anciens dirigeants, telle qu'elle résulte de l'article L. 225-254 du Code de commerce, ne peut commencer à courir avant la délivrance de l'assignation principale qui lui a été délivrée.

la souscription d'une assurance professionnelle pour protéger les sociétés et les associés.

482. Certes, on pourrait avancer que le mécanisme d'assurance conduirait à une déresponsabilisation des dirigeants sociaux face à la réalisation du dommage, mettant ainsi à nouveau en péril le caractère incitatif que l'on veut attribuer à la responsabilité civile, dans la mesure où se sachant assurés, ceux-ci ne prendraient plus de précautions. La victime voit certes son préjudice réparé mais la condamnation n'étant pas supportée directement par le déclaré responsable, par la personne qu'elle assimile directement à la réalisation de son dommage, elle peut avoir le sentiment que cette dernière se tire d'affaire avec une certaine facilité, voire impunité. Il y a donc une incidence négative du phénomène d'assurance sur la fonction coercitive de la responsabilité civile[1302]. Un auteur va dans le même sens en confirmant que grâce aux assurances, il y a un report du devoir de réparer sur l'assureur, ce qui constitue certes une garantie pour les victimes, mais se répercute d'une façon négative sur la fonction coercitive de la responsabilité civile contre les dirigeants[1303]. Néanmoins, les sociétés d'assurance n'offrent pas des assurances complètes. En plus, dans la pratique cette assurance est soumise à certaines limites.

2 : Une assurance limitée

483. L'assurance responsabilité civile des dirigeants sociaux vis-à-vis des tiers et en particulier des associés est soumise à certaines limites. En matière du champ d'application de cette assurance, les contrats couvrent la faute professionnelle ou faute de direction. Ces dernières renvoient, de manière générale, à un fait générateur né à l'occasion et du fait de l'exercice des fonctions dirigeantes, et non en dehors, dans le cadre de la vie privée du dirigeant. Précisément, la dite assurance couvre uniquement les conséquences pécuniaires que les dirigeants sociaux peuvent encourir vis-à-vis de la société et des tiers. Dans ce cadre, sont assurés uniquement les dirigeants sociaux dont le mandat expire pendant la période de garantie du contrat de responsabilité.

484. En outre, selon la jurisprudence, sont exclues du champ du contrat d'assurance les fautes intentionnelles[1304]. Les condamnations

---

[1302] S. GALAND CARVAL, *La responsabilité civile dans sa fonction de peine privée*, Thèse, Paris I, 1995, p.256.

[1303] A. CELY, op.cit., p.185, n°367.

[1304] Cass. 2ème civ. 14 juin 2012: faute intentionnelle et assurabilité, Rev. sociétés 2012, p. 638, note Luc Grynbaum: Mais attendu que l'arrêt retient qu'il s'agit de déterminer si la condamnation administrative dont M. F. a fait l'objet entre dans le champ de la garantie de

pécuniaires issues d'infractions pénales commises par l'assuré lui-même ne peuvent donc entrer dans le champ d'un contrat d'assurance. Ce qui signifie que les dommages résultant d'une infraction intentionnelle sont nécessairement placés hors du champ de l'assurance, quel que soit le but concrètement poursuivi par l'auteur de l'infraction.

485. Néanmoins, le caractère de non assurable ne se limite pas aux seules amendes pénales, car il s'étend aux autres sanctions, telles que les amendes fiscales, douanières ainsi que les sanctions pécuniaires prononcées par les autorités administratives. De même, les engagements personnels de la société souscriptrice ne rentrent pas dans le champ d'application des contrats d'assurance des dirigeants sociaux. La raison de cette prohibition de l'assurance de la responsabilité pénale s'explique par la volonté de ne pas affaiblir la répression étatique des comportements illicites. Au contraire, ne tombent pas sous le coup de cette prohibition les polices d'assurance visant à garantir la responsabilité civile liée à une infraction pénale.

486. En plus, l'assurance responsabilité civile ne couvre généralement pas les dommages matériels et corporels, entrant dans le contrat de responsabilité civile souscrit par l'entreprise en faveur de ses dirigeants sociaux. Il en va de même pour les actions relatives à la réalisation par le dirigeant social de profits personnels par des agissements dommageables, tels que des détournements d'actif, abus de biens sociaux et actes en rapport avec celui-ci qui sont souvent exclus dans le contrat d'assurance.

---

l'assureur, qui lui oppose l'article L. 113-1 du code des assurances, disposition d'ordre public, selon lequel l'assureur ne répond pas des pertes et dommages provenant d'une faute intentionnelle ou dolosive de l'assuré ; que l'assureur s'est engagé à garantir les dirigeants de la société du règlement des conséquences pécuniaires des sinistres résultant de toute réclamation introduite à leur encontre, mettant en jeu la responsabilité civile et imputable à toute faute professionnelle, commise dans l'exercice de leurs fonctions de dirigeant ; que le caractère professionnel de la faute commise par M. F. au sens de la police d'assurance n'est pas discutable ; que… le tribunal correctionnel a relevé le caractère intentionnel des fautes commises ; que M. F. a bien eu la volonté, non pas de se voir sanctionner, mais de parvenir à tromper le public sur la situation de la société afin de mieux en négocier la cession ; qu'il ne s'agit ni d'une faute d'inattention, ou de négligence, ni d'une erreur de fait, mais de l'expression consciente d'une volonté délibérée de fournir au public des informations propres à modifier l'appréhension de la situation financière de la société, de valider des opérations qu'il savait illégales ; qu'une telle attitude est au surplus exclusive du caractère aléatoire du contrat d'assurance ;
Qu'en l'état de ces constatations et énonciations, faisant apparaître que M. F. avait eu la volonté et la conscience de mettre à la charge de son propre assureur les conséquences qui résulteraient de ses fautes, la Cour d'appel, répondant aux conclusions par une décision motivée, a pu décider que M. F. avait commis, au sens de l'article L. 113-1 du code des assurances, une faute intentionnelle, incompatible avec l'aléa, excluant la garantie de son assureur ;
D'où il suit que le moyen n'est pas fondé.

487. De surcroît, certains secteurs d'activité sont mêmes exclus, dans leur intégralité, du champ du contrat d'assurance responsabilité civile. Il en va ainsi : des fabricants de tabac, ce qui peut s'expliquer aisément du fait des risques potentiels de poursuites judiciaires liées aux dommages causés par la consommation de ce produit, des entreprises dont l'activité a trait aux jeux d'argent et au casino, des commissaires-priseurs, des services gouvernementaux etc.

488. En outre, il convient de préciser que les coûts pris en charge sont d'une part, les dommages et intérêts, règlements et autres frais que l'assuré est tenu de payer suite à une réclamation, et d'autre part, les frais consécutifs à l'examen du dossier et à la défense de l'assuré (frais d'enquête et d'expertise, de procès, honoraires d'avocat, rémunération des arbitres...). En somme, ladite assurance est une protection des dirigeants sociaux parce qu'elle permet une limitation de leur responsabilité civile, du moins l'atténuation de ses conséquences financières sur le patrimoine du dirigeant, ce qui est considéré par certains comme une forme de déresponsabilisation vis-à-vis des associés. En dehors des limites du pouvoir des minoritaires vis-à-vis des dirigeants sociaux, la position des associés minoritaires vis-à-vis des majoritaires est fragile.

Second titre : La fragilité de la position des associés minoritaires vis-à-vis des majoritaires

489. La société commerciale étant considérée comme une démocratie, le pouvoir suprême appartient aux associés réunis en assemblée générale[1305] souveraine. Sur la base du principe d'égalité de traitement des associés, ces derniers ont donc le droit d'être présents aux assemblées pour exercer leurs droits. La société est une entité où les associés sont animées par la poursuite d'un intérêt commun et œuvrent de façon égalitaire.

490. Néanmoins, si le principe d'égalité de traitement des associés, en plus d'être un principe général de bonne gouvernance d'entreprise, est désormais également une obligation légale en droit OHADA[1306], on constate que la position des associés minoritaires est fragile vis-à-vis des majoritaires. Cette fragilité se manifeste par une faible influence des associés minoritaires sur le pouvoir décisionnel (**Chapitre 1**) et une protection inefficace des minoritaires en raison d'une nouvelle orientation du droit des sociétés (**Chapitre 2**).

[1305] Y. GUYON, « L'évolution récente des assemblées d'actionnaires », in Mélanges Guy FLATTET, Payot, Lausanne, 1985 p. 40.

[1306] Art. 336 pour la SARL et l'art.628 pour la SA de l'AUSCGIE.

Chapitre 1 : La faible influence des associés minoritaires sur le pouvoir décisionnel

491. La nomination des dirigeants sociaux et le contrôle de leur gestion sociale par tous les associés constituent un des principales manifestations de la souveraineté de l'assemblée générale des associés. Néanmoins, face au pouvoir décisionnel, les minoritaires jouissent d'une faible influence, suite à l'endiguement des associés lors de la prise de décision (**Section1**) et la limitation du droit de vote des associés minoritaires (**Section 2**).

Section 1 : L'endiguement de l'influence des associés lors de la prise de décision

492. L'assemblée générale des associés est un organe qui réunit tous les associés, qu'ils soient majoritaires ou minoritaires. Pour cette raison, l'endiguement de l'influence des associés minoritaires sur le pouvoir décisionnel dans ladite assemblée est renforcé d'une part, du fait de leur comportement **(§1)** et d'autre part, en raison de la loi **(§2)**.

§1 : Un endiguement tenant à leur comportement

493. Dans certaines circonstances, les associés eux-mêmes sont à l'origine de la faiblesse ou de la fragilité des assemblées générales, dans ce sens que la grande partie parmi eux n'assiste même pas auxdites assemblées et pour ceux qui y participent, ils approuvent aveuglement les comptes sociaux préparés par les organes de gestion. C'est pourquoi TUNC estime que « l'assemblée générale est aujourd'hui, dans la plupart des sociétés, et notamment dans toutes les grandes sociétés, l'organe le plus inefficace »[1307]. Ainsi, on constate d'une part l'absentéisme des associés dans les assemblées générales (A) et d'autre part du peu d'intérêts accordé par les minoritaires aux affaires de la société (B).

A : L'absentéisme dans les assemblées générales

394. L'absentéisme, en droit des sociétés, est le fait pour un associé de ne pas participer à la vie sociale lors de la prise des grandes décisions en assemblée. Il s'agit d'un des phénomènes qui détourne les actionnaires de

[1307] A. TUNC, « L'effacement des organes légaux de la société anonyme », D. 1952, p.74.

l'exercice effectif de leurs attributions[1308] à savoir le contrôle de l'activité sociale. Il est donc la principale raison de l'insuffisance du contrôle collectif car il fait de l'assemblée générale des associés un organe faible. L'indifférence des associés minoritaires « à l'égard des affaires sociales, n'invite guère les administrateurs à se soucier des assemblées, d'autant plus, que seuls les actionnaires de contrôle, c'est-à-dire qui gouvernent l'entreprise, siègent dans les assemblées. Ils n'ont pas besoin de grands débats pour approuver leur propre gestion »[1309]. De cette manière, l'absentéisme des associés accentue incontestablement le déclin des assemblées générales.

495. Par conséquent, cet absentéisme peut donner lieu à des conséquences fâcheuses telles que la confiscation du pouvoir de l'assemblée générale par les dirigeants sociaux et en même temps entraîner l'effacement de l'assemblée en tant qu'organe suprême de la société, dès lors qu'elle ne joue plus son rôle traditionnel qui consiste à contrôler la gestion des affaires sociales. « La plupart du temps, les assemblées ne sont tenues que pour satisfaire aux exigences légales »[1310]. Concernant les minoritaires, il a été longtemps admis que les associés minoritaires ne possédaient aucun réel pouvoir d'influence lors des assemblées générales et que leur vote n'avait aucune valeur. L'abstention traditionnelle de nombreux actionnaires aux assemblées reposait sur cette idée reçue de l'impuissance des minoritaires à s'opposer aux décisions managériales ou à faire adopter des résolutions d'actionnaires[1311].

496. Par ailleurs, également d'autres raisons sont à l'origine de cette situation. Parmi celles-ci, il figure la manière dont les associés sont convoqués aux assemblées générales. En effet, pour les titulaires de titres nominatifs, le problème ne se pose pas parce qu'ils sont connus par les dirigeants sociaux. Par contre, la très grande majorité des titres sont au porteur, obligeant ainsi les sociétés soit à s'adresser aux banques pour obtenir les noms et les adresses de leurs clients qui ont déposé des actions chez elles afin de leur envoyer une convocation, soit à des insertions dans un journal d'annonces légales ou même dans la presse d'information, deux moyens qui donnent de piètres résultats[1312].

« De surcroît, l'accès à une assemblée est subordonné à la présentation d'une carte d'entrée. Son obtention, aisée pour les propriétaires

---

[1308] P. LE CANNU, *Droit des sociétés*, op.cit., n° 591.

[1309] J. PAILLUSSEAU, *La société anonyme : technique d'organisation de l'entreprise*, op.cit., p.239.

[1310] J. PAILLUSSEAU, ibid.

[1311] C. GIRARD, *L'activisme des actionnaires minoritaires au sein du gouvernement des entreprises françaises*, op.cit., p.93.

[1312] H. CHASSERY, « Les attributions du conseil de surveillance », RTD.com 1976, p.451.

de titres nominatifs qui n'ont qu'à faire la demande auprès de la société, ne l'est pas pour les titulaires de titres au porteur qui sont assujettis à une procédure plus lourde : ils doivent, en effet, joindre à leur demande une attestation émanant d'un organisme bancaire certifiant qu'ils ont bien des titres en dépôt, attestation qui entraîne la perception d'une redevance proportionnelle au nombre d'actions »[1313].

497. En plus de ces raisons, il y a d'autres qu'on peut qualifier de psychologiques. Ainsi, alors que dans les société de personnes le contrat de société est conclu *intuitus personae*, parmi les associés, certains sont des épargnants qui ont vu dans l'achat de quelques actions un moyen de placer leurs économies et de bénéficier ainsi de ressources supplémentaires et, des financiers qui ont seulement l'intention de spéculer sur les différences de cours et ne sont donc actionnaires que pour un temps limité, le plus bref possible[1314]. D'une manière générale ceux-ci n'ont aucun intérêt à participer à une assemblée générale. Pourtant, si ces assemblées sont conçues sur un modèle démocratique, la faible participation des actionnaires rend la prééminence de cet organe plus théorique qu'effective[1315].

498. Une autre raison en est que « les actionnaires ne se sentent guère impliqués par la marche de la société, car ils ne disposent individuellement que d'un nombre de voix insuffisant pour influencer le vote »[1316]. Néanmoins, ils pourraient se réunir pour former un groupe puissant dans l'optique de faire entendre leur voix, malheureusement, il convient de remarquer que ces derniers ne se connaissent pas. Ils ont ainsi un sentiment de faiblesse ou sont conscients de leur incapacité. Ce qui explique leur faible présence aux assemblées et conduit la doctrine à les traiter de « fantômes »[1317].

L'absentéisme aux assemblées générales des actionnaires est un des facteurs d'affaiblissement du corps actionnarial, qui constitue pourtant le seul contrepouvoir de taille pour contrôler la gestion des dirigeants sociaux, qui agissent trop souvent de manière discrétionnaire. Ce comportement incommode des associés est également le résultat du peu d'intérêt accordé par les minoritaires aux affaires de la société.

[1313] H. CHASSERY, ibid.

[1314] G. RIPERT, cité par H. CHASSERY, ibid.

[1315] V. MAGNIER, *Droit des sociétés*, op.cit., n°487.

[1316] Y. GUYON, *Droit des Affaires, Droit Commercial Général et Sociétés*, Tome 1, 12ème éd., Economica, Paris, 2003, p.291, n° 289.

[1317] A. TUNC, *Le droit anglais des sociétés anonymes*, 2ème éd., Dalloz, Paris, 1978, p.74.

B : Le peu d'intérêts accordé par les minoritaires aux affaires de la société

499. Malgré que tout associé est appelé à participer aux affaires de la société, les minoritaires du fait de leur faible participation au capital social se désintéressent des affaires sociales. Dès lors qu'ils ne participent pas de façon active à la vie sociale comme le voudrait l'*affectio societatis*. Il s'agit d'une indifférence manifeste à l'égard de la vie sociale, alors qu'en principe, les associés doivent porter une attention particulière à l'évolution des affaires sociales puisque ce sont eux qui ont fait des apports de diverses natures pour la création de la société. Pourtant, « s'il est des cas où l'actionnaire, parce qu'il détient une part essentielle du capital social, participe au gouvernement de la société par personne interposée, il en est d'autres où, simple épargnant n'ayant qu'en vue que la valorisation des titres, il demeure de son plein gré à l'écart de la direction des affaires sociales, ne prenant même pas la peine de participer aux assemblées»[1318].

500. Malheureusement, cela donne une occasion aux dirigeants sociaux de confisquer des compétences que le législateur a réservées à l'assemblée des associés. Ce désintéressement des associés fait que les sociétés demandent aux banques d'adresser à leurs clients, moyennant commissions, une formule de procuration, signée par l'actionnaire et renvoyée sans indication de nom de mandataire : c'est la pratique des pouvoirs en blanc ou mandats en blanc[1319]. Dans ces conditions les dirigeants « sont en mesure de conduire la société aussi aisément que le ferait un entrepreneur individuel dans son entreprise »[1320]. Cela parce que c'est la direction qui fait la majorité aux assemblées d'actionnaires, et le contrôle capitaliste ne s'exerce plus véritablement[1321]. Comme conséquence, le pouvoir est exercé sans partage par les dirigeants qui s'appuient sur une fraction relativement élevée du capital pour diriger la société, ce qui a poussé certains auteurs à se demander si cela n'est pas une insulte à la démocratie actionnariale. L'expression « démocratie actionnariale » n'est pas nouvelle. Elle illustre tantôt le rapport de force entre l'assemblée générale des actionnaires et les dirigeants de la société anonyme, tantôt le rapport de force entre actionnaires minoritaires et majoritaires au sein d'une société par actions[1322].

[1318] P. BEZARD, *La société anonyme*, Montchrestien, Paris, 1986, p.265.
[1319] Ph. MERLE, *Droit commercial, Sociétés commerciales*, 12ème éd., Dalloz, Paris, 2008, p.563, n°470.
[1320] M. COZIAN, A. VIANDIER, F. DEBOISSY, op.cit., p.289, n°631.
[1321] I. RENAUDIE, *La distinction des prérogatives financiers et de gouvernement des sociétés*, Thèse, Paris X, 1988, cité par Paul LE CANNU, *Droit des sociétés*, op.cit., p. 334.
[1322] J.-B. LHUILLIER, op.cit., p.399.

501. En pratique, selon VIDAL ces pouvoirs sont utilisés par le président qui les répartit entre les actionnaires présents qui lui sont fidèles ; ce qui assure la stabilité de son pouvoir, parfois même de manière abusive, en particulier en cas d'appel public à l'épargne[1323]. D'ailleurs, les pouvoirs en blanc remis aux dirigeants sociaux qui les utilisent à leur guise pour orienter les décisions de l'assemblée en leur faveur expliquent un chevauchement dans les compétences de ces deux organes. Grâce à ces pouvoirs, les dirigeants de la société deviennent « maîtres des assemblées »[1324], car ils obtiennent plus facilement le quorum.
De plus, cela leur permet d'éviter les frais et retard d'une seconde convocation[1325].

502. Par ailleurs, certains associés assistent certes aux assemblées générales, mais ne réagissent pas pour la plupart lors des débats. Ce qui amène un auteur à dire que « les actionnaires sont généralement des moutons, parfois des lions, toujours des bêtes » et d'ajouter qu'ils sont « des sacs d'écus qui délibèrent »[1326]. En outre, le désintéressement des associés aux affaires sociales a conduit la doctrine à les qualifier de « robots »[1327], car ils donnent toujours quitus à la gestion de la société par les dirigeants sociaux de quelque nature que soient les rapports et communications qui leur sont soumis. Toutefois, l'endiguement des associés lors de la prise de décision peut être le fait de la loi.

§2 : En raison de la loi

503. En tant que propriétaires du capital de la société, les associés minoritaires doivent avoir la possibilité d'exprimer des points de vue et des préoccupations quant à la gestion de leur société. Mais les associés minoritaires se trouvent confrontés à certaines dispositions légales lors de la prise des décisions sociales. Il s'agit de la permanence du fait majoritaire (A), ainsi que les entorses à la représentation (B).

A : La permanence du fait majoritaire

504. En droit des sociétés, c'est la règle de la majorité qui constitue la base de toute gestion sociale. C'est-à-dire qu'il n'est pas tenu compte de la

---

[1323] D. VIDAL, *Manuel droit des sociétés*, 5eme éd., LGDJ, Paris, 2006, p.549, n°1146.
[1324] C. JAUFFRET-SPINOSI, « Les assemblées générales d'actionnaires dans les sociétés anonymes, réalité ou fiction? (Etudes comparatives) » Etudes offertes à R. RODIERE, Dalloz 1981, p.128.
[1325] Ph. MERLE, *Droit commercial, Sociétés commerciales*, op.cit., p.575, n° 481.
[1326] Y. GUYON, *Droit des Affaires, Droit Commercial Général et Sociétés*, op.cit., p.291, n° 289.
[1327] A. TUNC, « L'effacement des organes légaux de la société anonyme », D 1952, Chr, p.74.

volonté de chaque associé[1328]. La volonté exprimée par celui qui a le plus grand nombre de parts sociales ou actions au sein d'un groupe devient la loi des membres de ce groupe. De cette manière, il convient d'analyser l'application du principe de la majorité à l'assemblée générale (1) qui implique la soumission des minoritaires à la décision des majoritaires (2).

1 : L'application du principe de la majorité à l'assemblée générale

505. Dans les sociétés, le pouvoir direct est exercé par les assemblées d'associés, qui sont des organes souverains, prenant leur décision à la majorité. Toutes les délibérations de l'assemblée d'associés sont prises dans le respect de la loi de la majorité. Cette dernière exprime le seuil d'opinions favorables qu'une résolution doit recueillir lors du vote pour être adoptée. Elle se calcule d'une manière générale selon le principe « une action, une voix » et non « un associé, une voix » comme c'est le cas dans les sociétés coopératives. Ce qui signifie que le droit des sociétés commerciales, envisagé à travers l'Acte uniforme relatif au droit des sociétés et groupement d'intérêt économique « devenu socle fondamental de la matière, appréhende traditionnellement l'associé comme un simple apporteur de capital : les règles qui lui sont consacrées font certes une place à ses droits politiques, mais ceux-ci dépendent la plupart du temps de ce qu'il a investi par son apport »[1329].

Partant, la majorité appartient formellement à celui qui possède la majorité en capital ou en droits de vote. C'est le cas, par exemple, en droit OHADA lors de la nomination d'un gérant d'une SARL, dès lors que l'article 323 de l'Acte uniforme précité dispose que la gérance de la SARL est assurée par une ou plusieurs personnes physiques, associées ou non, nommées par les associés dans les statuts ou dans un acte postérieur, par la majorité des associées représentant plus de la moitié du capital. Ce principe veut que le groupe qui possède le plus grand nombre en actions ou parts sociales au sein de l'assemblée des associés impose sa décision au groupe minoritaire, et ce peu importe l'abstentionnisme et les votes d'opposition. C'est la notion d'acte juridique unilatéral collectif. Il s'agit d'un acte dans lequel il y a une pluralité de volontés, mais qui s'exprime soit de manière unanime, soit de manière majoritaire, de sorte à dégager une décision unique[1330], qui s'applique à tous. Ce qui signifie que l'acte ne résulte pas d'un accord entre les majoritaires et les minoritaires, les deux groupes

[1328] P. NGUIHE KANTE, op.cit., p.50.
[1329] M. ROUSSILLE, « Retour sur l'impératif de protection des associés », op.cit., p.1.
[1330] Lexique juridique, « Acte unilatéral collectif », http://www.droit.fr/lexique/index.php/term/Juridico,140-acte-unilateral-collectif.xhtml, consulté le 24 janvier 2018.

poursuivant des buts différents, mais constitue un acte collectif. De cette manière, les décisions collectives sont prises en assemblée générale des associés, à la majorité absolue du capital social en première consultation et à la majorité relative en seconde consultation. Les décisions extraordinaires doivent être adoptées à la majorité des trois quarts du capital social. C'est à ce titre que la majorité représentée en assemblée[1331] peut déceler la volonté propre de la société[1332], au moyen de son droit de vote[1333]. En définitive, la démocratie suppose précisément que tous s'inclinent face aux résultats de vote[1334].

506. Par conséquent, toutes les fois qu'une décision qui engage les intérêts sociaux doit être prise, s'il y a une divergence d'opinion entre majorité et minorité, il faut bien que la majorité l'emporte. Cette règle paraît à certains peu démocratique, bien qu'en réalité elle soit de l'essence des sociétés anonymes qui sont de pures sociétés de capitaux[1335]. Des abus de majorité peuvent avoir lieu au détriment des intérêts des minoritaires. Néanmoins, une simple relation entre actionnaires, même de dépendance totale, ne doit pas à elle seule déclencher une protection des minoritaires. Il est indispensable que le majoritaire conserve un libre exercice de ses prérogatives, dès lors qu'il n'adopte pas des comportements préjudiciables au minoritaire ou à la société[1336]. Il apparaît donc que l'abus de majorité est l'un des mauvais usages classiques de la loi de la majorité[1337].

507. Pourtant, le mode majoritaire trouve son fondement légitime dans l'existence de la personnalité morale. Dès lors, l'association de ce principe à la personne morale donne au principe majoritaire une portée plus large que du seul intérêt des associés. Autrement dit, le fondement de la personnalité morale assure une protection pour la communauté des intérêts. En conséquence, le principe majoritaire donne une autorité aux délibérations de l'assemblée d'actionnaires[1338]. Pour cette raison, nous partageons l'observation d'Yves GUYON, selon laquelle : « Le pouvoir de décision, qui appartient à la majorité, lui est confié non pas dans son intérêt personnel mais afin de réaliser l'objet social [...]. On retrouve ici l'*affectio societatis*, ce régulateur suprême de la vie sociale, qui vient rappeler qu'il existe un

---

1331 D. SCHMIDT, *Les droits de la minorité dans la société anony*me, Sirey, 1969, p.47.
1332 R. KADDOUCH, op.cit., p.400.
1333 R. KADDOUCH, op.cit., p.401.
1334 C. DUCOULOUX-FAVARD, Notes de leçon sur le contrat social, Dalloz, 1997, p. 319, cité par N. ABDELMOUMEN, op.cit., p.87.
1335 Y. GUYON, « La société anonyme, une démocratie parfaite ! », op.cit., p.137.
1336 S. SCHILLER et F. PATRIZIO, « Un rééquilibrage nécessaire des relations entre majoritaires et minoritaires dans les sociétés non cotées », op.cit., p.1284.
1337 D. NZOUABETH, op.cit., p.29.
1338 N. ABDELMOUMEN, op.cit., p.86.

intérêt de la société, distinct de l'intérêt des associés majoritaires. La majorité ne saurait faire usage de ses pouvoirs car elle violerait l'article 1833 du Code civil qui prévoit que la société est constituée dans un intérêt commun »[1339]. Par ailleurs, l'application du principe de la majorité aux assemblées des associés a comme conséquence, la soumission des minoritaires.

2 : La soumission des minoritaires à la décision des majoritaires

508. Les grandes décisions relatives à la vie de la société commerciale sont prises en assemblée générale des associés. A cet effet, la loi majoritaire doit s'appliquer. Les associés majoritaires ont le pouvoir exclusif d'exprimer la volonté sociale. Néanmoins, pour se former, cette dernière a besoin du concours de tous les associés. Les majoritaires ne font que la formuler. Une fois adoptée, la décision est présumée être celle de la société. Elle s'impose à tous, y compris aux minoritaires ou aux absents[1340]. Ce qui signifie que la loi de la majorité conduit à la soumission de l'associé à la décision à laquelle il n'aurait pas consenti initialement. Selon Ripert, la minorité « est tenue de s'incliner devant la volonté exprimée par la majorité »[1341]. Par hypothèse, seuls les associés majoritaires y ont consenti, les autres ayant précisément émis une volonté contraire. Cependant, ils se voient imposer la décision au même titre que les associés prépondérants. Tel est le mécanisme du pouvoir majoritaire : il implique par lui-même la soumission de la collectivité des membres du groupement[1342]. En conséquence, la minorité ne peut normalement pas contester l'appréciation portée par la majorité sur l'intérêt collectif ni sur le choix de la politique à suivre[1343]. C'est l'application du principe d'acte juridique collectif.

509. La doctrine est divisée sur cette question. D'abord, en entrant dans la société, les minoritaires ont consenti par avance à accepter les résolutions de la majorité. RIPERT a magistralement réfuté cette thèse, en affirmant qu'il ne peut y avoir contrat que si l'objet du contrat est déterminé. La volonté individuelle ne vaut consentement que si elle s'applique à cet objet déterminé ; elle n'a de valeur juridique que si elle est donnée pour une cause déterminée. Un consentement donné à l'avance à un acte que l'on ne peut connaître ni dans son objet ni dans sa cause n'est pas susceptible de

[1339] Y. GUYON, *Droit des affaires*, précité, n°443, p.475.
[1340] R. KADDOUCH, op.cit., p.278.
[1341] RIPERT, « La loi de la majorité dans le droit privé », Mélanges SUGIYAMA, 1940, p.351 et s, cité par D. NZOUABETH, op.cit., p.27.
[1342] D. SCHMIDT, *Les droits de la minorité dans la société anonyme*, op.cit., n°25.
[1343] M. GERMAIN, « Les droits des minorités », *Revue international de droit comparé*, Vol.54 n° 2, Persée, Avril-juin 2002, p.402.

créer l'acte juridique. On ne peut pas dire à une autre personne : « je veux ce que vous voudrez ». S'incliner devant la volonté inconnue d'autrui n'est pas exprimer une volonté. Le consentement consiste, comme l'indique l'origine du mot, à vouloir ensemble. La soumission aveugle n'est pas consentement[1344].

Ensuite, l'idée habituellement reçue est que la majorité des actionnaires exprime la volonté de la société et que la soumission des minoritaires n'est voulue et consentie que parce que la majorité est présumée respecter les intérêts de la collectivité[1345]. Cette explication ne convainc pas davantage, en ce qu'elle cadre mal avec les règles du mandat[1346].

510. Enfin, aucun de ces arguments présentés pour justifier la soumission des associés minoritaires n'est acceptable, en ce qu'ils reposent sur une fiction: la présomption de consentement des associés minoritaires. Au contraire, la soumission de la minorité n'est qu'une conséquence de l'*affectio societatis*, elle n'est pas irréductible à un schéma contractuel : en entrant dans la société, les associés se sont obligés à se soumettre à la volonté majoritaire[1347]. Comme l'a montré D. SCHMIDT, le fondement de cette soumission minoritaire réside dans la communauté d'intérêts qui existe entre les associés, autrement dit dans l'*affectio societatis*[1348].

511. En effet, si on envisage cette notion comme une norme de comportement dictée par la bonne foi contractuelle, on comprend qu'elle soit non seulement génératrice de droits pour l'associé mais également d'obligations. Celui-ci doit tout faire pour assurer la bonne marche des affaires sociales. Par conséquent, du moment que la majorité a en vue la satisfaction de l'intérêt de tous, les minoritaires doivent s'incliner devant les décisions qu'elle adopte. La loi de la majorité repose donc sur une assise contractuelle[1349]. La soumission des minoritaires est donc fondée sur leur simple appartenance à la société. Du moment qu'ils font partie du groupement, ils s'obligent à s'incliner devant la volonté du plus grand nombre, dès lors que celle-ci ne contrarie pas l'intérêt social[1350]. Pour cela, suite au principe de la loi de la majorité, selon un auteur, la minorité agira

---

[1344] G. RIPERT, « La loi de la majorité dans le droit privé », Mélanges SUGIYAMA, 1940, p. 351, cité par R. KADDOUCH, op.cit., p.279.

[1345] D. SCHMIDT, *les droits de la minorité*, 1969, n°108, cité par M. GERMAIN, op.cit., p.401.

[1346] Les majoritaires, par définition, expriment une volonté contraire à celle des minoritaires. Or, un mandataire ne peut pas contredire la volonté de son mandant (Ph. LE TOURNEAU, Rép. civ. V° « mandat », 1992, n°47 et s, cité par R. KADDOUCH, op.cit., p.279.

[1347] R. KADDOUCH, ibid.

[1348] D. SCHMIDT, *Les droits de la minorité dans la société anonyme*, op.cit., n°179.

[1349] D. SCHMIDT, ibid.

[1350] R. KADDOUCH, op.cit., p.279.

seulement comme « organe » de contrôle de la dérive éventuelle de l'action des majoritaires.

512. Mais ce contrôle sera relativement difficile à mettre en œuvre, car la minorité n'agit qu'à titre subsidiaire dans l'organisation des pouvoirs de la société[1351]. C'est la loi de majorité qui doit présider au fonctionnement des sociétés commerciales, mais il est indispensable que la loi intervienne pour fixer certaines règles qui organisent le fonctionnement de la majorité en vue d'éviter l'écrasement absolu des minorités.

En plus, la réduction de pouvoirs des associés minoritaires dans l'assemblée générale est confortée par les difficultés de représentation de ces derniers.

B : Les entorses à la représentation

513. Pour de nombreuses raisons, dont celle de la multiplication des assemblées à certaines époques de l'année ou de l'éloignement, les actionnaires ne peuvent pas toujours assister en personne à toutes les assemblées[1352]. Cependant, il existe un corollaire au droit d'accès aux assemblées, celui d'y être représenté. A cet effet, l'OHADA dans son Acte uniforme relatif au droit des sociétés commerciales, l'article 126-1 dispose que : « Tout associé peut se faire représenter par un mandataire dans les conditions prévues par le présent Acte uniforme et, le cas échéant, par les statuts ». Le législateur reconnaît le principe de la représentation de tout associé, même le minoritaire.

514. Bien que certains aient une opinion contraire[1353], il serait utile de reconnaître que la régularité des actes faits par un mandataire s'apprécie eu égard à la capacité du mandant et non du mandataire. D'ailleurs, ce dernier ne fait pas valoir ses propres actions, mais se borne à agir en qualité de mandataire[1354]. Dans ces conditions, on permettrait à celui qui ne peut pas accéder à une assemblée générale en son nom propre de représenter les autres associés. Par contre, la pratique des pouvoirs en blanc ne jouant qu'en faveur des dirigeants sociaux, les associés minoritaires se trouvaient dans l'impossibilité de faire passer aucune résolution, et surtout de s'opposer efficacement aux décisions des dirigeants. Ces derniers s'en servaient donc pour consolider leur position. En théorie, les minoritaires pouvaient attribuer

---

[1351] D. SCHMIDT, *Les droits de la minorité*, op.cit., n°300.
[1352] K. BELGHITH, op.cit., p.63.
[1353] J. HEMARD, F. TERRE, P. MABILAT : *Sociétés commerciales*, op.cit., n°130.
[1354] B. MERCADAL, Ph. JANIN, *Mémento pratique Francis Lefebvre : Sociétés Commerciales*, op.cit., p.556, n°1825.

leurs mandats à un autre minoritaire, mais mal renseignés, ils ne le faisaient pas en pratique.

515. Toutefois, la représentation des associés lors des assemblées générales présente certaines lacunes, mais les mandats de vote ayant une utilité incontestable, il n'a pas été question de les supprimer. Dès lors, les lacunes de la représentation des minoritaires se caractérisent en grande partie par le formalisme obscur **(1)** et la non-reconnaissance des associations de défenses des associés minoritaires **(2)**

1 : Le formalisme obscur

516. Lorsque l'associé choisit de se faire représenter, il doit donner « un mandat[1355] » à son représentant. Le mandataire doit être choisi par l'associé et par lui seul. Concernant des personnes morales associées des sociétés commerciales. Ce sont leurs représentants légaux qui accèderont aux assemblées générales en leur nom. De cette manière, les dirigeants sociaux d'une société actionnaire peuvent représenter celle-ci, sans être eux-mêmes apporteurs de capitaux. Cette faculté d'accéder aux organes délibérants n'est que le reflet de leur pouvoir de représentation du groupement[1356]. Pour cela, ils doivent cependant justifier de leur qualité. En principe, la représentation de tout associé peut être d'origine légale. Mais elle peut également trouver sa source dans une convention. C'est pourquoi le choix du représentant n'est pas entièrement libre car le mandat doit obéir à certaines règles. Ce choix diffère selon le type de société. Raison pour laquelle, conscient des risques de fraude, le législateur, même s'il en a admis la validité, l'a fortement réglementée en droit des sociétés. Conformément à l'article 538 de l'Acte uniforme, une procuration valide doit comporter :
1- les nom, prénom et le domicile ainsi que le nombre d'actions et le droit de vote du mandant;
2- l'indication de l'assemblée pour laquelle la procuration est donnée ;
3- la signature du mandant précédée de la mention « Bon pour pouvoir » et la date du mandat. Il ressort de cet article qu'il ne comporte aucune référence

[1355] L'article 1984 du Code civil définit comme : « L'acte par lequel une personne donne à une autre le pouvoir de faire quelque chose en son nom et pour son compte ». ; Le mandat implique un pouvoir donné par le mandant de s'occuper de son affaire. Voir J. HUET, *Les principaux contrats spéciaux*, préc., spéc. n° 31107, p. 1069, cité par E. GROSBOIS, op.cit., p.181.
[1356] Sur le pouvoir de représentation de la société par ses dirigeants, J.-B. BERDAH, *Fonctions et responsabilité des dirigeants de sociétés par actions*, Sirey, 1974, n° 19 et s, cité par R. KADDOUCH, op.cit., p.252.

au mandataire. La question est délicate car la doctrine[1357] est d'avis que les mandats en blanc ne sont pas consacrés en droit OHADA.

517. Cependant, au regard de cet article, on peut penser le contraire. De même que l'on ne saurait déduire de la seule lecture de l'article 538 de l'AUSCGIE l'admission « des mandats en blanc [1358]», on ne saurait non plus affirmer qu'ils ne sont pas autorisés. Dans ces conditions, étant donné que l'Acte uniforme ne se prononce pas expressément sur la pratique des mandats en blanc, il est possible de se référer au droit national des Etats pratiquant le droit OHADA. En principe, l'objet d'un mandat est de représenter la volonté du mandant. Or, la pratique des pouvoirs en blanc ne jouant qu'en faveur des dirigeants sociaux[1359], les actionnaires minoritaires se trouvaient dans l'impossibilité de faire passer aucune résolution, et surtout de s'opposer efficacement aux décisions des dirigeants[1360]. Par conséquent, la pratique des pouvoirs en blancs ne garantit pas la bonne gouvernance des entreprises dès lors qu'elle permet l'approbation systématique des projets de résolution présentés par les dirigeants sociaux.

518. Selon l'Acte uniforme relatif au droit des sociétés commerciales, le mandat est donné pour une assemblée. Il peut cependant être donné pour deux assemblées, l'une ordinaire, l'autre extraordinaire tenues le même jour ou dans un délai de sept jours[1361]. De même, un mandat permanent n'est donc pas valable. Tout associé qui souhaite se faire représenter à plusieurs assemblées doit s'astreindre à établir un mandat pour chacune. Toutefois, le mandat donné pour une assemblée reste valable pour les assemblées d'associés successives convoquées avec le même ordre du jour, et ce quel que soit le délai qui les sépare. Les clauses contraires à ces dispositions sont réputées non écrites. En ce sens, lors de la rédaction d'une procuration, les parties ne peuvent convenir des formalités ni plus souples, ni plus rigoureuses. Outre cela, il est possible de confirmer qu'en exigeant l'indication de l'assemblée pour laquelle la procuration est donnée, le

---

1357 P.-G. POUGOUE, F. ANOUKAHA, J. NGUEBOU : note sous article 538, OHADA, *Traité et Actes Uniformes commentés et annotés*, 2eme édition, JURISCOPE, 2002.

1358 Dans ce cas, le vote émis en vertu d'un tel pouvoir sera toujours favorable aux projets de résolutions présentés ou agréés par les dirigeants sociaux.

1359 Dans ce cas, le président de l'assemblée votera en lieu et place de l'actionnaire absent, dans un sens toujours favorable à l'adoption des projets de résolution présentés ou agréés par le conseil d'administration ou le directoire. Il devra également voter contre l'adoption de tous les autres projets de résolution. Cette conséquence originale, peu en phase avec le principe de liberté de vote, est indiquée dans la formule de procuration reçue par l'actionnaire. Mais l'omission de ce rappel n'est qu'une irrégularité de forme insusceptible d'entraîner l'annulation de l'assemblée. CA Paris 4 mai 2000, Rev. Sociétés 2000 p. 584, obs. Y. GUYON ; Dr. Sociétés 2000 n° 160, obs. D. VIDAL ; D. 2000, cahier droit des affaires, p.369.

1360 M.-D. POISSON, op.cit., p.147.

1361 Art.538 al.3 de l'AUSCGIE.

législateur demande en même temps d'indiquer la nature de l'assemblée des associés.

519. Mais cette exigence est critiquable pour certaines raisons. D'une part, les règles de représentation des associés ne diffèrent pas selon qu'il s'agit de telle ou de telle autre assemblée. Si le mandataire est apte à représenter l'associé dans l'une, il l'est également pour l'autre. D'autre part, le mandant mal informé ou négligent peut se tromper et indiquer sur le mandat qu'il s'agit d'une assemblée générale ordinaire alors qu'il est question en réalité d'une assemblée générale extraordinaire. De cette manière, il serait pratiquement difficile d'accepter cette procuration. Néanmoins, cette indication ne manque pas d'importance. En ce sens qu'elle peut s'avérer utile dans l'hypothèse où deux assemblées générales sont convoquées le même jour, l'une générale et l'autre extraordinaire. Dans ces conditions, l'associé peut déléguer un mandataire à l'une des assemblées et assister personnellement à l'autre.

520. En outre, si la signature de l'acte par le mandant est compréhensible, puisqu'elle lui permet de s'approprier l'acte, la mention « bon pour pouvoir » exigée par le législateur sur le mandat paraît excessive. Cependant, il faudrait voir en cette attitude du législateur, le souci de protéger l'associé représenté contre les professionnels qui exerceraient dans la représentation des associés minoritaires et qui pourraient disposer des contrats types de procurations. Pour régler ce problème, le droit français[1362] a exigé un droit de timbre sur la procuration, ce qui signifie que la procuration doit être enregistrée pour avoir une valeur probatoire, au cas où il y aura un litige entre les deux parties. De surcroît, la question se pose de savoir si le mandat donné par un associé peut être irrévocable. A ce niveau, le mandat irrévocable aboutirait à dépouiller tout associé de son droit de vote, qui s'en séparerait définitivement au profit d'un tiers. Il s'apparenterait donc à une cession du droit de vote prohibée.

521. En somme, concernant la simplification de la représentation, il s'agirait aussi de modifier les règles relatives aux procurations. Cette proposition suggère la simplification du contrôle par les dirigeants sociaux des procurations délivrées par les associés. Grâce aux procurations, même les associés minoritaires devraient pouvoir participer à l'assemblée générale et clairement exposer leurs souhaits relatifs à l'activité sociale, mais aussi s'opposer aux décisions illégales des dirigeants sociaux. En outre, pour faciliter la représentation, le législateur OHADA aurait dû consacrer les associations de défenses des minoritaires.

[1362] M. COZIAN, A. VIANDIER et F. DEBOISSY, op.cit., p.276, n°838.

2 : L'absence des associations de défenses des associés minoritaires

522. Les associés minoritaires ont la possibilité de se regrouper au sein d'une association destinée à les représenter et défendre leurs intérêts dans la société. Elles sont, généralement, des groupements de défense des actionnaires ou des investisseurs, qui acquièrent la qualité d'associé en vue d'exercer, outre les prérogatives que la loi leur accorde ès qualités, les droits reconnus aux associés. En effet, les petits porteurs seront rarement directement actifs. Qu'ils n'aient pas les moyens financiers de l'action ou qu'ils considèrent que son coût est disproportionné au regard de leurs enjeux personnels, à défaut d'action de groupe, ils n'agiront le plus souvent que regroupés par des associations[1363].

523. Depuis un certain temps, le développement de l'activité de ces associations renforce la place et l'influence des associés, notamment minoritaires, dans la gouvernance des entreprises. Ces associations sont le vecteur d'une gouvernance plus transparente et attachée au respect de l'intérêt social. Elles commencent également à jouer un rôle notable dans les assemblées générales[1364]. Partant du fait que l'associé minoritaire n'a souvent ni la volonté, ni la compétence suffisante pour participer aux assemblées générales, et compte tenu des difficultés qu'il a à se faire représenter, les associations de défenses d'associés minoritaires sont une solution à ce problème.

524. De cette manière, ces derniers temps, dans les pays développés, ces associations de défense des associés minoritaires se mettent en place à l'extérieur ou au sein même des entreprises. Lesdites associations peuvent exercer certains droits des associés et notamment l'action sociale *ut singuli*. La mise en mouvement de ces actions en justice par ces dernières permet de résoudre les difficultés relatives à la prise en charge du coût de l'action en justice et à l'attribution définitive de l'indemnisation obtenue.

525. Le législateur français a, par la loi du 8 août 1994, permis aux associations d'associés d'exercer certains droits reconnus aux associés minoritaires. On peut citer notamment la désignation d'un expert de gestion, l'inscription du projet de résolution à l'ordre du jour de l'assemblée[1365], la désignation d'un mandataire chargé de convoquer l'assemblée générale[1366], la révocation et la récusation pour justice motif d'un ou de plusieurs

[1363] A.GENITEAU, « Les techniques juridiques de contestation de la politique sociale par des actionnaires minoritaires actifs », op.cit., p.190.
[1364] Br. KAMENA, Thèse, op.cit., p.25.
[1365] Cf. Article L. 225-105 du Code de commerce français.
[1366] Cf. Article L. 225-103 du Code de commerce français.

commissaires aux comptes[1367], également l'exercice de l'action sociale *ut singuli*[1368]. Mais l'association ne peut en tout état de cause agir en réparation d'un préjudice individuel subi par un associé. C'est l'importance du pouvoir de ces associations qui a fait dire à DANGLEHANT que la création des associations d'actionnaires rend « effectifs les droits des minoritaires »[1369]. Elles interviennent principalement en qualité de représentant ou de mandataire de ces associés.

526. Par contre, le droit OHADA est muet sur ce mécanisme de défense des associés minoritaires. Les juges ont pendant longtemps été hostile aux actions intentées par des associations de défense d'associés. Mais après plusieurs années d'hésitation, la justice sénégalaise a déclaré recevable une demande des actionnaires réunis dans une association[1370]. A partir de ce moment, la question de la recevabilité de l'action d'une association d'actionnaires ayant satisfait aux exigences légales était acquise, étant donné que le juge s'est borné à rechercher si le club des actionnaires était légalement constitué et s'il avait par conséquent la personnalité morale. Le fondement de la recevabilité de cette action était légal, parce que la loi sénégalaise n° 68/8 du 28 mars 1968 sur la liberté d'association reconnaît la possibilité aux associations d'ester en justice pour la défense des intérêts de leurs membres.

527. S'agissant de la constitution des associations d'associés, selon la loi, toute association régulièrement déclarée peut, sans autorisation spéciale, ester en justice. A partir de l'acquisition de la personnalité juridique, l'association peut intenter une action en justice au nom de ses membres. Egalement, au Togo ces associations de défense d'associés minoritaires existent. Mais dans ce pays, elles fonctionnent sous forme de syndicats de défense des associés, et leurs demandes en justice aboutissent. Autrement dit,

---

[1367] Br. KAMENA, Thèse, op.cit., p.14.

[1368] Article L. 225-252 du Code de commerce français.

[1369] C. DANGLEHANT, « Le nouveau statut des minoritaires dans les sociétés cotées : l'application du principe
d'équité », *Rev. sociétés* 1996, p.217.

[1370] Tribunal régional hors classe de Dakar, jugement du 10/08/2000, club des actionnaires de SONATEL contre Cheikh MBAYE et autres, Jurisprudence Ohadata J-03-93. Dans cette espèce, les actionnaires réunis au sein d'une association, le « club des actionnaires de la SONATEL », ont saisi le juge des référés afin d'ordonner à la SONATEL la communication de l'état certifié par les commissaires aux comptes des rémunérations des dix dirigeants sociaux et salariés les mieux rémunérés, la mise en harmonie des statuts et enfin l'ouverture des négociations en vue de désigner le représentant du groupe de petits porteurs au conseil d'administration. Passant outre les questions de fond, le juge a déclaré recevable l'action de l'association susmentionnée après avoir précisé les conditions que doit remplir une association d'actionnaires pour être justiciable. Le juge décide en ces termes : « L'action initiée par les actionnaires d'une société, regroupés au sein d'une association ayant satisfait à toutes les exigences légales, dénommée club des actionnaires, doit être déclarée recevable ».

le droit OHADA est assez imprécis sur le régime des associations d'associés, par contre, la jurisprudence reçoit les recours intentés par ces associations, ce qui montre l'intérêt qui est attachée à cette modalité de représentation des associés minoritaires. L'idée de se réunir existe dans l'Acte uniforme[1371], mais il n'est mentionné nulle part la possibilité de constituer des associations d'associés.

Selon un auteur, si la loi accorde des droits à des associés détenant ensemble un certain pourcentage d'actions, elle ne favorise pas, « sauf exception, l'action des associations »[1372]. D'ailleurs, un autre auteur pense qu'il faudrait voir dans cette autorisation donnée au groupement des minoritaires, un simple moyen pour le législateur, de « faciliter l'exercice de l'action et non un mécanisme visant à opérer un regroupement quelconque des associés minoritaires »[1373].

528. Par ailleurs, le but de l'association des associés minoritaires est de veiller à ce que le pouvoir au niveau des sociétés commerciales s'exerce dans le sens de l'intérêt général et dans le respect de l'égalité de traitement des actionnaires. L'intérêt pour eux de participer à un tel regroupement est de bénéficier de l'effet de masse afin de rendre son intervention plus crédible et, en cas d'échec de la procédure, de ne pas avoir à subir seul les frais du procès, comme les dommages et intérêts éventuels lorsque son action est jugée abusive[1374]. La faible influence des associés minoritaires sur le pouvoir décisionnel résulte également de la limitation de leur droit de vote.

Section 2 : La limitation du droit de vote des associés minoritaires

529. Le droit de vote est le moyen par lequel l'actionnaire minoritaire, traditionnellement écarté de la gestion au quotidien de la société, peut décider de l'accomplissement des événements sociétaires les plus significatifs[1375]. Il est un droit fondamental de l'associé et le moyen privilégié du contrôle de l'associé. Néanmoins, la loi prévoit que dans certains cas ce droit peut être limité. Cette limitation peut intervenir à titre de sanction, par exemple en cas de non libération des apports comme prévus dans les statuts. La limitation peut également intervenir en cas de

[1371] L'exemple de l'art. 159 de l'AUSCGIE.
[1372] G. RIPERT et R. ROBLOT, op.cit., n°1146, p.828.
[1373] B.Y. MEUKE, «L'information des actionnaires minoritaires dans l'OHADA: Réflexion sur l'expertise de gestion », *Ohadata,* D-05-56, p.8.
[1374] G. H. TCHDOYI-DOUMBE, op.cit., p.270.
[1375] A. KITSOU, op.cit., p.215.

plafonnement des droits de vote[1376] ou encore venir prévenir un éventuel conflit d'intérêts[1377].

530. En plus, la loi autorise la création d'actions de préférence dont le droit de vote peut être aménagé ou suspendu pour un délai déterminé ou déterminable, voire supprimé[1378]. Mais si les titulaires d'actions de préférence peuvent se trouver privés du droit de participer à l'assemblée générale, ils doivent néanmoins se réunir en « assemblée spéciale »[1379]. Toute décision de l'assemblée générale emportant modification des droits des actionnaires de préférence ne sera définitive qu'après approbation de l'assemblée. Ils conservent donc une sorte de droit de participation indirecte. On peut noter que si le droit de vote est un droit d'ordre public, l'associé peut très bien y renoncer dès lors qu'il est acquis. C'est très fréquent en pratique soit par le biais de l'abstention pure et simple, soit par le jeu des votes en blancs ou des bulletins nuls[1380].

531. Dans les sociétés de capitaux, en principe chaque action ou part sociale confère une voix à son titulaire. Il est néanmoins possible de modifier cette répartition dans la SA et la SAS. La liberté statutaire permet toutes les fantaisies possibles : droits de vote multiples, droit de veto, limitation de la fraction des droits de vote, subordination à l'accord d'un tiers, suppression définitive ou temporaire, etc. Dans les sociétés anonymes, la loi autorise les statuts à limiter le nombre de voix détenues par actionnaire[1381]. Il est également possible d'instaurer des actions à droit de vote double dans certaines conditions comme on l'a déjà vu. Cela permet de confirmer la limitation légale du pouvoir votal des minoritaires **(§1)**, mais il y a également possibilité de limitation judicaire du droit de vote de l'associé minoritaire **(§2)**.

§1 : La limitation légale du pouvoir votal des minoritaires

532. Le législateur consacre certaines méthodes dont la mise en œuvre limite le pouvoir votal des minoritaires. Il s'agit de la création des actions sans droit de vote (**A**), et le refus du vote cumulatif des associés (**B**).

[1376] Art.543 de l'AUSCGIE.
[1377] R. KADDOUCH, op.cit., p.475.
[1378] Art.778-1 de l'AUSCGIE.
[1379] Elles réunissent les titulaires d'actions d'une catégorie déterminée et doivent défendre leurs droits particuliers. De telles assemblées ne sont tenues que si la société a créé des actions de catégories différentes. V. R. RODIERE, *Droit commercial, Groupements commerciaux,* Dalloz, Paris, 1972, p.180.
[1380] DOM, cité par GROSBOIS, op.cit., p.69.
[1381] Art.543-2 de l'AUSCGIE.

A : Les actions sans droit de vote

533. Bien que l'article 543 de l'Acte uniforme laisse croire que seules les actions donnent droit à une voix et que toute action doit nécessairement y donner droit, le législateur prévoit la possibilité d'y déroger. Dans ce cadre, l'article 778-1 précité de l'AUSCGIE dispose que : « Lors de la constitution de la société ou au cours de son existence, il peut être créé des actions de préférence, avec ou sans droit de vote, assorties de droits particuliers de toute nature, à titre temporaire ou permanent ». En effet, dans le but de diversifier les formes d'investissements afin d'attirer les capitaux, le législateur a autorisé l'émission d'actions sans droit de vote pour permettre à la société d'augmenter son capital, « en ne modifiant pas la structure du pouvoir au sein des actionnaires»[1382].

534. Dès lors, les actions sans droit de vote ... constituent autant de moyens légaux de dissocier les droits aux dividendes et les droits de vote d'un actionnaire[1383]. Sous réserve du droit de vote qui leur est refusé, toutes les prérogatives financières, patrimoniales et relatives à l'information attachées aux actions avec droit de vote sont reconnues aux actions sans droit de vote[1384]. C'est-à-dire qu'en contrepartie de la suppression du droit de vote, l'actionnaire aura droit à un dividende prioritaire c'est à dire prélevé sur le bénéfice distribuable avant toute autre affectation[1385]. Dans le même sens, DE CORDT affirme également que les actions sans droit de vote doivent conférer le droit à un dividende privilégié et récupérable, droit dans la répartition de l'excédent des bénéfices qui ne peut être inférieur à celui aux actions avec droit de vote, un droit privilégié au remboursement de l'apport en capital et un droit dans la distribution du boni de liquidation qui ne peut être inférieur à celui attribué aux titulaires d'actions avec droit de vote[1386].

535. Toutefois, ne pourront se prévaloir du droit d'assister aux assemblées générales les titulaires d'actions sans droit de vote. Lorsque des actions comportant moins de droits de vote sont émises, la direction ou

---

[1382] D. ESKINAZI, op.cit., p.54.

[1383] S. BOUBAKER et F. LABEGORRE, « Le recours aux leviers de contrôle : le cas des sociétés cotées françaises », *Finance Contrôle Stratégie* - volume 11, n° 3, septembre 2008, p.2.

[1384] Y. DE CORDT, « Vers une démocratie des actionnaires », op.cit., p.7.

[1385] R. KADDOUCH, op.cit., p.40.

[1386] Y. DE CORDT, « Vers une démocratie des actionnaires », op.cit., p.7 ; la justification de cette substitution est économiquement rationnelle : les actionnaires qui ne sont pas en mesure de contrôler la gestion par l'exercice du droit de vote doivent recevoir des avantages financiers à court terme, sous forme de dividende ; puis qu'ils n'ont pas de prise sur la continuité et la rentabilité à long terme de la société, il serait injuste de différer le rendement attendu.

certains associés peuvent maintenir un contrôle sur l'entreprise en se réservant les actions comportant plus de droits de vote. En plus, l'autorisation accordée aux sociétés de créer des actions de préférence sans droit de vote permet de douter que le droit de vote mérite encore d'être classé parmi les droits essentiels de l'actionnaire[1387]. Sauf que l'émission de ces actions n'est acceptable qu'aux sociétés ayant réalisé des bénéfices distribuables.

536. En outre, les actions sans droits de vote ne peuvent être créées qu'à des conditions et dans les limites définies de façon précise par la loi[1388]. Si pour acquérir ces titres, les titulaires ont fait un apport, ils ont vocation aux bénéfices et aux pertes, même si c'est dans des conditions particulières du fait de la nature des titres. Néanmoins, on peut difficilement relever chez de tels actionnaires, *l'affectio societatis*[1389]. On pourrait même dire qu'en définitive, la création d'actions sans droit de vote tendrait d'une part à faire de l'actionnaire un simple prêteur[1390].

537. Par ailleurs, ces actions sans droit de vote ne perdent pas complètement cet attribut traditionnel de l'action, celui-ci est simplement indisponible tant que la rémunération financière du titre est plus importante que la normale. Ainsi, qu'il s'agit d'actions perdant le droit de vote en échange de droits pécuniaires renforcés, ces actions retrouvent le droit de vote lorsque le dividende prioritaire n'a pas été versé pendant une période déterminée, cela jusqu'au versement intégral du dividende[1391]. La suppression du droit de vote n'est pas définitive mais conditionnelle[1392], subordonnée à la distribution effective de l'avantage financier.

538. En réalité, cette prérogative n'est pas totalement éliminée de l'action mais simplement suspendue[1393]. Le « titre » jouit de toutes les prérogatives liées à une action ordinaire. En plus, l'assemblée générale extraordinaire des actionnaires est seule compétente pour décider l'émission, le rachat et la conversion des actions de préférence au vu d'un rapport du conseil d'administration ou de l'administrateur général, selon le cas et d'un rapport spécial des commissaires aux comptes[1394]. Ce qui signifie que les

---

1387 M. GERMAIN, *Les sociétés commerciales*, 19ème éd., LGDJ, Paris, 2009, p.411.
1388 M. GERMAIN, *Les sociétés commerciales*, op.cit., p.411.
1389 D. ESKINAZI, op.cit., p.54.
1390 JO Sénat Débats 30 juin 1978 p. 1878, cité par R. KADDOUCH, op.cit., p.40.
1391 M.-D. POISSON, op.cit., p.169.
1392 J. HAMEL, G. LAGARDE et A. JAUFFRET, *Droit commercial*, *op.cit.*, *cité par* R. KADDOUCH, op.cit., p.40.
1393 A. COURET, J. DEVEZE et G. HIRIGOYEN, *Lamy Droit du financement*, 1997, n° 490, *cité par* R. KADDOUCH, op.cit., p.40.
1394 Art.778-2 de l'AUSCGIE.

sociétés peuvent convertir les actions sans droit de vote en actions ordinaires, après décision de l'assemblée extraordinaire. De même, selon l'Acte uniforme, ces actions sont rachetables par la société si une disposition à cet effet a été prévue dans les statuts préalablement à l'émission, ce rachat doit porter sur la totalité des actions qui doivent ensuite être annulées. En plus de cette suspension temporelle du droit de vote, le législateur n'autorise pas le vote cumulatif des associés.

B : Le refus du vote cumulatif des associés minoritaires

539. En principe, l'élection a eu lieu mandat par mandat et le candidat élu pour un poste est celui qui obtient la majorité lors d'un tour de scrutin. Il est toutefois possible de prévoir dans les statuts qu'un seul vote a eu lieu pour l'ensemble des mandats et chaque associé dispose alors d'un pouvoir votal proportionnel au nombre d'action qu'il possède multiplié par le nombre de postes à pourvoir[1395]. Dans ces conditions, il appartient à l'actionnaire de répartir ses votes entre différents candidats, ou de les concentrer, de les « cumuler » sur un seul[1396]. C'est-à-dire que selon le vote cumulatif, l'associé peut regrouper ses voix sur un ou plusieurs candidats au poste de dirigeant social, au lieu de voter séparément pour chaque dirigeant. L'associé bénéficie d'un nombre de voix proportionnel à sa participation. Dans ce cas, il suffit en général de 10 à 15 % des voix pour élire un dirigeant social, ce qui peut permettre aux associés minoritaires de choisir un certain nombre de dirigeants sociaux.

540. La méthode du vote cumulatif, aussi appelé scrutin unique, atténue quelque peu la rigueur de la loi du capital. Pourtant, l'OHADA prône l'exigence selon laquelle toute action comporte une voix. Cela signifie également qu'elle ne peut en offrir plus d'une. Dès lors, les actions à vote cumulatif est prohibées. Le vote cumulatif est une façon de protéger les intérêts d'une minorité des actionnaires avant que des troubles ne surviennent en donnant à cette minorité une représentation dans le conseil d'administration. Ce mécanisme est efficace pour accéder à la représentation

---

[1395] Le système du vote cumulatif permet à chaque actionnaire de "cumuler" ses voix sur un ou plusieurs candidats de son choix. Les candidats réunissant le plus grand nombre de voix sont élus directeurs. Le nombre de voix dépend à la fois du nombre d'actions et du nombre de candidats. Ainsi par exemple, le détenteur de cinquante actions en présence de six candidats, aura droit à 50 x 6 = 300 voix qu'il pourra "cumuler" sur deux candidats, ce qui lui permettra à défaut de voir tous ses préférés élus, du moins d'assurer l'élection de certains d'entre eux (Fr. DIENG, op.cit., p.86).

[1396] Y. De CORD, « Vers une démocratie des actionnaires », op.cit., p.9.

minoritaire au conseil et veiller à ce que celui-ci soit relativement autonome vis-à-vis de la direction[1397].

541. Toutefois, si cette technique permet à l'associé de participer utilement à la nomination des dirigeants sociaux, sans affubler ceux-ci d'une étiquette, cette participation pourrait être supérieure à sa participation en capital. Ce vote permet aux associés d'exercer autant de votes que le nombre de parts sociales ou d'actions qu'ils détiennent multiplié par le nombre de dirigeants à élire. De sorte que ces votes peuvent être exercés en faveur d'un seul candidat ou répartis sur l'ensemble des candidats, selon le désir de chaque associé. Les opposants au vote cumulatif craignent que les dirigeants élus grâce à ce processus se préoccupent davantage de ce qui est à l'ordre du jour de certains groupes d'intérêts que du bien-être de l'ensemble des associés.

542. Par ailleurs, la nomination d'un administrateur par un actionnaire minoritaire concentrant ses voix sur son candidat ne permet pas toujours de lui garantir un siège au conseil d'administration à long terme dans la mesure où cet administrateur est comme tous les autres, révocable *ad nutum* par l'assemblée générale et où son remplacement ne pourra pas nécessairement s'opérer en ayant recours au vote cumulatif[1398]. En outre, en dehors de la limitation légale du pouvoir votal des minoritaires, les juges ont la possibilité de limiter le droit de vote de l'associé minoritaire.

§2 : La limitation judiciaire du droit de vote de l'associé minoritaire

543. Le droit de vote de tout associé, même minoritaire, est reconnu par le nouvel Acte uniforme OHADA[1399] comme l'une de ses prérogatives fondamentales. Même depuis longtemps, la jurisprudence avait affirmé que le droit de vote est une prérogative élémentaire et un droit d'ordre public lié à la qualité d'actionnaire dont l'exercice peut être réglementé, mais ne saurait être supprimé[1400]. Dans un arrêt en date du 23 octobre 2007, la même Cour de cassation française a encore confirmé le caractère d'ordre public du droit de vote en des termes d'une grande clarté : « Attendu qu'il résulte de l'article 1844, alinéa 1er, que tout associé a le droit de participer aux

[1397] L. CHAMPOUX-PAILLE, « La nouvelle Loi des sociétés par actions du Québec », op.cit., p.2.
[1398] Y. DE CORDT, « Vers une démocratie des actionnaires », op.cit., p.9.
[1399] L'article 125 de l'AUSCGIE.
[1400] Cass. civ. 7 avril 1932 : DP 1933, I, p. 153, note P. Cordonnier. Cass.com. 9 février 1999 : JCP éd. E 1999, p.724, note Guyon (Y.); Bull. Joly, § 122, 1999, p.577, note J.-J Daigre, précité.

décisions collectives et de voter et que les statuts ne peuvent déroger à ces dispositions que dans les cas prévus par la loi »[1401].

Une question se pose de savoir si le juge peut remettre en cause les délibérations déjà adoptées par l'assemblée des associés ou s'il peut imposer des délibérations rejetées par les majoritaires lors d'un vote mais contesté par les minoritaires. A la suite de cette interrogation, il est nécessaire d'analyser le comportement du juge saisi face à l'exercice du droit de vote à l'assemblée des associés.

544. En réalité, pour empêcher que la société ne prenne en assemblée générale, une décision irréversible de nature à porter préjudice à des actionnaires ou à des tiers, le juge des référés peut suspendre le droit de vote de certains actionnaires[1402]. Les sanctions du droit de vote sont l'œuvre du juge qui peut décider de suspendre, soit temporairement, soit définitivement le droit de vote de l'associé concerné. Autrement dit, la privation du droit de vote de l'actionnaire ne pouvant être décidée par les actionnaires, c'est au juge qu'il faut s'adresser à cet effet. Rétablir l'équilibre entre actionnaires rompu par la mauvaise foi ou la déloyauté d'un ou de plusieurs actionnaires, réparer le dommage pour mettre la société en son état antérieur à la crise, sont les finalités de l'intervention du juge[1403]. Pour résoudre les crises légères ou profondes, le juge saisi peut désigner des intervenants extérieurs. Il a un choix qui ne cesse de s'étendre[1404], car il a la possibilité de prononcer diverses mesures judiciaires comme la désignation d'un mandataire de l'associé (**A**). Même, il arrive au juge de prendre des décisions annulant le vote des associés (**B**).

A : La désignation judiciaire d'un mandataire *ad hoc*

545. Il peut arriver que le juge des référés, lorsqu'il est saisi, dans des situations particulièrement délicates où la mésentente entre actionnaires, et l'existence de forts conflits d'intérêts font craindre que des décisions soient prises dans des conditions susceptibles de provoquer des contestations judiciaires, recourt à la technique du mandataire *ad hoc*[1405]. Ainsi, lorsque des associés s'opposent sur le vote d'une résolution, et que l'un d'eux, parce qu'il dispose d'une participation au capital certes minoritaire mais assez forte pour bloquer le vote « minorité de blocage » refuse d'adopter ladite résolution, les autres associés peuvent faire appel au juge pour qu'il désigne

---

[1401] Cass com. 23 octobre 2007, *Bull. Joly*, 2008, p. 239, note L. Godon, précité.
[1402] M. DEGUENON, op.cit., p.120.
[1403] M. DEGUENON, op.cit., p.122.
[1404] D. LEGEAIS, op.cit., p.157.
[1405] M. COZIAN, A. VIANDIER et F. DEBOISSY, op.cit., n°434, p.248.

un mandataire *ad hoc* chargé de voter à la place des minoritaires[1406] récalcitrants. Mais, en aucune manière, le juge ne peut fixer le sens du vote du mandataire *ad hoc*[1407]. Egalement, la jurisprudence a précisé que l'écart durable entre objet réel et objet statutaire constitue un trouble manifestement illicite justifiant la désignation d'un mandataire *ad hoc* par le Président du Tribunal de commerce statuant en référé, qui ne saurait toutefois imposer au mandataire désigné de voter la modification de l'objet social[1408].

546. Toutefois, la nomination d'un mandataire judiciaire au sein de l'assemblée générale vise tantôt à pallier le vide créé par l'annulation de la résolution des majoritaires, tantôt à combattre l'abstention ou l'opposition des minoritaires à une décision nécessaire à l'intérêt social[1409]. Le juge des référés est compétent, dans tous les cas d'urgence, à ordonner toutes les mesures que justifie l'existence d'un différend. A cet effet, les tribunaux n'hésitent pas à nommer un mandataire *ad hoc* pour résoudre une difficulté particulière. Il s'agit d'un mandataire de justice auquel le juge confère une

---

[1406] Art. 131 de l'AUSCGIE.

[1407] Cass.com., 4 février 2014, FS-P+B, n°12-29.348, Dalloz actualité 24 février 2014, obs. X. Delpech.

[1408] Cass.com., 4 février 2014, FS-P+B, n°12-29.348, Dalloz actualité 24, obs. X. Delpech. Dans cette affaire, une société A et deux de ses fondateurs s'étaient vus concéder par une Holding H à la tête d'un réseau de distribution une sous-licence de savoir-faire et des droits d'exploitation d'une marque de produits alimentaires. La société concessionnaire A, constituée en vue de l'exploitation de cette licence, avait ultérieurement décidé de quitter le réseau de distribution auquel elle était intégrée et procéda à la résiliation du contrat de concession. Une AGE fut alors convoquée en vue d'opérer une modification de l'objet social correspondant à son objet réel. Une filiale B de la société H, également associée de la société A, refusa alors de participer à l'assemblée, empêchant ainsi d'atteindre le quorum nécessaire à la modification de l'objet social. A la suite d'une demande formée par la société A à son encontre, la société B fut irrévocablement jugée responsable au titre d'un abus de minorité résultant de son refus de participer à l'assemblée. La société A assigna alors la société H et son dirigeant en référé afin que soit désigné un mandataire *ad hoc* ayant pour mission d'exercer le droit de vote de la société B en ses lieu et place à l'occasion d'une nouvelle AGE. La Cour d'appel jugea que la référence à la marque de la société concédante dans ses statuts constituait un trouble manifestement illicite empêchant la société demanderesse de fonctionner conformément à son objet réel et désigna un mandataire *ad hoc* ayant pour mission de voter en faveur de la modification de l'objet social. La société H forma alors un pourvoi en cassation. Elle prétendait, d'une part, que la Cour d'appel n'avait pas caractérisé de trouble manifestement illicite en ne précisant pas en quoi la société A avait été empêchée de fonctionner et, d'autre part, qu'elle avait excédé ses pouvoirs en imposant au mandataire le sens de son vote. Alors que le premier argument a été rejeté par la chambre commerciale, celle-ci a prononcé la cassation au visa de l'article 873 du Code de procédure civile en jugeant que « le juge ne peut fixer le sens du vote du mandataire *ad hoc* désigné par lui ». En somme, la désignation d'un mandataire de vote relevait bien des pouvoirs du juge des référés mais non la détermination impérative du sens de son vote.

[1409] Voir en ce sens, CA Aix-en-Provence, ch. 08 A - 11/08431 - 26 janv. 2012 : « la résistance abusive d'un associé minoritaire animé de l'intention de nuire ne peut être surmontée que par la désignation d'un mandataire *ad hoc* chargé d'exercer le droit de vote à sa place dans l'intérêt de la société ».

mission précise ou de voter à la place d'un actionnaire ayant précédemment commis un abus de vote. C'est une personne chargée par la juridiction compétente, d'accomplir une mission déterminée et limitée dans le temps[1410]. On peut se demander le cas échéant si ce traitement du conflit d'intérêt consiste à confier au mandataire *ad hoc* un pouvoir de voter au nom des associés majoritaires ou minoritaires. La Cour de cassation répond par affirmative pour le cas d'abstention ou d'opposition abusive des minoritaires. Elle énonce dans un arrêt qu' «il est possible de désigner un mandataire aux fins de représenter les associés minoritaires défaillants à une nouvelle assemblée et de voter en leur nom dans le sens des décisions conformes à l'intérêt social mais ne portant pas atteinte à l'intérêt légitime des minoritaires»[1411]. Plus tard, une jurisprudence a confirmé cette décision[1412]. Dans ce cadre, et bien qu'il ne soit jamais question de transférer directement le droit de vote d'un associé, par la mission confiée au mandataire, le juge est donc à même de dessaisir les associés minoritaires de leur droit de vote et de modifier le rapport de force dans la société[1413].

547. Cependant, la nomination d'un mandataire chargé de voter en lieu et place de l'associé doit demeurer une solution exceptionnelle, circonscrite aux hypothèses dans lesquelles la survie même du groupement est en jeu. Tel n'est pas le cas lorsqu'un accord de vote a été inexécuté[1414]. Les associés doivent agir personnellement : ils ne peuvent pas demander la désignation d'un mandataire *ad hoc* chargé d'agir à leur place[1415]. La désignation d'un mandataire *ad hoc* aux fins de voter en lieu et place des auteurs de l'abus est une technique efficace[1416]. Ses avantages sont exposés par M. TRICOT[1417] qui écrit : « il tient compte des nuances et des évolutions en cours depuis le refus de la minorité. Il favorise la discussion et même la conciliation, dans l'intérêt de la société ».

[1410] M. DEGUENON, op.cit., p.124.

[1411] Com. 9 mars 1993, n° 91-14.685, *Bull. civ.* IV n° 101; Voir aussi J. CAVALLINI, op.cit., p.247 : « ne pouvant lui-même adopter des actes sociaux, le juge est en mesure de les provoquer via un mandataire de justice. Cette technique est utilisée lorsque le juge entend mettre fin à un abus de majorité. Il lui revient en effet de prononcer le séquestre des actions des associés en cause et de désigner un mandataire *ad hoc* apte à voter à leur place mais dans l'intérêt de la société », cité par F. HMODA, op.cit., p.130.

[1412] Com. 31 mars 2009, n° 08-11.860, inédit.

[1413] F. HMODA, op.cit., p.131.

[1414] R. KADDOUCH, op.cit., p.209.

[1415] Cass.com., 14 déc. 2004, n° 04-13059 : *Bull. civ.* 2004, n° 229, *Rev. sociétés* 2005, p. 448, note B. BOULOC ; *Bull. Joly Sociétés* 2005, p. 512, note D. SCHMIDT ; *Dr. sociétés* avr. 2005, comm. p. 26, note H. HOVASSE : « les actionnaires, disposant du droit propre de présenter des demandes en réparation au profit de la société, ne sont pas recevables à solliciter la désignation d'un mandataire *ad hoc* chargé de présenter de telles demandes ».

[1416] D. NZOUABETH, op.cit., p.232, n°500.

[1417] Abus de droits dans les sociétés (abus de majorité et abus de minorité), TRD.com 1994, p.625, cité par D. NZOUABETH, ibid.

548. Si la solution est donc acquise, le contenu de la mission du mandataire *ad hoc* est encore flou. Dans l'arrêt Flandin[1418], le mandataire était désigné pour « représenter les associés minoritaires défaillants et voter en leur nom dans le sens des décisions conformes à l'intérêt social… ». Une autre interrogation était posée par rapport aux faits de l'espèce. La désignation du mandataire *ad hoc* avait été prononcée pour représenter le minoritaire qui s'abstenait de venir en assemblée et qui donc paralysait le processus de décision. La solution serait-elle identique dans le cas où l'auteur de l'abus exercerait effectivement son droit de vote ? L'atteinte à la liberté de vote est, en effet, assez importante puisque le minoritaire a exprimé une volonté. L'arrêt Couvaud du 5 mai 1998 franchit cette étape.

En l'espèce, un minoritaire détenant 40% des actions d'une société anonyme refuse de voter une augmentation du capital alors que les capitaux propres étaient devenus inférieurs à la moitié du capital social. Condamné en appel, il reprochait aux juges du fond d'avoir décidé la convocation d'une assemblée générale extraordinaire et d'avoir chargé un mandataire de le représenter et de voter dans l'intérêt de la société[1419]. La Cour de cassation rejette le pourvoi en considérant que la Cour d'appel avait bien suivi les prescriptions qu'elle avait établies dans l'arrêt Flandin.

549. Outre la confirmation du choix de la sanction, cet arrêt pose une nouvelle question relative à la compatibilité de la désignation du mandataire *ad hoc* et d'une demande en dommages-intérêts. La Cour de cassation en rejetant la demande de la société fondée sur l'augmentation de ses frais financiers du fait du refus du minoritaire de voter l'augmentation du capital, semble considérer que la désignation d'un mandataire ad hoc exclut tout autre mode de réparation[1420]. Par la nomination du mandataire *ad hoc*, le juge élude le comportement obstructeur des associés minoritaires, qui ne tireront aucun profit de leur attitude[1421]. Dans ces conditions, ne serait-il pas moins hypocrite et plus rapide que le juge prît la décision lui-même ?

550. Pour sanctionner l'abus de minorité, la cour d'appel a décidé que son arrêt valait adoption de la résolution tendant à l'augmentation de capital demandée, laquelle n'avait pu être votée faute de majorité qualifiée. La Cour de cassation a cassé cette décision en déclarant que : « le juge ne pouvait se substituer aux organes sociaux légalement compétents et qu'il lui était possible de désigner un mandataire aux fins de représenter les associés minoritaires défaillants à une nouvelle assemblée et de voter en leur nom

---

[1418] Cass.com., 9 mars 1993, JCP., éd. E, 1993, n°141, note (A.) Viandier.
[1419] Cass.com., 5 mai 1998, Bull. Joly 1998, p.755, note (L.) Godon.
[1420] D. VIDAL, note sous Cass.com.5 mai 1998, Dr. Sociétés, 1998, n°129.
[1421] R. KADDOUCH, op.cit., p.92

dans le sens des décisions conformes à l'intérêt social mais ne portant pas atteinte à l'intérêt légitime des minoritaires »[1422]. Certains auteurs estimaient que cette nomination était réservée au seul cas ou les associés minoritaires sont défaillants et non lorsque leur vote est hostile[1423].

551. Cependant, la jurisprudence leur a donné tort, démontrant encore une fois l'importance de la distinction entre l'intérêt social et l'intérêt propre des associés. Dans un arrêt de 1998, la Cour de cassation a admis la nomination d'un mandataire *ad hoc* chargé de voter à la place d'un associé minoritaire, lequel avait été reconnu auteur d'un abus de droit en refusant de voter une augmentation de capital justifiée par le risque de dissolution de la société. Cet associé était bien présent lors de l'assemblée générale et non simplement défaillant[1424]. Le mandataire n'est pas lié par une quelconque orientation du juge. Il doit « voter en conformité avec les intérêts de la société, il ne doit pas pour autant porter atteinte à l'intérêt légitime des associés en cause »[1425]. Le mandataire dispose donc d'un véritable pouvoir d'opportunité et se trouve substitué à certains associés. Il peut orienter le vote de l'assemblée générale[1426]. Parfois, la désignation de ce mandataire *ad hoc* vise à pallier le vide créé par l'annulation de la décision. Si par exemple l'affectation des bénéfices à la réserve est jugée nulle, la réunion d'une

[1422] Cass.com, 9 mars 1993, n°91-14685, Bulletin 1993 IV N° 101 p.69

[1423] D. TRICOT, « Abus de droit dans les sociétés - Abus de majorité et abus de minorité », préc., spéc. p. 625 : « Peut- on concevoir que le mandataire puisse, contre le gré des opposants, définir l'intérêt social et sa spécificité par rapport aux intérêts des divers associés, majoritaire ou minoritaire ? »

[1424] Cass.com., 5 mai 1998, n° 96-15383 : *Bull. civ.* 1998, n° 149 ; *D. affaires* 1998, p. 1097 ; *LPA* 22 févr. 1999, p.10, note S. ALMASEANU ; *Rev. soc.* 1999, p. 344, note M. BOIZARD : « Attendu que M. X... reproche à l'arrêt d'avoir confirmé le jugement en ce qu'il avait ordonné la convocation d'une assemblée générale extraordinaire pour voter le principe d'une augmentation de capital et nommé un mandataire *ad hoc* afin de voter le cas échéant en ses lieu et place dans l'intérêt de la société alors, selon le pourvoi, que l'abus de minorité se définit comme l'attitude des associés minoritaires qui porte atteinte à l'intérêt social, en empêchant la réalisation d'une opération essentielle pour la société, et dans le but unique de favoriser égoïstement leurs intérêts personnels ; qu'en l'espèce, en se bornant à affirmer que son opposition apparaissait dictée par des considérations purement personnelles, sans indiquer en quoi, selon elle, celui-ci agissait de la sorte dans le seul but de favoriser ses propres intérêts, la Cour d'appel a privé sa décision de base légale au regard de l'article 1382 du Code civil ; Mais attendu que l'arrêt retient que le refus de M. X... de voter l'augmentation de capital indispensable à la survie de la société, avait eu pour seul but d'entraver le fonctionnement de celle-ci et avait été dicté par des considérations purement personnelles, notamment son éviction du conseil d'administration et les intérêts qu'il possédait dans une société concurrente, dont son gendre, lui-même évincé de la société SAAM, détenait la majorité du capital ; qu'en l'état de ces constatations et énonciations, la Cour d'appel a légalement justifié sa décision ; d'où il suit que le moyen n'est pas fondé ».

[1425] J. CAVALLINI, « Le juge des référés et les mandataires de justice dans les sociétés in bonis », cité par Grosbois (E.), op.cit., p.2015.

[1426] E. GROSBOIS, op.cit., p.2015.

nouvelle assemblée appelée à statuer sur le sort des bénéfices s'impose[1427]. En dehors de la désignation judiciaire d'un mandataire *ad hoc*, le juge peut annuler les décisions votées par les associés.

B : Les décisions judiciaires annulant le vote des associés

552. Le jugement valant vote est un moyen efficace pour assurer le bon fonctionnement du groupe. Il s'agit d'attribuer au juge le pouvoir de prendre une décision à laquelle une majorité ou une minorité se sont abusivement opposés. C'est la sanction la plus adéquate et la plus efficace de l'abus de droit dans le droit des sociétés[1428]. Néanmoins, le juge est un acteur extérieur à la société : ni associé, ni organe social, il est un élément exogène de la société[1429], par conséquent, il ne subit pas les conséquences de ces décisions et ne possède nécessairement qu'une connaissance partielle des affaires sociales. Il dispose, en droit des sociétés, d'un large pouvoir d'intervention, bénéficiant d'une infrastructure législative bienveillante[1430].

553. De façon générale, le juge ne saurait substituer sa décision à celle des organes représentatifs de la société. Pourtant, les juges décident bien souvent en lieu et place des organes sociaux. C'est le cas par exemple lorsque le juge a décidé qu'en l'absence d'une décision relative à la rémunération du dirigeant de la société et en raison surtout de la situation de blocage constaté lors de plusieurs assemblées générales, il appartient aux tribunaux de fixer la rémunération du dirigeant en raison du travail effectué et de responsabilité encourues[1431]. L'atteinte au droit de vote de l'actionnaire par le juge peut prendre plusieurs formes. Ici, elle est plus sérieuse dans la mesure où, le juge par sa décision, ne se contente pas d'indiquer que le vote soit émis « dans le sens des décisions conformes à l'intérêt social mais ne portant pas atteinte à l'intérêt légitime des minoritaires », mais décide par son arrêt ce qui aurait dû être la décision libre et concertée des actionnaires[1432].

De l'avis de Schmidt, par hypothèse, le tribunal constate qu'un organe délibérant de la société a pris une décision dictée par un conflit d'intérêts. L'annulation de cette délibération et la condamnation des responsables à réparer le dommage ont pour effet de remettre la situation en

---

[1427] M. DEGUENON, op.cit., p.125.
[1428] D. NZOUABETH, op.cit., p.237, n°513.
[1429] RUELLAN, cité par D. NZOUABETH, op.cit., p.236.
[1430] D. NZOUABETH, op.cit., p.236, n°510.
[1431] CA Versailles, 13ème ch., 20 septembre 1990, Rev. Sociétés 1991, P.80, note Roca, D. 1990, I.R., p.246.
[1432] M. DEGUENON, op.cit., p.136.

son état antérieur[1433]. De cette manière, le juge décide en lieu et place des actionnaires. Serait-il mieux placé pour apprécier l'intérêt de la société ?

554. Selon D. NZOUABETH[1434], deux situations sont à distinguer en matière de « décision valant vote[1435] ». La première situation est relative de l'action en nullité dirigée contre une décision irrégulière. Dans une telle hypothèse, la décision de rejet du juge pourrait s'analyser comme une validation de la décision contestée par l'actionnaire demandeur d'une action en nullité. La seconde situation concerne la prise d'une décision valant adoption d'une délibération qui n'a pu être prise par l'assemblée générale des actionnaires.

555. S'agissant de la sanction de l'abus de minorité, lorsque les minoritaires s'opposent à l'adoption d'une délibération pourtant conforme à l'intérêt social, le juge peut-il prendre une décision valant vote ou valant acte ? La réponse est bien négative car l'article 131 de l'AUSCGIE permet la nomination d'un mandataire ad hoc aux fins de représenter à l'assemblée les associés minoritaires dont le comportement est jugé abusif, même si une partie de la doctrine[1436] semble bien favorable à la thèse de la décision valant vote.

En effet, la sanction de l'abus de minorité est illustrative à ce sujet. Dans un tel abus, il y a une obstruction des actionnaires minoritaires au vote d'une décision sociale. Ils empêchent un vote. Il n'y a pas une décision mais un obstacle à la prise d'une décision. C'est une proposition qui peut être, soit une abstention, soit un vote négatif. Par l'abstention, les minoritaires n'exercent pas leur droit de vote espérant l'empêcher par l'impossibilité d'atteindre le quorum ou la majorité requise pour un vote ou une décision valable[1437]. Par le vote négatif par contre, les actionnaires minoritaires exercent leur droit de vote mais dans un sens autre que celui voulu par les majoritaires ; ils espèrent dans ce cas bloquer l'adoption d'une décision sociale par voie de vote.

556. Le juge invalidant par sa décision l'opposition abusive ou l'abus de minorité, lors d'une assemblée portant augmentation du capital

---

[1433] D. SCHMIDT, op.cit., p.224, n°235.
[1434] D. NZOUABETH, op.cit., p.236, n°515.
[1435] C'est ce que le juge peut certes ne pas faire directement, mais le fait faire par une autre personne. Voir Ph. MERLE, notes sous Cour de cassation (Ch.com.), 9 mars 1993, Flandin c. SARL Alarme service, RTD.Com, 1993, p.403, cité par P. S. A. BADJI, *Réforme du droit des sociétés commerciales OHADA*, op.cit., p.124.
[1436] M. BOIZARD, « L'abus de minorité », *Rév. Sociétés 1988*, p.375 ; - Ph. MERLE, « L'abus de minorité », *RJ com.* 1991, p.81 ; -Le H. NABASQUE, Dr Sociétés 1993, n°165 et 225.
[1437] M. DEGUENON, op.cit., p.136.

social, ne décide-t-il pas à la place des actionnaires minoritaires ? Ce qui est réel et concret, est que si la décision du juge permet de passer outre l'opposition des minoritaires en autorisant l'augmentation du capital, on ne peut y relever qu'une décision valant vote. L'augmentation du capital a été réalisée par décision du juge en dépit de l'opposition des minoritaires. Il y a décision valant vote. L'on peut relever dans une telle décision l'autorisation d'exécution d'une décision non votée par les actionnaires ; et s'agissant particulièrement de l'augmentation du capital, la majorité qualifiée requise n'a pas été obtenue et pourtant, le juge autorise l'exécution de la décision la validant par sa décision[1438].

557. Néanmoins, dans l'arrêt Flandin, la Cour de cassation française avait décidé qu'en présence d'un blocage résultant d'un abus de minorité, le juge ne peut prendre une décision valant vote, mais il peut désigner un mandataire *ad hoc* chargé de voter à la place et au nom des minoritaires, dans le strict respect de l'intérêt social et sans porter atteinte à l'intérêt légitime des associés minoritaires[1439]. La doctrine n'est pas unanime à la technique de l'arrêt valant vote et voit dans le recours au mandataire *ad hoc*, un procédé hypocrite aboutissant à la même solution[1440]. On pense que la pratique des arrêts valant vote est une négation du droit des associés par une suspension implicite de leur droit de vote, la décision étant alors adoptée conformément aux règles de l'Acte uniforme puisque sont seules comptabilisées dans le quorum les actions donnant droit de vote[1441]. La validation est une négation sanctionnatrice du vote des associés minoritaires ; les associés minoritaires sont privés du droit de faire entendre leur voix et la résolution projetée par les associés majoritaires est adoptée comme si les minoritaires n'existent pas[1442]. De cette manière, ces mesures sont regrettables car elles contribuent à l'affaiblissement de l'associé minoritaire, alors que ce dernier est confronté également à l'inefficacité de sa protection en raison d'une nouvelle orientation du droit des sociétés.

[1438] M. DEGUENON, op.cit., p.137.
[1439] Cass.com., 9 mars 1993, JCP., éd. E, 1993, n°141, note (A.) Viandier. Précité.
[1440] X. LUCAS, *La réparation du préjudice causé par un abus de minorité en droit des sociétés*, précité, spéc. n° 11 et s, cité par R. KADDOUCH, op.cit., p.611.
[1441] D. NZOUABETH, op.cit., p.240, n°518.
[1442] D. NZOUABETH, ibid.

Chapitre 2 : Une protection inefficace des minoritaires en raison d'une nouvelle orientation du droit des sociétés

558. La nécessité d'assurer la protection de l'actionnaire minoritaire est une révélation précoce du droit moderne des sociétés anonymes[1443]. Elle fut installée dans l'esprit concomitamment avec l'émergence de cet actionnariat en tant que catégorie particulière. La reconnaissance d'intérêts propres aux actionnaires minoritaires participe de la protection de ces individus sous prétexte de leur appartenance à une catégorie singulière[1444]. De cette manière, un des déterminants le plus significatif de la structure de l'actionnariat est la qualité de la protection juridique accordée aux actionnaires minoritaires[1445].

559. Pourtant, actuellement la protection des minoritaires n'est pas efficace, en raison d'une nouvelle orientation dans la législation des sociétés commerciales comme la promotion des investissements. Il en va de même dans les groupes de sociétés, car les rapports de groupe sont dominés par l'idée que la société mère fait prévaloir les intérêts du groupe sur ceux de la filiale, ce qui soulève la question de la protection des autres intérêts compris dans cette dernière, à savoir principalement, ceux des associés minoritaires[1446].

Dans le cadre de mettre en phase les différents intérêts opposés des associés, l'AUSCGIE prévoit des dispositions impératives[1447] qui permettent d'éviter, sinon de limiter, l'éventualité de survenue de mésententes entre associés. Néanmoins, malgré ces dispositions juridiques, la protection des associés minoritaires ne semble pas suffisante en raison du piège de l'exaltation de la liberté (**Section1**) et le privilège accordé au financement de la société (**Section 2**).

1443 D. RENE, la protection des minoritaires dans les sociétés par actions, Recueil Sirey, Paris, 1928 ; Schmidt Dominique, les droits de la minorité dans la société anonyme, Sirey, 1980, cité par A. KITSOU, *Le gouvernement d'entreprise dans les sociétés familiales non-cotées*, op.cit., p.213.

1444 A. KITSOU, ibid.

1445 J. HAMON, op.cit., p.27.

1446 M. KONE, « La notion de groupe de sociétés en droit OHADA », op.cit., p.1.

1447 A ce niveau on peut citer la consécration des codes de gouvernance des entreprises, la liberté contractuelle, les pactes d'associés, la sanction de l'abus de majorité, etc.

Section 1 : Le piège de l'exaltation de la liberté

560. Les sociétés commerciales doivent-elles être régies par des normes uniformément définies par le législateur ou bien faut-il laisser aux associés une large liberté contractuelle pour aménager comme ils l'entendent l'organisation et le fonctionnement statutaire de leur entreprise ?[1448] La liberté en droit des sociétés a existé traditionnellement dans les sociétés en nom collectif, en commandite simple et le GIE. Dans les SNC, les associés sont libres de prévoir, pour contourner l'unanimité requise en matière de cession des parts sociales, une procédure de rachat[1449]. Mais il s'agit d'une liberté relative à cause des limites de la valeur juridique des pactes d'associés (**§1**) et la réglementation partielle de la règle de l'unanimité (**§2**) par le législateur.

§1 : Les limites de la valeur juridique des pactes d'associés

561. Le pacte d'associés constitue un contrat entre les différents signataires et crée de nouveaux droits et obligations. Mais à cause du conflit que ces pactes pourraient engendrer entre l'intérêt de la société et celui des associés signataires, la validité juridique de ces pactes est limitée, du fait de leur soumission au principe d'hiérarchie des instruments juridiques (A), et face aux sanctions de leurs violations (B).

A : La soumission du pacte d'associés au principe d'hiérarchie des instruments juridiques

562. L'idée d'hiérarchie existe en droit. C'est pourquoi le droit des sociétés n'échappe pas à cette situation. En effet, tel que libellé, l'article 2-1 met en évidence la suprématie de l'Acte uniforme sur les statuts et les statuts sur les conventions extrastatutaires vu que l'instrument juridique inférieur ne peut déroger à celui qui lui est supérieur[1450]. Les pactes d'associés ont, la plus part du temps, pour objectif d'assurer la protection des objectifs convergents de leurs signataires ou le respect de leur équilibre. Néanmoins, leur validité ne fait aucun doute, encore qu'il faille qu'ils respectent le contrat de société (**1**) et le principe de la primauté des statuts (**2**).

[1448] P. S. A. BADJI, « Les orientations du législateur OHADA dans l'AUSCGIE révisé », op.cit., p.22.
[1449] P. S. A. BADJI, « Les orientations du législateur OHADA dans l'AUSCGIE révisé », ibid.
[1450] P. S. A. BADJI, *Réforme du droit des sociétés commerciales OHADA*, op.cit., p.33.

1 : La dépendance du pacte d'associés au contrat de société

563. Les pactes d'associés dans leur ensemble tendent à s'inscrire dans cette relation de subordination au contrat de société, lequel leur préexiste nécessairement et auquel ils s'ajoutent, sans toutefois se confondre avec lui[1451]. La dépendance du pacte d'associés au contrat de société est justifiée par le fait que le pacte ne peut fondamentalement exister que si le contrat de société, lui-même, existe et que les signataires du pacte soient parties à ce contrat. Le pacte d'actionnaires constitue ainsi une forme d'accessoire du contrat de société, la notion d'accessoire étant alors entendue au sens large[1452]. Le régime des pactes d'associés subit l'influence du cadre juridique auquel est soumis le contrat de société, à savoir le droit des sociétés. De même, si les pactes d'associés sont, en principe, valables, ils doivent, toutefois, respecter certaines conditions et, notamment, les règles posées par la loi.

564. Toutefois, en l'absence de mention d'un terme dans le pacte, ce dernier est réputé conclu, non pas pour une durée indéterminée, mais pour une durée égale à celle nécessairement déterminée de la société[1453]. Cette solution jurisprudentielle est approuvée par une partie de la doctrine[1454], mais fortement critiquée par une autre partie pour laquelle une telle présomption fait abstraction de la recherche de la volonté des parties recommandée par le principe de la liberté contractuelle[1455].

Y. GUYON, pour sa part, ne remet pas en cause cette présomption jurisprudentielle en ce qu'elle pose comme principe que « le pacte conclu sans limitation de durée est réputé produire ses effets jusqu'à la liquidation de la société »[1456], il conteste le caractère déterminé de cette durée présumée

[1451] « L'accessoire s'ajoute au principal et lui est subordonné ». « Distinct du principal et cependant lié, il s'ajoute sans s'y absorber » (G. GOUBEAUX, *La règle de l'accessoire en droit privé*, LGDJ, 1969, n°22 et 23).
[1452] C. LEROY, op.cit., p.11.
[1453] Cour d'appel d'Angers 20 septembre 1988, *Bull. Joly*, 1988, p.850.
[1454] En ce sens notamment H. DUBOUT, « Les clauses de durée dans les pactes extra-statutaires entre actionnaires », *Bull. Joly*, 1997, chron. I, p. 5, II. A ; J. MOURY, « Remarques sur la qualification, quant à leur durée, des pactes d'associés », *D.*, 2007, p. 2045, n°10 commentaire précité sous Cour d'appel de Paris 15 décembre 2006 ; P. Le Cannu, *RTD.com.*, 2007, p. 169, note sous cet arrêt également et B. Dondero, *D.*, 2008, p. 1024, note sous Cass.com. 6 novembre 2007 (confirmant Cour d'appel de Paris 15 décembre 2006 précité), ité par C. LEROY, op.cit., p.55.
[1455] M. HENRY et Gh. BOUILLET-CCORDONNIER, selon lesquels une telle interprétation fait abstraction de la recherche de la volonté des parties en posant « ex abrupto un principe général selon lequel tout pacte d'actionnaires serait forcément conclu pour la durée de la société en cause », *op.cit.*, n°221 et s, cité par C. LEROY, op.cit., p.55.
[1456] Y. GUYON, *Les sociétés - Aménagements statutaires et conventions entre associés*, LGDJ, 5ème éd., 2002, n°202.

en raison de ce que le contrat de société est susceptible d'être prorogé[1457]. Le caractère déterminé de la durée calquée sur celle de la société a précisément été remis en cause par un arrêt de la Cour d'appel de Paris en date du 15 décembre 2006 au motif que « pour un contrat de société, l'arrivée du terme convenu n'est pas inéluctable ou encore une fatalité puisque les associés ont la possibilité, avant la date fatidique, d'en décider la prorogation »[1458]. Il semble que la prorogation du contrat de société n'a pas d'incidence sur la durée du pacte d'associés. S'agissant du lien de dépendance du pacte d'associés au contrat de société, ledit contrat demeurant en vigueur, la disparition temporaire des actions fait tomber le pacte de même que la transformation des actions résultant de la transformation de la société.

565. Néanmoins, le pacte d'actionnaires, s'il est par nature fondamentalement distinct du contrat de société, se place dans une relation de dépendance à ce dernier qui est proche du rapport juridique d'accessoire à principal[1459]. Pour cela, Jacques MOURY affirme qu'« Un pacte extra-statutaire n'a de réalité que dans la dépendance d'une autre convention à laquelle il s'adosse obligatoirement, le contrat de société.

Dans un rapport d'accessoire à principal, l'existence du pacte d'actionnaires est indissociablement liée non seulement à celle de la société dont sont actionnaires les parties, mais encore, pour chacune d'elles, à sa qualité d'actionnaire dans cette société »[1460]. Selon le même auteur, la dépendance du pacte d'actionnaires au contrat de société se caractérise de la manière la plus évidente par la caducité qu'entraîne automatiquement pour le pacte la disparition de la société[1461].

566. Par ailleurs, les conventions de forme simple en particulier, par lesquelles un actionnaire s'engage par avance envers un autre à voter dans un sens déterminé, ne constituent pas en elles-mêmes une menace pour

---

1457 Notons que GUYON ne remet par-là aucunement en cause le caractère déterminé du contrat de société lui-même, tout contrat à durée déterminée est susceptible d'être prorogé. Ce qu'il remet en cause c'est le caractère limité de la durée du pacte alignée sur celle du contrat de société au regard de la prohibition des engagements perpétuels (Y. GUYON, *op.cit.*, n°202). Sur l'application de cette prohibition aux pactes d'actionnaires, voir infra, Partie I, Titre 1, Chap. 2, Sect° 1, § 2. B. Voir également J. MOURY, *op.cit.*, n°6 renvoyant à R. LIBCHABER, « Réflexions sur les engagements perpétuels et la durée des sociétés », *Rev. sociétés*, 1995, p. 437, spéc. n°7 à 9, cité par C. LEROY, *Le pacte d'actionnaires dans l'environnement sociétaire*, op.cit., p.56.

1458 Cour d'appel de Paris 15 décembre 2006, précité, *Bull. Joly*, 2007, n°4, p. 479, note F.-X. Lucas et commentaires précités : P. Le CANNU, *RTD.com.*, 2007, p. 169 et J. Moury, *D.*, 2007, p. 2045, précité.

1459 C. LEROY, op.cit., p.140.

1460 J. MOURY, « Remarques sur la qualification, quant à leur durée, des pactes d'associés », commentaire sous Cour d'appel de Paris 15 décembre 2006, D., 2007, p. 2045, n°10.

1461 J. MOURY, op.cit., n°10, cité par C. LEROY, op.cit., p.140.

l'actionnaire, lequel demeure libre au final de voter dans le sens qu'il souhaite dans le cadre de l'exercice effectif de son droit de vote au sein des organes sociaux[1462]. L'inexécution de la convention de vote serait sans influence sur la validité du vote émis à l'égard de la société. Cette dernière ne connaît en effet que la décision sociale adoptée à l'issue du vote tandis que le débiteur s'exposerait de son côté à devoir indemniser le partenaire bénéficiaire qui subirait un préjudice du fait de cette inexécution[1463].

567. En somme, le pacte d'associés se place dans une relation de dépendance au contrat de société autant au regard de son existence qu'au regard de son contenu[1464]. Cela pour la simple raison que le contenu du pacte d'associés est commandé par celui du contrat de société, en vertu du principe selon lequel les dispositions extrastatutaires ne peuvent porter que sur les questions résiduelles ne relevant pas du domaine de celles auxquelles la loi ou la jurisprudence ont réservé un traitement exclusivement statutaire. Dès lors, le pacte d'associés est soumis au principe de la primauté des statuts.

2 : Le respect du principe de la primauté des statuts

568. Souvent, certains associés concluent entre eux des pactes afin d'organiser la gestion de la société. Il faut le rappeler, ces « pactes doivent être inférieurs aux statuts comme le précise l'article 2-1 AUSCGIE »[1465]. De cette manière, les dispositions du pacte d'associés ne peuvent en effet venir contredire, ni même concurrencer, les statuts selon une logique semblable à celle selon laquelle l'accessoire ne peut s'étendre au-delà du support que lui offre le principal, faute pour lui de pouvoir exister séparé du principal[1466]. Le principe de la primauté des statuts implique qu'en cas de contradiction ou d'incohérence entre le pacte d'associés et les statuts, ou même seulement en cas d'incertitude, ces derniers prévalent sur les dispositions du pacte. Mais leur régime n'est pas si limpide qu'il y paraît ; comme tout contrat, l'interprétation des clauses qu'ils contiennent peut s'avérer être un exercice ardu, de même la sanction attaché à leur exécution peut être source d'interprétation juridique.[1467].

[1462] T. com. Paris 12 février 1991, *Bull. Joly*, 1991, p. 591, note M. Jeantin.
[1463] C. LEROY, op.cit., p.154.
[1464] C. LEROY, op.cit., p.79.
[1465] P. S. A. BADJI, « Les orientations du législateur OHADA dans l'AUSCGIE révisé », op.cit., p.23. Dans ce cadre, l'article 2-1 de l'AUSCGIE précité dispose que : « Sous réserve du respect des dispositions du présent Acte uniforme auxquelles il ne peut être dérogé et des clauses statutaires, les associés peuvent conclure des conventions extrastatutaires en vue notamment d'organiser, selon les modalités qu'ils ont librement arrêtées… ».
[1466] G. GOUBEAUX, *La règle de l'accessoire en droit privé*, LGDJ, 1969, n°46.
[1467] B. CAVALIE et A. HONTEBEYRIE, op.cit., p.1.

En droit français, une question avait été posée de savoir si les clauses qui seraient contraires aux dispositions statutaires sont-elles valables ? Pour répondre à cette question, une ancienne décision de la Cour de cassation française semble avoir retenu la volonté des parties exprimée de façon la plus récente comme devant s'appliquer[1468]. Y. GUYON se prononce en faveur de cette solution également[1469].

569. Cependant, une autre approche consiste au contraire à considérer que les statuts régissent le fonctionnement de la société dans son ensemble. Dans ces conditions, certains actionnaires ne devraient pas avoir la possibilité de déroger à ce mode de fonctionnement par des dispositions extrastatutaires[1470]. Autrement dit, une clause du pacte d'associés ne peut pas s'opposer à une clause écrite dans les statuts d'une société. Il semble bien que ce soit maintenant la position adoptée par la Cour de cassation française, au moins pour les dispositions impératives des statuts[1471]. Dans ces conditions, en cas d'opposition, les statuts devraient l'emporter, à moins, de prouver que le pacte extrastatutaire, adopté plus récemment que les statuts, équivaut à une modification informelle de ceux-ci. Mais dans ce cas, cette modification serait inopposable aux tiers[1472]. Ce qui prouve l'existence des limites aux sanctions de violations desdits pactes.

B : Les limites aux sanctions de violation des pactes d'associés

570. Le but des pactes d'associés est notamment de faciliter l'adoption de certaines résolutions dans les assemblées générales. Ils sont susceptibles d'intéresser les différentes catégories d'associés. Néanmoins, les sanctions de la violation desdits pactes ne concernent que certains associés. Car, ces pactes sont inopposables aux parties non signataires **(1)**, en plus, on constate le caractère non homogène des sanctions de la violation des pactes d'associés **(2)**.

1468 Cass.com, 17 mars 1982.

1469 Y. GUYON, Traité des contrats - Les sociétés, aménagements statutaires et conventions entre associés, LGDJ, 5ème éd., 2002, n°202.

1470 Chr. PICHARD, op.cit., p.45.

1471 Cass.com, 7 janvier 2004, n°00-11692 ; cass.com, 15 février 1994, n°92-12330 et 92-12991.

1472 Y. GUYON, Traité des contrats - Les sociétés, aménagements statutaires et conventions entre associés, op.cit., n°202.

1 : L'inopposabilité des pactes aux parties non signataires

571. L'inopposabilité peut être définie comme étant l'inefficience d'un acte à l'égard d'un tiers permettant à ce tiers de méconnaître l'acte et d'en ignorer les effets. Elle « sanctionne notamment le défaut d'accomplissement des formalités de publicité [1473]». Il serait en effet, contraire à la sécurité juridique de sanctionner des tiers sur la base des contrats qu'ils ignorent. De cette manière, à l'opposé des statuts d'une société, le pacte d'associés, du fait de son caractère secret a une portée juridique limitée. Une opinion traditionnelle considère que la convention est une « *res inter alios acta* », que le contrat ne déploie ses effets qu'entre les parties, lesquels effets sont dès lors inopposables aux tiers ou à la société. Ce qui signifie que, du fait de la force obligatoire et de l'effet relatif des conventions, ce pacte ne produit d'effet qu'entre des parties signataires en créant entre eux un lieu irrévocable[1474]. Car, le pacte d'associés a pour fonction d'aménager les relations interindividuelles des associés signataires.

572. Cependant, la plupart des clauses insérées dans les pactes d'associés peuvent l'être en toute légalité dans les statuts de la société par actions simplifiée, ce qui leur confère une plus grande force juridique du fait de la publication des statuts. En outre, si la société n'est pas formellement tenue par l'obligation de délivrance d'informations supplémentaires à l'égard du bénéficiaire du pacte, l'obligation prise par le partenaire débiteur, sous la forme d'une promesse de porte-fort, pourrait revenir à un engagement de la part de la société en raison de ce que, par sa qualité de dirigeant ou d'actionnaire majoritaire, le promettant contrôle la société[1475]. Un arrêt de la Cour d'appel de Paris en date du 27 mars 2007 semble en effet se prononcer dans ce sens.

Le pacte conclu entre deux groupes d'actionnaires d'une société anonyme, le groupe investisseur et le groupe dirigeant, stipulait une obligation à la charge du président du conseil d'administration de la société, membre du groupe dirigeant, d'organiser « une réunion semestrielle du groupe investisseur et un système de reportings trimestriels, permettant à chaque actionnaire de suivre l'activité et les performances de la société » [1476]. Cette obligation n'ayant pas été respectée, la Cour d'appel condamne la société, qui n'était pourtant pas partie au pacte, à réparer le préjudice subi par l'un des investisseurs bénéficiaire du pacte. La Cour élude en l'espèce le

---

[1473] F. TERRE, *Introduction générale au droit*, Dalloz, 2000, p.326.

[1474] A. SAKHO, « L'exécution forcée des obligations de faire résultant des pactes de référence dans les cessions d'actions», op.cit., p.815.

[1475] F.-D. POINTRINAL, *La révolution contractuelle du droit des sociétés dynamisme et paradoxes*, Revue Banque Edition, 2003, n°107, cité par C. LEROY, *Le pacte d'actionnaires dans l'environnement sociétaire*, op.cit., p.86.

[1476] Cour d'appel de Paris 27 mars 2007, Bull. Joly, 2007, p. 1002, note F.-X. Lucas.

principe de l'effet relatif des conventions en considérant, semble-t-il, que le président avait agi en sa qualité de représentant légal de la société[1477]. Cependant, l'autre difficulté dans l'exécution des pactes d'associés est le caractère non homogène des sanctions en cas de leur violation.

2 : Le caractère non homogène des sanctions de la violation des pactes d'associes

573. Si la question de la validité des pactes d'associés n'est plus discutée aujourd'hui, il n'en est pas de même de leur efficacité[1478]. Le problème majeur que rencontrent les pactes d'associés est celui de leur effectivité. Le constat est le manque d'efficacité des sanctions en cas de manquement d'une des parties aux obligations du pacte d'associés. Dès lors que les sanctions applicables en cas de violation d'un pacte extra-statutaire seront beaucoup moins dissuasives que celles applicables en cas de violation d'une disposition statutaire[1479]. Comme exemple, les sanctions du non-respect d'une clause statutaire pourront conduire à l'annulation de certaines opérations alors que les sanctions du non-respect d'un pacte d'associés, dans la majeure partie des cas, se résout en dommages et intérêts[1480].

En effet, un pacte extra-statutaire ou statutaire relatif aux droits sociaux est un acte juridique. L'inobservation de ses dispositions devra être sanctionnée conformément au droit des obligations[1481]. Ce qui fait que dans les Etats parties au traité OHADA, quelquefois, la sanction de l'inobservation des dispositions d'un pacte d'associés renvoie au droit commun des contrats de l'État-partie concerné, bien que les sanctions empruntées au droit des obligations se révèlent inadaptées et en plus varient d'un Etat à un autre. Selon la Cour de cassation française, l'inexécution d'une convention entre associés peut entraîner trois sanctions possibles : celle qui est normale (la condamnation à des dommages et intérêts), celle qui est permise sous certaines conditions (l'annulation de l'acte litigieux), et celle qui est interdite (la substitution du bénéficiaire du pacte à l'acquéreur)[1482].

[1477] C. LEROY, op.cit., p.86.

[1478] A. SAKHO, « L'exécution forcée des obligations de faire résultant des pactes de référence dans les cessions d'actions», op.cit., p.815.

[1479] M. BOYE, « Le nouveau régime des nullités dans le droit OHADA des sociétés commerciales », *Revue africaine de sciences politique et sociales*, n°6, Edition Librairie Juridique Africaine (ELJA), Dakar, 2015, p.252.

[1480] Cass.com., 7 mars 1989, n° 87-17212, D. 1989, p. 231.

[1481] A. SAKHO, « L'exécution forcée des obligations de faire résultant des pactes de référence dans les cessions d'actions», op.cit., p.815.

[1482] Cass.com., 7 mars 1989, n° 87-17212, D. 1989, p. 231, préc.

574. De cette manière, on déplore le caractère non homogène des sanctions de la violation des pactes d'associés. Elles seront appliquées de façon fort différente suivant la forme de l'accord violé, la nature de l'acte conclu suite à la violation de la clause, et la position de celui qui invoque la violation[1483].

575. De même, les parties au pacte d'associés peuvent prévoir dans le contrat, un certain nombre de sanctions qui s'appliqueront à elles en cas d'inexécution. Ces clauses peuvent être de plusieurs variétés : elles peuvent prévoir des contraintes financières ou non, ayant pour objet de dissuader l'autre partie de violer l'accord. Elles peuvent également, être des clauses pénales, des clauses résolutoires, des astreintes conventionnelles ou des clauses d'exclusion etc. Ce caractère non homogène de sanctions ne rassure pas l'associé minoritaire qui aurait besoin de saisir la justice contre son partenaire n'ayant pas honoré ses engagements pris dans le cadre d'un pacte d'associés. Par conséquent, les associés ne seront pas motivés à recourir aux pactes s'ils savent lors de la conclusion que le manquement par l'une ou l'autre des parties ne sera pas efficacement sanctionné. Ce qui signifie que la conclusion d'un pacte d'actionnaires d'une façon générale n'a de sens que si la violation par l'un des signataires peut être sanctionnée efficacement[1484].

576. Outre cela, la nullité est expressément prévue par l'Acte uniforme en cas de violation des « clauses de préemption »[1485] et d'inaliénabilité. Néanmoins, la nullité est de plein droit pour la violation des clauses statutaires de préemption[1486], on peut même parler d'une nullité automatique, tandis que dans le second cas, la nullité est conditionnée à la preuve de la mauvaise foi du cessionnaire[1487]. L'appréciation de la mauvaise foi du tiers est en revanche plus sévère en matière de pacte d'associés, car en dehors de la connaissance du pacte d'associés, il peut être exigé du tiers, qu'il ait également connu l'intention du bénéficiaire de se prévaloir de son

---

[1483] M. BOYE, « Le nouveau régime des nullités dans le droit OHADA des sociétés commerciales », op.cit., p.252.

[1484] Chr. PICHARD, op.cit., p.46.

[1485] La clause de préemption est une disposition statutaire par laquelle l'actionnaire qui désire céder ses actions est tenu de le faire au cessionnaire qui lui sera désigné par les organes sociaux compétents, ceux-ci étant dans l'obligation de lui présenter un cessionnaire offrant un juste prix de cession (Cl. CHAMPAUD, *Le pouvoir de concentration de la société anonyme*, op.cit., p.52, n°49).

[1486] Art. 771-3 de l'AUSCGIE : « Dans le cas où une clause de préemption est stipulée dans les statuts, toute cession d'actions réalisée en violation du droit de préemption est nulle. Dans le cas où une clause de préemption est stipulée dans les conventions de l'article 2-1 ci-dessus, toute cession d'actions réalisée en violation du droit de préemption est nulle dès lors qu'il est démontré que l'un des bénéficiaires en avait connaissance ou ne pouvait en ignorer l'existence ».

[1487] P. S. A. BADJI, *Réforme du droit des sociétés commerciales OHADA*, op.cit., p.35, n°15.

droit. Ainsi, lorsque dans un pacte d'associés, il est indiqué que toute cession à un tiers doit être précédée du respect de la procédure de préemption ou d'agrément, il est difficile d'obtenir la nullité de la cession si cette procédure n'est pas respectée. C'est l'une des faiblesses des pactes d'associés[1488]. Une difficulté supplémentaire consistera à justifier du préjudice subi par les actionnaires lésés[1489]. Toutefois, par une décision du 27 juin 2018, la chambre commerciale de la Cour de cassation française a jugé que « la révocation unilatérale de la promesse et, par suite, la cession litigieuse constituaient une violation du pacte d'associés entraînant la nullité de la cession » faite aux tiers, nullité fondée sur les statuts de la SAS[1490]. Par ailleurs, en raison des intérêts en jeu, les parties ne sont pas arrêtées par une éventuelle condamnation. Il est plus satisfaisant d'ordonner l'exécution en nature des conventions. C'est-à-dire obtenir une décision judiciaire obligeant la partie défaillante à respecter le pacte. Une telle sanction peut alors constituer l'équivalent de la convention que l'une des parties aurait refusé de conclure.

577. En droit OHADA, cette possibilité d'obtenir auprès du juge l'exécution forcée du pacte a déjà été admise une fois par les juges de la Cour d'appel d'Ouagadougou qui ont ordonné la cession forcée d'actions en

---

[1488] M.- A. FABRE, « Sécurisation des pactes d'associés », http://www.pacte-associes.fr/securiser, consulté le 14/06/2017.

[1489] Chr. PICHARD, op.cit., p.46.

[1490] Cass.com., 27 juin 2018, n° 16-14097, financière Amplegest, note B. DONDERO. Les associés d'une SAS avaient conclu un pacte, qui comportait de la part de certains associés (les « managers ») une promesse de vendre leurs actions aux autres en cas de cessation de leurs fonctions salariées au sein de la société ou de l'une de ses filiales. Cet engagement était doublé d'une interdiction de céder les titres objet de la promesse pendant toute sa durée. L'un des managers cédait néanmoins ses actions à des tiers, et la SAS, par la voix de son dirigeant, refusait d'enregistrer les ordres de mouvement correspondant aux cessions, au motif que celles-ci contrevenaient au pacte (celui-ci avait été conclu, assez classiquement, « en présence » de la société). Les statuts de la SAS stipulaient que les cessions conclues en violation du pacte étaient frappées de nullité. Cela n'empêchait pas les juges du fond saisis du litige d'ordonner à la SAS de signer les ordres de mouvement. La Cour d'appel accordait de l'importance à un élément assez étonnant, qui était la « résiliation de la promesse de vente contenue dans le pacte ». L'associé partie au pacte avait semble-t-il décidé de s'affranchir de cette partie de la convention, en déclarant qu'il mettait fin à la promesse, avant de céder ses actions à des tiers… La Cour d'appel considérait que cette résiliation était « un fait juridique constant » qu'elle devait « nécessairement prendre en compte », et elle reprochait au pacte de ne pas prévoir de sanction en cas de résiliation anticipée. Mais prévoir une telle sanction aurait été reconnaître que la résiliation anticipée était possible, alors que les parties avaient voulu exclure cela, sauf modification de leur accord. La Cour de cassation casse par conséquent l'arrêt d'appel pour violation de la loi, précisément pour violation de l'art. 1134 ancien du Code civil « *Les conventions légalement formées tiennent lieu de loi à ceux qui les ont faites. Elles ne peuvent être révoquées que de leur consentement mutuel (...)* ». Ces règles se retrouvent aujourd'hui, après l'ordonnance du 10 févr. 2016, aux articles 1103 et 1193 du Code.

application d'un pacte[1491]. De même, une décision de la Cour de cassation française considère que le bénéficiaire d'un pacte de préférence est en droit d'exiger l'annulation d'un contrat passé avec un tiers en méconnaissance de ses droits et d'obtenir sa substitution avec l'acquéreur si ce tiers avait connaissance dudit pacte et de l'intention du bénéficiaire de s'en prévaloir[1492].

578. Cependant, la jurisprudence paraît toujours hésitante sur cette question. Dans un arrêt, un actionnaire minoritaire prétendait avoir été victime d'un dol lors de la conclusion de son propre protocole au motif que, s'il avait eu connaissance de la conclusion du protocole antérieur plus favorable au profit des autres minoritaires, il n'aurait pas accepté les nouvelles conditions du prix de sa participation. Les juges du fond reconnaissent que le majoritaire s'est rendu coupable d'une manœuvre déloyale en dissimulant la conclusion du pacte plus favorable au minoritaire demandeur. Ils font droit à la demande de ce dernier mais ils n'y répondent pas exactement dans les mêmes termes. Les juges retiennent en effet que c'est au moment-même de la conclusion du pacte antérieur que le majoritaire a manqué à son devoir de loyauté envers le demandeur. La Cour de cassation rejette également le pourvoi au motif que le demandeur « se prévalait de ce que lui avait été cachée, la signature antérieure d'un pacte d'actionnaires, dont la connaissance l'aurait conduit à exercer le droit de retrait qui lui était reconnu par un protocole encore plus antérieur et à ne pas signer le protocole litigieux, lequel était moins avantageux pour lui »[1493]. En plus, le piège de l'exaltation de la liberté résulte du fait que la règle de l'unanimité est réglementée en partie.

§2 : La réglementation partielle de la règle de l'unanimité

579. Le principe de la liberté contractuelle des associés, permet aux associés minoritaires lors de la rédaction des statuts de se réserver une véritable autorité décisionnelle en exigeant l'unanimité pour certaines décisions en assemblée générale. Néanmoins, en droit des sociétés commerciales, la liberté contractuelle est fortement restreinte par le caractère impératif et détaillé des dispositions légales, au point que, pour lui redonner vigueur, il a fallu instituer une autre forme de société, la société par actions

---

[1491] CA Ouagadougou (Burkina-Faso), ch. com., n°041/99, 19-6-2009: K. B. G. c/ SOPAFER-B, Ohadata J-10-217.

[1492] Cassation, chambre mixte, 26 mai 2006, n°240, D.2006. J.1861, note P.-Y. Gautier ; et 2644, note B. Fauvarque-Cosson.

[1493] Cass.com. 1er juillet 2003, n°1095 F-D, Sté Eurodec c/ Sté Groupe Choisy Inc, *RJDA*, 5/04 n°574.

simplifiée[1494]. Ainsi, cette unanimité se caractérise par son exigence expresse dans les SAS (**A**), alors que dans les autres sociétés, on est confronté au mutisme du législateur (**B**).

A : L'exigence expresse dans les SAS

580. Dans une SAS, en plus de l'article 853-6 de l'AUSCGIE précité, il résulte de l'article 853-22 que « Les clauses statutaires visées aux articles 853-17, 853-18, 853-19, 853-20 ci-dessus ne peuvent être adoptées ou modifiées qu'à l'unanimité des associés. Toute délibération ou décision prise en violation du présent article est nulle »[1495]. L'expression diffère (les associés ne « statuent » pas, ce qui semble impliquer une délibération commune), mais elle signifie certainement que tous doivent participer à la décision, qui ne sera prise qu'en cas d'approbation de tous ensemble ou de chacun séparément[1496]. Sinon, on aurait écrit : « … que par une décision collective unanime »[1497]. Il s'agit des clauses qui, touchant à la composition du capital social et son évolution, permettent d'assurer sa stabilité, de garantir l'équilibre initial et d'assurer la pérennité de la société[1498]. A cet

---

[1494] P. S. A. BADJI, « Les orientations du législateur OHADA dans l'AUSCGIE révisé », op.cit., p.10.

[1495] Il s'agit des clauses statutaires visées aux articles 853-17, 853-18, 853-19, 853-20 de l'AUSCGIE :

Art. 853-17 - Les statuts de la société peuvent prévoir l'inaliénabilité des actions ou des valeurs mobilières donnant accès au capital pour une durée n'excédant pas dix (10) ans ;

Art. 853-18 - Les statuts peuvent, dans les conditions qu'ils déterminent, soumettre toute cession d'actions ou de valeurs mobilières donnant accès au capital à l'agrément préalable de la société et à un droit de préemption ;

Art. 853-19 - Dans les conditions qu'ils déterminent, les statuts peuvent prévoir qu'un associé peut être tenu de céder ses actions ;

Les statuts peuvent également prévoir la suspension des droits non pécuniaires de cet associé tant que celui-ci n'a pas procédé à cette cession ;

Art. 853-19-1 - Toute cession d'actions ou de valeurs mobilières donnant accès au capital effectuée en violation d'une clause statutaire introduite en application des articles 853-17, 853-18 et 853-19 ci-dessus est nulle ;

Art. 853-20 - Les statuts peuvent prévoir que la société associée dont le contrôle est modifié doit, dès cette modification, en informer la société. Celle-ci peut décider, dans les conditions fixées par les statuts, de suspendre l'exercice des droits non pécuniaires de cet associé et de l'exclure. Les dispositions de l'alinéa précédent peuvent s'appliquer, dans les mêmes conditions, à l'associé qui a acquis cette qualité à la suite d'une opération de fusion, de scission ou de dissolution.

[1496] P. LE CANNU, « Le contentieux de la SAS – I : La nullité des décisions d'associé(s) fondée sur l'article L 222-7 du Code de commerce », *Dr.*21, 2001, ER 012, 25p.

[1497] P. LE CANNU, « Le contentieux de la SAS – I : La nullité des décisions d'associé(s) fondée sur l'article L 222-7 du Code de commerce », ibid.

[1498] L. TOMASINI, « La société par action simplifiée : une structure pour tous ? », *CREG*, Versailles, mars 2012, p.23.

effet, les droits attachés aux actions, doivent être exercés à l'unanimité. L'accord individuel de chaque associé est alors nécessaire.

581. La motivation de cette exigence réside dans le fait que les clauses et conditions des statuts de la SAS sont susceptibles de constituer une augmentation des engagements des actionnaires, opération nécessitant effectivement l'unanimité des actionnaires. Un auteur en déduit que l'augmentation des engagements des associés est valable, même si elle n'est pas décidée à l'unanimité, mais qu'elle reste inopposable à celui ou à ceux qui n'y ont pas personnellement consenti[1499]. Cette interprétation ne semble pas encore consacrée par la jurisprudence[1500]. Sachant que l'augmentation des engagements ne peut, selon la jurisprudence, que résulter d'une décision modifiant les statuts[1501], on peut considérer que l'on reste ici dans le domaine des décisions collectives. On constate ici que le passage à une société par actions simplifiée révèle des exigences lourdes en raison du respect de la règle de l'unanimité[1502]. Cette nouveauté a institué une liberté contractuelle totalement inédite en matière de rédaction de statuts. Car ce sont les statuts qui déterminent les décisions qui sont de la compétence des associés et les modes de consultation des associés. Dans le silence des statuts, les décisions collectives, autres que les décisions modifiant les statuts ou celles pour lesquelles l'unanimité est requise, sont prises à la majorité simple.

582. En outre, la SAS s'est également révélée être novatrice puisque la liberté statutaire permet d'intégrer ces accords particuliers directement dans les statuts de SAS, ce qui entraîne en cas de violation de ces derniers, la nullité des décisions contrevenant auxdites stipulations statutaires. A l'inverse, c'est cette même règle de l'unanimité, supposée garantie de son consentement, qui peut se révéler lourde de conséquences. En effet, toute clause relative aux titres sociaux ne pouvant être modifiée qu'à l'unanimité des associés, la SAS peut se révéler non seulement décevante pour l'un ou

---

[1499] F. RIZZPO, Le principe d'intangibilité des engagements des associés, *RTD com.*. 2000, p. 27, cité par P. Le Cannu, « Le contentieux de la SAS – I : La nullité des décisions d'associé(s) fondée sur l'article L 222-7 du Code de commerce », op.cit., p.12.

[1500] V. par exemple *Cass. civ. 1e*, 5 nov. 1996 : *Bull. Joly*, 1997, 131, note P. Le Cannu ; *Dr. sociétés* 1997, n° 4, obs. Th. Bonneau ; *RTD com.* 1997, 467, obs. Cl. Champaud et D. Danet.

[1501] *Cass. civ. 1e*, 8 nov. 1988 : *Rev. sociétés* 1989, 473, note Y. Chartier ; *RTD com.* 1989, 86, obs. E. Alfandari
et M. Jeantin ; *Defrénois* 1989, 553, obs. J. Honorat.

[1502] Th. PAIRON, Vous avez dit « société par actions simplifiée »... et pourtant, http://www.avocats-bobigny.com/images/ENTREPRISES/articlepairon.pdf, consulté, le 14/11/2017.

certains des associés, mais également sans retour[1503]. Par ailleurs, en dehors de la SAS, il y a un mutisme sur la question de l'unanimité des associés.

B : Le mutisme du législateur

583. Selon Yves GUYON, la SAS est « un îlot de liberté dans un océan de réglementation »[1504] ; « une nouvelle forme spéciale de société (...) dont l'objectif est précisément d'échapper au droit des sociétés pour favoriser la liberté contractuelle »[1505]. Cela se confirme également dans l'Acte uniforme relatif au droit des sociétés commerciales, où en dehors de quelques opérations[1506], l'unanimité est réservée à la SAS. Dans les autres sociétés, le législateur a gardé le silence. Or comme on l'a déjà dit, si les statuts ne prévoient rien, les décisions sont prises selon la loi de la majorité. La taille grandissante des sociétés commerciales imposa en effet jadis que la majorité prît le pas sur l'unanimité lors des décisions collectives. Certes, la plupart des formes sociales sont régies par un gouvernement majoritaire, néanmoins, l'unanimité a encore vocation à s'appliquer au sein de certains groupements, auxquels nul ne songerait à dénier la personnalité morale[1507]. Autrement dit, si la personnalité juridique reconnue à la société impose une agrégation des volontés individuelles, elle ne suffit pas à fonder la loi de la majorité[1508], car, celui qui détient un nombre suffisant d'actions pour emporter la décision dicte sa vision aux autres associés, dans une société régie par la loi de la majorité. Si l'unanimité est requise, alors chacun est en mesure d'imposer ses vues. Le droit de vote se transforme en un droit de veto[1509].

584. Néanmoins, selon l'article 283 de l'AUSCGIE toutes les décisions qui excèdent les pouvoirs des gérants sont prises à l'unanimité des associés. De cette manière, l'unanimité est la règle supplétive qui s'applique à défaut de clause différente des statuts. Dans ce sens, en droit français, l'article 227-9 du Code de commerce, prévoit en effet que les clauses

---

[1503] D. RANDOUX, « Une forme sociale ordinaire : la société par actions simplifiée », *JCP* éd. N 1999, p. 1567, cité par L. TOMASINI, « La société par action simplifiée : une structure pour tous ? », op.cit., p.23.

[1504] Y. GUYON, « Présentation générale de la société par actions simplifiée », RS 1994, p. 207.

[1505] C. HANNOUN, « La société par actions simplifiée : essai de prospective juridique », Mél. A. SAYAG, Litec 1997, p. 283, cité par L. TOMASINI, « La société par action simplifiée : une structure pour tous ? », op.cit., p.4.

[1506] Art. 359, 692, 853-6, etc. de l'AUSCGIE précités.

[1507] C. RUELLAN, *La loi de la majorité dans les sociétés commerciales*, Thèse, Paris II, 1997, n° 254 et s.

[1508] R. KADDOUCH, op.cit., p.277.

[1509] R. KADDOUCH, op.cit., p.357.

relatives à la cohésion de l'actionnariat[1510], doivent être adoptées, modifiées ou supprimées[1511] à l'unanimité. En outre, les accords prévoyant une concertation préalable des actionnaires, antérieurement à la réunion de l'assemblée générale sont susceptibles de donner naissance à une action de concert peu importe à cet égard ses modalités. L'accord peut ainsi prévoir que les actionnaires arrêteront leurs positions à l'unanimité[1512]. Suite à cette avancée de la législation française, il est souhaitable que le législateur OHADA aille plus loin, plutôt vers la règle du vote à l'unanimité des associés, plus favorable aux minoritaires et plus protectrice de leurs droits sociaux. Par contre, actuellement le droit des sociétés accorde le privilège aux nouveaux financements des sociétés commerciales.

Section 2 : Le privilège accordé au financement de la société

585. Généralement, le financement des sociétés commerciales est d'abord assuré par les apports de ses actionnaires qui bénéficient de certains droits et s'obligent à respecter certaines obligations[1513]. Mais il peut être assuré également par des investisseurs, qui deviennent titulaires de valeurs mobilières constituant de titres négociables représentatifs de créances sur la société. En effet, l'intérêt social constitue à la fois la finalité de l'exercice d'un pouvoir juridique au sein de la société[1514], mais aussi une limite aux droits des associés. Ainsi, dans le cadre d'un assainissement des finances de la société, l'intérêt primordial doit être et rester la survie de la société, et non le renforcement de la protection de l'actionnaire minoritaire[1515]. Plus généralement, il paraît que les dispositions relatives à la protection des associés minoritaires intéressent singulièrement les associés majoritaires. La situation s'explique probablement par les besoins de financement des sociétés, « lesquels ne peuvent être satisfaits que par un perfectionnement des moyens de contrôle et d'information sur la gestion susceptibles d'attirer

---

[1510] Il s'agit des clauses d'inaliénabilité, des clauses d'agrément, des clauses de privation des droits extra pécuniaires, ainsi que des clauses d'exclusion ou de notification de changement de contrôle d'un associé. – sur ces clauses, (J.-J. DAIGRE, *Les clauses relatives à la cession des actions*, Cah. dr. entr. 2/1994 p. 13 ; M. JEANTIN, *Les associés de SAS*, Rev. Sociétés 1994 p. 222, cité par R. KADDOUCH, op.cit., p.285).

[1511] P. LE CANNU, « Un nouveau lieu de savoir-faire contractuel : la société par actions simplifiée », Defrénois 1994 p. 1345, spéc. n° 73.

[1512] Déc. CMF n° 198c0889 du 24 sept. 1998, cité par R. KADDOUCH, op.cit., p..220.

[1513] B. LE BARS et B. MARTOR, « Management et financement de la société anonyme de droit OHADA », *Pratique et actualité du droit OHADA, Journées d'études Juriscope Poitiers*, p.121, Ohadata, p.1.

[1514] D. NZOUABETH, op.cit., p.111, n°269.

[1515] M. JACCARD et A. FELLAY, op.cit., p.215.

la confiances de nouveaux bailleurs de fonds »[1516]. Malheureusement, cela donne lieu à la mise à l'écart des droits fondamentaux de l'associé (**§1**), en faveur des investisseurs institutionnels, malgré l'absence du statut uniforme desdits investisseurs en droit OHADA (**§2**).

§1 : La mise à l'écart des droits fondamentaux de l'associé

586. Tout associé d'une société jouit de droits fondamentaux que sont la participation aux bénéfices, le droit de vote dans les assemblées générales, celui de rester dans la société, celui de contrôler la gestion de l'entreprise par la communication de différents documents, etc. Mais la protection de l'intérêt social peut être à l'origine de la mise en l'écart de certains de ces droits comme les droits fondamentaux financiers (**A**), de même que les droits fondamentaux non pécuniaires (**B**).

A : Les droits fondamentaux financiers

587. Les droits financiers des associés sont incarnés dans les actions ou parts sociales qu'ils reçoivent en contrepartie de leur participation au capital social. Ainsi, la mise à l'écart de certains de ces droits peut être par exemple le fait de la suppression du droit préférentiel de souscription (**1**) et le rachat des actions de préférence (**2**).

1 : La suppression du droit préférentiel de souscription

588. Le droit préférentiel de souscription est le droit, conféré à un associé, de souscrire par priorité une augmentation de capital en numéraire de sa société, proportionnellement à sa participation actuelle dans le capital social[1517]. Ce qui signifie que l'objectif initial consistait à instituer au profit des associés un droit à la souscription prioritaire des titres émis, afin de permettre l'augmentation du capital[1518]. Mais il est possible, dans certaines situations, de supprimer le droit préférentiel de souscription. Ainsi, une société en difficulté qui estime devoir reconstruire son capital social ou qui cherche à étendre le champ de ses activités, peut décider de faire entrer de nouveaux investisseurs dans son capital. Dans cette hypothèse, elle réunit

---

[1516] L. GODON, « La protection des actionnaires minoritaires dans la loi relatives aux nouvelles régulations économiques », op.cit., p.729.

[1517] JCl. Sociétés Traité, 02 Février 2009. http://www.lexisnexis.fr/droit-document/fascicules/jcl-societes-traite/695_EG_SO1_436695CH_1_PRO_081605.htm#.Wg2-4zvjLIV, consulté, le 16/11/2017.

[1518] E.W. GONCALVES, « L'affaiblissement du droit préférentiel de souscription des actionnaires en droit OHADA, *Revue ERSUMA*, n°1, juin 2012, p.78.

une assemblée générale extraordinaire, qui peut décider de supprimer les droits préférentiels à l'occasion de cette augmentation de capital et de permettre de cette manière l'entrée de nouveaux actionnaires dans son capital. Cette possibilité existe pour permettre à des tiers de participer à l'augmentation de capital social[1519].

589. A cet effet, le législateur OHADA dans l'AUSCGIE précise que : « L'assemblée générale qui décide ou autorise une augmentation de capital peut, en faveur d'un ou de plusieurs bénéficiaires nommément désignés, supprimer le droit préférentiel de souscription pour la totalité de l'augmentation de capital ou pour une ou plusieurs tranches de cette augmentation »[1520]. La suppression du droit préférentiel de souscription est une décision qui ressort exclusivement à l'assemblée générale extraordinaire, et qui ne peut donc être déléguée et ceci se justifie aisément par le fait que la suppression du droit préférentiel de souscription est de nature à porter atteinte aux droits des associés. En effet, cette disposition porte atteinte à l'égalité des associés. Comme disait un auteur, pour le législateur communautaire, le principe de l'égalité entre actionnaires ne signifie donc pas que tous les actionnaires d'une même société sont égaux, l'égalité ne se conçoit que par l'appartenance à une même catégorie. Une brèche se trouve ainsi ouverte dans le principe constitutionnellement affirmé de l'égalité en droit[1521].

590. En outre, le droit préférentiel de souscription, droit fondamental attaché à l'action, ne saurait être modifié ni supprimé[1522], car sa suppression constitue une atteinte aux droits sociaux des associés. Dans la réalité, en cas d'augmentation du capital social avec suppression du droit préférentiel de souscription, la participation de l'associé dans le capital social se trouvera réduite, entraînant automatiquement une diminution de l'ensemble de ses droits sociaux. Autrement dit, cette proposition revient à demander aux associés de renoncer à un droit inhérent à la qualité d'associé, au risque de voir leur part au capital réduite en cas d'opération. Car, après augmentation de capital social, le cours de l'action s'ajuste à la baisse pour tenir compte des actions nouvelles composant le capital. Par conséquent, il est souhaitable que le législateur puisse poser des conditions supplémentaires à la suppression du droit préférentiel de souscription, afin de renforcer la protection des

[1519] S. BRAUDO, « Définition de Droit préférentiel de souscription (sociétés anonymes), https://www.dictionnaire-juridique.com/definition/droit-preferentiel-de-souscription-societes-anonymes.php, consulté, 17/8/2017.
[1520] Art. 586 de l'AUSCGIE.
[1521] E.W. GONCALVES, « La rupture de l'égalité dans les souscriptions prioritaires d'actions en droit OHADA», op.cit., p.337.
[1522] A. VIANDIER, « Les actions de préférence », *JCP E* 2004, 1440, p. 1530.

associés minoritaires. En plus de cette suppression, il convient de signaler que les actions de préférence sont rachetables.

2 : Le rachat des actions de préférence

591. Les actions de préférence sont des actions[1523], mais jouissant d'avantages par rapport à toutes les autres actions[1524]. Le rachat desdits actions est un mode drastique de leur suppression puisque le porteur peut perdre purement et simplement la qualité d'associé. Selon un auteur, le rachat des titres de l'associé minoritaire est considéré dans le cadre des sociétés cotées comme permettant un véritable droit de retrait, même si le déclenchement des mécanismes qui y sont liés dépend le plus souvent de certaines conditions et non de la volonté de l'associé minoritaire[1525]. Ce qui signifie qu'il est conçu comme le moyen de permettre à la société de « se débarrasser d'instruments financiers devenus encombrants »[1526].

592. Pourtant, l'AUSCGIE dispose que : « Lorsque l'assemblée est appelée à se prononcer sur le rachat ou le remboursement d'actions de préférence, le rapport du conseil d'administration ou de l'administrateur général, selon le cas, précise les conditions du rachat ou du remboursement, les justifications et les modalités de calcul du prix proposé ainsi que l'incidence de l'opération sur la situation des titulaires de titres de capital et des valeurs mobilières donnant accès au capital»[1527]. La souplesse de ce rachat est surprenante. Selon le législateur, l'assemblée se prononce sur ce rachat, et sur l'obligation de constatation des opérations à laquelle est soumis le conseil d'administration ou de l'administrateur général. En plus, l'assemblée générale extraordinaire peut déléguer au conseil d'administration ou à l'administrateur général, selon le cas, le pouvoir de décider du rachat ou de la conversion ou déléguer à cet organe le pouvoir d'en fixer les modalités[1528].

593. Une interprétation stricte du terme rachat conduirait à réserver l'initiative de l'opération à la société. En effet, le mot « rachat » se distingue dans l'article même de l'Acte uniforme, de celui de « remboursement », qui indique la sollicitation de l'associé ; de même, le terme rachat a jusqu'à

[1523] A. VIANDIER : Les actions de préférence (ordonnance n° 2004-604 du 24 juin 2044, article 31), JCPE, n° 40, 30 septembre 2004, p.1529.
[1524] Art. 755 de l'AUSCGIE.
[1525] G. H. TCHDOYI-DOUMBE, La cession de droits sociaux de l'associé minoritaire, op.cit., p.54.
[1526] A. VIANDIER, « Les actions de préférence », JCP E 1440, Comm. 2004, p. 1529, n°10.
[1527] Art. 778-8 de l'AUSCGIE.
[1528] Art. 778-9 de l'AUSCGIE.

présent un sens particulier en droit des sociétés, celui de l'exclusion de l'associé[1529]. De cette manière, à défaut de précision particulière dans les statuts, il est nécessaire de recourir à un expert indépendant. En effet, il semblerait qu'il faille un accord individuel des associés si les modalités[1530] de rachat n'ont pas été envisagées dans les statuts de la société, donc une décision à l'unanimité de l'assemblée spéciale, car il s'agit d'une modification à l'extrême des droits attachés à leurs actions. Cela pour la simple raison qu'on ne peut déduire de l'absence de précision du texte que le rachat constitue une exception à l'article 555[1531] de l'AUSCGIE.

594. Par ailleurs, deux précisions importantes doivent été formulées. D'une part, seule la société peut être à l'initiative du rachat[1532], ce qui exclut que les porteurs des actions de préférence puissent le déclencher. Il a en effet été estimé qu'une telle possibilité heurterait en particulier le principe de fixité du capital social. Car, à supposer que tous les porteurs puissent être à l'initiative du rachat, le capital social de la société émettrice ne refléterait qu'une valeur susceptible d'évoluer à la baisse à tout moment[1533]. D'autre part, en aucun cas, ces opérations ne peuvent porter atteinte à l'égalité des associés se trouvant dans la même situation. On peut aussi estimer que le rachat par la société des actions d'un associé permet de lui garantir une valorisation de sortie, la société ayant la charge de revendre à un tiers ou aux associés les actions reçues. En plus, il y a la mise à l'écart d'autres droits non pécuniaires.

B : Les droits fondamentaux non pécuniaires

595. Les droits fondamentaux non pécuniaires sont nombreux, mais ici il s'agit de la mise à l'écart de certains droits extrapatrimoniaux par la consécration du droit de retrait (**1**) et celui de l'exclusion (**2**).

[1529] M. GERMAIN, « La création et la disparition des actions de préférence », *Revue de droit bancaire et financier*, n° 5, septembre-octobre 2005, p.368.

[1530] L'art. 778-2 précise que « Les modalités de rachat ou de conversion des actions de préférence peuvent également être fixées dans les statuts ». Ce qui signifie qu'il s'agit d'une faculté et non une obligation.

[1531] « L'assemblée spéciale réunit les titulaires d'actions d'une catégorie déterminée. L'assemblée spéciale approuve ou désapprouve les décisions des assemblées générales lorsque ces décisions modifient les droits de ses membres. La décision d'une assemblée générale de modifier les droits relatifs à une catégorie d'actions, n'est définitive qu'après approbation par l'assemblée spéciale des actionnaires de cette catégorie ».

[1532] L'art.778-2 de l'AUSCGIE n'a pas apporté des précisions sur cette question.

[1533] Chr. LEFAILLET, « Le régime du rachat des actions de préférence précisé », *Option Finance Droit & Affaires*, le 22 octobre 2014, http://www.lexplicite.fr/regime-du-rachat-actions-preference-precise/, consulté, le 18/11/2017.

1 : Le droit de retrait

596. Le droit des sociétés présente une faiblesse considérable des moyens structurels efficaces offerts à l'associé minoritaire au sein des sociétés non cotées pour lui permettre de partir à des meilleures conditions[1534]. C'est le cas du droit de retrait d'un associé. Le retrait d'associé est un mécanisme singulier, permettant à un associé en capital de décider unilatéralement de sortir du capital de la société, et par conséquent de contraindre les associés à racheter ses titres ou à réduire le capital de la société[1535]. Le législateur OHADA reconnaît un droit de retrait au profit des associés des sociétés commerciales. En effet, l'art.269-3 de l'AUSCGIE dispose que « Ne sont pas assujettis aux formalités de dépôt et de publication les actes constatant les augmentations ou les diminutions du capital social opérées dans les termes de l'article 269-1 ci-dessus, ou les retraits d'associés, autres que les gérants ou les dirigeants sociaux de la société par actions simplifiée, qui auraient lieu conformément à l'article 269-6 ci-après »[1536]. A l'instar de cette disposition, on trouve plusieurs autres traces du droit de retrait d'associé dans l'Acte uniforme relatif au droit des sociétés commerciales[1537].

En France, lors de l'examen de la loi n° 98-546 du 2 juillet 1998 portant diverses dispositions d'ordre économique et financier (DDOEF), le Sénat avait proposé de permettre aux actionnaires minoritaires des sociétés commerciales de se retirer dans trois cas : la transformation de la société anonyme en commandite, la détention de 95 % du capital ou des droits de vote par un actionnaire agissant seul ou de concert et, enfin, le comportement fautif et dommageable d'un actionnaire, afin d'apporter une solution efficace aux abus de majorité[1538]. Toutefois, en exerçant son droit de retrait, l'associé abandonne purement et simplement sa qualité d'associé et la société lui rembourse son apport[1539].

[1534] G. H. TCHDOYI-DOUMBE, La cession de droits sociaux de l'associé minoritaire, op.cit., p.293.

[1535] Ph. TOUZET, « Droit de retrait de l'associé : Quel fondement ? », Novembre 2015. http://www.parabellum.pro/Droit-de-retrait-de-l-associe-Quel-fondement_a684.html, consulté, le 19/11/2017.

[1536] Art. 269-1 de l'AUSCGIE : « Il peut être stipulé dans les statuts des sociétés anonymes ne faisant pas appel public à l'épargne et sociétés par actions simplifiées que le capital social est susceptible soit d'augmentation par des versements successifs des associés ou l'admission d'associés nouveaux, soit de diminution par la reprise totale ou partielle des apports effectués ».

[1537] Cf. notamment l'art. 269-6 et 7, 274, 292 de l'AUSCGIE.

[1538] Ph. MARINI, « Le droit de retrait des actionnaires minoritaires dans les sociétés non cotées » : LPA 4 nov. 1998, p. 27.

[1539] J.J DAIGRE, « La perte de la qualité d'associé », Rev. sociétés, 1999, p. 535.

597. En plus, une autre partie de la doctrine justifie son hostilité aux clauses de retrait d'associés par le principe d'intangibilité du capital social[1540]. Cependant, la doctrine[1541] et la jurisprudence française[1542] sont unanimes sur le caractère d'ordre public du droit de retrait. En outre, le droit de retrait est unanimement considéré par la doctrine et la jurisprudence comme étant de l'essence même des sociétés à capital variable[1543]. Le retrait dans le cadre de la société à capital variable participe donc de l'idée d'un groupement peu contraignant pour les associés qui le composent ; le principe de la *« porte ouverte »* autorise de pouvoir en sortir facilement[1544]. Malheureusement, la société à capital variable témoigne d'une « structure d'accueil transitoire »[1545]. Or, l'aspect transitoire donne à l'engagement de l'actionnaire ou associé une apparence telle qu'il n'est pas destiné à rester indéfiniment au sein de la société ; et à partir de ce moment, ce passage de la personne dans une telle société « est comparable à une phase de construction-déconstruction de la qualité d'associé : ce qui, un jour, est, devient susceptible de ne plus être le lendemain »[1546].

Selon X. GROSCLAUDE, l'idée d'un droit de retrait des actionnaires à l'occasion d'une fusion doit être appréhendée comme un moyen d'une rénovation de la négociation de la fusion. Toujours selon lui, le droit de retrait exercé lorsque les conditions d'une véritable négociation ne sont pas proposées aux actionnaires minoritaires constituerait « une compensation de l'avantage que retire le majoritaire de la fusion » [1547].

598. L'intérêt de ce droit de retrait est de permettre à un associé qui n'est pas satisfait de sa participation dans une société commerciale de ne pas être contraint d'en faire partie. L'associé qui se retire d'une société commerciale exerce unilatéralement une faculté qui lui est accordée par la loi. C'est une prérogative exorbitante du droit commun des sociétés, que le législateur a accordée exceptionnellement, au fur et à mesure que le besoin

---

1540 S. DANA-DEMARET, *Le capital social*, Litec, Paris, 1989, p.299.

1541 B. CAILLAUD, *L'exclusion d'un associé dans les sociétés*, op.cit., p. 25 ; G. RIPERT et R. ROBLOT, *Traité de droit commercial. Les sociétés commerciales*, op.cit., p.710, n° 2051.

1542 CA Paris, 20 octobre 2000, Rev. soc. 2001, p. 343, note L. GODON.

1543 B. CAILLAUD, *L'exclusion d'un associé dans les sociétés,* Sirey, Paris, 1966, p. 25 ; D. GIBIRILA, « Parts sociales : droits et obligations de l'associé », op.cit., p. 18 ; Civ., 8 juin 1939, Sirey 1939, I, p. 249, note ROUSSEAU.

1544 E. GEORGES, Essai de généralisation d'un droit de retrait dans la société anonyme, Thèse, Poitiers, 2005, p.63.

1545 E. GEORGES, ibid.

1546 E. GEORGES, ibid.

1547 X. GROSCLAUDE, « Les droits des actionnaires des opérations de fusion », Thèse, Université de Strasbourg III, 1995, p. 306, n° 430, cité par G. H. TCHDOYI-DOUMBE, *La cession de droits sociaux de l'associé minoritaire,* op.cit., p.302, n°346.

se faisait ressentir[1548]. Néanmoins, dans le cadre d'une société à capital variable, il est également envisageable de conférer un droit de *veto* à l'organe de gestion, lorsqu'un associé met en œuvre son droit de retrait. L'exercice de ce droit de retrait peut mettre en péril la pérennité de la société. Le droit de *veto* du gérant est alors parfaitement légitime. À cet égard, une durée d'engagement peut être imposée à l'associé comme ce qui est parfois le cas dans la société coopérative[1549]. En outre, l'exigence d'un seuil au-dessous duquel le capital ne peut être réduit est prévue par l'Acte uniforme relatif au droit commercial afin que le retrait d'un associé n'entraîne pas la fragilisation de la société[1550]. Mais selon D. GIBIRILA, cela revient à interdire tout retrait lorsque le seuil est atteint. Dans ce cas, l'associé qui envisage de se retirer devrait attendre que le capital ait suffisamment augmenté pour pouvoir exercer son droit[1551]. Toutefois, pour confirmer également le droit de retrait de l'associé, cette position est repoussée par la Cour de cassation française pour qui l'associé peut exercer son droit de retrait, alors même que le capital minimum serait atteint[1552].

599. Dans un sens du patrimonial au politique, le seul droit politique effectif pour un actionnaire minoritaire est de réagir à une gestion qui lui déplaît en quittant la société, par la cession de son titre, c'est-à-dire par l'exercice d'un droit patrimonial[1553]. D'une façon plus conceptuelle, il faut adopter des règles juridiques équivalentes aux effets heureux produits spontanément par le marché financier, règles communes à toutes les sociétés, même non cotées. Pour ne prendre qu'un exemple, la liquidité du marché financier permet à l'actionnaire de céder son titre si le comportement des dirigeants sociaux ne lui convient pas. Il faudrait alors conférer aux actionnaires minoritaires des sociétés non cotées un droit de sortie[1554]. Et lorsqu'il doit sortir de la société (même suite à un retrait), c'est alors des garanties quant à l'évaluation et au remboursement de ses droits sociaux que l'associé attend. Sans compter que, sous couvert de la force obligatoire des

---

[1548] G. H. TCHDOYI-DOUMBE, *La cession de droits sociaux de l'associé minoritaire*, op.cit., p.15.

[1549] M. RAKOTOVAHINY, op.cit., p.277.

[1550] Art. 269-5 AUSCGIE : « Les statuts déterminent une somme au-dessous de laquelle le capital ne peut être réduit par les reprises des apports autorisées par l'article 269-1 ci-dessus. Cette somme ne peut être inférieure ni au dixième du capital social stipulé dans les statuts ni au montant minimal du capital exigé pour la forme de la société considérée par les dispositions la régissant. Toute réduction de capital au-delà de la limite prescrite par les statuts est nulle ».

[1551] D. GIBIRILA, « Parts sociales : droits et obligations de l'associé », op.cit., p.18 et 19.

[1552] Cass.civ., 8 juin 1939, Sirey 1939, I, p. 249, note ROUSSEAU, arrêt précité.

[1553]. M.-A. FRISON-ROCHE, « Régulation et droit des sociétés. De l'article 1832 du Code civil à la protection du marché de l'investissement », op.cit., p.267, n°33.

[1554]. M.-A. FRISON-ROCHE, « Régulation et droit des sociétés. De l'article 1832 du Code civil à la protection du marché de l'investissement », op.cit., p. p.271, n°43.

statuts, les associés peuvent se voir opposer des clauses de non-concurrence et des clauses d'exclusion qui leur ont parfois été imposées *de facto*[1555]!

2 : L'exclusion

600. En droit des sociétés, l'exclusion est une sanction qui emporte la cession de la totalité des droits sociaux de l'associé visé. Dans ce cadre, les différentes définitions possibles de cette notion correspondent à une seule réalité juridique : celle de la rupture forcée des liens entre la société et l'un de ses associés. Très souvent, cette sanction vise les associés minoritaires, et porte atteinte à leur propriété. Néanmoins, il n'y a pas à proprement parler d'exclusion lorsque celle-ci est la sanction judiciaire de la fraude. Il en est ainsi notamment de l'éviction judiciaire de celui qui, en contournant une clause d'agrément, acquiert frauduleusement la qualité d'associé[1556]. Il ne s'agit pas d'une exclusion, bien que ce terme ait pu être employé, puisque la personne, en raison de la fraude, est censée ne jamais avoir acquis la qualité d'associé[1557]. Sauf que quelle qu'en soit la qualification juridique, la clause contraignant un associé à céder ses titres aboutit au même résultat : l'associé concerné perd sa qualité d'associé et les droits qui y sont attachés[1558]. Seulement, la validité d'une telle clause n'est certaine qu'à condition d'être prévue dans les statuts de la société.

601. En effet, une clause d'exclusion d'un associé doit figurer dans les statuts dès la création de la société ou y être introduite en cours de vie sociale par un vote des associés à l'unanimité. Ce qui signifie que les associés doivent en effet avoir accepté le principe de l'exclusion soit à l'origine en signant les statuts, soit en adhérant aux statuts lors de leur entrée dans la société, soit en votant en faveur de l'insertion d'une clause d'exclusion dans les statuts lors d'une assemblée générale extraordinaire. Les associés souhaitent fréquemment organiser en amont, les modalités de sortie d'un associé en cas de mésentente ou pour toute autre raison qui leur appartient[1559]. Il n'est pas douteux que le droit pour un associé de faire partie de la société et *a contrario* de ne pas être exclu, fait partie de ses prérogatives. Cependant, en cas de mésentente grave entre associés, le retrait volontaire de l'associé à l'origine de cette mésentente, et par voie de

---

[1555] M. ROUSSILLE, « Retour sur l'impératif de protection des associés », op.cit., p.1.
[1556] Cass.com., 27 juin 1989, bull. Joly, 1989, p.815, note p. Le Cannu ; D. 1990, p.314, note J. Bonnard.
[1557] Br. KAMENA, Thèse, op.cit., p.404.
[1558] H.-L. DELSOL, « De la perte de la qualité d'associé », *Lexisnesxis Jurisclasseur,* février 2016, p.7.
[1559] H.-L. DELSOL, « De la perte de la qualité d'associé », », ibid.

rachat de ses actions, constitue le plus souvent la voie choisie par les parties lorsqu'elles peuvent parvenir à un accord[1560].

602. Le problème de l'exclusion de l'associé peut se poser en ces termes : un associé peut-il être évincé de la société et perdre ainsi sa qualité d'associé sans son consentement?[1561] En principe, puis que le législateur n'a pas prévu d'une manière générale l'exclusion de l'associé, ce dernier a le droit de rester dans la société et ce droit est fondamental et intangible. Seule la loi peut porter atteinte à ce droit. Dans ce cadre, l'article 2, de l'AUSCGIE précise que les clauses statutaires contraires à une disposition impérative de l'Acte uniforme soient réputées non écrites. Egalement, cette base de prohibition légale a été dégagée par la Cour de cassation française dans un arrêt rendu en date du 12 mars 1996[1562], par lequel les juges ont manifesté ainsi leur hostilité au motif que le législateur n'a pas, par un texte général, donné le pouvoir au juge d'exclure un associé. Une grande partie de la doctrine[1563] approuve cette position. L'associé a un droit acquis de ne pas être exclu de la société[1564]. Il s'agit d'un droit inhérent à la qualité d'associé, c'est-à-dire de l'expression d'un droit appartenant à tout individu membre d'une collectivité, le protégeant contre la décision la plus grave à son égard, la radiation. Ce droit constitue un principe sociétaire[1565] paralysant le pouvoir d'intervention du juge dans la vie des sociétés.

603. Toutefois, la prise en compte de l'activité économique de la société, à laquelle se rattachent de multiples intérêts tels ceux des salariés menacés de licenciement ou ceux du fisc face à la disparition éventuelle d'un agent économique, paraît être une explication pragmatique à l'audace dont peut faire preuve le juge lorsqu'il s'agit de pérenniser la société. Aussi, ce dernier conforté parfois par le législateur, n'hésitera-t-il à remettre en cause certains principes du droit des sociétés et du droit commun, lorsqu'il s'agit

[1560] A. FENEON, « Mésentente entre associés dans les sociétés anonymes OHADA : Prévention et mode de règlement », op.cit., p.274.
[1561] E.-M. KAMTA FENDOP, « Associés », op.cit., p.361.
[1562] Com.12 mars 1996, Rev. Soc., 1996, p.554, note (D.) Bureau ; (J.J.) Daigre, De l'exclusion d'un associé en réponse à une demande en dissolution, Bull.Joly 1996, p.576 ; Rev.Juris.com.1997, p.163, note (B.) Fagès. En espèce, suite à un désaccord relatif à la distribution des bénéfices par leur société, des associés en nom collectifs s'affrontaient. Les juges du fond, constatant la paralysie du fonctionnement de la société et refusèrent aux autres associés, qui tentaient de s'y opposer, le droit de procéder au rachat de ses parts. La Cour affirma qu' « aucune disposition légale ne donne pouvoir à la juridiction saisie d'obliger l'associé qui demande la dissolution de la société (…) à céder ses parts (…)».
[1563] A. VIANDIER, *La notion d'associé*, LGDJ, 1978, n°112 ; De Bermond de Vaulx, L'exclusion d'un associé ; H. MASTOPOULOU, « La dissolution pour mésentente entre associé », Rev.Soc.1998, p.21, n°31, cité par D. NZOUABETH, op.cit., p.267.
[1564] THALLER, note sous Cass.civ., 30 mai 1892, D. 1893, I, p.105, précité.
[1565] D. BUREAU, op.cit., l'auteur estime qu' « on chercherait en vain l'assise textuelle » de ce principe, cité par M. DEGUENON, op.cit., p.168.

d'assurer la survie de la société[1566]. De cette manière, même le principe de non-exclusion des associés connaît des exceptions légales (**a**) et judiciaires (**b**).

a : L'exclusion légale

604. Les instruments légaux permettant l'exclusion des associés d'une société sont en effet rares[1567], et les moyens permettant aux associés de porter atteinte au caractère acquis du droit à la qualité d'associé sont pour ainsi dire inexistants. Néanmoins, l'exclusion n'est pas pour autant expressément prohibée. Dès lors, étant donné, que le droit des sociétés ne comporte cependant, pas de disposition générale relative à l'exclusion d'un associé, c'est dans le cadre de la réglementation de certaines sociétés particulières, que la loi prévoit la possibilité d'insérer dans les statuts une clause d'exclusion. Le législateur admet donc certains cas d'exclusions.

605. D'abord, dans la SAS, l'Acte uniforme révisé consacre la validité des clauses d'exclusion, en vertu desquelles un associé peut être contraint de céder ses actions en cas de survenance de telle ou telle situation prévue spécifiquement dans les statuts[1568]. De même, la dissolution d'une société en nom collectif, requise, selon l'article 291 de l'AUSCGIE lorsque l'un des associés est frappé d'une interdiction d'exercer une profession commerciale ou d'une incapacité à la suite d'un redressement judiciaire, est cependant écartée si la continuation de l'entreprise est prévue par les statuts ou si les autres associés la décident à l'unanimité, après éviction de l'associé sanctionné[1569]. Ce qui signifie que le législateur laisse aux associés une grande liberté pour fixer dans leurs statuts sociaux les causes et les modalités de l'exclusion d'un associé. Les textes n'imposent aucune liste limitative des motifs d'exclusion qui peuvent être retenus[1570].

En plus, dans le silence des textes, la stipulation d'une clause d'exclusion trouve assez logiquement sa place dans les statuts d'une société de personnes où l'*intuitus personae* domine. Elle permet la continuation de

---

[1566] M.-A. NJANDEU, « La protection de la société commerciale en droit OHADA », op.cit. p.231.
[1567] M. JACCARD et A. FELLAY, op.cit. p.207.
[1568] Art. 853-19 de l'AUSCGIE.
[1569] Art. 291de l'AUSCGIE : La société prend également fin lorsqu'une décision de liquidation des biens, de faillite ou des mesures d'incapacité ou d'interdiction d'exercer une activité commerciale sont prononcés à l'égard d'un associé à moins que les statuts de la société ne prévoient la continuation, ou que les autres associés ne le décident à l'unanimité.
[1570] M. ROUSSEAU, « *L'intuitus personae* dans les sociétés par actions », *Revue juridique de l'Ouest*, 1995-1, p.39. http://www.persee.fr/doc/juro_0990-1027_1995_num_8_1_2203, consulté, le 21/1/2017.

la personne morale après l'éviction de l'associé qui ne présente plus les qualités en considération desquelles le contrat de société a été conclu[1571]. Toutefois, ce point de vue n'est pas partagé, car une véritable exclusion s'opère contre la volonté de l'exclu. Lorsque les statuts obligent un associé à céder tous ses titres, la cession constitue l'exécution du pacte social et non une exclusion. En conséquent, les exclusions permises par les statuts des sociétés à capital variable, des sociétés coopératives ou des sociétés par actions simplifiés ne représentent qu'un risque accepté par l'associé[1572]. Cette conclusion vaut pour les stipulations des pactes statutaires ou extrastatutaires concernant les sociétés anonymes de droit commun. Dans ces hypothèses, l'actionnaire qui investit dans une société dont les statuts contiennent une clause de cession forcée, ou qui se lie par une promesse de cession n'est pas exclu lorsque les statuts ou la promesse prévoient exclusion[1573].

606. Ensuite, le législateur a prévu des cas dans lesquels un associé peut faire l'objet d'une exclusion, qui se traduit par le rachat forcé de ses droits sociaux. Le législateur OHADA prévoit exceptionnellement la possibilité d'éviter la nullité de la société en excluant le demandeur en nullité de la société, quand bien même sa demande serait fondée en droit au regard de l'article 248 al.1 de l'AUSCGIE[1574]. A cet effet, l'article 249 al.1 de l'AUSCGIE prévoit que : « la société ou un associé peut soumettre à la juridiction compétente saisie dans le délai prévu à l'article précédent, toute mesure susceptible de supprimer l'intérêt à agir du demandeur notamment le rachat des titres sociaux de l'associé incapable ou dont le consentement a été vicié ». Cette exclusion légale traduit une manifestation de la prépondérance de l'intérêt de la société dont il faut préserver l'existence par rapport aux intérêts individuels des associés.

607. En outre, cette possibilité d'exclusion d'un associé par le rachat forcé de ses actions existe déjà dans l'Acte uniforme relatif à l'organisation des procédures collectives d'apurement du passif (AU-PCAP)[1575]. Pourtant, l'article 545 du Code civil dispose que : « Nul ne peut être contraint de céder sa propriété, si ce n'est pour une cause d'utilité publique et moyennant une juste et préalable indemnité»[1576]. Les juges ont confirmé que l'actionnaire

---

1571 M. ROUSSEAU, op.cit., p.40.

1572 D. SCHMIDT, *Les conflits d'intérêts dans la société anonyme*, Joly, Paris, 2001, p.261, n°286.

1573 D. SCHMIDT, *Les conflits d'intérêts dans la société anonyme*, op.cit., p.262, n°287.

1574 E.-M. KAMTA FENDOP, « Associés », op.cit., p.61.

1575 C'est ce qui ressort de la lecture combinée des articles 57 à 59 ; puis de l'article 185.

1576 Article 545 Code civil français, créé par Loi 1804-01-27 promulguée le 6 février 1804.

exclu doit avoir préalablement reçu le juste prix de ses actions[1577]. La Cour de cassation française est allée un peu loin en précisant que le prononcé de l'exclusion requiert l'organisation d'une procédure respectant le droit de l'actionnaire d'être informé des faits qui lui sont reprochés et des conditions dans lesquelles il peut se défendre[1578]. C'est-à-dire que l'exclusion d'un associé doit avoir un motif objectif prévu dans les statuts[1579] et résulter d'une procédure contradictoire par laquelle l'associé objet de la procédure d'exclusion aura la possibilité de se défendre. L'exclusion d'un actionnaire réalise une expropriation de ce dernier[1580].

608. Selon un auteur, pour que l'on puisse accepter cette faculté d'exclusion, il faudrait que la décision soit prise dans des conditions particulièrement protectrices des intérêts des actionnaires susceptibles d'être touchés par la mesure. Mais, même dans ce cas, on ne voit pas très bien en quoi l'exclusion sert les intérêts de la société tout entière. En revanche, il est tout à fait clair qu'elle peut servir les intérêts des majoritaires[1581]. Dès lors, la demande d'augmentation de capital apparaît comme un acte belliqueux des majoritaires destiné à demander l'exclusion des minoritaires par le juge[1582].

609. Enfin, la loi rend possible l'exclusion d'un associé pour régularisation de la société. En droit OHADA, certaines exclusions résultent du fait du minoritaire, il s'agit par exemple de l'exclusion d'un minoritaire qui n'a pas libéré ses actions[1583] ou qui n'a pas apporté ses actions à une opération d'échange ou de conversion des titres ou tout simplement qui n'a pas souscrit lors d'une opération d'« accordéon »[1584] avec maintien du droit

---

[1577] Cour d'appel de Paris 7 juin 1988, *Rev. sociétés*, 1989, p. 246, note S. Dana-Démaret et Cass.com. 8 mars 2005, pourvoi n°02-17.692, précité.

[1578] Cass.com. 7 juillet 1992, *JCP*, éd. G, 1993.II.3652, n°16, obs. A. Viandier et J.-J. Caussain.

[1579] C'est par exemple la perte de la qualité de salarié ou de dirigeant, diminution d'un pourcentage de détention de capital, accomplissement d'un acte de concurrence, …

[1580] Y. GUYON, op.cit., n°49 et M. GERMAIN, op.cit., n°1599, cité par F. HMODA, *La protection des créanciers au sein des groupes de sociétés,* op.cit., p.183.

[1581] M.-D. POISSON, op.cit., p.414.

[1582] G.-H. TCHDOYI-DOUMBE, op.cit., p.166.

[1583] L'article 775 de l'AUSCGIE. C'est-à-dire qu'il faut un fondement légal. En droit français, certains l'ont recherché dans l'article 1184 du Code civil, qui sous-entend la condition résolutoire dans les contrats synallagmatiques pour le cas où l'une des deux parties ne satisferait pas à son engagement. En l'occurrence, le minoritaire qui abuse de son droit d'associé à des fins étrangères à sa qualité d'associé manque à son engagement envers ses coassociés. D'où la résolution non point du contrat de société, mais de la relation contractuelle unissant le minoritaire aux autres actionnaires (D. SCHMIDT, *Les conflits d'intérêts dans la société anonyme*, op.cit., p.264, n°289).

[1584] L'opération accordéon est une réduction éventuellement à zéro du capital social sous condition suspensive d'une augmentation de celui-ci à un montant au moins égal au minimum légal (Br. KAMENA, Thèse, op.cit., p.387).

préférentiel de souscription[1585]. La mesure vise à assurer le maintien de la société en écartant l'associé qui ne répond plus aux conditions nécessaires pour conserver cette qualité. Cette opération peut alors avoir pour conséquence de faire perdre leur qualité d'actionnaires[1586] à ceux qui ne participent pas à l'augmentation du capital[1587]. L'opération d'accordéon peut avoir pour conséquence l'expropriation pure et simple des associés minoritaires, dès lors que pour atteindre le résultat nécessaire, il y a lieu de supprimer le droit préférentiel de souscription et de réserver l'augmentation du capital[1588] à un tiers. Or, les associés minoritaires, ne disposant pas par définition de la minorité de blocage, ne peuvent pas s'opposer à la suppression du droit préférentiel de souscription au bénéfice de ce tiers.

610. A l'issue de cette double opération, les minoritaires se trouvent évincés de la société, désormais contrôlée par le seul repreneur. L'augmentation de capital constitue donc un moyen à la disposition du majoritaire pour réduire l'influence du minoritaire. Si le majoritaire ne dispose pas de la majorité des deux tiers, il ne sera pas en mesure de limiter directement le droit de souscrire du minoritaire, mais il pourra dans les faits, notamment par la compensation de créances ou le choix du moment opportun de l'augmentation, empêcher le minoritaire de suivre[1589]. Là on peut dire que l'exclusion d'un associé n'est pas totalement interdite, mais surveillée, du moment où le législateur admet certains cas d'exclusions. Dans certaines conditions, le juge peut également prononcer l'exclusion.

b : L'exclusion judiciaire

611. Le caractère non-absolu du droit pour tout actionnaire de ne pas être exclu de la société résulte, en premier lieu, de l'existence de certaines hypothèses, certes limitées, dans lesquelles le législateur admet lui-même

---

[1585] Br. KAMENA, Thèse, op.cit., p.386.

[1586] F. K. A. JOHSON, « L'opération de coup d'accordéon : aspect juridique », Revue d'experts associés, n°6, décembre 2005, Ohadata D-06-19, p.2.

[1587] Cet aspect du coup d'accordéon a été confirmé par la jurisprudence française dans un arrêt en date du 18 juin 2002 (Cass.com, 18 juin 2002, n°99-11999 : Bulletin 2002 IV n° 108 p. 116 ; La semaine juridique, édition générale, n° 47, 2002-11-20, Jurisprudence, II, 10180, p. 2082-2085, note H. HOVASSE).

[1588] En effet, il ressort des articles 371 à 373 (pour les SARL) et les articles 664 à 669 (pour les SA) de l'AUSCGIE que lorsque les capitaux propres deviennent inférieurs à la moitié du capital social, les associés des sociétés anonymes et des SARL doivent être convoqués, dans les 4 mois de la constatation de cette situation, pour choisir ou la dissolution ou la continuation de la société par une augmentation de capital d'un montant suffisant pour permettre sa reconstitution.

[1589] M. JACCARD et A. FELLAY, op.cit. p.213.

l'exclusion d'un actionnaire[1590]. Il est confirmé par l'évolution de la jurisprudence, désormais favorable à la validité, dans le principe, des clauses statutaires d'exclusion, lesquelles sont néanmoins encadrées par des conditions relativement strictes, destinées à garantir que cet aménagement conventionnel du droit de rester dans la société procède de la libre volonté de chacun des actionnaires et respecte leur droit de propriété[1591]. Dans ce cadre, le juge saisi d'un recours contre la mise en œuvre d'une clause d'exclusion est tenu d'exercer un contrôle sur la gravité des motifs allégués et ne peut se limiter à constater l'exécution de la clause[1592]. C'est ainsi, que la Cour de cassation française a cassé un arrêt d'appel qui avait refusé de contrôler la gravité des motifs invoqués pour justifier l'exclusion et avait donné effet à une clause statutaire excluant tout contrôle judiciaire en dehors de celui qui doit consister à rechercher si les formalités et les droits de la défense ont été respectés[1593].

612. Cependant, la situation se complique davantage pour les minoritaires, car selon une décision de la Cour de cassation française, dorénavant la clause selon laquelle tout associé cessant d'être salarié perd dès ce moment sa qualité d'associé constitue non pas une clause d'exclusion, mais une clause d'éviction[1594]. En consacrant une clause d'éviction de l'associé, distincte de celle d'exclusion, cette décision réjouira les praticiens qui ne manqueront pas de multiplier les clauses d'éviction, s'affranchissant ainsi des contraintes et des limites liées à la clause d'exclusion. Mais dans une espèce où il était prévu qu'en cas de conflit paralysant la gestion de la société, l'actionnaire minoritaire devait céder sa participation, que l'autre devait racheter, la Cour d'appel de Paris a jugé que la clause, qui conduisait à l'éviction d'un actionnaire, devait être interprétée de façon stricte. L'actionnaire majoritaire ne pouvait invoquer la clause dès lors que le

---

[1590] Notamment pour sanctionner les actionnaires qui ne réalisent pas les apports promis. Cf. art.775 de l'AUSCGIE.
[1591] F. HMODA, op.cit., p.183.
[1592] Cass.com., 21 octobre 1997, Bull. Joly 1998, p.40, note P. Le CANNU.
[1593] Cass. Com., 21 octobre 1997, n°95-1389, Bulletin 1997 IV N° 281, p. 242.
[1594] Cass.com., 29 septembre 2015, n°14-17.343, JurisData n° 2015-021771. Dans cette espèce, un salarié de cette société s'estimait exclu, car la société avait mis en œuvre à son égard une clause statutaire prévoyant que tout actionnaire qui cesse d'être salarié perd dès ce moment sa qualité d'actionnaire. Écartant les critiques tirées du caractère absolu du droit de propriété, ou de l'abus du droit d'exclusion, la Cour a considéré que l'ex salarié « ne pouvait ignorer la précarité de sa qualité d'actionnaire et avait en conséquence accepté le principe de son éviction à son départ de la société». La cour retient encore que « cette éviction, qui présentent un caractère automatique, ne peut être confondue avec la clause d'exclusion telle qu'elle est prévue à l'article… et qu'en devenant actionnaire de la société, [le salarié] s'est engagé à respecter la règle selon laquelle la propriété des actions de cette société est indissociable de la qualité de salarié ».

désaccord se limitait au Conseil d'administration et ne paralysait pas le fonctionnement de la société[1595].

613. Par ailleurs, l'exigence par le législateur OHADA d'une stipulation statutaire[1596] apparaît, également dans un jugement du Tribunal civil de la Seine[1597] qui avait considéré qu'un associé d'une société à capital variable « n'a pu être exclu de la société par la volonté de celle-ci, puisque ses statuts n'autorisaient pas cette mesure... il peut être contraint à s'en retirer pourvu que... les statuts autorisent pareille stipulation». Une décision de la jurisprudence française précise que les statuts doivent préciser les motifs de l'exclusion ainsi que l'organe compétent pour la prononcer[1598]. Selon GUYON, ces motifs doivent être précis et objectifs, justifier d'une certaine gravité[1599] quant au comportement de l'actionnaire visé et au trouble que ce dernier cause à la vie sociale et être conformes à l'intérêt social ainsi qu'à l'ordre public[1600].

En outre, les juridictions du fond valident depuis longue date les clauses d'exclusion statutaires insérées dans les statuts d'origine[1601] dès lors que les actionnaires ont accepté la précarité de leur situation au moment de leur entrée dans la société[1602]. En tant qu'institution ayant un intérêt propre, la société doit pouvoir se séparer d'un actionnaire ou d'un associé lorsque cet intérêt l'exige.

[1595] CA Paris, 1re ch. B, 15 déc. 1995, Sté UGC Belgique c/ Sté Médiavision Cinéma : Juris-Data n° 024665.

[1596] Art. 853-19 de l'AUSCGIE précité.

[1597] Trib. civ. Seine, 15 avril 1997, Journal des sociétés 1897, p. 326, cité par B. CAILLAUD, L'exclusion d'un associé dans les sociétés, op.cit., p. 34. V., dans le même sens, D. VELARDOCCHIO, note sous Cass.com., 21 octobre 1997, J.C.P., éd. G, 1998, II, 10047, p. 559. Selon cet auteur, « si l'associé d'une société à capital variable dispose d'un droit légal de retrait qu'il peut exercer à sa guise sans avoir à exciper d'un juste motif de retrait, le pouvoir d'exclure conféré à l'assemblée générale doit résulter d'une clause statutaire ».

[1598] Cass.com., 20 mars 2012, n° 11-10.855, F-P+B, Maucollotc c/ Sté Finamag : JurisData n° 2012- 004961 ; Dr. sociétés 2012, comm. 77, note H. Hovasse. Il peut s'agir du conseil d'administration (Cour d'appel de Rouen 8 février 1974, précité), du directoire, de l'assemblée générale des actionnaires ou encore de toute personne tierce à la société et aux actionnaires. Lorsque l'assemblée générale des actionnaires est compétente pour prononcer l'exclusion, l'actionnaire visé doit impérativement participer au vote sur sa propre exclusion (Cass. com. 23 octobre 2007, précité, *D.*, 2009, p.323, obs. J.-Cl. Hallouin).

[1599] Y. GUYON, *Traité des contrats - Les sociétés, aménagements statutaires et conventions entre associés,* LGDJ, 5ème éd., 2002, n°99.

[1600] Cass.com. 8 mars 2005, pourvoi n°02-17.692, précité, validant le motif tenant au redressement judiciaire d'un associé. Ces motifs doivent, en outre, selon certains, être identiques pour tous les actionnaires (Y. GUYON, *op. cit*, n°99), la clause devant alors s'appliquer à l'ensemble des actionnaires (en ce sens également, J.-J. DAIGRE et M. SENTILLES-DUPONT, *Les pactes d'actionnaires*, GLN Joly, 1995, n°91).

[1601] Cour d'appel de Rennes 12 juillet 1912, *Journ. sociétés*, 1913, p. 23, note H. Bosvieux ; Cour d'appel de Lyon, 15 mars 1928, *Journ. sociétés*, 1929, p.202.

[1602] F. HMODA, op.cit., p.184.

614. Dans certains cas, l'associé nuit à l'intérêt social soit par sa personne, soit par son comportement au point que le maintien de sa qualité ne puisse raisonnablement être toléré. Tel est le cas, par exemple, lorsqu'un associé perturbe le fonctionnement social en n'exécutant pas les obligations lui incombant ou en développant une attitude conflictuelle. Il y a là, non seulement atteinte à l'intérêt social mais aussi disparition de l'*affectio societatis*, élément obligatoire du contrat de société et révélateur de la qualité d'associé[1603]. Le danger qu'une telle exclusion cache une volonté de la part des associés majoritaires de procéder à l'expulsion des minoritaires gênants oblige toutefois, à entourer la décision et sa réalisation de garanties particulières. Cette forme d'exclusion implique par exemple une indemnisation correcte de l'associé exclu.

615. En somme, tout associé a le droit de rester dans la société dont il détient des titres. C'est-à-dire qu'il ne peut pas en être exclu ni être contraint de céder ses parts ou ses actions contre sa volonté. Si l'exclusion judiciaire est condamnée par une grande partie de la doctrine et de la jurisprudence comme déjà vu, certains auteurs ne souhaitent pas faire une distinction entre l'exclusion judiciaire et l'exclusion conventionnelle. Ils l'ont manifesté en déclarant que : « expropriation d'utilité privée ne nous paraît pas compatible avec les préoccupations extra-morales qui sont celles des sociétés et des associés »[1604].

Ces auteurs mettent l'accent sur le danger de permettre aux associés majoritaires d'exclure tel associé sous le prétexte d'une fraude ou d'une faute difficile à prouver et apprécier. Pour eux le droit de rester dans la société est un droit propre de tout associé même minoritaire. Ce qui signifie que cette expropriation méconnaît le droit fondamental de rester dans la société ainsi que le droit de propriété. Dès lors, présentant un caractère dérogatoire par rapport au principe selon lequel nul ne pourrait être contraint de quitter la société, le domaine de l'exclusion d'un associé ne devrait pas être étendu au-delà de celui que le législateur a défini. Car, permettre les exclusions risque de conduire à des situations discriminations à l'égard des minoritaires, sans que l'intérêt social en soit bénéficiaire.

Seulement, pour permettre l'arrivée des investisseurs, « il est des cas où, pourtant, réduire l'influence du minoritaire ne suffit pas, spécialement dans des sociétés fermées. C'est une éviction totale qui est visée, ou nécessaire à la survie de la société, notamment s'il s'agit d'une condition

---

[1603] M. COZIAN, A. VIANDIER et F. DEBOISSY, *Droit des sociétés*, 16ème édition, Litec, 2003, p. 37.

[1604] A. VIANDIER et CAUSSAIN. Note sous Trib.com. Montpellier 15 nov. 1991, J.C.P 1992. II. 3651.

imposée par les nouveaux investisseurs »[1605]. Par ailleurs, même si le privilège est donné au financement de la société, les investisseurs institutionnels n'ont pas un statut uniforme.

§2 : L'absence de statut uniforme des investisseurs institutionnels

616. Le développement des opérations de capital investissement et la spécificité des montages sociétaires que ces opérations induisent ont conduit une partie de la doctrine à tenter de revisiter ces dernières années la notion de société. L'idée a ainsi été avancée que la société serait en réalité un « contrat d'investissement »[1606]. Pour avoir prévu dans son alinéa 2 de l'article 87[1607] de l'AUSCGIE une procédure spéciale d'information des investisseurs en matière d'appel public à l'épargne[1608] cela démontre que le législateur OHADA accorde une place privilégiée aux investisseurs. Le développement d'une information rigoureuse au sein des groupes de sociétés fait de plus en plus partie des solutions dégagées pour attirer et conserver les investisseurs. L'information financière n'est évidemment pas réservée aux minoritaires mais, dans les sociétés cotées, elle devient une condition de l'engagement de certains investisseurs (fonds de pension par exemple) qui, quoi que minoritaires, ont une importance croissante du fait que l'investissement de l'épargne en actions pallie la faiblesse des fonds propres des entreprises[1609].

Par ailleurs, il faut souligner que l'investissement peut être réalisé par toute personne physique ou morale[1610]. Ainsi, observe-t-on des investissements institutionnels mis en œuvre par les investisseurs institutionnels[1611]. En effet, actuellement, le visage historique et traditionnel de l'associé «petit porteur» (personne individuelle ou ménage) a

[1605] M. JACCARD et A. FELLAY, op.cit., p.213. Exemple, on peut imaginer le cas d'une jeune société disposant d'un excellent produit et d'une technologie innovante, mais dont le fondateur, actionnaire important, est incapable de gagner la confiance des investisseurs.
[1606] F.-X. LUCAS, *Du contrat de société au contrat d'investissement,* RD banc. fin. mars-avr. 2005, p. 50 ; V, cité par M. BERTREL, La société, « contrat d'investissement » ?, RTD Com. 2013 p.403.
[1607] ART. 87 de l'AUSCGIE - Dans le cas où une société fait appel public à l'épargne dans un État partie autre que celui de son siège social, le document d'information soumis aux autorités visées à l'article 90 ci-après, comporte des renseignements spécifiques au marché de cet autre État partie. Ces renseignements sont notamment relatifs au régime fiscal des revenus, aux établissements qui assurent le service financier de l'émetteur dans cet État partie, ainsi qu'aux modes de publication des avis destinés aux investisseurs. Le document d'information contient une présentation complète des garants visés à l'article 85 ci-dessus, lesquels fournissent les mêmes renseignements que la société dont les titres sont offerts, à l'exception de ceux relatifs aux titres qui sont mis dans le public.
[1608] Art. 86 de l'AUSCGIE.
[1609] L. GODON, « La protection des actionnaires minoritaires dans la loi relatives aux nouvelles régulations économiques », op.cit., p.739.
[1610] Chr. GAMALEU KAMENI, op.cit., p.1219.
[1611] Voir A. BOUBEL et F. PANSARD, *Les investisseurs institutionnels*, La découverte, 2004.

progressivement cédé le pas à celui de l'investisseur institutionnel[1612]. Ce qui signifie qu'il existe une catégorie qualifiée d' « investisseurs institutionnels »[1613]. Il s'agit des organismes financiers qui, en raison de leur nature ou de leurs statuts, sont tenus de placer une grande partie de ressources qu'ils collectent, en instruments financiers. C'est-à-dire que les investisseurs institutionnels sont des structures qui se chargent de collecter et placer l'argent d'autrui pour leur valorisation. Ils sont appelés par certains auteurs d'« investisseur professionnel »[1614]. C'est un actionnaire institutionnel généralement minoritaire[1615] qui investit dans une grande société, souvent cotée.

Mais ce n'est pas n'importe quel actionnaire ni n'importe quel investisseur. L'apparition de cet acteur, désormais très présent en droit des sociétés, s'explique par l'évolution du comportement des fameux actionnaires-bailleurs de fonds[1616]. Bien que les investisseurs institutionnels demeurent le plus souvent des actionnaires minoritaires, leur poids est tel que par leurs choix d'investissement et de désinvestissement, ils sont en mesure d'influencer la gestion des entreprises dans lesquelles ils investissent.

617. Toutefois, une question mérite d'être soulevée : comment l'investissement est-il réglementé dans l'espace de l'OHADA ?[1617] En effet, on déplore l'absence de statut uniforme des investisseurs institutionnels dans tous les Etats parties au traité OHADA comme c'est le cas dans certaines organisations sous régionales, alors que dans le cadre des marchés financiers, le législateur permet aux associés de confier leurs actions ou parts sociales aux investisseurs qualifiés[1618] qui sont des investisseurs institutionnels. Ainsi, par rapport audit statut, on constate une réglementation entière par l'UEMOA (**B**) et une réglementation partielle par l'OHADA (**A**).

[1612] I. TCHOTOURIAN, « Ces agences qui aident les actionnaires à voter », http://www.contact.ulaval.ca/article_blogue/agences-aident-actionnaires-a-voter/, consulté le 06/01/2018.

[1613] Concernant les organismes qui composent cette catégorie d'investisseurs, on retrouve notamment des organismes comme les compagnies d'assurance, les banques, les organismes de placement collectif des valeurs mobilières (OPCVM).

[1614] A. SAKHO et I. PARACHKEVOVA, « Propriété formelle et propriété substantielle en droit des sociétés et des groupes », *Les déséquilibres économiques et le droit économique*, Larcier, 2015, p.130.

[1615] C. COUPET, op.cit., p.490.

[1616] A. SAKHO et I. PARACHKEVOVA, ibid.

[1617] Chr. GAMALEU KAMENI, op.cit., p 1219.

[1618] Art.81-1 et s. de l'AUSCGIE.

A : Réglementation partielle par l'OHADA

618. Que les termes d'investissement et ou d'investisseur soient employés dans les textes OHADA parfois dans une acception économique[1619], parfois dans une acception juridique n'a rien de surprenant. L'origine économique du concept est certaine et explique d'ailleurs ses difficultés de transposition dans la sphère juridique[1620]. Néanmoins, à côté des préoccupations désormais traditionnelles de la protection des tiers et de la protection des associés, les auteurs de l'Acte uniforme ont le souci d'encourager les investissements[1621]. Ce qui signifie que le législateur OHADA a pour principal objectif d'attirer les investisseurs[1622].

Mais il faut admettre que la figure de l'investisseur a changé, il n'est plus celui qui vient s'implanter « avec armes et bagages » sur un territoire donné. L'investisseur contemporain est celui qui cherche à exercer, à moindres frais, un pouvoir dans les entreprises et les structures économiques des pays d'accueil. Ce qui fait que même en tant qu' « actionnaire minoritaire, l'investisseur souhaite être présent dans les organes de gestion pour y participer activement»[1623]. En ce sens, il peut juste se contenter de prendre des participations minoritaires dans les sociétés et d'y exercer un véritable pouvoir grâce aux stipulations contractuelles que sont les pactes d'actionnaires[1624]. Ce fort développement des pactes s'inscrit plus globalement dans une perspective d'évolution du capitalisme. L'actionnariat familial a peu à peu mué en actionnariat d'intérêt, au terme duquel l'actionnaire n'investit pas en raison de ses relations avec le fondateur, mais parce qu'il souhaite réaliser une plus-value de cession. Ces financiers, « délaissant » les simples statuts, se sont donc mis à organiser leurs relations avec les dirigeants fondateurs, profitant de surcroît d'une attitude bienveillante du législateur vis à vis de la liberté contractuelle en droit des sociétés. Par conséquent, au moyen d'un ensemble de clauses s'articulant les unes avec les autres, les investisseurs en capital-risque, mêmes minoritaires,

---

[1619] Chr. GAMALEU KAMENI, op.cit., p.1219.

[1620] S. MANCIAUX, « Que disent les textes OHADA en matière d'investissement ? », *Revue de l'ERSUMA*, n°1, Juin 2012, p.271.

[1621] P.-G. POUGOUE, (dir.), *Sociétés commerciales et GIE*, op.cit., p.28.

[1622] Voir le préambule du traité OHADA, paragraphe 5. Il a été dit ceci « conscients qu'il est essentiel que ce droit soit appliqué avec diligence, dans les conditions propres à garantir la sécurité juridiques des activités économiques, afin de favoriser l'essor de celles-ci et d'encourager l'investisseur », cité par P. S. A. BADJI, *Réforme du droit des sociétés commerciales OHADA*, op.cit., p.23, n°5.

[1623] J. PRIEUR, op.cit., p.1.

[1624] A. SAKHO, « L'exécution forcée des obligations de faire résultant des pactes de référence dans les cessions d'actions», op.cit., p.810.

sont parvenus à sécuriser leurs apports et prendre plus activement part aux décisions de la société[1625].

619. Comme la notion d'intérêt social, l'absence de définition de notion d'investisseur en droit OHADA[1626] n'étonne pas non plus, mais n'en est pas moins décevante, car le législateur aurait dû profiter de la dernière révision de l'AUSCGIE pour innover dans ce domaine, car, la définition de la notion d'investissement permettrait de cerner l'opération d'investissement et les types d'investissement adéquats dans l'espace de l'OHADA. En effet, il convient de noter que la réglementation du droit de l'OHADA tendant à s'appliquer à l'investissement est embryonnaire ou lacunaire. Cette lacune résulte manifestement de l'absence de règles concrètes de mise œuvre de l'investissement[1627].

Malgré cette faiblesse, le terme d'investissement a été employé plusieurs fois dans certains articles notamment 81-1, 81-2, 87, 90, 91, 94 et 832 dudit Acte uniforme. Ces articles régulent l'appel public à l'épargne et concernent plus spécifiquement, dans une telle hypothèse, les informations qui doivent être délivrées aux investisseurs[1628]. Ces derniers sont donc des potentiels souscripteurs de titres sociaux, de possibles futurs actionnaires. A tout le moins ils désirent être informés des grandes orientations stratégiques des entreprises auxquelles ils participent pour conserver une cohérence au réseau qu'ils entendent créer[1629]. Le pouvoir exercé par l'investisseur professionnel est similaire au contrôle par ses effets, car cet investisseur maîtrise indirectement les biens et l'activité de la société par son emprise sur les actionnaires majoritaires[1630]. Au surplus, les investisseurs institutionnels siègent rarement au sein des conseils d'administration par crainte des conflits d'intérêts, des opérations d'initiés voire des actions en responsabilité[1631].

620. Par ailleurs, l'ambition première des législateurs était d'élaborer un corps de règles pour appâter les investisseurs étrangers[1632]. Mais le droit OHADA ne régule en rien les conditions d'admission des investissements sur le territoire d'un Etat membre de l'espace OHADA. De

---

[1625] Fl. SIMONEAU, « Les pactes d'actionnaires : étude des clauses d'exclusion dans les pactes d'investisseurs en capital-risque », Université Paris II Panthéon –Assas, 2005, p.4.

[1626] Le droit OHADA ne propose pas de définition de l'investissement (V. S. MENETREY, « La place de l'investissement dans l'OHADA », op.cit., p.1).

[1627] Chr. GAMALEU KAMENI, op.cit., p.1219.

[1628] S. MANCIAUX, op.cit., p.271.

[1629] F. DEMARIGNY, op.cit., p.111.

[1630] A. SAKHO et I. PARACHKEVOVA, p.132.

[1631] B. FRANCOIS, « Le renforcement des règles de transparence pour les investisseurs institutionnels », *Revue des sociétés,* 2013, p.399.

[1632] BENKEMOUN, cité par A. A. DE SABA, « Un nouveau droit des affaires pour attirer les investisseurs en Afrique. Est-ce suffisant ? », *Finance & bien commun,* 2007/3, n° 28-29, p.98.

même, aucun Acte uniforme ne traite spécifiquement de la protection du droit de propriété individuelle ou collective appartenant à l'investisseur. Le droit de l'OHADA ne mentionne pas quel type de traitement doit être réservé à un opérateur privé étranger en concurrence avec d'autres opérateurs nationaux par exemple ; il ne fait non plus état des droits de douane applicables aux matériaux propres à l'investissement[1633].

En outre, la législation de l'OHADA ne détermine pas explicitement les secteurs d'activités concernés par l'investissement privé. Ceci pourrait certainement rendre difficile la tâche de l'investisseur désirant s'installer dans l'espace de l'OHADA[1634]. C'est-à-dire que bien qu'il régisse diverses activités de la vie économique des États membres du Traité, le droit de l'OHADA ne réglemente pas spécifiquement le domaine de l'investissement[1635]. Dans ces conditions, l'investisseur doit alors chercher ailleurs les règles pour connaître les secteurs autorisés et ceux qui lui sont interdits, les modalités à suivre pour réaliser son investissement. Et ces règles se trouvent généralement dans la législation interne de chaque Etat, plus rarement dans les traités relatifs aux investissements auxquels ceux-ci sont parties[1636].

En plus, le droit OHADA ne régule en rien les rapports entre l'investisseur, l'Etat d'accueil et ses différentes administrations pendant toute la durée d'exploitation de l'investissement[1637]. Or, l'expropriation[1638] est l'un des risques majeurs encouru par un investisseur international. Le droit d'exproprier est une des composantes de la souveraineté étatique, et n'a en lui-même jamais été remis en question[1639]. Dans la même perspective, le droit de l'OHADA n'évoque pas la question de l'accès aux devises étrangères et la question du transfert ou rapatriement des bénéfices réalisés lors de l'investissement privé. Ces règles concrètes sont manifestement absentes lors de la période post-investissement privé[1640]. De cette manière, l'investisseur devra là encore chercher ailleurs d'éventuelles règles matérielles ou procédurales protectrices[1641].

[1633] Chr. GAMALEU KAMENI, op.cit., p.1219.

[1634] Chr. GAMALEU KAMENI, ibid.

[1635] Chr. GAMALEU KAMENI, ibid.

[1636] S. MANCIAUX, op.cit., p.272 ; Voir également S. MENETREY, « La place de l'investissement dans l'OHADA », op.cit., p.3.

[1637] S. MENETREY, « La place de l'investissement dans l'OHADA », op.cit., p.10.

[1638] S. MENETREY, « La place de l'investissement dans l'OHADA », op.cit., p12.

[1639] A. DE NANTEUIL, « L'expropriation indirecte en droit d'investissements internationaux », http://www.univ-paris1.fr/fileadmin/diplome_M2OFIS/OFIS_2011-2012/Articles_Revue_Sorbonne_OFIS/L_expropriation_indirecte_en_droit_des_investissements_internationaux.pdf, consulté le 22/11/2017.

[1640] Chr. GAMALEU KAMENI, op.cit., p.1219.

[1641] S. MANCIAUX, op.cit., p.273.

621. C'est pourquoi les pays de l'OHADA n'ont pas été cités comme ayant simplifié de façon significative la réglementation des affaires et, par conséquent, ils ne figurent pas dans la classification des pays où il est facile de faire des affaires[1642]. Les codes d'investissement des pays membres de l'espace de l'OHADA ont tous pour but d'attirer, de faciliter et de favoriser l'investissement sur chaque territoire national. En ce qui concerne le domaine de la fiscalité applicable aux grandes entreprises par exemple, chaque État fixe en fonction des critères qui lui sont propres et souvent en fonction des normes sous-régionales les exonérations et les incitations fiscales. La singularité inhérente à ces règles d'investissement notamment les règles d'ordre fiscal est défavorable au regard de l'objectif d'harmonisation du droit ayant vocation à s'appliquer dans l'espace communautaire de l'OHADA[1643]. La non-similarité entre les règles nationales des pays membres de l'espace de l'OHADA s'observe aussi en matière douanière[1644]. En effet, l'hémiplégie de l'OHADA en matière d'investissement s'explique pour des raisons liées à la souveraineté de ses Etats membres. Il est plus facile d'accepter des règles uniformes pour la création des sociétés commerciales que d'accepter d'abandonner à des règles communes ou à un organe commun le soin de déterminer le principe et les modalités d'admission d'entreprises étrangères. Il est plus facile d'accepter des règles uniformes pour le recouvrement des dettes privées que d'accepter des règles communes protégeant les investisseurs contre certaines interventions intempestives des autorités publiques[1645]. En outre, l'OHADA vise l'harmonisation ou plutôt l'unification du droit des affaires, mais certaines matières importantes de la vie des affaires en sont exclus, comme le droit des investissements entendus comme droit d'accès de l'investisseur étranger et de pérennité de son investissement, le droit minier, le droit fiscal, le droit de la propriété[1646], etc. Les lacunes de l'OHADA en la matière peuvent également s'expliquer par l'existence d'autres organisations régionales[1647] également compétentes en matière économique et ayant pour objet plus précis l'intégration économique de leurs membres. A ce niveau, on constate qu'en Afrique de l'ouest, l'UEMOA a bien règlementé cette question d'investissement.

[1642] A. A. DE SABA, op.cit., p.98.

[1643] Chr. GAMALEU KAMENI, op.cit., p.1219.

[1644] Chr. GAMALEU KAMENI, ibid.

[1645] S. MANCIAUX, op.cit., p.274.

[1646] S. MENETREY, « La place de l'investissement dans l'OHADA », op.cit., p.11.

[1647] C'est le cas de l'UEMOA dont les Etats membres sont : Bénin, Burkina Faso, Côte d'Ivoire, Guinée-Bissau, Mali, Niger, Sénégal, et Togo, ainsi que la CEMAC dont également les Etats membres sont : Cameroun, Centrafrique, Congo Gabon, Guinée-Equatoriale, et Tchad.

B : Réglementation entière par l'UEMOA

622. La politique des investisseurs institutionnels à l'égard des entreprises dont ils sont actionnaires résulte en grande partie des règles qui définissent leurs obligations à l'égard des épargnants. Dans ce cadre, le droit français a même aggravé la situation, en obligeant les organismes d'investissement à exercer leurs prérogatives d'associés dans l'intérêt de leurs adhérents[1648]. En effet, depuis 2003, le code monétaire et financier oblige l'organisme de placement collectif à exercer les droits attachés aux titres détenus dans l'intérêt exclusif de ses actionnaires ou porteurs de parts[1649]. A cet effet, l'exercice du droit de vote doit rester une faculté alors que la transparence du vote peut devenir une obligation légale. La transparence est donc conçue comme un moyen de favoriser l'utilisation des droits de vote via la pression exercée par les épargnants sur les investisseurs institutionnels[1650].

623. Il faut d'emblée reconnaître que la zone CEMAC dit Communauté économique et monétaire de l'Afrique centrale et la zone UEMOA dit Union économique et monétaire ouest africaine sont caractérisées par une politique d'intégration visant à faciliter les activités économiques réalisées dans chaque zone. C'est dans cette perspective que ces deux sous-régions se sont dotées des normes applicables en matière d'investissement. Celles-ci offrent un cadre fiscal, douanier et financier avantageux à toute entreprise régulièrement établie ou désireuse de s'y établir[1651]. Ainsi, contrairement au droit OHADA, le statut des investisseurs institutionnels dans l'espace de l'Union économique et monétaire ouest africaine (UEMOA) a été règlementé par l'instruction n°21/99 du 02 juillet 1999, relative à la classification des organismes de placement collectif en valeurs mobilières. Cette instruction régit d'une manière précise les principaux organes de placement collectif en valeurs mobilières (OPCVM) que sont la société d'investissement à capital variable (SICAV) et le fonds commun de placement (FCP). Elle donne des précisions sur les conditions de fonctionnement de ces organes, comme la forme de la société, le lieu du siège social, les institutions pouvant créer ces sociétés[1652], le capital social[1653], le rachat de ses actions[1654], leur agrément par le conseil régional de l'épargne publique et des marchés financiers, etc. Les organismes de

---

[1648] N. CUZACQ, « Le vote des actionnaires d'OPCVM », Rev. soc., 2006, p.491.

[1649] Art. L.533-22, CMF : l'innovation résulte de la loi du 1er août 2003, cité par L. BOY, (dir.), op.cit., p.133.

[1650] N. CUZACQ, « Le vote des gestionnaires d'OPCVM », op.cit., p.491.

[1651] Chr. GAMALEU KAMENI, op.cit., p.1219.

[1652] Art.3 de l'instruction n°21/99 du 02 juillet 1999.

[1653] Art.5 de l'instruction n°21/99 du 02 juillet 1999.

[1654] Art.7 de l'instruction n°21/99 du 02 juillet 1999.

placement collectif en valeur mobilières, ou plutôt leurs sociétés de gestion, peuvent être en situation de devoir se montrer actifs, en particulier s'ils investissent dans les valeurs dont le marché est étroit et à faible liquidité ou si une offre publique, en particulier de retrait, intervient à des conditions préjudiciables[1655].

624. Il faut rappeler que les organismes de placement collectif sont des actionnaires minoritaires atypiques. Ils ne se contentent pas d'exercer un droit d'opposition. Ils ne sont pas de simples actionnaires-bailleurs de fonds, désintéressés de la vie sociale, comme on le pensait jusqu'ici des investisseurs[1656]. Ce sont des partenaires financiers indispensables et des actionnaires puissants, car la collecte de l'argent de leurs adhérents leur confère une capacité d'investissement significative. Surtout, ils exercent au sein de la société une influence qui dépasse celle d'un minoritaire ordinaire[1657]. De toute façon, les fonds d'investissement intervenant dans des sociétés cotées ont souvent pour objectif de valoriser leur participation par une modification de la politique sociale, ce qui peut les conduire à utiliser les moyens de droit[1658]. Ainsi, les investisseurs institutionnels détiennent une véritable puissance comme actionnaires au sein de la société qui repose sur l'importance des fonds qu'ils gèrent et sur leur positionnement au cœur de la structure financière[1659]. Ils se comportent comme de véritables actionnaires visant à exploiter au maximum les synergies pouvant résulter de leurs participations[1660]. Ce qui signifie que lesdits investisseurs prennent de participations dans les sociétés et à cet effet ils deviennent des actionnaires. Etant des actionnaires réels, ils peuvent exercer tous les droits reconnus aux actionnaires. Ce qui est alors remarquable, c'est que les actionnaires majoritaires, les véritables actionnaires de contrôle votent les résolutions proposées par ces investisseurs et obéissent à leurs lignes de conduite. Pourquoi ? Parce qu'ils ont peur de perdre ce partenaire financier qui menace de « voter avec ses pieds ». Or, la vente massive d'une participation comme la sienne peut provoquer une importante chute des cours du titre. Les majoritaires ont peur, par ailleurs, d'une réaction en chaine du marché, puisque l'investisseur est impliqué dans un réseau complexe qui regroupe banques, compagnies d'assurance et d'autres investisseurs professionnels[1661].

1655 A.GENITEAU, « Les techniques juridiques de contestation de la politique sociale par des actionnaires minoritaires actifs », op.cit., p.190.
1656 C. CHAMPAUD, Le pouvoir de concentration de la société anonyme, op.cit., n°29 et s.
1657 A. SAKHO et I. PARACHKEVOVA, op.cit., p.131.
1658 A. GENITEAU, « Les techniques juridiques de contestation de la politique sociale par des actionnaires minoritaires actifs », op.cit., p.190.
1659 F. DEMARIGNY, « Les investisseurs institutionnels : des actionnaires neutres ? », *Revue d'économie financière*, n°31, 1994, p.109.
1660 F. DEMARIGNY, op.cit., p.111.
1661 A. SAKHO et I. PARACHKEVOVA, p.132.

En plus, ils sont en mesure d'influencer la gestion de ces entreprises d'une manière parfois décisive, même s'ils demeurent des actionnaires minoritaires. Ils investissent dans leur pays d'origine mais le plus souvent, ils diversifient leur portefeuille en prenant des participations dans les sociétés étrangères.

625. Par ailleurs, cette instruction du 02 juillet 1999 a été complétée en septembre 2011 par une nouvelle instruction relative à la classification et aux règles d'allocation d'actifs des organismes de placement collectif sur le marché financier régional de l'UEMOA[1662]. A cet effet, en plus des anciens organes de placement collectif en valeurs mobilières, l'article 1 de cette nouvelle instruction ajoute les fonds communs de titrisation[1663] de créances (FCTC)[1664]. En outre, le même article précise que les OPCVM prennent la forme de société d'investissement à capital variable (SICAV)[1665], et de fonds commun de placement (FCP)[1666], de même que tout autre véhicule de placement collectif agrée par le conseil régional. Ces sociétés sont régies par le règlement général du conseil régional de l'épargne publique et des marchés financiers.

626. A cet effet, par ces deux instructions, contrairement au législateur OHADA, l'UEMOA régule d'une part, l'organisation et l'admission des structures d'investissements sur le territoire de ses Etats

[1662] Instruction n°46/2011 du 9 septembre 2011.

[1663] Le terme « titrisation » est un néologisme qui consiste à transformer une créance en un titre (D. SCHMIDT, La titrisation de créances, Revue de jurisprudence commerciale, n°11 (numéro spécial), 1989, p.114, cité par M. BOYE, « La titrisation dans l'espace UEMOA », *Revue ERSUMA*, n°4, sept. 2014, p.78. La titrisation est une opération par laquelle une société (le plus souvent un établissement de crédit mais pas exclusivement) cède les créances qu'elle détient sur sa clientèle à un fonds commun de titrisation de créances (dépourvu de personnalité morale), qui en finance l'acquisition en émettant des titres sur le marché (M. BOYE, « La titrisation dans l'espace UEMOA », ibid).

[1664] Règlement n° 02/2010/CM/relatif aux Fonds Communs de Titrisation de Créance et aux opérations de Titrisation dans l'UEMOA.

[1665] Art. 2 de l'instruction n°46/2011 précise que « La société d'investissement à capital variable est une société anonyme qui a pour objet exclusif la constitution et la gestion d'un portefeuille de valeurs mobilières ». Ainsi, la SICAV est une expression désignant un organisme financier gérant des fonds sous forme de valeurs mobilières (actions, obligations). Le capital de la SICAV est par définition flottant puisqu'il évolue en fonction des titres gérés et en fonction des souscriptions des investisseurs actionnaires.

[1666] Art.4 de l'instruction n°46/2011 précise que « Le fonds commun de placement (FCP) est une copropriété de valeurs mobilières. L'investisseur en achetant des parts devient membre d'une copropriété de valeurs mobilières mais ne dispose d'aucun droit de vote. Il n'est pas actionnaire ». Les dispositions relatives à l'indivision et aux sociétés ne lui sont pas applicables. Les FCP sont représentés par une société de gestion dans tous les actes intéressant les droits et les obligations des porteurs de parts ainsi que dans toute action en justice, tant en demande qu'en défense.

membres[1667], et d'autre part les rapports entre l'investisseur, l'Etat d'accueil et ses différentes administrations pendant toute la durée d'exploitation de l'investissement. En outre, du fait de l'intégration sous-régionale, de nombreuses règles communautaires peuvent intervenir pour encadrer les législations nationales fiscales et favoriser l'investissement économique. Cet état de chose est réel dans la sous-région UEMOA. En effet, il existe au sein de cette communauté des normes communes en matière de fiscalité directe et de fiscalité indirecte.

En plus, l'UEMOA en règlementant l'investissement accorde une place notable à la question douanière. Dans ce cadre, conscients de l'importance des droits de douane sur l'importation et l'exportation des biens et services dans la sous-région, le législateur a réglementé nettement les tarifs douaniers. A cet effet, compte tenu du fait que les pays membres de l'UEMOA et CEMAC appartiennent à l'espace communautaire de l'OHADA, il serait judicieux, dans la logique de parfaire la réglementation de l'investissement privé étranger dans l'espace de l'OHADA, d'harmoniser davantage certaines de leurs règles d'ordre fiscal et douanier[1668]. Les deux catégories d'organisations sont établies sur des espaces parfois identiques, sur lesquels elles ont assis des normes régissant des questions soit identiques soit connexes et dont les rapports n'ont pas toujours été pensés dans le sens d'une coordination pourtant nécessaire[1669]. Ce chevauchement des règles de droit est assurément préjudiciable pour l'investisseur qui ne sait plus à quel saint se vouer. Il a par exemple pu être relevé que le droit OHADA et celui de l'UEMOA ont deux conceptions distinctes des notions de titres et valeurs mobilières. L'UEMOA utilise la distinction « titre de capital » et « titre de créance » tandis que l'OHADA se réfère aux « actions ou parts de fond commun de placement » et aux « actions obligataires »[1670]. Outre cela, il convient néanmoins de souligner que l'instabilité politique, l'incertitude démocratique, la corruption, l'arbitraire administratif et l'impunité risquent d'avoir raison des normes juridiques les plus parfaites et n'encouragent guère les investisseurs[1671]. Malheureusement, cela est le cas dans certains Etats appliquant le droit OHADA.

[1667] Art.1 et 3 de l'instruction n°21/99 du 02 juillet 1999.

[1668] Chr. GAMALEU KAMENI, op.cit., p.1219.

[1669] S-J. PRISO-ESSAWE, cité par S. MENETREY, « La place de l'investissement dans l'OHADA », op.cit., p.3.

[1670] S-J. PRISO-ESSAWE, « Les «espaces juridiques» de sécurisation des investissements en Afrique : entre droits communautaires et droit uniforme », ibid.

[1671] D'innombrables problèmes internes aux Etats parties constituent un frein à l'amélioration du climat d'investissement et aux résultats recherchés par la promotion du droit des affaires: la guerre, le dysfonctionnement de la justice, l'inertie administrative et la corruption sont des grands ennemis du droit et du développement; la sécurité juridique n'apportant qu'une réponse indispensable mais partielle à la quête d'attractivité et à l'idéal de progrès économique et social (R. MASAMBA, « L'OHADA et le climat de l'investissement en Afrique », op.cit., p. 141.

627. En somme, après une analyse approfondie des dispositions de tous les Actes uniformes, il apparaît que la réglementation de l'investissement institutionnel dans l'espace juridique de l'OHADA n'est pas parfaite. Afin de combler cette imperfection, pour un auteur[1672], il serait opportun soit d'élaborer un Acte uniforme de l'OHADA en matière d'investissement[1673], soit d'harmoniser les chartes d'investissement applicables dans les communautés économiques d'Afrique de l'ouest et de l'Afrique du centre. Car, l'assurance d'un minimum d'efficacité du nouveau système communautaire requiert la mise en conformité des différents textes applicables aux transactions d'affaires[1674].

[1672] Chr. GAMALEU KAMENI, op.cit., p.1219.

[1673] Il me semble que l'OHADA pourrait se doter d'un instrument de promotion et de protection de l'investissement qui permettrait à l'investisseur étranger non seulement de bénéficier de tous les avantages du droit OHADA existant essentiels au bon déroulement de son investissement, mais aussi de garantir son implantation et la pérennité de cette dernière (S. MENETREY, « La place de l'investissement dans l'OHADA », op.cit., p.17).

[1674] A. CISSE, « L'harmonisation du droit des affaires en Afrique : L'expérience de l'OHADA à l'épreuve de sa première décennie », *Revue internationale de droit économique*, 2004/2, p.219.

Conclusion de la seconde partie

628. Au terme de cette seconde partie, il apparaît que malgré les réformes opérées par le législateur OHADA dans l'AUSCGIE, les associés minoritaires se trouvent toujours dans une situation d'insécurité juridique liée à une certaine insuffisance des normes juridiques.

En premier lieu, ladite insécurité tient d'une part, à l'insuffisance d'informations relatives à la gestion sociale des dirigeants et, d'autre part, à la faiblesse de certains mécanismes de contrôle dont bénéficient les associés minoritaires comme l'expertise de gestion et l'alerte. A cela s'ajoute des limites au principe de la transparence à l'égard des associés minoritaires sous prétexte de l'intérêt de l'entreprise, de même que le défaut de systématisation des mécanismes de contrôle. Or ceux-ci constituent des obstacles au contrôle de la gestion des dirigeants sociaux par les minoritaires. En outre, l'exercice de l'action en responsabilité civile des dirigeants sociaux est également inefficace à cause de l'insuffisance de preuves, du coût de cette action et de l'écran de la personnalité morale. On déplore en plus la courte prescription de ladite action et l'absence de juridictions spécialisées dans le domaine du droit des sociétés commerciales. Pour pallier un peu soit-il ces différentes difficultés, il convient de proposer notamment comme solution, la reconnaissance du préjudice propre de l'associé minoritaire, l'exigence de la preuve de l'innocence du dirigeant social et l'assurance responsabilité civile des dirigeants sociaux.

629. En second lieu, la situation d'insécurité juridique vis-à-vis des associés minoritaires est liée à la fragilité du statut des associés minoritaires face aux majoritaires. A ce niveau, il s'agit d'abord de la faible influence des associés minoritaires au pouvoir décisionnel résultant de l'endiguement des associés lors de la prise de décision suite à l'absentéisme des associés dans les assemblées générales, à la loi de la majorité et aux entorses à la représentation. Il convient de signaler également la limitation du droit de vote des associés minoritaires par les actions sans droit de vote, la désignation judiciaire d'un mandataire *ad hoc* et les décisions judiciaires annulant le vote des associés. Ensuite, il y a le piège de l'exaltation de la liberté contractuelle suite des limites de la valeur juridique des pactes d'associés et la réglementation partielle de la règle de l'unanimité. Enfin, le privilège est accordé au financement de la société avec comme conséquence, la mise à l'écart des droits fondamentaux de l'associé. Pourtant, il y a une absence de statut uniforme des investisseurs institutionnels.

CONCLUSION GENERALE

630. L'étude portant sur la place des associés minoritaire dans la gouvernance des entreprises en droit OHADA permet de se rendre compte que le législateur a accordé aux associés minoritaires divers moyens leur permettant d'œuvrer pour la bonne gestion des sociétés commerciales. En effet, le législateur reconnaît à la minorité un véritable pouvoir d'intervention dans la vie sociale, dans des domaines normalement réservés aux dirigeants sociaux. C'est le cas de la reconnaissance, au profit des associés minoritaires, d'une véritable fonction de contrôle des dirigeants sociaux dans le déroulement de la vie de la société.

631. Ce contrôle est facilité par un certain nombre de mesures prises par le législateur. Il convient de citer notamment le renforcement des règles relatives à la bonne gouvernance des entreprises. Dans ce cadre, le législateur a d'abord, procédé par une extension des documents pouvant faire objet du contrôle par tout associé même minoritaire. Ensuite, il recommande aux dirigeants sociaux de se référer aux codes de gouvernance des entreprises dans leurs activités relatives à la gestion sociale. Enfin, il a renforcé l'exercice de l'action en responsabilité civile des dirigeants sociaux. Actuellement, cette action peut être mise en œuvre par un mandataire représentant la société dans l'instance lors qu'il existe un conflit d'intérêts entre la société et ses représentants légaux. La demande de la désignation de ce mandataire par la justice compétente peut être formulée par la société ou tout associé. Pour sanctionner des décisions ou des accords pouvant anéantir l'action en responsabilité civile des dirigeants sociaux du fait des fautes commises dans l'exercice de leurs fonctions, le législateur déclare nulle toute décision sociale destinée à éteindre ladite action, même si cette décision a été prise par l'assemblée générale des associés.

632. En outre, le législateur a renforcé la liberté contractuelle des associés. A cet effet, les associés peuvent procéder à la dissociation du pouvoir et du capital, ce qui permet d'attribuer des actions de préférence jouissant d'avantages par rapport à toutes les autres actions. Grâce à ces actions, outre les retours sur investissements, l'associé dispose de droits spécifiques qui lui ont été aménagés pour sa protection et surtout pour le contrôle de la gestion sociale. Cette dissociation accorde également, la liberté aux associés dans l'organisation du pouvoir comme c'est le cas dans les sociétés de personnes, de même que la société par action simplifiée récemment consacrée par l'Acte uniforme relatif au droit des sociétés commerciales. Par la liberté contractuelle des associés, le législateur a en plus permis à ces derniers de conclure des pactes extra-statutaires leur permettant notamment de contrôler la gestion sociale.

633. Par ailleurs, largement inspiré de certains principes du gouvernement d'entreprise, l'AUSCGIE révisé contient logiquement quelques dispositions destinées à renforcer les droits des associés. « Ces mesures protectrices apparaissent disséminées, variées et nombreuses, mais procèdent finalement d'un même objectif : un réajustement des pouvoirs dans l'entreprise par l'élargissement des droits de l'information »[1675] et d'intervention des associés. Partant, le législateur a simplifié des différents mécanismes de contrôle des minoritaires garantissant leur droit de regard sur la gestion sociale en passant par le droit à l'information qui a été renforcé, sans oublier la contribution dans ce domaine de la récente révision de l'Acte uniforme relatif au droit comptable et l'information financière. Bien sûr, l'information sur la situation financière de la société assure l'effectivité de la participation des associées à l'assemblée générale et du contrôle des décisions prises par les dirigeants sociaux. L'Acte uniforme sur les sociétés commerciales constituant aujourd'hui le droit commun des sociétés dans l'espace OHADA est, à l'instar de nombreuses autres législations modernes, venu au secours des actionnaires minoritaires en prévoyant en leur faveur la possibilité d'intervenir dans la gestion de la société en exerçant un certain nombre de droits d'information et de participation[1676].

634. L'associé va se baser sur l'information qu'il a pour optimiser l'exercice de son droit de vote. Mais l'information est aussi un mode de protection de l'investissement fait par l'associé car c'est principalement à partir de l'image de la vie sociale que l'information lui donne qu'il décidera de céder, de conserver ou d'accroître les actions qu'il détient. L'information sociale est donc indispensable pour tout associé en tant que membre de la société. Il s'ensuit que l'information est protégée à un double titre, d'une part, elle est un droit individuel de tout associé et, d'autre part, elle est la condition d'un bon fonctionnement du marché financier. Pour faciliter l'accès à l'information sociale, le législateur autorise une portabilité occasionnelle de l'information sociale.

635. Le droit à l'information des associés minoritaires a été en plus renforcé du fait de l'abaissement des seuils requis par le législateur OHADA pour exercer certaines modalités du contrôle de gestion. Ainsi, un ou plusieurs associés représentant au moins le dixième du capital social

---

[1675] L. GODON, « La protection des actionnaires minoritaires dans la loi relatives aux nouvelles régulations économiques », op.cit., p.728.

[1676] A. FENEON, « Les droits des actionnaires minoritaires dans les sociétés commerciales de l'espace OHADA », op.cit., p.154.

peuvent, soit individuellement, soit en se groupant sous quelque forme que ce soit, demander en justice la désignation d'un ou plusieurs experts chargés de présenter un rapport sur une ou plusieurs opérations de gestion. L'expertise de gestion présente l'intérêt de permettre à la minorité non correctement informée de demander des précisions sur une ou plusieurs opérations de gestion déterminées[1677]. Dans ces conditions, longtemps considérés comme des actionnaires « passifs », inorganisés, voire divisés, les actionnaires minoritaires n'hésitent plus à se coaliser dans le but de faire entendre leur voix dans la gestion des sociétés et tentent, sinon de conquérir le contrôle de la société, du moins d'influer sur la valeur de leurs titres[1678]. Le législateur a aussi procédé par la consécration de l'administration provisoire en tant que mesure permettant un dessaisissement des dirigeants sociaux à la demande des minoritaires.

636. Il y a également le renforcement de l'information par la procédure d'alerte des associés même minoritaires. Néanmoins, il est souhaitable en droit OHADA que cette procédure soit étendue aux salariés des sociétés commerciales, cela par la reconnaissance de l'alerte professionnelle ou alerte éthique, étant donné que l'alerte d'un salarié a beaucoup plus de chances d'être efficace, car étant déclenchée par une personne qui suit, de manière permanente l'évolution de l'entreprise et est alors à même d'agir dès les premiers indices de difficultés. Cette mesure d'alerte éthique s'inscrit dans la « compliance » qui n'est pas reconnue actuellement en droit OHADA, malgré qu'elle facilite aussi le contrôle de la conformité des sociétés aux normes en vigueur.

637. Outre cela, les minoritaires comme tous les associés bénéficient du droit de participation aux assemblées générales et son corollaire qui est le droit de vote des décisions sociales. Pour renforcer ce droit, le législateur a procédé par un assouplissement des conditions de participation. A cet effet, il a renforcé la présence des associés aux assemblées générales, suite à la possibilité de convocation des associés par courrier électronique et l'attribution aux minoritaires de pouvoirs de demander en justice la convocation de l'assemblée générale en cas de défaillance ou négligence des dirigeants sociaux.

638. Le législateur a renforcé également le droit de vote des minoritaires par l'admission des conventions de vote et l'encadrement du droit de vote double dont bénéficient certains associés même minoritaires. Dans le même sens, il a procédé par l'extension de l'unanimité des votants

---

[1677] C. GIRARD, « Les actionnaires minoritaires », *Revue française de gestion,* 2002/5, n° 141, p.193.
[1678] SCHMIDT, cité par C. GIRARD, « Les actionnaires minoritaires », op.cit., p.184.

sur d'autres domaines. Toujours pour permettre aux associés de participer aux assemblées générales, le législateur dans l'Acte uniforme révisé a autorisé la participation de ces derniers à distance par des moyens de télécommunications assurant la garantie de l'identification et de la participation effective des associés et une retransmission continue et simultanée. Cette réforme permet également le vote des associés à distance qui se réalise sans influence des coassociés, de même que la possibilité pour les associés de voter par correspondance. Ces progrès techniques, tout en renforçant la liberté d'expression et le droit à l'information des associés minoritaires, pourraient simplifier les procédures de contrôle de la gestion sociale et faciliter la participation directe des associés à la prise des décisions sociales. De cette manière, il est possible d'affirmer que la révision de l'Acte uniforme, a permis entre autres, une plus grande visibilité du droit applicable aux sociétés commerciales, une simplification du contrôle de la gestion sociale par les minoritaires et une certaine adaptation des règles aux principes de la gouvernance des entreprises.

639. Toutefois, sur ces divers points, des progrès notables sont encore attendus, suite à l'inefficacité du contrôle de la gestion des dirigeants sociaux par les associés minoritaires. Dans la réalité, le législateur a opté pour la règle de la quérabilité des informations, or ladite règle serait de nature à renforcer le comportement passif des associés minoritaires dans la recherche d'information sur la gestion sociale à cause de l'importance des coûts de l'information par rapport aux bénéfices attendus. Cette règle de quérabilité porte également atteinte à l'attractivité du droit des sociétés commerciales et donc desservir l'objectif d'attraction de capitaux étrangers poursuivi par le législateur OHADA. Car si la visibilité de ces investissements est faible, les actionnaires ne pourront pas évaluer leur rentabilité et, par conséquent, ils ne pourront pas surveiller le dirigeant de façon efficace[1679].

640. En outre, il est difficile de concevoir que la procédure d'alerte des associés soit limitée à demander des explications aux dirigeants sociaux uniquement deux fois par exercice. Au contraire, il est préférable que ladite procédure soit possible toutes les fois que les associés relèvent des faits de nature à compromettre la bonne marche des affaires sociales, dès lors que ce mécanisme renforce leur pouvoir de contrôle de la gestion sociale et leur permet également de mieux veiller au bien-être économique et financier de l'entreprise. A défaut d'augmenter le nombre de possibilités d'alerte, il est souhaitable d'annuler le caractère facultatif des associés de déclencher la procédure d'alerte. A partir de ce moment, il est évident que si l'omission coupable dans ce cadre est passible de sanction, les associés se sentiront

[1679] C. GIRARD, « Les actionnaires minoritaires », op.cit., p.185.

beaucoup plus concernés par la prévention. Egalement, le législateur a réduit les seuils exigés aux associés en matière d'expertise de gestion. Néanmoins, il n'a donné aucune définition de la notion d'opération de gestion à expertiser. Or, le législateur aurait pu, par exemple comme son homologue français, préciser que l'expertise de gestion sera déclenchée à l'encontre d'une ou de plusieurs opérations de gestion *a priori* contestables[1680].

641. De la même manière, l'analyse de l'issue des actions en responsabilité civile intentées par les associés minoritaire contre les dirigeants sociaux telle que prévue par le législateur OHADA permet de se rendre compte qu'elle est incertaine pour certaines raisons. Partant, en dehors de la longue procédure et courte prescription, si un minoritaire recherche la responsabilité civile d'un dirigeant social, il sera confronté au problème de l'absence des juridictions spécialisées.

642. De même, si un associé minoritaire exerce l'action en responsabilité civile des dirigeants sociaux au nom de la société, son action va s'opposer à la société et ses avocats. Pourtant, s'il perd le procès, tous les frais de procédure seront à sa charge. S'il gagne, les dommages et intérêts dus par le dirigeant social seront versés à la société. Dans cette perspective, il n'est pas encourageant d'exercer ce genre d'actions, et cela constitue une irresponsabilité de fait des dirigeants sociaux sur le plan civil, avec comme conséquence, l'affaiblissement de l'associé minoritaire. Cette lacune pourrait sans nul doute constituer un frein à la croissance des entreprises, au plus grand préjudice du développement du continent africain.

643. Pour toutes ces raisons, il est souhaitable d'envisager en droit OHADA, d'une part, l'accentuation du préjudice propre de l'associé, qui peut passer par un renversement du fardeau de la preuve avec comme conséquence la présomption de faute du dirigeant social. D'autre part, la reconnaissance de l'action de groupe pour faciliter l'engagement de l'action en responsabilité civile des dirigeants sociaux, de même que la consécration de l'assurance responsabilité civile de ces dirigeants.

634. Outre cela, la plus part du temps, les décisions à l'assemblée générale sont prises par les associés majoritaires, et les associés minoritaires ne peuvent rien faire pour s'y opposer à cause de la dominance de la loi de la majorité à moins qu'il y ait abus de pouvoir ou manœuvre frauduleuse de la part des majoritaire ou qu'un droit de veto quelconque n'ait été accordé aux minoritaires par les législateurs ou les statuts de la société. De même, les associés minoritaires peuvent conclure des pactes d'associés pour renforcer leur protection, mais la valeur juridique desdits pactes est limitée à cause de

---

[1680] Loi de 1966, article 64-2 et 226 ; Voir Y. GUYON, Droit des affaires, T1, *Droit commercial général et sociétés*, op.cit., p.527, n°505.

leur soumission au « principe de la hiérarchie des normes »[1681] avec comme conséquence, la dépendance du pacte d'associés au contrat de société et le respect du principe de la primauté des statuts. Ces pactes sont affaiblis également par leur inopposabilité aux parties non signataires et par un caractère non homogène des sanctions de leur violation. Pire encore, le minoritaire peut être évincé de la société par le groupe majoritaire, en donnant la priorité aux investisseurs, sous prétexte d'intérêt social, alors que cette notion n'est pas encore clarifiée.

645. De cette manière, les moyens d'action du minoritaire, qui existent bel et bien, ne lui permettent pas véritablement de contrecarrer efficacement les mesures mises en œuvre sous l'impulsion du majoritaire. Pourtant, la vraie gouvernance des entreprises passe par l'existence d'une possibilité concrète de donner une place aux associés minoritaires, cela par la mise en œuvre des voies d'action permettant à ces derniers de contrôler effectivement le respect des règles de la bonne gouvernance. Actuellement, cette possibilité n'existe que dans les textes ; dans la pratique, il n'y a pas une place réservée aux minoritaires. Dès lors, au terme de cette étude, le bilan des dispositions étudiées révèle assez nettement que l'occasion offerte au législateur de procéder à une grande réforme de l'AUSCGIE n'a pas été saisie.

Par conséquent, il est encore trop tôt pour savoir si la réforme apportée par l'Acte uniforme révisé a une réelle portée sur la situation juridique de l'associé minoritaire et peut également contribuer à améliorer notablement des conditions d'investissement dans la zone OHADA.

[1681] Le principe de la hiérarchisation des normes fixe la place et la valeur des lois, règles ou principes les uns par rapport aux autres.

BIBLIOGRAPHIE

I. Ouvrages généraux :

AKAM AKAM (A.), *Les mutations juridiques dans le système OHADA*, L'Harmattan, Paris, 2009, 262p.

AMBOULOU (H. D.), *Le droit des affaires dans l'espace OHADA*, 1ère éd., L'Harmattan, 2014, 278p.

ANOUKAHA (Fr.), CISSE (A.), DIOUF (Nd.), NGUEBOU TOUKAM (J.), POUGOUE (P.-G.), SAMB (M.), *Sociétés commerciales et GIE*, Collection droit uniforme africain, Bruylant, Bruxelles, 2002, 589p.

BADJI (P. S. A.) :

- *Réforme du droit des sociétés commerciales OHADA*, L'Harmattan, Dakar, 2016, 211p.
- *Pour un droit des affaires*, L'Harmattan, Dakar, 2018, 528p.

BERR (Cl.), *L'exercice du pouvoir dans les sociétés commerciales*, Sirey, Paris, 1961, 421p.

BEZARD (P.), *La société anonyme*, Montchrestien, Paris, 1986, 640p.

BITSAMANA HILARION (A.), *Dictionnaire de droit OHADA*, L'Harmattan, Paris, 2016, 398p.

BOUBEL (A.) et PANSARD (F.), *Les investisseurs institutionnels*, La découverte, 2004, 128p.

CADIET (L.), *Droit et attractivité économique : le cas de l'OHADA*, IRJS Editions, Paris, 2013, 232p.

CARBONNIER (J.), *Droit civil, les biens*, Tome 3, PUF, Paris, 1991, 438p.

CHAPUT (Y.), *Droit de la prévention et du règlement des difficultés des entreprises*, PUF, Paris, 1986, 288p.

CHARTIER (Y.), *Droit des affaires, sociétés commerciales*, Tome 2, 3ème éd., Coll. Thémis, PUF, Paris, 1992, 647p.

CONSTANTIN (A.), *Droit des sociétés*, 5ème éd., Dalloz, Paris, 2012, 430p.

CORNU (G.), *Vocabulaire juridique*, 9ème éd., PUF, Paris, 2011, 1095p.

COZIAN (M.), VIANDIER (A.) et DEBOISSY (F.), *Droit des sociétés*, 25ème éd., Litec, Paris, 2012, 850p.

DANA-DEMARET (S.), *Le capital social*, Litec, Paris, 1989, 373p.

DAVID (R.), *Les grands systèmes du droit contemporain*, 7ème éd., Dalloz, Paris, 1978, 657p.

DEBOISSY (F.), *La simulation en droit fiscal*, LGDJ, Paris, 1997, 496p.

DE CORDT (Y.), *L'égalité entre actionnaires*, Bruylant, Bruxelles, 2004, 1050p.

DE JUGLART (M.), IPPOLITO (B.), *Les sociétés commerciales*, 10ème éd., Montchrestien, Paris, 1999, 880p.

Dictionnaire d'économie et des faits économiques et sociaux contemporains, éditions Foucher, Paris 1999, 640p.

DIDIER (P.) et DIDIER (Ph.), *Droit commercial, tome II –Les sociétés commerciales,* Economica, Paris, 2011, 1153p.
DIEYE (A.), *Régime juridique des sociétés commerciales et du GIE dans l'espace OHADA*, 4ème édition, 2014, 386p.
DONDERO (B.), *Droit des sociétés*, 3ème éd., Dalloz, Paris, 2013, 639p.
DUPONT-DELESTRAINT (D.), *Droit pénal des affaires et des sociétés commerciales*, 2ème éd., Dalloz, Paris, 1980, 393p.
FARJAT (G.) :
- *Droit privé de l'économie : théorie des obligations*, PUF, Paris, 1975, 540p.
- *Pour un droit économique*, PUF, Paris, 2004, 209p.

FENEON (A.), *Droit des sociétés en Afrique, OHADA*, 2ème éd., LGDJ, Paris, 2017, 1071p.
FOKAM KAMMOGNE (P.), *L'entreprise africaine et la mondialisation*, Afrédit, Yaoundé, 2010, 257p.
GAILLARD (E.), *Le pouvoir en droit privé,* Economica, Paris, 1985, 250p.
GATSI (J.) :
- *Droit des affaires : Droit commercial général et sociétés commerciales*, PUL, Douala, 2008, 208p.
- *L'effectivité du droit OHADA*, PUA, Yaoundé, 2006, 320p.

GAZZANIGA (J.-L.), *Introduction historique au droit des obligations*, PUF, Paris, 1992, 296p.
GERMAIN (M.), *Les sociétés commerciales*, 19ème éd., LGDJ, Paris, 2009, 994p.
GERMAIN (M.) (dir.), RIPERT (G.) et ROBLOT (R.), *Droit commercial*, LGDJ, Paris, 1996, 1300p.
GIBIRILA (D.) :
- *Droit des sociétés*, 2ème éd., Ellipses, Paris, 2005, 366p.
- *Le dirigeant de société, statut juridique, social et fiscal,* Litec, Paris, 1995, 590p.

GIBIRILA (D.) et FEUGERE (W.), *Maîtrise des risques du dirigeant*, Edition Francis Lefebvre, Paris, 2009, 551p.
GOFFIN (J.-F.), *Responsabilités des dirigeants de sociétés*, 2ème éd., Larcier, Bruxelles, 2004, 505p.
GOMEZ (P.-Y.), *La république des actionnaires : le gouvernement des entreprises entre démocratie et démagogie*, Syros, Paris, 2001, 216p.
GONCALVES (E.W.), *Droit des sociétés*, 2ème éd., Pothier, Paris, 2014, 237p.
GOUBEAUX (G.), *La règle de l'accessoire en droit privé*, LGDJ, Paris, 1969, 543p.
GUIRAMAND (F.) et HERRAUD (A.), *Droit des sociétés, des autres groupements et des entreprises en difficulté*, 10ème éd., DUNOD, Paris, 1995, 182p.

GUYON (Y.) :
- *Droit des affaires : droit commercial général et sociétés*, 12ème éd., Economica, Paris, 2003, 1060p.
- *Les sociétés - Aménagements statutaires et conventions entre associés*, 5ème éd., LGDJ, Paris, 2002, 462p.

HADJI-ARTINIAN (S.), *La faute de gestion en droit des sociétés*, Litec, Paris, 2001, 369p.

HEMARD (J.), TERRE (F.) et MABILAT (P.), *Sociétés commerciales*, t. II, Dalloz, Paris, 1974, 1118p.

HESS-FALLON (B.) et SIMON (A-M.) :
- *Droit des affaires*, 15ème éd., Dalloz, Paris, 2003, 374p.
- *Droit civil*, 6ème éd., Dalloz, Paris, 2001, 394p.

HIEZ (D.) et MENETREY (S.), *L'effectivité du droit économique dans l'espace OHADA*, L'Harmattan, Paris, 2016, 412p.

HOUIN (R.) et RODIERE (R.), *Droit commercial, Cours élémentaire de droit, Economie*, Tome 1, 5ème éd., Sirey, Paris, 1974, 361p.

HUBRECHT (G.), COURET (A.) et BARBIERI (J.-J.), *Droit commercial*, 10ème éd., Sirey, Paris, 1986, 313p.

ISSA-SAYEGH (J.), *Répertoire quinquennal OHADA*, UNIDA, 2010, 805p.

ISSA-SAYEGH (J.) et LOHOUES-OBLE (J.), *Harmonisation du droit des affaires OHADA*, UNIDA, Bruylant, Bruxelles, 2002, 245p.

JEANTIN (M.), *Droit des sociétés*, 3ème éd., Montchrestien, Paris, 1994, 456p.

JEANTIN (M.), LE CANNU (P.), *Droit commercial, instruments de paiement et de crédit, entreprises en difficulté,* 7ème éd., Dalloz, Paris, 2005, 691p.

JOBARD-BACHELLIER (M.-N.), *L'apparence en droit international privé - Essai sur le rôle des représentations individuelles en droit international privé*, LGDJ, Paris, 1984, 425p.

JORGE (M.), *Droit des affaires*, Armand Colin, Paris, 1999, 210p.

KOJEVE (A.), *La notion d'autorité*, Gallimard, Paris, 2004, 208p.

KONE (M.), *Le nouveau droit commercial des pays de la zone OHADA : comparaisons avec le droit français*, LGDJ, Paris, 2003, 416p.

LE BARS (B.), *Droit des sociétés et de l'arbitrage international. Pratique en droit de l'Ohada*, Joly, Paris, 2011, 544p.

LE GALL (J.-P.), *Droit commercial (Mémentos)*, 14ème éd., Dalloz, Paris, 1998, 269p.

LEGEAIS (D.), *Droit commercial et des affaires*, 19ème éd., Sirey, Paris, 2011, 589p.

LEVY (L.), *La nationalité des sociétés,* LGDJ, Paris, 1984, 319p.

LE CANNU (P.), *Droit des sociétés*, Domat, Droit privé, Montchrestien, Paris, 2003, 1002p.

MAGNIER (V.) :
- *Droit des sociétés*, 5ème éd., Dalloz, Paris, 2011, 459p.
- *La gouvernance des sociétés cotées face à la crise*, LGDJ, Paris, 2010, 306p.

MARTOR (B.), PILKINGTON (N.), SELLERS (D.) et THOUVENOT (S.), *Le droit uniforme africain des affaires issue de l'OHADA*, 2ème éd., Litec, Paris, 2009, 382p.

MASQUEFA (C.), *La restructuration*, LGDJ, Paris, 2000, 503p.

MAZEAUD (H.) et (L.) et CHABAS (Fr.), *Traité de la responsabilité civile*, t.1, 6ème éd. Montchrestien, Paris, 1983, 646p.

MERCADAL (B.), JANIN (Ph.), *Sociétés commerciales*, mémento, édition Francis Lefebvre, Paris, 1995, 1466p.

MERLE (Ph.), *Droit commercial : Sociétés commerciales*, 17ème éd., Dalloz, Paris, 2014, 977p.

MESTRE (J.), (dir.), *Sociétés commerciales*, 8ème éd., Lamy S.A, Paris, 1994, 2109p.

MESTRE (J.), FAYE (S.), BLANCHARD (D.), *Les sociétés commerciales*, Lamy, Paris, 1994, 2298p.

MICHEL (J.-T.), *La révision du droit de la société anonyme*, Cedidac, Lausanne, 2008, 1636p.

MONSERIE-BON (M.-H.) et GROSCLAUDE (L.), *Droit des sociétés et des groupements*, Montchretien, Paris, 2009, 747p.

MOREAU DEFARGES (Ph.), *La gouvernance*, « Que sais-je », 1ème éd. PUF, Paris, 2003, 127p.

MOULIN (J-M.), *Droit des sociétés*, Gualino, Paris, 2006, 537p.

NDIAYE (C. A. W.), *Droit des entreprises individuelles*, L'Harmattan, Dakar, 2018, 397p.

PAILLUSSEAU (J.), *La société anonyme : technique d'organisation de l'entreprise*, Sirey, Paris, 1967, 294p.

PEREZ (R.), *La gouvernance de l'entreprise*, La découverte, Paris, 2003, 123p.

PETIT (B.), *Droit des sociétés commerciales*, Litec, Paris, 2002, 322p.

POUGOUE (P.-G.) (Dir.) :
- *Encyclopédie du droit OHADA*, Lamy, 2011, 2174p.
- *Sociétés commerciales et GIE*, Bruylant, Bruxelles, 2002, 589p.

POUGOUE (P.-G.), ANOUKAHA (F.), NGOUEBOU (J.), *Droit des sociétés commerciales et du groupement d'intérêt économique OHADA*, coll. droit uniforme, PUA, Yaoundé, 1998, 630p.

POUGOUE (P.-G.) et KALIEU ELONGO (Y. R.), *Introduction critique à l'OHADA*, PUA, Yaoundé, 2008, 225p.

POUGOUE (P.-G.) et KUATE TAMEGHE (S.S.) (Dir.), *Les grandes décisions de la Cour commune de justice et d'arbitrage de l'OHADA*, L'Harmattan, Paris, 2010, 692p.

RAPP (L.), *Courrier électronique : E-mail,* Que sais-je? PUF, Paris, 1998, 127p.
RIPERT (R.), *Aspects juridiques du capitalisme moderne*, 2ème éd., LGDJ, 1951, 355p.
RIPERT (R.) et ROBLOT (R.), *Traité élémentaire de droit commercial*, Tome 1, 12ème éd., LGDJ, 1986, 1195p.
RODIERE (R.), *Droit commercial, groupements commerciaux,* Dalloz, Paris, 1972, 374p.
ROUSSEL GALLE (Ph.), *Réforme du droit des entreprises en difficulté : De la théorie à la pratique*, Lexis Nexis, Paris, 2007, 514p.
SAWADOGO (F. M.), *Droit des entreprises en difficulté*, Bruylant, Bruxelles, 2002, 444p.
TERRE (F.), *Introduction générale au droit*, Dalloz, Paris, 2000, 681p.
Universités francophones, *Droit commercial et des sociétés en Afrique*, EDICEF/AUPELF, Paris, 1989, 180p.
VIDAL (D.), *Droit des sociétés*, 7ème éd., LGDJ, Paris, 2010, 794p.

II. Ouvrages spéciaux

CABANE (P.), *Manuel de gouvernance d'entreprise*, Eyrolles, Paris, 2013, 247p.
CHAMPAUD (Cl.), *Le pouvoir de concentration de la société anonyme*, Sirey, Paris, 1962, 349p.
CAILLAUD (B.), *L'exclusion d'un associé dans les sociétés*, Sirey, Paris, 1966, 281p.
CARVAL (S.), *La responsabilité civile dans sa fonction de peine privée*, L.G.D.J., Paris, 1995, 417p.
CAUSSAIN (J.-J.), *Le gouvernement d'entreprise - Le pouvoir rendu aux actionnaires*, CREDA, Litec, Paris, 2005, 178p.
CHARREAUX (G.), *Le gouvernement des entreprises*, Economica, Paris, 1997, 540p.
DE BEAUFORT (V.), *Gouvernance d'entreprise en Europe*, Economica, Paris, 2006, 692p.
MAGNIER (V.), (Dir.), *L'opportunité d'une action de groupe en droit des sociétés*, Coll. CEPRISCA, PUF, Paris, 2004, 168p.
MOUTHIEU NJANDEU (M.-A.), *L'intérêt social en droit des sociétés*, Collection Études africaines, L'Harmattan, Paris, 2009, 420p.
NGOUE (W.-J.), *OHADA, Pratique du droit des sociétés commerciales : la société à responsabilité limitée*, collection droit des affaires, PUL, Douala, 2007, 208p.
NJOYA NKAMGA (B.), *L'administrateur provisoire des sociétés dans l'espace OHADA*, 1ère éd., Economica, Paris, 2012, 538p.

SAKHO (A.), *Les groupes de sociétés en Afrique*, Karthala, Paris, 2010, 334p.
SCHMIDT (D.), *Les conflits d'intérêts dans la société anonyme*, Joly, Paris, 2001, 303p.
SCHOLASTIQUE (E.), *Le devoir de diligence des administrateurs de société, droit français et anglais*, LGDJ, Paris, 1998, 468p.
SILLERO (A.), *Ingénierie juridique et financière*, Eska, Paris, 2001, 159p.
SOCKENG (R.), *Droit pénal des affaires OHADA*, 1ère éd., Collection LEBORD, Presse MINSI le COMPETING, Yaoundé, 2007, 242p.
TEMPLE (H.), *Les sociétés de fait*, LGDJ, Paris, 1975, 378p.
TIGER (Ph.), *Le droit des affaires en Afrique, Que sais-je ?* PUF, Paris, 199, 127p.
TUNC (A.), *Le droit anglais des sociétés anonymes,* 2ème éd., Dalloz, Paris, 1987, 359p.
VIANDIER (A.), *La notion d'associé*, LGDJ, Paris, 1978, 314p.
ZADI KESSI (M.), *Culture africaine et gestion de l'entreprise moderne*, CEDA, Abidjan, 1998, 154p.

III. Thèses

ABDELMOUMEN (N.), *Hiérarchie et séparation des pouvoirs dans les sociétés anonymes de type classique*, Thèse, Panthéon-Sorbonne-Paris I, 2013, 728p.
BELGHITH (K.), *La protection des actionnaires minoritaires lors d'opérations de prises de contrôle*, Thèse, Montréal, 2007, 435p.
BORGA (N.), *L'ordre public et les sûretés conventionnelles*, Thèse, JEAN MOULIN-LYON 3, 2007, 716p.
CAFLISCH (L. C.), *La protection des sociétés commerciales et des intérêts indirects en droit international public,* Thèse La Haye, Nijhoff, 1969, 287p.
CELY (A.), *Les fondements de la responsabilité civile des dirigeants. Etude franco-colombienne*, Thèse, Panthéon-Assas, 2010, 310p.
COUPET (C.), *L'attribution du droit de vote dans les sociétés*, Thèse, Panthéon-Assas, 2012, 735p.
CRESP (M.), *Le temps juridiques en droit privé, essai d'une théorie générale*, Thèse, Bordeaux IV, 2010, 547p.
DEGUENON (M.), *Le règlement judiciaire des litiges entre actionnaires dans le droit OHADA*, Thèse, Abomey-Calavi, 2015, 424p.
DE HOCHEPIED (J.-P.), *La protection diplomatique des sociétés et des actionnaires,* Thèse, Paris, Pedone, 1965, 274p.
DIENG (Fr.), *La direction des sociétés anonymes en droit sénégalais comparé aux droits français, anglais et américain*, Thèse, Panthéon-Sorbonne-Paris I, 1995, 512p.
ESKINAZI (D.), *La qualité d'associé,* Thèse, Cergy-Pontoise, 2005, 338p.

EWANE MOTO (P. Chr.), *La gouvernance des sociétés commerciales en droit de l'OHADA*, Thèse, Paris-Est, 2015, 400p.
GEORGES (E.), *Essai de généralisation d'un droit de retrait dans la société anonyme*, Thèse, Poitiers, 2005, 392p.
GIRARD (C.), *L'activisme des actionnaires minoritaires au sein du gouvernement des entreprises françaises*, Thèse, Bourgogne, 2001, 324p.
GROSBOIS (E.), *Responsabilité civile et contrôle de la société*, Thèse, Caen, 2012, 725p.
HMODA (F.), *La protection des créanciers au sein des groupes de sociétés,* Thèse, Franche-Comté, 2013, 597p.
KADDOUCH (R.), *Le droit de vote de l'associé*, Thèse, Aix Marseille, 2001, 790p.
KAMENA (Br.), *La situation de l'associé minoritaire en France et dans l'espace OHADA,* Thèse, Pierre Mendes France, 2005, 504p.
KITSOU (A.), *Le gouvernement d'entreprise dans les sociétés familiales non-cotées*, Thèse, Strasbourg, 2013, 533p.
LASSEHIN (C.B.), *L'information des actionnaires, instrument de contre-pouvoir dans les sociétés anonymes de l'espace OHADA*, Thèse, Abomey-Calavi, 2014, 432p.
LEROY (C.), *Le pacte d'actionnaire dans l'environnement sociétaire*, Thèse, Paris - Est Créteil val de Marne, 2010, 346p.
LHUILLIER (J.-B.), *Le cyber-actionnaire : adaptation du droit des sociétés à l'évolution des technologies d'information et de communication*, Thèse, Paris Ouest Nanterre, 2015, 533p.
MABIKA ITSIEMBOU (N. E.), *L'utilité du capital social*, Thèse, Auvergne, 2010, 629p.
MOULOUL (A.), *Régime juridique des sociétés commerciales dans l'espace OHADA :*
l'exemple du Niger, Thèse, Paris I, 200, 604p.
MUKA TSHIBENDE (L.-D.), *L'information des actionnaires, source d'un contre-pouvoir dans les sociétés anonymes de droit français et périmètre O. H. A. D. A.*, Thèse, Aix-Marseille, 2009, 692p.
NDIAYE (M.), *L'inégalité entre associés en droit des sociétés*, Thèse, Panthéon-Sorbonne - Paris I, 2017, 468p.
NGO NDJIGUI (R. Y.), *Le secret des affaires dans le droit des pays de l'espace OHADA et en droit français*, Thèse, Evry Val d'Essonne, 2005, 572p.
NZOUABETH (D.), *Les litiges entre associés*, Thèse, UCAD, 2005, 447p.
OULD EBA (M.), *Le rôle de l'information en droit des entreprises en difficulté*, Thèse, Toulouse, 2013, 390p.
POISSON (M.-D.), *La protection des actionnaires minoritaires dans les sociétés des capitaux en droit français et en droit anglais comparés*, Thèse, Clermont 1, 1984, 782p.

RUELLAN (C.), *La loi de la majorité dans les sociétés commerciales*, Thèse Paris II, 1997, 600p.
SAKHO (A.), *Les groupes de sociétés et le droit,* Thèse, UCAD, 1993, 518p.
SANE (C. M.), *La mobilité des sociétés de l'espace OHADA : étude à la lumière du droit européen et international des sociétés*, Thèse, PAU ET DES PAYS DE L'ADOUR, 2017, 375p.
SIDIBE (I.), *La gouvernance des sociétés anonymes dans la zone OHADA*, Thèse, UCAD, 2013, 388p.
TCHDOYI-DOUMBE (G. H.), *La cession de droits sociaux de l'associé minoritaire*, Thèse, Auvergne-Fernand I, 2010, 357p.

IV. Chroniques et articles de doctrine

ABALLÉA (Th.) et COHEN-SALMON (S.), « Le vote électronique dans les sociétés commerciales : vers une internationalisation du rôle des organes de décisions (réflexions à partir des lois NRE et signature électronique) », *RDAI* n°3, 2003, pp.285-295.
AKAM AKAM (A.), «La responsabilité civile des dirigeants sociaux en droit OHADA», *RIDE,* 2007, pp.211-243.
ALCOUFFE (A.) et KALWEIT (Chr.), « Droits à l'information des actionnaires et actions sociales des associés en France et Allemagne. Considérations de droit comparé en relation avec les directives américaines », *Revue internationale de droit économique,* 2003, pp.159-196.
ALGADI (A. S.), « Procédure d'alerte », *Encyclopédie du droit OHADA*, Lamy, 2011, pp. 1425-1434.
ALLEGRE (J. P.) et CORNAND (C.), «La politique de diffusion de l'information : la transparence des banques centrales est-elle toujours préférables ?», *revue française d'économie*, volume 21, n°1, Persée, 2006, pp.87-126.
ANGERS (Fr.-A.), « Revenu national et théorie de la répartition », *L'actualité économique*, Volume 38, numéro 1, Montréal, avril-juin 1962, pp.81-92.
BADJI (P. S. A.) :
- «OHADA et bonne gouvernance d'entreprise », *Revue ERSUMA*, n°2, Mars 2013, pp.209-226.
- «Les orientations du législateur OHADA dans l'AUSCGIE révisé », *Revue ERSUMA*, n°6, janv. 2016, pp.10-34.
- « La protection des tiers par l'Acte uniforme relatif au droit des sociétés commerciales et du groupement d'intérêt économique », *Nouvelles annales africaines*, 2013, pp.331-381.
- « Réflexions sur l'attractivité du droit OHADA », *Bulletin de droit économique*, Université Laval, 2014, pp.50-62.

BANDRAC (M.) et DOM (J.-P.), « Loi NRE et autres réformes, Réflexions et solutions pratiques en droit des sociétés», *éd., JOLY.* 2002.

BARTHELEMY (J.), « Le principe d'égalité de traitement », *Les Cahiers du DRH*, n°157, Paris, Septembre 2009, pp.31-41.

BAUDRY (A.), « Les actions de préférence », *Université Paris II Panthéon Assas,* 2005, 77p.

BEGLINGER (J.) et MICHEL (A.), « Traits fondamentaux d'une gestion efficace de la conformité », *Economiesuisse*, 2014, pdf, 20p.

BELINGA (R.) et SEGRESTIN (B.), « Un contrat de société sans contrat d'investissement ? Les interrogations des actionnaires minoritaires sur le droit des sociétés » : Dialogue avec Colette NEUVILLE. Gérer et Comprendre. *Les Annales des Mines*, 2018, 132, pp.33-40.

BENSETTI (A.) et ALASSAIRE (S.), « Usage des moyens de visioconférence dans les sociétés anonymes », *JuriConseil*, Casablanca, 2015, pdf, 33p.

BERTREL (M.), La société, « contrat d'investissement » ?, *RTD Com.* 2013.403.

BETTSCHART (S.), « L'assemblée générale et les actionnaires », *La révision du droit de la société anonyme*, Cedidac, 2008, pp.63-95.

BOUBAKER (S.) et LABEGORRE (F.), « Le recours aux leviers de contrôle : le cas des sociétés cotées françaises », *Finance Contrôle Stratégie* - volume 11, n° 3, septembre 2008, pp.95-124.

BOUGRINE (A.) et TORRIBIO (N.), « Les sanctions de de la corporate governance », *journal des sociétés,* n°63, Mars 2009, pp.48-55.

BOUMAKANI (B.), « Le juge interne et le Droit OHADA », *Penant,* 2002, n°839, pp.133-152.

BOYE (M.) :

- « La titrisation dans l'espace UEMOA », *Revue ERSUMA*, n°4, sept. 2014, pp.78-108.
- « Le nouveau régime des nullités dans le droit OHADA des sociétés commerciales », *Revue africaine de sciences politique et sociales*, n°6, Edition Librairie Juridique Africaine (ELJA), 2015, pp.207-264.
- « L'administration provisoire des sociétés commerciales en OHADA », *Revue africaine de sciences politique et sociales*, n°5, Edition Librairie Juridique Africaine (ELJA), 2015, pp.315-366.

BRECHON-MOULENES (Chr.), « La place du juge administratif dans le contentieux économique public », *AJDA,* 2000, p.679.

CADIET (L.), « Pour une Théorie générale du procès », *Ritsumeikan Law Review*, n°28, 2011, pp.127-145.

CAILLEBA (P.), « L'entreprise face au risque de réputation », *Responsabilité et environnement*, n°55, Juillet 2009, pp.9-15.

CARTRON (A.-M.) et MARTOR (B.), « L'associé minoritaire dans les sociétés régies par le droit OHADA », *Cahier de droit de l'entreprise*, n°1 janvier-février 2010, pp.21-29.

CAUSSAIN (J.-J.), «La gouvernance d'entreprise : l'influence mondiale et européenne», *Cahier de droit de l'entreprise*, n°5, septembre-octobre 2005, pp.27-29.
CAVALIE (B.) et HONTEBEYRIE (A.), « Quand la Cour d'appel de Versailles renforce l'efficacité des pactes d'actionnaires », *Lexbase hebdo n°414-Edition privée générale*, Oct. 2010, 5p.
CERRADA (K.) et JANSSEN (Fr.), « De l'applicabilité, des spécificités et de l'utilité d'un code de gouvernance d'entreprise pour les PMe et les TPE : le cas de la Belgique », *Revue internationale P.M.E. : économie et gestion de la petite et moyenne entreprise*, vol. 19, n°3-4, 2006, pp.163-193.
CHAMPOUX-PAILLE (L.), « La nouvelle loi des sociétés par actions du Québec », *Mouvement d'éducation et de défense des actionnaires* (*MÉDAC*), PDF, 5p.
CHAPUT (Y.), « Le Commissaire aux Comptes : partenaire de l'entreprise », *Presses des sciences po/ creda,* novembre 1999, 16p.
CHARREAUX (G.), «Vers une théorie du gouvernement d'entreprise», *cahier de recherche*, Dijon, 1996.
CHARREAUX (G.) et PITOL-BELIN(J.P), «Le conseil d'administration, lieu de confrontation entre dirigeants et actionnaires», *cahier de recherche*, Ecole universitaire de management DIJON, 1991, pdf, 19p.
CHAZAL (J.-P.) :
- « Liberté contractuelle, représentation et direction des SAS», *RTD.com*, n°4, 2002, pp.688-697.
- « Propriété et entreprise : le Conseil constitutionnel, le droit et la démocratie », *Recueil Dalloz*, 2014, p.1101.
CISSE (A.), « L'harmonisation du droit des affaires en Afrique : L'expérience de l'OHADA à l'épreuve de sa première décennie », *Revue internationale de droit économique*, 2004/2, pp.197-225.
CORNU (G.), « Les définitions dans la loi » Étude parue dans les *Mélanges* dédiés au doyen J. VINCENT, Dalloz, 1981, pp.77-92.
COURET (A.),
-« L'évolution juridique du cadre », *Revue française de gestion*, 2002/5 n°141, pp.377-395.
-« L'amélioration des droits des actionnaires », *La loi NRE et le droit des sociétés*, Montchrestien, Paris, 2003, 160 p.
CREANGE (J.), « La démocratie actionnariale : panorama & perspectives », *post-marché*, 2012, pp.6-9.
DECKON (F.-K.), «Les pouvoirs du dirigeant de société commercial en droit uniforme de l'OHADA», *Revue africaine de droit, d'économie et de développement*, Volume III, n°1, pp.4-11.
DECOOPMAN (N.), «Du gouvernement des entreprises à la gouvernance», *Université de Picardie Jules Verne*, pp.105-113.

DEKEUWER (A.), « Les intérêts protégés en cas d'abus de biens sociaux », *La Semaine Juridique Entreprise et Affaires,* n° 43, 26 Octobre 1995, 500p.
DELSOL (H.-L.), « De la perte de la qualité d'associé », *Lexisnesxis Jurisclasseur,* février 2016, pp.7-9.
DEMARIGNY (F.), « Les investisseurs institutionnels : des actionnaires neutres ? », *Revue d'économie financière*, n°31, 1994, pp.109-118.
DJESSI DJEMBA (Pr. Gr.), « Le devoir d'alerte du commissaire aux comptes dans les sociétés commerciales de l'espace OHADA », *Revue ERSUMA*, n°6, janv. 2016, pp.379-401.
De BEAUFORT (V.), « Gouvernance d'entreprise – De nouvelles orientations à échelle de l'Union européenne », *CEDE*, 2012, 37p.
DE CORDT (Y.), « Vers une démocratie des actionnaires », *Université catholique de Louvain*, 2007, 22p.
DE SABA (A. A.), « Un nouveau droit des affaires pour attirer les investisseurs en Afrique. Est-ce suffisant ? », *Finance & bien commun*, n° 28-29, 2007/3, pp.96-104.
DIOUF (M.), « Réflexion sur l'administration provisoire de société en droit sénégalais », *Nouvelles annales africaines*, n°1, 2009, pp.225-270.
DIOUF (Nd.) :
-« Infractions en relation avec les nouvelles technologies de l'information et procédure pénale : l'inadaptation des réponses nationales face à un phénomène de dimension internationale », *RSDA*, n°2-3-4, 2003-2004, pp.59- 83.
-« Le droit du procès dans les litiges mettant en cause l'application des règles uniformes de l'OHADA : quelle place pour les lois nationales», *Les horizons du droit OHADA, Mélanges en l'honneur de F. M. SAWADOGO*, CREDIJ, 2018, pp.803-845.
DJUIKOUO (J.), « Exclusion d'un associé dans les sociétés commerciales en droit OHADA », *Revue africaine des sciences juridiques*, n°1, 2014, pp.139-169.
DOUVILLE (Th.), « La gouvernance des groupes de sociétés », *Lexis droit des sociétés*, n° 6, Juin 2017, 5p.
DUCROS (A.), « Renforcement des pouvoirs des actionnaires », *Journal des sociétés*, n°63, Mars 2009, pp.42-47.
EBELE DIKOR (A. M.), « La responsabilité pénale des dirigeants sociaux du fait d'infractions non intentionnelles », *Revue ERSUMA*, n°6, janv. 2016, pp.487-502.
EMIEN (M.), « L'administration et la direction de la société anonyme de type nouveau issue de la réforme du droit des sociétés commerciales applicables dans la zone OHADA», *Penant*, n°864, pp.261-291.
EYANGO DJOMBI (A. D.), « La contractualisation du droit des sociétés commerciales de l'OHADA », *Penant,* n°893, 2015, pp.433-470.

FASTERLING (B.), « Les dispositifs d'alertes professionnelles et le salarié citoyen », *La Revue des droits de l'homme,* 2016, 9p.
FAYA (A.), « L'égalité entre associés » (Acte uniforme sur le droit des sociétés et du GIE): *Ohadata* D-04-10, 17p.
Fédération française des sociétés d'assurances, « La responsabilité civile des mandataires sociaux », *CDIA*, Paris, Août 2009, 4p.
FENEON (A.) :
- « Les droits des actionnaires minoritaires dans les sociétés commerciales de l'espace OHADA », *Penant,* n°839, 2002, pp.153-167.
- « Mésentente entre associés dans les sociétés anonymes OHADA : Prévention et mode de règlement », *Penant,* n°848, 2004, pp.265-279.
FOKO (A.), « L'essor de l'expertise de gestion dans l'espace OHADA », *Penant,* n°876, Paris, avril-juin 2009, pp.173-205.
FORIERS (P-A.), « Les situations de blocage dans les sociétés anonymes », *Université libre de Bruxelles*, pp.7-36.
FRANCOIS (B.), « Le renforcement des règles de transparence pour les investisseurs institutionnels », *Revue des sociétés,* 2013, p.399.
FRISON-ROCHE (M.-A.), « Régulation et droit des sociétés. De l'article 1832 du Code civil à la protection du marché de l'investissement », *Mélanges en l'honneur de Dominique Schmidt*, *Joly* éd., 2005, pp.255-271.
GAMALEU KAMENI (Chr.), « Réflexions sur la réglementation de l'investissement privé étranger dans l'espace de l'OHADA », *Journal du droit international (Clunet)* n° 4, Octobre 2014, p.1219.
GENITEAU (A.), « Les techniques juridiques de contestation de la politique sociale par des actionnaires minoritaires actifs », *Les stratégies juridiques des entreprises*, Larcier, Bruxelles, 2009, pp.189-208.
GERMAIN (M.), « Les droits des minorités », *Revue international de droit comparé*, Vol.54 n° 2, Persée, Avril-juin 2002, pp.401-413.
GINGLINGER (E.), « L'actionnaire comme contrôleur », *Revue française de gestion,* 2002/5, n° 141, pp.37-55.
GIRARD (C.), « Les actionnaires minoritaires », *Revue française de gestion,* 2002/5, n° 141, pp.183-202.
GNAHOUI (R. D.), « Intérêt de l'entreprise et des droits des salariés », *RSDA*, n°1, 2003, Ohadata D-04-31, 33p.
GODON (L.),
- « L'augmentation des engagements des actionnaires suppose un consentement préalable et non équivoque de chaque associé », *Revue des sociétés*, 2000, p.294.
- « La protection des actionnaires minoritaires dans la loi relatives aux nouvelles régulations économiques », *Actualité du droit des sociétés*, Bulletin Joly Sociétés, n°7, Juillet 2001, pp.693-825.

GONCALVES (E.W.) :
- « La rupture de l'égalité dans les souscriptions prioritaires d'actions en droit OHADA», *De l'esprit du droit africain.* Mélanges en l'honneur de P.-G. POUGOUE, Cotonou, CREDIJ, 2014, pp.329-364.
- « L'affaiblissement du droit préférentiel de souscription des actionnaires en droit OHADA, *Revue ERSUMA*, n°1, juin 2012, pp.72-127.

GUEDEGBE (S. I. B.), « Le crédit-bail à l'épreuve du droit des procédures collectives après la révision de l' Acte uniforme portant organisation des procédures collectives d'apurement du passif», *Les horizons du droit OHADA, Mélanges en l'honneur de F. M. SAWADOGO*, CREDIJ, 2018, pp.501-519.

GUEYE (M.), « Liberté contractuelle et ordre public dans le nouvel Acte uniforme relatif au droit des sociétés commerciales», *Nouvelles annales africaines*, n°1, 2015, pp.333-371.

GUYON (Y.),
-« La société anonyme, une démocratie parfaite ! », Propos impertinent de droit des affaires. *Mélanges en l'honneur de C. GAVALDA*, Dalloz, Paris, 2001, pp.133-146.
-« Les dispositions du décret du 3 mai 2002 relatives aux assemblées générales d'actionnaires », *Rev. sociétés,* n°3 juillet-septembre 2002, Trimestrielle pp.419-616.

HAMON (J.), « La répartition des droits de vote, leur exercice et l'efficacité économique », *CEREG* Université Paris-Dauphine, 2001, 30p.

HIEZ (D.) et MENETREY (S.), « Pour une nouvelle orientation des recherches sur le droit OHADA », in *L'effectivité du droit économique dans l'espace OHADA*, L'Harmattan, Paris, 2016, 7p.

HOVASSE (H.), « Le droit de veto », *Dr. Sociétés*, juillet 2014, p.13.

HYAFIL (H.), « Corporate governance : une synthèse de la littérature», *Cahier de recherche groupe HEC*, n°606, 1997.

ISSA SAYEGH (J.) :
- « Les caractères de l'ordre public des dispositions de l'Acte uniformes relatif au droit des sociétés commerciales et du groupement d'intérêt économique (AUSCGIE) », *Penant,* n°869, 2012, pp.393-420.
- « L'OHADA, instrument d'intégration juridique des pays africains de la zone franc », *Revue de jurisprudence commerciale*, n°6, Paris, juin 1999, pp.237-245.

JACCARD (M.) et FELLAY (A.), « Sociétés anonymes privées en crise : l'actionnaire majoritaire démuni face au minoritaire? Réflexions critiques sur la protection renforcée du minoritaire en cas d'assainissement », *Kurzbeiträge,* 2010, pp.207-215.

JOHSON (F. K. A.), « L'opération de coup d'accordéon : aspect juridique », Revue d'experts associés, n°6, décembre 2005, Ohadata D-06-19, 7p.

KAMENA (Br.), « La désignation d'un expert de gestion : réflexion à la lumière du droit français », *Revue africaine de sciences politique et sociales*, n°3, *ELJA*, 2014, pp.217-261.
KAMTA FENDOP (E. M.), « Associés » *Encyclopédie du droit OHADA*, Lamy, 2011, pp.353-374.
KASSI (B.O), « Le recul de la nullité dans l'Acte uniforme sur les sociétés commerciales et le groupement d'intérêt économique », *Penant,* n°848, 2004, pp.352-379.
KENGUEP (E.) et FOKOU (E.), « L'infraction d'atteinte au patrimoine des entreprises publiques et parapubliques dans l'espace OHADA », *Revue ERSUMA*, n°6, Janvier 2016, pp.157-174.
KENMOGNE SIMO (A.), « Le mandat du contrôleur légal des comptes en zone OHADA », *Revue de droit bancaire et financier,* n° 1, Janvier 2017, étude 3.
KONE (M.), « La notion de groupe de sociétés en droit OHADA », Penant, n°856, Juillet - Septembre 2006, Ohadata D-06-54, 7p.
KONGATOUA KOSSONZO (A.), « Le droit de vote dans les sociétés commerciales tel que prévu par l'Acte uniforme relatif aux sociétés commerciales et GIE », *Penant*, 2010, n°873, pp.462-472.
LASSALAS (Chr.), « L'actionnariat des salariés », *Mélanges en l'honneur de J.* STOUFFLET, LGDJ, Paris, 2001, pp.165-174.
LECUYER (H.), « Classe action et sociétés, la mise en œuvre de l'action - l'indemnisation », *L'opportunité d'une action de groupe en droit des sociétés*, Collection CEPRISCA, 2004, pp. 85-95.
LE BARS (B.) et MARTOR (B.), « Management et financement de la société anonyme de droit OHADA », *Pratique et actualité du droit OHADA, Journées d'études Juriscope Poitiers*, p.121, Ohadata D-12-62, 19p.
LECAT (J.-J.), « Les actions de préférence dans le nouvel Acte sur les sociétés commerciales et le GIE », *Penant,* n°887, 2014, pp.196-219.
Le CANNU (P.), « Le contentieux de la SAS – I : La nullité des décisions d'associé(s) fondée sur l'article L 222-7 du Code de commerce », *Dr.*21, 2001, ER 012, 25p.
LETOURNEUR (P.), « L'actionnariat salarié, un développement résistible », *Droit des sociétés,* n°3, Mars 2016, pp.35-37.
LE MAUX (J.), « Les bénéfices privés : une rupture de l'égalité entre actionnaires », *Université Paris I Panthéon-Sorbonne*, Finance contrôle stratégie-Volume 6, n°1, mars 2003, pp.63-92.
LIBMANN (A.-M.) et RUSNAC (L.), « La compliance et la due diligence dans le spectre de l'intelligence économique », *Netsources*, n°124, septembre 2016, pp.1-3.
LOHOUES-OBLE (J.), « L'autonomie des parties : le caractère supplétif des dispositions de l'avant-projet d'Acte uniforme OHADA sur le droit des contrats », *Rev. dr. unif.*, 2008, pp.319-338.

LOUKANOU (D.), « Les conventions réglementées dans les sociétés commerciales de l'espace OHADA », *Penant,* n°848, 2004, pp.326-345.

MAGNIER (V.), « La class action, un remède efficace ? », *Cahier de droit de l'entreprise*, n°5, 2005, pp.53-55.

MANCIAUX (S.), « Que disent les textes OHADA en matière d'investissement ? » *Revue ERSUMA*, n°1, Juin 2012, pp.268-275.

MARTOR (B.) et FASSI (J.), « Panorama de la réforme du droit des sociétés OHADA », *La semaine juridique-entreprise et affaire*, n°9-10, 2014, pp.18-26.

MASSAMBA (R.), « L'OHADA et le climat d'investissement en Afrique », *Penant,* n°855, 2006, pp.137-150.

MBAYE (M.-Nd.) :

- « Capital social », *Encyclopédie du droit OHADA*, Lamy, 2011, pp.462-495.
- « Les groupes de sociétés dans l'organisation pour l'harmonisation du droit des affaires (OHADA)», *Penant,* n°848, 2004, pp.280-325.

MENETREY (S.), « La place de l'investissement dans l'OHADA », *Questions de droit économique : les défis des Etats africains*, Larcier, 2011, Ohadata D-13-37, 18p.

MERLE (Ph.), « Le nouveau droit des sociétés de l'OHADA », *Recueil Dalloz*, 2014, p.768.

MEUKE (B.-Y.) :

- « Brèves observations sur le risque juridique du mandataire social dans l'OHADA », *Jurifis consult*, n°2, mars/avril 2009, pp.4-9.
- « De l'intérêt social dans l'Acte uniforme relatif au droit des sociétés commerciales et du groupement d'intérêt économique de l'OHADA», *RTDJA*, n°2, 2009, pp.45-64.
- «L'information des actionnaires minoritaires dans l'OHADA : Réflexion sur l'expertise de gestion », *Ohadata* D-05-56, 13p.
- « De l'expertise en droit des sociétés OHADA », *JURIFIS CONSULT,* n° 4, juillet/août 2009, pp.10-22.

MODI KOKO BEBEY (H.-D), « La réforme du droit des sociétés commerciales de l'OHADA», *Rev.soc*, avril-juin 2002, pp.255-266.

MONGIN-ARCHAMBEAUD (L.), « Action *ut singuli* formée contre le dirigeant, représentant légal de la société : le rôle fondamental du mandataire ad hoc », *Bulletin Joly Sociétés*, Juillet-Août 2014, pp.478-479.

MONSALLIER-SAINT MLEUX (M.-C.), « Convocation d'une assemblée générale à la demande d'actionnaires minoritaires », note sous T. com. Paris, 3 décembre 2003, *Rev. Sociétés* octobre / décembre 2005, n° 04, p.847.

MONTCHO AGBASSA (E. C.), « Les droits fondamentaux de l'associé en droit OHADA », *RTSJ*, n°7, janvier-Juin 2015, pp.67-136.

MOULIN (J.-M.), « Votaccess : le vote pré-assemblée générale par des moyens électroniques », *Bulletin Joly Sociétés*, Juillet-Août 2012, pp.534-535.

NDJOLO VODOM (Fr. E.), « Réflexions sur la société par actions simplifiée de l'Organisation pour l'Harmonisation en Afrique du Droit des Affaires (OHADA) », *RJTUM,* 2016, pp.35-78.
NDIAYE (C. A. W.), « Le capital humain dans l'Acte uniforme relatif au droit des sociétés commerciales et du groupement d'intérêt économique (AUSC-GIE) », *Nouvelles annales africaines*, décembre 2014, pp.23-43.
NGONO (V.-C.), « Réflexion sur l'espace judiciaire OHADA », *Revue ERSUMA*, n°6, janv. 2016, pp.197-224.
NGOUE (W.J), « La mise en œuvre de la responsabilité des dirigeants de sociétés anonymes en droit OHADA », *Ohadata* D-05-52, 17p.
NGUIHE KANTE (P.) :
- « A propos de l'effectivité des codes éthiques : contribution à un changement de perspectives des sources créatrices du droit privé », *Revue ERSUMA,* n°2, Mars 2013, pp.11-41.
- « Le caractère d'ordre public du droit uniforme des sociétés commerciales en Afrique », *Revue trimestrielle de droit commercial et économique*, 2010, Ohadata D-12-58, 30p.
NGWE (M.-A.) et KAKOU (S.-P.), « Le dirigeant social dans l'Acte uniforme révisé », *Penant,* 2014, n°887, pp.161-195.
NJANDEU MOUTHIEU (M. A.), « Notion de société commerciale », *Encyclopédie du droit OHADA*, Lamy, 2011, pp.1264-1279.
NJANDEU (M.-A.), « La protection de la société commerciale en droit OHADA », *Les mutations juridiques dans le système OHADA*, L'Harmattan, 2009, pp.229-256.
NJOYA NKAMGA (B.), « Dirigeants sociaux », *Encyclopédie du droit OHADA*, Lamy, 2011, pp.630-715.
PAGNUCCO (J.-Chr.), « Les pouvoirs des minoritaires dans les groupes de sociétés », *Lexis droit des sociétés*, n°6, Juin 2017, 5p.
PARLEANI (G.), « Qu'est-ce qu'un actionnaire ? Les actions délaissées », *Revue des sociétés,* 1999, p.715.
PEREZ (J.-M.), « Introduction à la class action en droit américain », *L'opportunité d'une action de groupe en droit des sociétés*, Collection CEPRISCA, 2004, pp.21-38.
PHILIPPE (D.), « Les clauses et les procédures de résolution de conflits », *Annales du droit luxembourgeois*, Bruylant, 2010, pp.107-181.
PICHARD (Chr.), « Pacte d'actionnaires : un outil précieux pour la transmission de l'entreprise familiale (2ème partie) », *Journal des sociétés*, n°26, novembre 2005, pp.25-32. **POTIN (Y.)**, « La rémunération des dirigeants français », *CREG*, 2009, 20p.
POUGOUE (P.-G.) :
-« L'impact de l'Acte uniforme de l'OHADA relatif au droit des sociétés commerciales et du GIE sur le contrôle et le développement des entreprises locales », *Juridis périodique,* n°6, Avril-mai-juin 2006, pp.107-116.

-« Les quatre piliers cardinaux de la sagesse du droit OHADA », *Les horizons du droit OHADA, Mélanges en l'honneur de F. M. SAWADOGO*, CREDIJ, 2018, pp.391-404.
PRIEUR (J.), « Le contrat d'investissement, *Revue de droit bancaire et financier* », n°1, Janvier 2005, 6p.
PRIEUR (Ch.-E.) et Tazi (M.), « Les actions de préférence », *Journal des sociétés,* Paris, n°13, septembre 2004, pp.8-9.
ROBE (J. Ph.), « L'entreprise en droit », *Droit et Société,* n°29, 1995, pp.117-136.
ROUSSEAU (M.), « *L'intuitus personae* dans les sociétés par actions », *Revue juridique de l'Ouest*, 1995-1. pp. 23-52.
ROUSSEAU (S.) et TCHOTOURIAN (I.), « L'intérêt social en droit des sociétés : Regards transatlantiques », *C.D.A.C.I.*, 32p.
ROUSSILLE (M.), « Retour sur l'impératif de protection des associés », *Droit des sociétés,* n°3, Mars 2016, repère 3.
SAKHO (A.) :
- « Les attentes en matière de mission légale de commissariat aux comptes », *RSDA*, N°5-6-7-8 /2005-2006, pp.93-110.
- « L'exécution forcée des obligations de faire résultant des pactes de référence dans les cessions d'actions», *L'obligation. Mélanges en l'honneur de P. G. POUGOUE*, Yaoundé, L'Harmattan, 2015, pp.809-834.
- « Modernisation et efficacité du droit OHADA des sociétés », Afrilex, Université Montesquieu Bordeaux IV, 2018, 12p.
SAKHO (A.) et PARACHKEVOVA (I.), « Propriété formelle et propriété substantielle en droit des sociétés et des groupes », *Les déséquilibres économiques et le droit économique*, Larcier, 2015, pp.125-136.
SAMB (M.) :
- « Gouvernance et transparence en droit des sociétés de l'espace OHADA : perspectives de droit dur (*hard law*) et de droit souple (*soft law)», Bulletin de droit économique*, Université Laval, 2017, 18p.
- « La réforme du droit des sociétés de l'OHADA : aspects généraux et droit transitoire », *Bulletin de droit économique*, Université Laval, 2014, 13p.
SAUVAGE (F.), « L'information comptable et financière et le risque de crédit aux entreprises », *Revue d'économie financière*, n°41, 1997, pp.69-76.
SCHILLER (S.) et PATRIZIO (F.) :
- « Les minorités sacrifiés dans les entreprises de tailles intermédiaires », *Recueil Dalloz* du 12 décembre 2013, n°43/7580, pp.2862-2871.
- « Un rééquilibrage nécessaire des relations entre majoritaires et minoritaires dans les sociétés non cotées », *La Semaine Juridique Entreprise et Affaires*, n°21-22, 22 Mai 2014, p.1284.
SCHMIDT (D.) :
- « Excessive pénalisation », *Le Monde,* novembre 2003.
- « Essai de systématisation des conflits d'intérêts », *Recueil Dalloz*, 24 février 2013, n°7, pp.2-7.

- « Les associés minoritaires, un combat légitime? » *Cahier de droit de l'entreprise*, n°5 septembre-octobre 2005, pp.58-60.

SCIBERRAS (J-C.), « L'irrigation de l'entreprise par les nouvelles technologies de l'information et de la communication : le point de vue d'un praticien », *Droit social*, 2002, pp.93-99.

SIDIME (L.), « OHADA, un droit fiable et sécurisant : plaidoyer auprès des usages et professionnels du droit en République de Guinée », *Nouvelles annales africaines*, n°5, 2016, pp.249-279.

SOSSA (D. C.), « La protection des investissements étrangers au regard du droit OHADA : d'une internationalisation rectifiée à une internationalisation consentie », *Les horizons du droit OHADA, Mélanges en l'honneur de F. M. SAWADOGO*, CREDIJ, 2018, pp.107-145.

STOLLE (L.), « L'assemblée générale en perspective ! », *Pacioli* n°162, avril 2004, pp.5-18.

TAKAFO-KENFACK (D.), « Libres propos sur l'indépendance de l'auditeur légal des sociétés anonymes OHADA », *Revue ERSUMA*, n°6, Janvier 2016, pp.579-590.

TERRÉ (F.), « Sécurité juridique et annonces légales », *Gaz. Pal.,* 11 octobre 2008, n° 285,
p. 2 et s.

TOMASINI (L.), « La société par action simplifiée : une structure pour tous ? **»,** *CREG,* Versailles, mars 2012, 30p.

TORRE-SCHAUB (M.), « L'action de groupe », *SERDEAUT*, 2014, 9p.

TSOPBEING (M. W.), «L'information des associés, une exigence fondamentale du droit des sociétés OHADA ? », *Revue ERSUMA*, n°6, janv. 2016, pp.225-259.

TUNC (A.), « L'effacement des organes légaux de la société anonyme », *D.* 1952, n°4, pp.73-78.

URBAIN-PAELEANI (I.), « L'amélioration de l'information sur la gouvernance des entreprises », *Revue des sociétés,* 2013, p.393**.**

VANNOOTE (C.), « Ordre du jour, talon d'Achille des augmentations de capital réservées ? » *RJDA*, édition Francis Lefebvre, 2013, pp.289-376.

VIANDIER (A.), **«** Les actions de préférence **»**, JCP E 1440, 30 Septembre 2004, p.1529 et s.

VICENT (M.) et LEGOUT (A.-L.), « Origine et principes du gouvernement d'entreprise», *Journal des sociétés*, n°63, Mars 2009, pp.15-20.

WEIL (K. G.), « La protection des associés minoritaires en droit allemand des sociétés à responsabilité limitée », *Revue des sociétés,* Paris, 1993, pp.561-566.

YANPELDA, (V.), « Les salariés dans les procédures collectives OHADA. Acteurs ou spectateurs ? », *Revue de droit comparé du travail et de la sécurité sociale*, n°1, 2011, pp.35-47.

V. Rapports et études

BLANC (E.), « Rapport sur la simplification du droit et à l'allègement des démarches administratives », *Assemblée nationale française*, n°3787, 5 octobre 2011, 464p.
http://www.assemblee-nationale.fr/13/dossiers/simplification_droit_allegements_demarches_administratives.asp, consulté, le 14/2/2017.
CLÉMENT (J.-M.) et HOUILLON (Ph.), « Rapport d'information sur la transparence de la gouvernance des grandes entreprises », *Assemblée nationale française*, n°737, 2013, 161p.
http://www.assemblee-nationale.fr/14/rap-info/i0737.asp, consulté le 26/5/2017.
MARITON (H.), Rapport n°995, juillet 2003, portant sur l'implantation des entreprises françaises en Russie, déposé par la commission des finances, de l'économie générale et du plan à l'assemblée nationale française, 75p. http://www.assemblee-nationale.fr/12/rap-info/i0995.asp, Consulté le 28/09/2017.
Rapport de l'OCDE aux ministres des Finances et aux gouverneurs des banques centrales du G20, « Principes de gouvernance d'entreprise du G20 et de l'OCDE », Septembre 2015, PDF, 76p ; https://www.oecd.org/daf/ca/Corporate-Governance-Principles-FRA.pdf, consulté le 1/9/2016.
Le rapport sur l'observation des normes et code, « Principes de gouvernement d'entreprise de l'OCDE », Paris, OCDE, 2004, 74p.
http://www.oecd.org/fr/gouvernementdentreprise/ae/principesdegouvernementdentreprise/31652074.PDF, consulté, le 5/07/2017.
Évaluation par pays du gouvernement d'entreprise, Dakar, 2014, 44p.
http://portail-rfe.org/sites/default/files/Documents/RFE_FIFE_Programme_Complet_0.pdf, consulté le 08/05/2017.
Rapport du Sénateur MARINI (Ph.), Remis au Premier Ministre, relatif à la modernisation du droit des sociétés», La documentation française, juillet 1996 ; https://www.senat.fr/rap/l00-005/l00-0053.html, consulté le 28/09/2017.

VI. Actes de colloques

DIDIER (C.), « L'alerte éthique. Un outil problématique au cœur de la RSE », *Colloque du Réseau International de recherche sur les organisations et le développement durable*, Lille, 2009, 23p.
GUTIERRES-REQUENNE (C.), « Que sont les associés minoritaires ? Les sources d'information des associés » VII[è] congrès national, journée

d'étude : Expert-comptable judicaire et les droits des associés minoritaires, Cour d'appel de Colmar, 11 octobre 2002.
LETOURNEUR (P.), « Catégories et figures d'associés en France, perspectives et proposition de grille de lecture», *EA entreprise et patrimoine*, colloque, Université de Corse, 2014, 36p.

VII. Textes

« **Acte uniforme relatif au droit des sociétés commerciales et du groupement d'intérêt économique** », adoptés le 30 janvier 2014 à Ouagadougou, au Burkina-Faso, publié au journal officiel de l'OHADA, n° spécial du 4 février 2014.
« **Acte uniforme relatif au droit commercial général** », Adopté le 15 décembre 2010 à Lomé au Togo, publié au journal officiel n°23 du 15 février 2011.
« **Acte uniforme relatif au droit comptable et à l'information financière** », Acte adopté le 26 janvier 2017 à Brazzaville, au Congo et paru au J.O. OHADA numéro spécial du 15 février 2017
« **Acte uniforme relatif au droit des sociétés coopératives** », adopté le 15/12/2010 à Lomé (Togo) (Journal Officiel de l'OHADA n° 23 du 15/02/2011).
« **Acte uniforme relatif à l'organisation des procédures collectives d'apurement du passif** », Adopté le 10/09/2015 à Grand-Bassam (COTE D'IVOIRE), publié au journal officiel de l'OHADA, n° spécial du 25 septembre 2015.
Loi n° 2008-08 du 25 janvier 2008 sur les transactions électroniques au Sénégal.
La loi n° 2017-27 du 28 juin 2017 portant création, organisation et fonctionnement des tribunaux de commerce et des chambres commerciales d'appel au Sénégal.
Règlement N° 02/2010/CM/UEMOA relatif aux Fonds Communs de Titrisation de Créance et aux opérations de Titrisation dans l'UEMOA.

VIII. Commentaires

BERT (D.), « La mise en œuvre de la règle de l'unanimité en droit des sociétés », *Commentaires d'un arrêt de la CA Versailles*, 12ème ch., 24 février 2005, Recueil Dalloz 2005 p.1853.
BOULOC (B.), « L'obligation d'abstention et l'utilisation d'une information privilégiée », *Commentaires de l'arrêt de la CA de Paris du 13 mai 1997, Pariente*, Revue des sociétés, 1997 p.849.

BUREAU (D.), Commentaires : « La loi relative aux nouvelles régulations économiques. Aspects de droit des sociétés », Bulletin Joly Sociétés - 01/06/2001 - n° 6 – p.553.
MDONTSA-FONE (A.-M.), « Commentaires : CCJA, arrêt n°024/2006, 16 novembre 2006 Samaïla Dan Moussa, Ali Maré c/Hamidou Abdou dit Crise », *Les grandes décisions de la Cour commune de justice et d'arbitrage de l'OHADA*, L'Harmattan, Paris, 2010, pp.153-158.
NJANDEU MOUTHIEU (M. A.), « Commentaires : CCJA, arrêt n°015/2005, 24 février 2005, Agoua Foffi Maurice c/la société Win SARL », *Les grandes décisions de la Cour commune de justice et d'arbitrage de l'OHADA*, L'Harmattan, Paris, 2010, pp.159-169.

IX. Code

Code civil français, éd., 102, Dalloz, Paris, 2014.
OHADA, Traité et actes uniformes commentés et annotés, éd., 2014, juriscope.
Code français des sociétés commerciales, Tel que promulgué par la loi n° 2009-1 du 5 janvier 2009 et la loi n° 2009-16 du 16 mars 2009.

X. Webographie

Afep-Medef, Code de gouvernement d'entreprise des sociétés cotées, 2016, 42p. https://www.rsenews.com/public/dossier_eco/doc/Code-Gouvernement-Entreprise-revision1116.pdf, consulté le 15/03/2017.
BRAUDO (S.), « Définition de Droit préférentiel de souscription (sociétés anonymes), https://www.dictionnaire-juridique.com/definition/droit-preferentiel-de-souscription-societes-anonymes.php, consulté le17/11/2017.
Le Code belge de gouvernance d'entreprise, Design et production, Bruxelles, 2009, 40p.
http://www.ecgi.org/codes/documents/cg_code_belgium_12mar2009_fr.pdf, téléchargé le 29/09/2017.
DE NANTEUIL (A.), « L'expropriation indirecte en droit d'investissements internationaux », http://www.univ-paris1.fr/fileadmin/diplome_M2OFIS/OFIS_2011-2012/Articles_Revue_Sorbonne_OFIS/L_expropriation_indirecte_en_droit_des_investissements_internationaux.pdf, consulté le 22/11/2017.
DJAMA (C.), « Fraude à l'information comptable et financière : Le rôle des autorités de régulation », *(CRG), Université des sciences sociales*, Toulouse, 2008 ; https://halshs.archives-ouvertes.fr/halshs-00522510/document, consulté le 30/09/2017.
DUBUCQ (C.), « La compliance en Afrique », https://lex4.com/la-compliance-en-afrique/, consulté le 26/12/2018.

FABRE (M.-A.), « Sécurisation des pactes d'associés **»,** http://www.pacte-associes.fr/securiser, consulté le 14/06/2017.
FRANCOIS (F.), « Responsabilité du dirigeant pour insuffisance d'actif », Conseil constitutionnel français, le commentaire: Décision n° 2014-415 QPC du 26 septembre 2014, p.1, http://www.conseil-constitutionnel.fr/conseil-constitutionnel/root/bank/download/2014415QPC2014415qpc_ccc.pdf, consulté le 05/01/2018.
FRANCOIS (Cl.), Présentation des articles 1221 à 1222 de la nouvelle sous-section 2 « L'exécution forcée en nature », ATER à l'université Paris 1 Panthéon-Sorbonne. https://iej.univ-paris1.fr/openaccess/reforme-contrats/titre3/stitre1/chap4/sect5/ssect2-execution-forcee/, consulté le 02/10/2017.
FRISON-ROCHE (M.-A.), « Droit de la compliance : livret de Séminaire - semestre d'automne 2016 », http://mafr.fr/fr/article/droit-de-la-compliance-livret-de-cours-semestre-da/, consulté le 15 juin 2017.
Gouvernement (ou gouvernance) d'entreprise, https://www.economie.gouv.fr/facileco/gouvernement-ou-gouvernance-dentreprise; consulté le 29/09/2017.
HORMANS (G.), « Le rôle du juge dans la vie des sociétés », o.c, 429. https://www.fichier-pdf.fr/2014/12/09/brochure-d-explication-de-l-acte-uniforme-ohada-modifie/ consulté le 30/09/2016.
ISSA-SAYEGH (J.), « *L'OHADA et le gouvernement des entreprises* », 27 septembre 2007, www.ajbef.info/spip.php? consulté le 11/06/2016.
JCl. Sociétés Traité, 02 Février 2009. http://www.lexisnexis.fr/droit-document/fascicules/jcl-societes-traite/695_EG_SO1_436695CH_1_PRO_081605.htm#.Wg2-4zvjLIV, consulté, le 16/11/2017.
LEFAILLET (Chr.), « Le régime du rachat des actions de préférence précisé », *Option Finance Droit & Affaires*, le 22 octobre 2014, http://www.lexplicite.fr/regime-du-rachat-actions-preference-precise/, consulté, le 18/11/2017.
LE PICHON (S.), « QPC en cours sur le traitement fiscal d'un rachat de titres », http://www.lexplicite.fr/droit-veto-les-sas-jurisprudence-conforte-pratique/, consulté le 05/10/2017.
Lexique financier, « Action à droit de vote double » https://www.lesechos.fr/finance-marches/vernimmen/definition_action-a-droit-de-vote-double.html, consulté, le 02/10/2017.
Lexique juridique, « Acte unilatéral collectif », http://www.droit.fr/lexique/index.php/term/Juridico,140-acte-unilateral-collectif.xhtml, consulté le 24 janvier 2018.
MARITON (H.), Rapport n°995, juillet 2003, portant sur l'implantation des entreprises françaises en Russie, déposé par la commission des finances, de l'économie générale et du plan à l'assemblée nationale française, p.39.

http://www.assemblee-nationale.fr/12/rap-info/i0995.asp, consulté le 28/09/2017.

MEUKE (B. Y.), « L'information des actionnaires minoritaires dans l'OHADA : réflexion sur l'expertise de gestion », http://www.ohada.com/doctrine/ohadata/D-05-56.html, p.6, consulté le 14/02/2017.

PAIRON (Th.), Vous avez dit « société par actions simplifiée »... et pourtant, http://www.avocats-bobigny.com/images/ENTREPRISES/articlepairon.pdf, consulté, le 14/11/2017.

PASQUIER (E.), démocratiser la gouvernance d'entreprise, http://contributionlibre.com/2012/09/02/democratiser-la-gouvernance-dentreprise/ Consulté le 10/07/2017.

ROUSSEAU (M.), « *L'intuitus personae* dans les sociétés par actions », *Revue juridique de l'Ouest*, 1995-1, p.39. http://www.persee.fr/doc/juro_0990-1027_1995_num_8_1_2203, consulté, le 21/1/2017.

TAITA, « Le commissaire aux comptes et le ministère public en droit OHADA des sociétés commerciales ». http://publication.lecames.org/index.php/jur/article/view/371, consulté le 10/11/2017

TCHOTOURIAN (I.), « Ces agences qui aident les actionnaires à voter », http://www.contact.ulaval.ca/article_blogue/agences-aident-actionnaires-a-voter/, consulté le 06/01/2018.

TOUZET (Ph.), « Droit de retrait de l'associé : Quel fondement ? », Novembre 2015. http://www.parabellum.pro/Droit-de-retrait-de-l-associe-Quel-fondement_a684.html, consulté, le 19/11/2017.

VARLET (L.), « La recommandation de l'AMF n°2011-06 sur les agences de conseil en vote : apports et insuffisances », http://www.univ-paris1.fr/fileadmin/diplome_M2OFIS/Articles/Les_apports_de_la_recommandation_AMF_sur_les_agences_de_conseil_en_vote_1___2_3.pdf, consulté le 08/01/2018.

INDEX ALPHABETIQUE

(Les chiffres renvoient aux numéros des paragraphes)

Table des matières

Structures éditoriales du groupe L'Harmattan

L'Harmattan Italie
Via degli Artisti, 15
10124 Torino
harmattan.italia@gmail.com

L'Harmattan Hongrie
Kossuth l. u. 14-16.
1053 Budapest
harmattan@harmattan.hu

L'Harmattan Sénégal
10 VDN en face Mermoz
BP 45034 Dakar-Fann
senharmattan@gmail.com

L'Harmattan Cameroun
TSINGA/FECAFOOT
BP 11486 Yaoundé
inkoukam@gmail.com

L'Harmattan Burkina Faso
Achille Somé – tengnule@hotmail.fr

L'Harmattan Guinée
Almamya, rue KA 028 OKB Agency
BP 3470 Conakry
harmattanguinee@yahoo.fr

L'Harmattan RDC
185, avenue Nyangwe
Commune de Lingwala – Kinshasa
matangilamusadila@yahoo.fr

L'Harmattan Congo
67, boulevard Denis-Sassou-N'Guesso
BP 2874 Brazzaville
harmattan.congo@yahoo.fr

L'Harmattan Mali
Sirakoro-Meguetana V31
Bamako
syllaka@yahoo.fr

L'Harmattan Togo
Djidjole – Lomé
Maison Amela
face EPP BATOME
ddamela@aol.com

L'Harmattan Côte d'Ivoire
Résidence Karl – Cité des Arts
Abidjan-Cocody
03 BP 1588 Abidjan
espace_harmattan.ci@hotmail.fr

L'Harmattan Algérie
22, rue Moulay-Mohamed
31000 Oran
info2@harmattan-algerie.com

L'Harmattan Maroc
5, rue Ferrane-Kouicha, Talaâ-Elkbira
Chrableyine, Fès-Médine
30000 Fès
harmattan.maroc@gmail.com

Nos librairies en France

Librairie internationale
16, rue des Écoles – 75005 Paris
librairie.internationale@harmattan.fr
01 40 46 79 11
www.librairieharmattan.com

Lib. sciences humaines & histoire
21, rue des Écoles – 75005 paris
librairie.sh@harmattan.fr
01 46 34 13 71
www.librairieharmattansh.com

Librairie l'Espace Harmattan
21 bis, rue des Écoles – 75005 paris
librairie.espace@harmattan.fr
01 43 29 49 42

Lib. Méditerranée & Moyen-Orient
7, rue des Carmes – 75005 Paris
librairie.mediterranee@harmattan.fr
01 43 29 71 15

Librairie Le Lucernaire
53, rue Notre-Dame-des-Champs – 75006 Paris
librairie@lucernaire.fr
01 42 22 67 13

www.ingramcontent.com/pod-product-compliance
Lightning Source LLC
LaVergne TN
LVHW011137061026
849535LV00003B/517

* 9 7 8 2 3 4 3 1 8 6 7 8 8 *